BIBLIOTHÈQUE
DE PHILOSOPHIE CONTEMPORAINE

LA PHILOSOPHIE
DE
FEUERBACH

ET SON INFLUENCE
SUR LA LITTÉRATURE ALLEMANDE

PAR

ALBERT LÉVY

Ancien élève de l'École normale supérieure,
Professeur agrégé d'allemand au lycée de Toulouse,
Docteur ès lettres.

PARIS
FÉLIX ALCAN, ÉDITEUR
ANCIENNE LIBRAIRIE GERMER BAILLIÈRE ET Cⁱᵉ
108, BOULEVARD SAINT-GERMAIN, 108
—
1904

LA PHILOSOPHIE

DE

FEUERBACH

BIBLIOTHÈQUE
DE PHILOSOPHIE CONTEMPORAINE

LA PHILOSOPHIE

DE

FEUERBACH

ET SON INFLUENCE
SUR LA LITTÉRATURE ALLEMANDE

PAR

ALBERT LEVY

Ancien élève de l'École normale supérieure,
Professeur agrégé d'allemand au lycée de Toulouse,
Docteur ès lettres.

PARIS
FÉLIX ALCAN, ÉDITEUR
ANCIENNE LIBRAIRIE GERMER BAILLIÈRE ET Cie
108, BOULEVARD SAINT-GERMAIN, 108

1904

A M. Charles ANDLER

HOMMAGE
DE RESPECT, DE RECONNAISSANCE ET D'AFFECTION

INTRODUCTION

I.

Feuerbach, né à la veille d'Iéna, est mort au lendemain de Sedan. A dix-huit ans, le jeune Teuton se plaît à appeler les Strasbourgeois les plus méchants de tous les Français, parce que son costume vieil allemand excite leur curiosité maligne[1] ; cinquante ans plus tard, le vieillard philosophe blâme la guerre de l'Allemagne contre la République française. Étudiant au temps de la *Burschenschaft*, Feuerbach va en pélerinage au cimetière où repose le brave patriote Sand et envoie à sa mère un peu de l'herbe cueillie sur la tombe de ce martyr; il visite aux bords du Rhin les ruines des châteaux de Franz de Sickingen et d'Ulrich de Hutten ; en route, il écoute avec un pieux recueillement les conversations d'un moine, et il dépeint à sa mère l'impression que fait sur lui cette voix plaintive et cette figure courbée qui, lasse de cette vie et

---

1. Cf. les premières lettres de Feuerbach dans le premier tome de la correspondance publiée par Grün, Leipzig et Heidelberg, 1874, sous le titre : *Ludwig Feuerbach in seinem Briefwechsel und Nachlass*.

avide de l'autre, paraît se pencher vers la tombe. Après l'avènement du nouvel Empire, Feuerbach, devenu membre cotisant d'un groupe socialiste[1], est conduit à sa dernière demeure par des ouvriers; et chaque année, la foule va au cimetière Saint-Jean, à Nuremberg, porter des immortelles rouges sur la tombe du sage, qui parla de satisfaire ici-bas les désirs des hommes.

On peut dire que c'est toujours le même esprit qui, durant ce demi-siècle, a vécu dans le philosophe et dans le peuple : l'esprit sérieux et grave, dur et hardi qui animait la *Burschenschaft*, était, selon Nietzsche, un esprit démocratique et religieux, qui lui venait d'un moine fils de mineur : Martin Luther; et les masses populaires qui se sont enrôlées dans le parti socialiste allemand ont acclamé en Lassalle le prophète de la Réforme nouvelle. Il a suffi, en un sens, à l'amour religieux de briser les cadres des dogmes pour s'élargir en communisme; et l'amour de la patrie n'a eu qu'à triompher de la part de haine que le culte ancien d'un dieu national, féroce et jaloux, y avait d'abord mêlée, pour devenir plus humain, plus paisible et plus pur.

Feuerbach avait conscience d'avoir été con-

---

1. Témoignage de Schœnlank, ancien député socialiste au Reichstag, cité par Bolin. *Ludwig Feuerbach, sein Wirken und seine Zeitgenossen*. Stuttgart, 1891.

duit graduellement par ses tendances premières jusqu'au point où il s'est définitivement arrêté : c'est parce que le progrès de ses idées et de ses sentiments lui paraissait normal qu'il a laissé réimprimer, dans l'édition de 1846, les écrits de sa jeunesse qui, à cette date, n'exprimaient plus sa pensée. Il s'en explique nettement dans sa préface. Chaque fois qu'il avait livré une œuvre au public, il lui avait dit à jamais adieu; la rédaction de chacun de ses écrits lui avait permis de prendre conscience de ses défauts, et n'avait laissé en lui que le désir pressant de faire mieux. Il répugnait à son esprit mécontent, rebelle à toute écriture et à toute bible, de s'intéresser à des livres désormais étrangers à sa pensée. Mais, puisqu'il est incontestable, du moins, que ces livres ont amené l'auteur aux conclusions où il a abouti finalement, ne pourront-ils pas servir à convertir le lecteur, à le transporter, en passant par les mêmes étapes, du point d'où Feuerbach est parti, et où ses adversaires s'attardent encore, au point où il est arrivé avant tous ses contemporains ? Cette conversion sera facile, s'il est vrai que les premiers essais du philosophe contiennent en germe ses œuvres définitives.

Or, considérons les « *Pensées sur la mort et l'immortalité* » : Feuerbach y est encore théologien et métaphysicien; et cependant, sans qu'il en ait nettement conscience, les idées de l'anthropologie sont déjà nées en lui. L'expression n'est pas abstraite; en écrivant le philosophe transforme déjà l'être de pensée en un être de chair et de sang : il sait que la théorie pure ne peut rien sur l'homme. Sa langue est poétique, c'est-à-dire sensible : ce n'est pas tant un principe philosophique qu'une vérité religieuse, anthropologique par conséquent, qu'il veut proclamer; c'est pour lui une affaire de sentiment, de certitude immédiate. De là vient précisément, selon l'auteur, l'importance singulière de cette première œuvre : si elle se distingue des autres ouvrages contre l'immortalité qui parurent presque en même temps, c'est parce qu'elle marque nettement, par ses affirmations, la fin de l'ère chrétienne et l'avènement d'une ère nouvelle; dans l'histoire de l'humanité, on reconnaît qu'une époque est finie quand on entend ceux qui ont cessé de croire aux dieux du vieux monde exprimer leur conviction comme une vérité personnelle et comme une certitude des sens.

De même, dans la seconde œuvre du philosophe, le style devance la pensée. Le titre déjà, qui associe l'humour et la philosophie, indique l'effort que fait l'auteur pour se dégager des idées anciennes au moyen d'une forme nouvelle; et dans le texte, ce ne sont pas des arguments qui nous sont présentés, mais des aphorismes. C'est toujours de la mort et de l'immortalité que nous parle Feuerbach ; seulement, au lieu de se placer au point de vue de l'identité, du panthéisme, il admet la variété, le polythéisme. Il part du principe de Leibniz qui assigne un caractère particulier à toute existence. La thèse est la suivante : l'esprit, l'âme de l'homme n'est pas cet être indéfini et immatériel, ce fantôme que les psychologues cherchent en vain à étreindre ; c'est au contraire ce qui constitue l'individualité. « Or comment, demande l'auteur en s'interrogeant lui-même, comment as-tu exprimé cette proposition et ses conséquences? Par un symbole, par une image, par un exemple. Sans doute on peut dire que l'état politique de l'Allemagne t'obligeait ici à voiler ta pensée ; mais cette objection n'est pas décisive ; car tu as constamment suivi la même méthode : dans l'histoire de la philosophie, tu as toujours rattaché l'abstrait au concret, les problèmes logiques aux questions anthropologiques. La différence entre tes premières œuvres et tes dernières provient uniquement de ce que tu exprimes aujourd'hui directement et sans métaphore ce que tu suggérais autrefois inconsciemment par des images. Autrefois tu pensais, à l'inverse des philosophes qui recherchent les formules, que la vraie philosophie était celle qui se reniait elle-même, qui n'avait pas l'air d'être une philosophie; aujourd'hui tu dis sans réticence : la vraie philosophie est la négation de la philosophie. Il te semblait autrefois que le vrai devait être réel, sensible, humain; tu dis aujourd'hui : seul le réel, le sensible, l'humain est le vrai. »

Feuerbach passe ainsi successivement en revue toutes ses premières œuvres : il nous montre comment, à côté de la métaphysique, il a toujours laissé une place à l'expérience; il nous fait remarquer le soin avec lequel il a examiné, dans l'histoire de la philosophie, les thèses de Hobbes et de Gassendi, et l'affection particulière avec laquelle il a traité Bacon; il indique même le moyen qui lui eût permis de conclure directement de ses observations sur le « *Cogito ergo sum* » de Descartes et sur la preuve ontologique de l'existence de Dieu aux premières propositions de l'*Essence du Christianisme*. Bref, il se croit autorisé à déclarer que ses premières œuvres ne contiennent que la genèse, et par suite, la justification de sa philosophie.

II.

Mais, si l'on peut admettre que la pensée de Feuerbach s'est développée naturellement, il n'en est pas moins vrai qu'il y a eu des circonstances qui en ont accéléré l'évolution. Il est permis de tenir compte d'abord des événements de sa vie privée, de ses fiançailles, de son émigration à la campagne après son mariage, puisque lui-même, dans ses « *Fragments pour servir à déterminer son curriculum vitae philosophique* », a choisi, pour définir deux étapes de sa pensée, les rubriques : « *Journal* » (1834-1836) et « *Bruckberg* » (1836-1841). Il est évident d'autre part que les faits graves qui se sont passés en Allemagne et en Europe au moment où le penseur se préparait à exposer ses théories ont dû peser sur son esprit et hâter ses décisions. En 1830, quand s'écroule la Sainte-Alliance, Feuerbach fait paraître son premier ouvrage contre la restauration des dogmes; en 1840, au moment où le romantique Frédéric-Guillaume IV monte sur le trône de Prusse, le philosophe écrit son œuvre décisive sur l'*Essence du Christianisme;* pendant la Révolution de 1848, il explique, dans ses *Conférences sur l'Essence de la religion*, les conclusions où il aboutit.

Mais c'est surtout dans l'histoire de la philosophie allemande qu'il convient de ranger à sa place l'œuvre de Feuerbach. Au moment où il entra à l'Université, Feuerbach trouva posé nettement devant lui le problème des rapports de la foi et de la pensée, qui avait tourmenté son âme pieuse dès son enfance. La philosophie de la religion de Hegel avait essayé de restaurer à moitié les dogmes, en donnant aux articles de foi un sens métaphysique : les disciples du maître n'étaient naturellement pas d'accord sur l'interprétation de ce nouveau Concordat. Feuerbach fut d'abord, avec Strauss et Bruno Bauer, un des champions de cette gauche hégélienne, qui affirma la préséance de la pensée, et finit par opposer la raison souveraine à tout ce qui n'était à vrai dire que représentation confuse ou mythe légendaire.

Le rôle personnel que le caractère de Feuerbach lui assigna dans l'œuvre commune consista à pousser le panthéisme moderne jusqu'à ses dernières conséquences, en transposant dans « l'en-deçà » tout ce que la religion avait projeté dans l'au-delà. Il dit aux mortels de chercher dorénavant leur salut éternel dans la vie présente elle-même; il invita l'homme à reconnaître dans l'humanité son Dieu et dans la nature sa Destinée. Il aboutit ainsi à une philosophie qui rappelait beaucoup le système qu'édifiait en France, indépendamment de lui, son contemporain Auguste Comte; il est positiviste dans le sens plein du mot : il nie d'une part toute religion et toute métaphysique, il prêche d'autre part l'amour de l'humanité.

Feuerbach ne s'en est pas tenu là : il a fini par

rejeter tout ce qui dans sa doctrine pouvait ressembler à un dogme ou à un système, tout ce qui pouvait conduire à établir une église ou à fonder une secte nouvelle : il a fait lui-même le départ que les disciples d'Auguste Comte ont cru pouvoir faire dans le positivisme. Il a été amené ainsi, tout en continuant à étudier l'origine et l'évolution des idées religieuses et morales dans l'humanité, à ne plus demander à la philosophie qu'une critique attentive de l'expérience.

Vers la fin de sa vie, Feuerbach ne songeait plus à opposer aux religions et aux métaphysiques anciennes un dogme nouveau ou une nouvelle idée : tout culte, tout système lui paraissait un particularisme qui tendait à introduire des limites arbitraires dans notre représentation de l'univers. Il ne voulait ni emprisonner la vie dans une formule, ni mutiler, ni voiler la réalité. Il s'attachait à voir toutes les faces des choses et des êtres; il tâchait de rendre pleine et entière justice aux hommes et à tout ce qui existe. Ainsi on peut dire qu'il n'a été ni idéaliste, ni matérialiste, ou qu'il a été idéaliste en un sens et en un sens matérialiste; on peut dire qu'il n'a été ni individualiste, ni communiste, ou qu'il a été à la fois l'un et l'autre. Au fond, ces termes philosophiques ou ces épithètes politiques n'avaient de valeur à ses yeux que par leurs rapports à la religion. Il faudrait donc dire que du christianisme il a gardé le respect de l'esprit et le sentiment de l'amour humain, du paganisme au contraire le respect de la nature et le sentiment de la dépendance où nous maintient la nécessité universelle ; du monothéisme, il a retenu l'affirmation d'une certaine unité, d'une certaine généralité, d'une certaine régularité dans le monde, et du polythéisme la distinction des variétés, des singularités, des originalités naturelles et humaines. Ce n'est pas qu'il ait été un de ces éclectiques qui croient saisir la vie quand ils ont juxtaposé les membres épars des systèmes disloqués, ou un de ces amateurs dont la tolérance n'est faite que de l'impuissance à lutter, à aimer et à haïr ; non, c'est l'âme des doctrines qu'il prétendait sauver, et son impartialité même lui ordonnait de prendre parti, pour se porter, selon le mot du poète-soldat Alfred de Vigny, sur les points menacés de l'esprit humain. Aussi Feuerbach continuait-il à s'occuper de théologie et de métaphysique, bien qu'il ait dit : « Aucune religion, voilà ma religion ; aucune philosophie, voilà ma philosophie. » Pour restaurer la santé perdue, il faut bien que le médecin de l'esprit étudie les causes du mal ; quand nous serons rétablis, l'art de guérir s'effacera devant l'art de vivre. Mais comment le docteur, en attendant que son intervention soit inutile, s'y prendra-t-il pour agir avec efficacité? Il ne fera pas comme les charlatans, qui n'ont pas besoin d'examiner les malades et écrivent les ordonnances sans ouvrir les yeux : il aura recours à l'expérience sensible, à l'autopsie, dût-il perdre tout crédit auprès des vieilles femmes et de la populace savante. Il ne construira pas le monde comme Hegel; il constatera d'abord que le monde est et essaiera de le connaître. Il ne dressera pas l'homme sur la tête, il le laissera debout sur ses pieds posés à terre. Il ne croira pas, comme les enfants, qu'il est aussi facile de jouer une mélodie au piano que de siffler un air; il ne croira donc pas, comme les métaphysiciens, qu'il suffit de composer arbitrairement une série de concepts pour que les objets naturels et en particulier les corps organisés entrent en danse et obéissent à ce rythme artificiel. Il se laissera instruire par les arbres, bien que Socrate n'ait pas voulu en recevoir de leçons. Sans doute les arbres n'enseignent pas à discourir ou à user de procédés de sage-femme, mais ils invitent au silence; ils conseillent de ne pas interpréter la nature dans un sens égoïste ou téléologique, ils représentent enfin à nos yeux l'être dont nous n'avons pas conscience. Ils nous empêchent ainsi de considérer la conscience comme antérieure à l'être, l'homme comme antérieur à la réalité sensible,

Dieu comme antérieur à la nature. L'Église n'a pas existé avant les pierres.

Sans doute il peut être nécessaire dans la recherche de commencer par le sujet et non par l'objet : en ce sens Kant a raison. Mais il faut remarquer d'abord que le sujet se transforme avec le temps. Nous ne sommes plus des sujets mathématiques *a priori*, nous sommes des hommes empiriques *a posteriori*, c'est là la différence entre le point de vue du dix-huitième siècle (le siècle de Kant), et le dix-neuvième, le nôtre. Puis, on ne peut pas conclure de l'ordre de la connaissance à l'ordre de l'existence; l'homme sait le nom d'une chose avant de connaître la chose elle-même; de là vient précisément qu'il fait du Verbe le principe des choses. Or, c'est cette illusion religieuse qu'il importe de dissiper avant tout.

De même que l'astronomie distingue le monde tel qu'il nous apparaît du monde réel, de même la théonomie, qui est à la théologie ce que l'astronomie est à l'astrologie, doit distinguer l'apparence subjective de l'être objectif. La théonomie est l'astronomie psychologique. C'est cette science nouvelle que Feuerbach a voulu fonder : J'ai soumis à la science empirique un objet qui jusqu'ici paraissait devoir demeurer étranger au domaine du savoir et ne relever que de la foi : de même que la physique a étudié le ciel de l'œil, de même j'ai étudié le ciel du sentiment et du désir.

Il considérait cette œuvre comme la plus urgente de toutes. D'une part, en effet, il pensait que l'heure n'était pas venue encore d'écrire une politique ou une philosophie de la nature ou une philosophie du droit. Il croyait d'autre part que son œuvre était préliminaire. Aussi ne prétendait-il qu'à la vérité du principe qu'il avait posé. « Je ne tiens, dit-il, à laisser après ma mort dans la mémoire de l'humanité que la pensée fondamentale de ma *Théogonie* ou de mon *Essence de la religion*. Je sacrifie tout le reste : la forme, le développement, l'exposition. Je ne veux avoir inséré qu'une idée dans le discours de l'humanité consciente. Je ne suis pas un écrivain de profession; je ne suis pas le moins du monde un homme qui écrit beaucoup, ou pour son plaisir; j'écris par devoir, non par inclination, par nécessité, non par vanité d'auteur. »

Si maintenant on veut définir cette idée originale de Feuerbach, il semble bien qu'elle consiste à expliquer par le désir humain de bonheur la naissance des dieux. « La crainte, avait dit Lucrèce, a créé les dieux; mais qui a créé cette crainte toute-puissante? » demandait Lichtenberg. Feuerbach répond : le désir de bonheur. Et si l'on insiste pour savoir qui a créé ce désir même de bonheur, Feuerbach répond que ce désir est naturel comme la vie elle-même. Tout ce qui vit, même la punaise, la puce ou le pou, tient à sa vie, à son bonheur, à son bien-être. La morale, comme la religion, n'est faite que pour enrichir la vie et pour satisfaire le désir de vivre, qui est le père des dieux et des lois.

III.

Feuerbach a ruiné le système de Hegel et fondé le positivisme, en analysant l'essence du christianisme et l'essence de la religion; il a donc joué dans l'histoire de la philosophie un rôle décisif. Mais l'influence de la philosophie allemande au dix-neuvième siècle s'est fait sentir dans tous les domaines : Hegel et Schopenhauer par exemple ont dominé tour à tour la vie de l'esprit dans leur pays. Il convient donc d'essayer de déterminer l'action que Feuerbach peut avoir exercée non seulement sur les théologiens, mais encore sur les hommes politiques, les savants et les artistes. Pour montrer toute l'importance du problème, il suffit d'indiquer que, parmi les disciples de Feuerbach, figurent entre autres Stirner et Marx, Richard Wagner et Gottfried Keller.

BIBLIOGRAPHIE

PREMIER LIVRE

L'ŒUVRE DE FEUERBACH

A) Ludwig Feuerbach's *Sämmtliche Werke*. Leipzig, Otto Wigand.
  I. Band : *Erläuterungen und Ergänzungen zum Wesen des Christenthums.*
  II. Band : *Philosophische Kritiken und Grundsätze.*
  III. Band : *Gedanken über Tod und Unsterblichkeit.*
  IV. Band : *Geschichte der neueren Philosophie von Bacon von Verulam bis Benedict Spinoza.*
  V. Band : *Darstellung, Entwicklung und Kritik der Leibnitz'schen Philosophie.*
  VI. Band : *Pierre Bayle. Ein Beitrag zur Geschichte der Philosophie und Menschheit.*
  VII. Band : *Das Wesen des Christenthums.*
  VIII. Band : *Vorlesungen über das Wesen der Religion.*
  IX. Band : *Theogonie nach den Quellen des klassischen hebräischen und christlichen Alterthums.*
  X. Band : *Gottheit, Freiheit und Unsterblichkeit vom Standpunkte der Anthropologie.*

B) Ludwig Feuerbach *in seinem Briefwechsel und Nachlass von* Karl Grün. 2 vol., Leipzig et Heidelberg, Winter, 1874.

Briefwechsel zwischen Feuerbach und Chr. Kapp., Leipzig, Wigand, 1876.

Quelques lettres citées par Bolin dans sa *Monographie*, ou reproduites dans la *Correspondance* d'Arnold Ruge.

Monographies :

Ludwig Feuerbach : sein Wirken und seine Zeitgenossen mit Benutzung ungedruckten Materials von Wilhelm Bolin. Stuttgart, 1891, Cotta.

Dr Carl Starke. — *Ludwig Feuerbach.* Stuttgart, 1885.

DEUXIÈME LIVRE

Chapitre I. — STRAUSS.

Strauss. — *Werke*, particulièrement :
Die Christliche Glaubenslehre, in ihrer geschichtlichen Entwickelung und im Kampfe mit der modernen Wissenschaft.
Streitschriften;
Christian Märklin, 1850;
Die Halben und die Ganzen;
Kleine Schriften;
Charakteristiken und Kritiken;
Der alte und der neue Glaube. Leipzig, Hirzel, 1872.

Strauss. — *Nouvelle Vie de Jésus*, traduite de l'allemand par A. Nefftzer et Ch. Dollfus. 2 vol., Paris, Hetzel et Lacroix.

Ed. Zeller. — *David Friedrich Strauss in seinem Leben und seinen Schriften.* Bonn, Strauss, 1874.

Schwarz. — *Zur Geschichte der neuesten Theologie.* Leipzig, Brockhaus, 1869.

Dr Albert Schweitzer. — *Das Abendmahl* im Zuzammenhang mit dem Leben Jesu und der Geschichte des Urchristentums Erstes Heft. Tübingen und Leipzig, Mohr, 1901.

Harnack. — *Das Wesen des Christentums*. Leipzig, Hinrich, 1901.

Albrecht Rau. — *Harnack, Goethe, Strauss und Feuerbach über das Wesen des Christentums*. Delitzsch. Walter, 1903.

Chapitre II. — Arnold RUGE.

Briefwechsel und Tagebuchblätter aus den Jahren, 1825 bis 1880. 2 vol., Berlin, 1886.

Anekdota zur neuesten deutschen Philosophie und Publicistik herausgegeben von Arnold Ruge. 2 vol. Zurich und Winterthur, 1843.

Zwei Jahre in Paris. Studien und Erinnerungen von Arnold Ruge. 2 vol., Leipzig, Jurany, 1846.

Der *teutsche Kommunismus et die gegenwärtige teutsche Bewegung*. Eine Rettung der Religion von Arnold Ruge, dans l'*Opposition* de Heinzen. 1846, Mannheim, chez H. Hoff.

Chapitre III. — Karl MARX.

Mehring. — *Geschichte der deutschen Sozialdemokratie*. 2 vol., Stuttgart, Dietz.

Mehring. — *Nachlass von Marx, Engels, Lassalle*. 4 vol , Stuttgart, Dietz.

F. Engels. — *Ludwig Feuerbach und der Ausgang der klassischen deutschen Philosophie mit Anhang : Karl Marx über Feuerbach*. Stuttgart, Dietz.

Charles Andler. — *Le Manifeste communiste*, traduction, introduction historique et commentaire. Paris, Société nouvelle (Georges Bellais). Nos 7, 9, 10 de la Bibliothèque socialiste.

Koïgen. — *Les Origines philosophiques du socialisme*. Berne, 1891. Sturzenegger, dans la collection publiée sous la direction du professeur Stein.

Dr Woltmann. — *Der historische Materialismus*. Dusseldorf, 1900.

Barth. — *La Philosophie de l'histoire de Hegel et des hégéliens jusqu'à Marx et Hartmann.*

Jean Jaurès. — *Etudes socialistes*. Paris.

Bernstein. — *Dokumente des Sozialismus*. Stuttgart, Dietz.

Neue Zeit, revue. Stuttgart, Dietz.

Chapitre IV. — STIRNER.

Stirner. — *Der Einzige und sein Eigentum*. Collection Reclam.

Stirner. — *Kleinere Schriften*, éditées par J.-H. Mackay. Berlin, 1898, Schuster et Loeffler.

J.-H. Mackay. — *Max Stirner sein Leben und sein Werk*. Berlin, 1898, Schuster et Loeffler.

Bernstein. — *Dokumente des Sozialismus*. Stuttgart, Dietz.

Dr Duboc. — *Das Ich und die Übrigen*. Leipzig, Wigand, 1897.

Chapitre V. — HEINZEN, MARR, EWERBECK.

K. Heinzen. — Brochures diverses, particulièrement : *Les Lettres d'un athée à un dévot* et *Contre le communisme*, dans *l'Opposition*. Mannheim, H. Hoff, 1846. — Réimpression des lettres sous le titre : *Erst reine Luft, dann reinen Boden*. Berne, Jenni fils, 1848.

W. Marr. — *Das junge Deutschland in der Schweiz*. 1846. Leipzig. Wilhelm Jurany.

H. Ewerbeck. — *L'Allemagne et les Allemands*. 1851. Paris, Garnier frères.

Qu'est-ce que la Bible? d'après la nouvelle philosophie allemande. Paris, Ladrange et Garnier frères.

Qu'est-ce que la religion? d'après la nouvelle philosophie allemande. Ladrange et Garnier frères, Paris.

Chapitre VI. — MOLESCHOTT.

Moleschott. — *Lehre der Nahrungsmittel für das Volk.* 1. Aufl. 1850, 3. Aufl. 1858.
— *Der Kreislauf des Lebens*, physiologische Antworten auf Liebigs chemische Briefe. Mainz, 1852.
— *Für meine Freunde*. Lebenserinnerungen. Giessen-Roth, 2ᵉ édit. populaire, 1901.

Chapitre VII. — Hermann HETTNER.

Hettner. — *Kleine Schriften*. Braunschweig, Vieweg, 1884.
— *Die romantische Schule* in ihrem inneren Zusammenhang mit Goethe und Schiller.
— *Das moderne Drama* (Aesthetische Untersuchungen). Braunschweig, Vieweg, 1852.
— *Histoire de la littérature du dix-huitième siècle*. 6 vol., Braunschweig, Vieweg.

Chapitre VIII. — HERWEGH.

Herwegh. — *Gedichte und kritische Aufsätze*. Bellevue, Constance, 1845.
— *Gedichte eines Lebendigen*. Leipzig, Göschen.
— *Neue Gedichte*. Zurich, Verlagsmagazin, 1877.

Correspondance de Herwegh *et de* Prutz, dans la *Zeit* de Vienne, 1897.

Chapitre IX. — WAGNER.

Wagner. — *Werke*. 10 vol., Leipzig, Fritsch.
— *Correspondance*, particulièrement : *Briefe an August Röckel; Briefe an Uhlig, Fischer und Heine.*

WAGNER. — *Jesus von Nazareth*. Leipzig, Breitkopf et Härtel, 1887.

LICHTENBERGER. — *R. Wagner, poète et penseur*. Paris, Alcan.

CHAMBERLAIN. — *R. Wagner* (édition française)

GLASENAPP. — *Richard Wagner's Leben und Werke*. Leipzig, Breitkopf et Härtel.

CHAPITRE X. — G. KELLER.

G. KELLER. — *Œuvres*, particulièrement *Der grüne Heinrich* et les *Poésies*.

BALDENSPERGER. — *G. Keller* (thèse). Paris, Hachette. (Contient une bibliographie.)

BÆCHTOLD. — *Monographie et Correspondance de Keller*.

P. S. — Au moment de mettre sous presse, nous recevons les deux volumes parus de la nouvelle édition des œuvres de Feuerbach (Stuttgart, Frommanns Verlag. E. Hauff 1903). Nous espérons, avec les éditeurs WILHELM BOLIN et FRIEDRICH JODL, que cette nouvelle édition fera mieux apprécier et comprendre « un des penseurs les plus originaux et les plus méconnus » de l'Allemagne.

LIVRE PREMIER

CHAPITRE PREMIER

Feuerbach et la gauche hégélienne.

Le progrès de la pensée de Feuerbach a été laborieux et lent, mais sûr et décisif. On peut appliquer au philosophe ce qu'il nous dit du réformateur auquel il aimait à se comparer : « Luther ne voulait pas au début aller aussi loin qu'il est allé. C'est justement cette allure qui est la bonne. Celui qui, dès le début, se propose comme fin ce qui ne doit être que la conséquence involontaire et fatale de l'évolution, manque son but. »

Fils d'un père libéral et d'une mère pieuse, Feuerbach voulut d'abord être pasteur protestant. Il alla écouter à Heidelberg le théologien rationaliste Paulus; mais il vit bientôt que l'illustre conseiller de l'Eglise évangélique torturait les textes sacrés pour faire dire aux mots ce qu'ils ne voulaient pas dire, et n'enseignait sous le nom de christianisme que des banalités[1]. Les idées du dix-huitième siècle ne suffisaient plus à la génération née sous la Révolution et sous l'Empire. Le père de Feuerbach, juriste et fonctionnaire, qui prétendait gouverner sa famille, sinon avec l'autorité du *paterfamilias* antique, du moins avec la sollicitude prévoyante du despotisme éclairé, ne comprit pas pourquoi son fils se lassait d'écouter les jugements d'un homme qu'il lui recommandait de consulter comme un livre vivant. Il craignit que le jeune étudiant, entraîné par la contre-révolution, ne retombât dans l'orthodoxie aveugle et étroite, où se confondaient peu à peu les luthériens conservateurs et les piétistes, plus indépendants à l'origine. Cette crainte était vaine : Feuerbach avait un sentiment trop profond de la religion pour se contenter des explications superficielles de Paulus; mais son esprit était déjà trop mûr et sa logique trop rigoureuse, pour qu'il risquât de se laisser prendre aux extravagances maladives des romantiques ou aux sophismes des réactionnaires. Il cherchait à concilier le rationalisme du siècle des lumières et le sens historique du siècle naissant. Or, c'était précisément une synthèse de la raison et de la tradition que, dans un système d'une architecture puissante, Hegel présentait alors à ses auditeurs de l'Université de Berlin. Feuerbach quitta le sud de l'Allemagne pour la capitale de la

---

1. Cf. Grün, I. Premières lettres de Feuerbach à son père et réponses.

Prusse : à peine y eut-il assisté à quelques leçons du maître, qu'il abdiqua la théologie et se convertit à la philosophie.

La philosophie fut d'abord pour Feuerbach une religion nouvelle : il s'agissait, après avoir renoncé à la cité de Dieu, de fonder le royaume de la Raison. Or, la Raison est une, absolue et seule éternelle : tout ce qui est individuel n'a donc qu'une existence relative et mérite de périr; c'est le thème des *Pensées* de Feuerbach *sur l'immortalité*. Par cette négation du salut personnel, Feuerbach entrait en conflit avec la foi chrétienne; dans ses études sur la philosophie moderne de *Bacon à Spinoza*, dans son *Leibniz* et dans son *Bayle*, il définit plus nettement encore l'opposition entre la philosophie objective et la religion subjective, entre la conscience du Dieu immanent et la croyance au Dieu providentiel. Il aboutit à cette conclusion que le panthéisme logique devait nier tout Dieu en dehors de l'humanité : « La conscience que l'homme a de Dieu, avait dit Hegel, est la conscience que Dieu a de lui-même dans l'homme. » Feuerbach déclara : « Pour avoir la connaissance de Dieu, l'homme n'a qu'à se connaître lui-même : *Homo homini deus.* »

C'est de ce principe qu'il est parti pour écrire son œuvre décisive : l'*Essence du Christianisme*.

L'humanisme de Feuerbach paraît donc en un sens impliqué dans le panthéisme de Hegel, et, en 1838, Feuerbach lui-même le croit encore si bien qu'il regrette que le maître n'ait pas déclaré plus explicitement que l'Idée de Dieu n'est autre que l'Idée de l'essence de l'homme. Il y a loin pourtant du système de Hegel à la philosophie de Feuerbach.

Il y a d'abord toute la distance qui sépare un principe ambigu d'une conclusion nette. Hegel ne s'est jamais expliqué clairement sur les dogmes que le protestantisme ou même la religion naturelle avait essayé de sauver du naufrage de la foi. Il ne pouvait les nier, puisqu'il prétendait restaurer les anciennes croyances; il ne pouvait les affirmer, car ils allaient contre les tendances générales de sa doctrine. Strauss, dans ses *Streitschriften*, s'est donné la peine de relever toutes les paroles du maître au sujet de la divinité de Jésus : quand on a suivi attentivement la démonstration laborieuse et la consciencieuse critique de cette savante exégèse, on est fort embarrassé pour formuler en un français net l'opinion de Hegel sur ce grave problème religieux. On a pourtant l'impression que ces périodes allemandes, si lourdement ondoyantes, dissimulent mal quelque grosse hérésie : les arguments en faveur de la divinité du fils de l'homme sont nombreux et pressants; mais nous ne savons jamais au juste si on nous parle de l'Idée, de la conscience de Dieu dans l'humanité, ou de la figure réelle de Jésus de Nazareth; la définition du Christ et de l'incarnation manque de précision. Il semble bien qu'aux yeux de Hegel les détails historiques — parmi lesquels il faut ranger sans doute les récits des quatre évangiles — n'ont pas une grande portée métaphysique; et nous devons admettre que les questions qui concernent l'individu — entre lesquelles il ne convient pas, à vrai dire, d'omettre les problèmes de la Trinité, de la liberté, de la morale et de l'immortalité — n'ont en bonne logique qu'une importance relative et subjective.

Quoi qu'il en soit, les propositions fondamentales de Hegel permettaient deux interprétations contradictoires. Est-ce Dieu qui a créé le monde et qui en dirige le mouvement, ou est-ce avec notre histoire qu'il se fait un Dieu? Hegel nous rappelle d'une part le dogme de la Providence et Bossuet, mais il annonce d'autre part la philosophie de l'histoire de Renan. Est-ce le réel qu'il faut considérer comme rationnel ou est-ce la raison qu'il faut réaliser? Nous pouvons retourner avec l'école historique aux servitudes du passé, au knout sanctifié par sa durée séculaire; nous pouvons penser à Bismarck justifiant la force humaine par le droit divin et forgeant par le fer et le feu un corps à l'âme allemande; mais nous pouvons aussi avec Lassalle et Marx aller au-devant de la société future et aider l'œuvre de la raison immanente. Dirons-nous que c'est l'humanité et la nature qui sont en Dieu, ou que c'est Dieu qui est dans l'humanité et dans la nature? L'une des hypothèses nous ramènera à l'*Aurore* de Jacob Boehme ou à la dernière philosophie de Schelling; l'autre nous conduira à l'*Essence du christianisme* et à l'*Essence de la religion* de Feuerbach.

Hegel lui-même a tâché de se tenir à égale distance des deux conséquences extrêmes de son idée équivoque : il admirait la Réforme et la Révolution; il ne voulait pas entendre parler de catholicisme ou de retour au passé; mais il redoutait les réformes et les révolutions futures, l'irréligion de l'avenir et la démocratie. Il représentait bien la Prusse moderne, par cette philosophie qu'on a pu comparer[1] à une statue grecque peinte en noir et blanc aux couleurs des Hohenzollern et coiffée du bonnet rouge. Il annonçait cette Allemagne contemporaine qui créa un empereur héréditaire par la grâce de Dieu, le choix des princes et la volonté des peuples; qui fit d'un hobereau protestant un chancelier successeur des grands archevêques, et qui appela diète une chambre des députés élue au suffrage universel. Seulement, ces combinaisons, chefs-d'œuvre d'équilibre entre le passé et l'avenir, sont plus instables encore dans le domaine de la théorie que dans le domaine de l'action[2]; dès 1830, les hégéliens durent choisir d'aller à droite ou à gauche. Hegel lui-même jugea, semble-t-il, que la nouvelle révolution n'était pas rationnelle; mais d'autres trouvèrent qu'elle n'en était pas moins réelle. De même, le maître eut beau se lamenter de voir le bill de réforme tailler dans les nobles entrailles de la Constitution anglaise; les plus hardis de ses élèves s'avancèrent néanmoins jusqu'à dire que l'absolutisme allemand demeurait trop intact. On prétendit à Berlin que le maître était mort de tels scandales autant que du choléra[3].

Feuerbach fut parmi les disciples qui, à l'exemple de Börne et de Heine, tournèrent les yeux vers Paris. Au temps où Richard Wagner se recommandait à

---

1. Haym, Ziegler.
2. Cf. Andler, *Le prince de Bismarck*, Georges Bellais.
3. Cf. Mehring, *Hist. de la soc. dém. allemande*, I, 58; Stuttgart, Dietz.

Scribe, Feuerbach s'adressait à Victor Cousin[1] : dans le rayonnement des trois glorieuses, tous les Français paraissaient grands à l'étranger. Sans doute, Victor Cousin, qui, heureusement selon Heine, ne comprenait rien à la philosophie allemande, ne répondit pas à Feuerbach, et Wagner ne devait venir à Paris que pour y mourir à peu près de faim et pour en rapporter la haine qui se traduisit en 1870 par des insultes aux vaincus; mais l'influence de la révolution de 1830 n'en fut pas moins décisive sur eux comme sur tous les hommes de ce temps. En ces éclatantes matinées de juillet où Michelet vit la France se lever devant lui comme une personne aimée, l'Europe tout entière, secouant le sommeil de plomb qu'appesantissait sur elle la Sainte-Alliance, se réveilla et se sentit comme rajeunie. L'impression qu'a chaque génération de commencer une nouvelle étape sur la route de l'humanité fut plus forte encore chez les jeunes hommes qui arrivaient à la vie consciente et active avec ce renouveau. Sans doute la jeune Allemagne ne parut être d'abord, avec ses extravagances à demi mystiques et à demi sensuelles, qu'une contrefaçon pédante du saint-simonisme ou une réédition des péchés de jeunesse du romantisme; pourtant on sent déjà dans ce libertinisme quelque souffle de liberté : dans sa protestation contre la *Défense d'aimer*, Wagner ne revendique pas seulement le droit à la joyeuse licence du carnaval italien; il prend aussi parti pour l'indépendance nationale; même la *Wally* de Gutzkow

---

1. Cf. Grün, I. Lettre de Feuerbach à Cousin.

n'aurait pas été jugée si sévèrement, si elle n'avait célébré le doute et attaqué la foi ; elle fut condamnée officiellement au moment où le livre de Strauss sur Jésus faisait scandale : la gauche hégélienne, qu'elle l'ait voulu ou non, fut la jeune Allemagne de la philosophie [1]. «

Ainsi, de même que la mort de Gœthe avait clos l'époque de la littérature classique, la mort de Hegel et celle de Schleiermacher marquèrent le terme d'une période en philosophie et en théologie; après le départ de ces grands hommes, les idées nouvelles se développèrent plus librement. Les écrivains éprouvèrent cette sorte particulière de soulagement que ressentent les hommes politiques quand la mort d'un souverain fait espérer, avec l'amnistie du passé, une ère plus libérale et l'avènement des jeunes au pouvoir. Comme le remarque Strauss, il entre toujours un peu d'air frais par la porte où sortent les princes de ce monde.

Dès 1830, Feuerbach avait le sentiment d'une renaissance. « Celui qui comprend la langue que parle l'esprit de l'histoire universelle ne manquera pas de reconnaître qu'à présent commence une vie nouvelle dans l'humanité... Sans doute, il n'est permis qu'à un petit nombre d'individus de voir au delà du présent et d'entendre la source toujours jaillissante de la vie éternelle; il n'est permis qu'à un petit nombre de pénétrer sous la surface qui offre partout l'aspect de l'im-

---

1. Sur Wagner et la Jeune Allemagne, cf. Lichtenberger, *R. Wagner, poète et penseur*, pp. 39-42. Cf. aussi le passage sur *Rienzi* : « Le drame de la Révolution de juillet », p. 49, et l'autobiographie de Wagner, *Werke*, I, p. 7.

muable et de percevoir dans les profondeurs les pulsations du Temps créateur. Car l'Esprit en progrès, le jour clair et radieux de l'avenir n'apparaît d'abord que chez quelques isolés sous la forme d'un obscur pressentiment ou d'une vague aspiration, qui leur fait prendre en dégoût les idoles du présent. Peut-être, les *Pensées sur la mort et l'immortalité* sont-elles des étincelles passagères jaillissant de la force souterraine de l'Esprit qui travaille[1]. » On voit dans ces lignes les expressions mêmes de Hegel prendre un sens nettement révolutionnaire.

Il est clair que la philosophie du droit, qui avant 1830 servait surtout à justifier le passé et le présent, va justifier maintenant les mouvements nouveaux ; et la philosophie de la religion, qui sous la Restauration consolidait et étayait la foi chrétienne, va l'ébranler et la démolir : c'est l'idée de progrès qui passe au premier plan ; l'esprit de la doctrine hégélienne triomphe de la lettre du système. Il serait difficile, en effet, de trouver une philosophie qui affirmât plus nettement la nécessité du progrès que celle de Hegel. Plus optimiste que Leibniz, Hegel soutient au fond que le meilleur des mondes, je ne dis pas seulement compossibles, mais possibles dans le domaine des idées abstraites, s'est réalisé, se réalise sans cesse et tendra toujours à se réaliser : il donne ainsi à l'histoire une valeur morale et religieuse absolue. Or, cette théodicée du progrès continu exclut évidemment toute chute et toute rédemption ; mais elle exclut aussi toute incarnation,

---

1. Cf. *Werke*, III, p. 9.

toute tradition, toute expression stable de la beauté ou de la vérité. Les Evangiles sont vieux de dix-neuf siècles et Hegel lui-même est né au dix-huitième : voilà ce que furent forcés de se dire les élèves qui avaient compris le maître. En 1827 ou 1828, Feuerbach se demandait si la philosophie de Hegel n'appartenait pas au passé, si elle était plus qu'un souvenir que l'humanité garde de ce qu'elle a été, mais de ce qu'elle n'est plus; il s'étonnait de voir Hegel insister sur l'accord de la philosophie et de la religion, et particulièrement sur l'identité de ses idées et des dogmes chrétiens, puisque, selon lui, la religion n'était qu'un degré, un échelon dans l'ascension de l'Esprit; après 1830, il semble avoir personnellement renoncé à concilier les formes anciennes de cet Esprit et les formes nouvelles.

Il commença sans doute alors à faire le raisonnement qu'il développera plus tard dans sa *Critique de la philosophie de Hegel* (1839). Hegel a considéré la religion chrétienne comme la religion absolue; ses élèves orthodoxes ont pu se croire autorisés à voir dans sa propre philosophie la philosophie absolue. Or, faisons abstraction du contenu même de cette religion chrétienne et de cette philosophie hégélienne; il reste que cette religion et cette philosophie ont une existence définie, particulière, empirique. Mais comment serait-il possible que l'espèce se réalisât dans un individu, l'art dans un artiste, la philosophie dans un philosophe? C'est là la question essentielle; car, que sert-il de vouloir me prouver que tel ou tel est le Messie, si je ne crois pas qu'il apparaisse jamais un Messie, si je nie la nécessité, la possibilité d'une apparition de ce genre? si je n'admets ni grand-lama, ni transsubstantiation, ni jugement dernier? si je dis avec Gœthe : « Il n'y a que l'ensemble des hommes qui connaisse la nature; il n'y a que l'ensemble des hommes qui vive la vie humaine » (Correspondance avec Schiller)?

Sans doute, l'affection, l'amour, l'admiration ou le respect rendent à l'individu les honneurs qui ne sont dus qu'à l'espèce; mais la raison ne connaît pas ces apothéoses personnelles. Sans doute, l'esprit, la conscience est l'existence de l'espèce en tant qu'espèce, mais l'organe de l'esprit, la tête, pour si universelle qu'elle soit, est toujours caractérisée par un nez spécial, pointu ou écrasé, fin ou gros, long ou petit, droit ou recourbé. Tout ce qui pénètre dans l'espace ou le temps doit se soumettre aux lois de l'espace et du temps : le dieu Terme veille à l'entrée dans le monde; il faut se borner pour passer. Tout ce qui se réalise est défini. L'incarnation de l'espèce dans toute sa plénitude serait un miracle absolu — la fin du monde. Les apôtres et les premiers chrétiens avaient raison d'attendre la fin du monde, puisqu'ils croyaient que le Messie était venu. Après l'incarnation, toute histoire est superflue. Mais inversement, si l'histoire continue, l'incarnation se trouve réfutée par le fait même; ce qui prend place dans la série des événements, ce qui rentre dans le rang, trahit son origine vulgaire et sa qualité ordinaire; si le soleil s'était levé, on ne verrait plus les étoiles. Le monde n'a pas fini avec le Christ; l'œuvre de la raison n'est pas terminée avec Hegel. Les philosophies passent comme les hommes et les descendants ne se contentent pas de l'héritage que leurs ancêtres leur ont légué. Le conflit entre la tradition et la liberté est inévitable : n'est-il pas logique, par conséquent, de prévoir les effets inéluctables? N'est-ce pas le devoir du penseur de faire dès à présent pour lui-même le travail que l'avenir fera fatalement pour l'humanité?

Il faut dire pourtant que, malgré cet effort pour devancer l'histoire par la pensée, ce ne sont pas les philosophes qui ont dénoncé les premiers la trêve conclue entre la foi et la raison. La philosophie allemande, fille de la Réforme, qui admettait à la fois la lettre de l'Ecriture et l'interprétation individuelle, a dû toujours chercher une conciliation entre l'orthodoxie et le libre examen; les esprits les plus forts, de Leibniz à Hegel, ont employé toutes les ressources de la diplomatie pour faire durer ce concordat. De leur côté, de grands théologiens, comme Schleiermacher, ont facilité ce *modus vivendi* en ne revendiquant pour la foi que le sentiment, et en ne gênant ni la pensée ni l'action. La réaction religieuse, qui se produisit au début du dix-neuvième siècle, ne permit pas la prolongation de cet armistice. On avait cru d'abord pouvoir allier la liberté et la piété : *frei und fromm* était une allitération aimée sous l'Empire; mais sous la Restauration, le souci de l'orthodoxie devint de plus en plus fort; la foi protestante se montra, elle aussi, aveugle et intolérante. En 1825, Hengstenberg prit pour devise de sa thèse : « Credo quia absurdum »; en 1827, il fonda la *Gazette évangélique*, qui dénonçait les hérétiques et les livrait au bras séculier, affirmant ainsi une fois de plus la solidarité du trône et de l'autel. Après la Révolution de 1830, ce mouvement de réaction fut si accusé qu'on put craindre que l'œuvre même de la Réforme ne fût compromise; le gouvernement prussien qui, grâce au principe « cujus regio ejus religio », avait hérité d'une partie des pouvoirs de la hiérarchie romaine, et maintenait une certaine unité dans l'Eglise réformée, dut intervenir cette fois pour défendre la liberté luthérienne; le ministre Altenstein — le protecteur des hégéliens — lança un décret contre les erreurs mystiques, piétistes et séparatistes. De même les savants s'émurent; l'exégète Christian-Ferdinand Baur, le chef de l'école de Tubingue, crut nécessaire d'interrompre ses études sur les origines du christianisme pour répliquer au livre de Möhler sur les Symboles et pour affirmer l'opposition irréductible du catholicisme et du protestantisme. Ce ne sont donc pas les excès des philosophes qui ont scandalisé les consciences; c'est, au contraire, l'audace exagérée de la réaction qui a exaspéré les penseurs.

Feuerbach et Strauss, comme Hegel, admettaient en un certain sens une restauration; l'œuvre du dix-huitième siècle leur paraissait d'abord purement négative; ils voulaient reconstruire eux aussi. De même qu'au lendemain des victoires décisives du libéralisme bourgeois sur les corporations urbaines et les communautés rurales apparaissaient les premiers essais de coopération, de même, au lendemain du triomphe de la critique sur la vieille foi, les philosophes cherchaient déjà une religion nouvelle, le catholicisme de l'avenir. Mais, en présence de la réaction, ils furent forcés de s'arrêter pour remettre en honneur le dix-huitième siècle; ils n'entendaient pas sacrifier l'œuvre si péniblement faite. Le chœur de l'humanité n'avait-il donc chanté la douloureuse strophe chrétienne et la tragique antistrophe révolutionnaire que pour aboutir à un refrain suranné?

« Nous voyons, dit Feuerbach, qu'un grand nombre de nos contemporains ne se soucient pas des enseignements sublimes de l'histoire et ne tiennent pas compte des combats héroïques et du labeur de l'humanité. Ils violent les droits, ils méprisent les titres que la raison a su s'acquérir par des luttes séculaires; ils retournent à l'ancien régime et s'efforcent de le restaurer sans en rien modifier, comme si les flots de sang avaient coulé en vain, ou n'avaient été répandus que pour permettre à certains individus de se bercer nonchalamment dans les hamacs de la vieille foi, ou de mirer dans le cours inutile des siècles la magnificence, la solidité et la constance de leur propriété individuelle, de leur croyance particulière[1]. » C'est contre cette restauration paresseuse, contre cette conservation inerte qu'est dirigée l'œuvre de Strauss et de Feuerbach. Ceux-ci ne veulent sauver de la tourmente révolutionnaire que ce qui n'entravera pas le progrès humain; ils ne veulent laisser dans le creuset de l'analyse critique que l'or pur de l'essence. Ils ont appris à l'école de Hegel comment la logique se déploie dans l'histoire : ils savent que tout recommencement dans le principe entraînera

---

1. Cf. *Werke*, III, pp. 9-10.

la répétition des conséquences : aussi, prennent-ils nettement parti.

Leurs adversaires ont soin, d'ailleurs, de multiplier les avertissements : on exclut les philosophes des universités allemandes; et si, par hasard, il se trouve dans une ville suisse un gouvernement assez libéral pour les accueillir, on fait appel contre eux au fanatisme des paysans. Après l'émeute de Zurich, Strauss cesse de faire des concessions : au lieu d'écrire des *feuilles pacifiques*, il montrera la lutte constante entre la science et les dogmes, et puisqu'on fait taire la critique individuelle du présent, on sera bien forcé d'entendre la critique collective et continue des siècles. En 1840, Bruno Bauer était encore candidat à une chaire de théologie à l'université de Bonn; il soutenait contre ses amis qu'une transaction était nécessaire dans la pratique entre la science et la foi, parce que toutes les tendances devaient être représentées dans l'enseignement officiel de l'état moderne. La Faculté de théologie, encouragée par la nomination de l'orthodoxe Eichhorn au ministère de l'instruction publique, refusa d'admettre Bauer dans son sein, sous prétexte qu'il risquait de troubler l'union qui régnait dans le corps universitaire. Malgré ce premier échec, Bruno Bauer conseilla à son jeune camarade Karl Marx de faire de nouvelles démarches au ministère et de demander audience au directeur de l'enseignement Ladenberg [1]. Et cependant la réaction était dure pour les hégéliens : elle rappelait à Berlin,

---

1. Cf. Mehring, Introduction au *Nachlass de Marx, Engels, Lassalle*, I, 58 sqq.

la ville sainte du hégélianisme, le vieux Schelling ; elle confiait la chaire de droit qu'avait illustrée un disciple libéral du maître, prématurement enlevé par la mort, Gans, au renégat Stahl, dont le livre sur *la doctrine du droit et de l'Etat chrétien* avait aggravé les dissensions intestines de l'école ; elle frappait les étudiants de Halle qui avaient adressé au nouveau roi, leur recteur, une requête respectueuse pour qu'il leur donnât Strauss comme professeur. Malgré tout, Bruno Bauer écrit encore à Marx le 12 avril 1841 : « Il est absolument nécessaire que tu soignes dans ta thèse la forme philosophique... Pourquoi aggraver les ennuis sans raison et donner à la bêtise l'occasion qu'elle cherche, mais qu'elle ne trouvera pas aisément, si tu y mets la forme ?... » Bauer conseille à Marx d'effacer le vers d'Eschyle qu'il se proposait de donner comme devise à sa dissertation sur Démocrite et Epicure : il craignait que le cri humain de révolte du vieux titan Prométhée ne parût, sinon léser la majesté des religions modernes, du moins braver le Zeus de Berlin et la cour servile de ses olympiens. La Faculté d'Iéna laissa passer le vers suspect : Marx n'était pas encore connu et la citation était grecque. Mais quand, au cours de l'été, Bruno Bauer fit paraître sa *Critique des évangiles synoptiques*, toutes les Facultés luthériennes sauf deux — Halle et Königsberg — protestèrent au nom de l'orthodoxie. La Faculté de Berlin, oubliant Hegel et Schleiermacher, obéit à Hengstenberg. Marheineke lui-même, qui avait toujours soutenu Bauer, ne se prononça en sa faveur qu'avec toutes sortes de réserves. La réaction réussit ainsi à cimenter l'union de toute la gauche hégélienne, en poussant de force tous ses membres dans l'opposition extrême. En mars 1841, Bauer était mécontent de la revue de Ruge (les *Annales de Halle*); il voulait fonder une nouvelle revue à Bonn, en collaboration avec Marx ; il se proposait d'en prévenir Ruge avec les ménagements nécessaires. Le pouvoir se chargea de mener à bonne fin ces délicates négociations : un ordre du cabinet royal enjoignit à Ruge de soumettre à la censure prussienne les Annales qu'il éditait à Leipzig, chez Wigand, sous peine d'interdiction dans les Etats prussiens. Ruge émigra à Dresde, où il édita, à partir du 1er juillet 1841, les *Annales allemandes :* Ruge avait compris qu'il fallait changer de ton, et B. Bauer, renonçant à sa revue de Bonn, était devenu son collaborateur.

Feuerbach n'avait même pas pu garder ses illusions aussi longtemps que Strauss, Bruno Bauer ou Ruge : son premier ouvrage, « anonyme et innommable, » *namenlos*, sans-nom dans tous les sens du mot, l'avait fait mettre à l'index dès le début, de sorte que toutes ses œuvres doivent leur naissance au sentiment d'opposition contre une époque « où on voulait, par la peur, faire reculer l'humanité jusqu'aux ténèbres du passé ». Son histoire de la philosophie est une protestation contre la tentative que faisait la réaction pour accaparer les grands philosophes. On recommençait la tactique qu'on avait essayée en France autour de 1800, quand on publiait par exemple : *Le Christianisme de François Bacon* ou *Pensées et sentiments de ce grand homme sur la religion* (à Paris, an VII, 2 vol.). Après que le juif converti Fr. Jul. Stahl eut célébré le droit chrétien et la politique chrétienne (1833), et en attendant que le docteur von Ringseis, membre du Conseil supérieur de médecine de Bavière et chevalier de l'ordre du mérite civil de la couronne royale, cherchât le salut dans la médecine chrétienne (1841), le docteur Hock, « inspiré par l'esprit qui soufflait de Vienne, étouffait dans l'encens Descartes, le philosophe chrétien par excellence » (*Descartes et ses adversaires*, 1836). C'est ce mouvement que Feuerbach voulait arrêter quand il montra comment toute la philosophie, de Giordano Bruno à Spinoza, l'art et la science de la Renaissance au dix-neuvième siècle, étaient nés d'une révolte contre l'autorité des dogmes et contre l'ascétisme chrétien. S'il consacra un volume à Bayle, c'est parce que la vieille lutte entre catholiques et protestants avait repris sous la forme la plus violente et la plus haineuse, particulièrement en Bavière et en Prusse rhénane : il lui parut opportun de célébrer un des premiers champions de la tolérance[1]. L'article où Feuerbach insiste sur les sacrilèges de Hegel est une réponse aux attaques de l'historien Léo; cet ancien adepte de la *Burschenschaft*, devenu professeur à Halle, continuait, même après l'exclusion de deux de ses collègues de l'Université, à accuser la gauche hégélienne d'impiété : dans les deux éditions des « *Hegelingen* », il lui imputait à crime l'indépendance qui reste son titre dans l'histoire. Ainsi provoqué, Feuerbach riposta en affirmant que non seulement toute philosophie est contraire au christianisme puisqu'elle

---

1. Cf. *Werke*, II, p. 97; VIII, p. 12.

doute, mais encore que toute philosophie de la religion, en particulier celle de Hegel, est irréligieuse et hérétique, puisqu'elle pense. La réaction avait abouti au résultat que Hengstenberg déjà avait cherché¹ : en 1841, quand le romantisme eut monté sur le trône des Césars, il n'y eut plus en présence que deux partis, le parti des croyants orthodoxes et le parti des adversaires de la foi. On a rendu impossible ainsi par la violence toutes les tentatives de conciliation ; au lieu de favoriser une évolution pacifique du protestantisme vers la liberté, au lieu de tenter une éducation graduelle des masses par des pasteurs éclairés se mettant à la portée des fidèles, on a acculé les pays réformés à la situation révolutionnaire où se trouvaient déjà les pays restés catholiques. Désormais, ce ne sera plus Hegel qu'on reconnaîtra comme philosophe officiel, ce sera Schelling, le Schelling vieilli et aigri, le Schelling égaré dans la théosophie, que personne ne comprend plus et qui, sans doute, ne se comprend plus lui-même. Mais, en revanche, la gauche hégélienne, que la contre-attaque des forces de droite a obligée à déployer rapidement toutes les conséquences que la méthode du maître tenait en réserve, occupe les positions les plus avancées, et avant même que l'oracle de Munich ait réussi à proclamer sa dernière énigme, Feuerbach a lancé dans la bataille son *Essence du christianisme* et Bruno Bauer a fait entendre la *Trompette du Jugement dernier*.

Quand parut, enfin, cette philosophie suprême de Schelling, qui paraissait avoir honte d'elle-même tant elle se fit attendre avant de se risquer au grand jour, elle trouva à qui parler. Le pamphlet de Chr. Kapp contre le serviteur mystique des idoles de Munich, destiné d'abord aux *Annales de Halle*, était devenu un livre. Feuerbach, après y avoir ajouté de sa main de nombreuses citations tirées de Jacob Bœhme, s'arrangea pour faire paraître, en 1843, l'ouvrage anonyme de son ami. Il ne voulut pas pourtant, malgré les invitations pressantes d'Arnold Ruge et de Karl Marx, consacrer lui-même une étude spéciale à cette « philosophie ridicule qui n'avait pour arguments que des noms et des titres[1] ». Aux journaux qui célébraient cette majesté nouvelle et annonçaient la dernière incarnation de la raison divine et de la raison d'État, Feuerbach répondit simplement : « Pauvre Allemagne! que de fois tu t'es laissé abuser par les farces théosophiques de ce Cagliostro, qui n'a jamais tenu ce qu'il a promis, ni démontré ce qu'il a affirmé. Il n'a jamais invoqué que des noms; mais, jadis, c'était du moins les noms de la raison et de la nature, les noms des choses qu'il mettait en avant. Cette fois, c'est avec des noms de personnes qu'il veut t'étourdir, avec les noms d'un Savigny, d'un Twesten ou d'un Neander! Pauvre Allemagne! on veut te ravir jusqu'à ton honneur scientifique. Des signatures prétendent compter comme preuves scientifiques, comme

---

[1]. Il ne peut évidemment s'agir ici de juger en quelques mots la philosophie de Schelling. On peut soutenir que même sa dernière philosophie ne manque pas de cohérence, et on peut admettre que sa métaphysique convient aux conservateurs. Nous nous sommes bornés à reproduire le jugement de Feuerbach, de manière à montrer comment les théories de Schelling ont accéléré l'évolution de la gauche hégélienne.

arguments rationnels ; mais tu ne te laisses pas étourdir. Tu connais encore trop bien l'histoire du moine augustin. Tu sais que jamais jusqu'ici une vérité nouvelle n'est venue au monde avec des décorations, dans l'éclat du trône, au bruit des tambours et des trompettes ; c'est toujours dans l'obscurité d'un coin caché, parmi les larmes et les soupirs, que naît le nouvel Évangile. Ce ne sont jamais les classes supérieures, justement parce que leur position est trop haute, ce ne sont jamais que ceux d'en bas qui sont entraînés par les vagues de l'histoire du monde. » Dans ces lignes, écrites le 1ᵉʳ avril 1843 en post-scriptum à l'Introduction de la deuxième édition de l'*Essence du christianisme*, Feuerbach a donné comme le testament philosophique de la gauche hégélienne. Les traditions de l'origine humble du Christ et de la lutte inégale du doux peuple de Galilée contre la dure aristocratie judéenne, les souvenirs du plébéien Luther se levant en face du pape et de l'empereur et opposant sa foi de moine et son bon sens d'homme à l'autorité des Pères de l'Église et aux interprétations des cardinaux, apparaissent maintenant comme les symboles d'une loi logique de l'histoire : la réalité passée elle-même justifie la raison de l'avenir. Dans le système du maître, l'être avait une double face ; la gauche de l'école a su orienter méthodiquement dans le sens du progrès tout le devenir.

CHAPITRE II.

Le Positivisme de Feuerbach.

Dans l'œuvre commune de la gauche hégélienne, Feuerbach a joué un rôle personnel : il a été le plus hardi de tous les élèves du maître. Ce n'est pas qu'il ait eu moins de respect pour la religion que Strauss ou Bruno Bauer : il a eu, au contraire, plus de foi. Strauss a mieux compris l'hellénisme que le christianisme, la Renaissance que la Réforme ; les génies religieux, comme Luther ou Pascal, lui ont paru des êtres anormaux, effrayants en un sens ; il préférait à leurs œuvres sublimes et étranges les écrits des fins humanistes comme Érasme, les poésies classiques de Gœthe ou les opéras de Mozart. Bruno Bauer, agressif dans ses satires philosophiques, sagace dans ses recherches historiques, était un esprit critique ; dans les mouvements religieux, il voyait surtout de l'ignorance et de la confusion. Feuerbach, au contraire, a toujours respecté les grands chrétiens et aimé la bonne volonté des humbles. Mais c'est justement parce qu'il avait le sens de la religion qu'il ne cherchait pas à la réduire à une philosophie abstraite et théorique ; il savait que, pour une âme pieuse, l'essentiel n'est ni le dogme, ni le culte, mais la vie intérieure et la communion intime avec Dieu. Les vrais représentants de la foi à ses yeux, ce ne sont pas les pharisiens, les délégués aux conciles ou les princes de l'Église ; ce sont les moines austères et mystiques. Sûr ainsi de respecter l'essence de la religion et de ne pas blesser les sentiments, il a eu toute liberté pour attaquer les idées et les institutions ; sauvegardant l'esprit, il a pu démolir sans scrupule les formes extérieures et passagères et toutes les choses temporelles.

Feuerbach n'a pas craint non plus de rompre tout lien entre les communautés chrétiennes et lui. Les hégéliens avaient cru d'abord qu'ils pourraient concilier la prédication de la foi et l'enseignement de la vérité philosophique. Des tentatives de ce genre peuvent être plus ou moins sincères ; elles ont, sans doute, été répétées souvent depuis qu'il y a des Églises et se renouvelleront tant qu'on essaiera de maintenir les anciennes ou d'en fonder de nouvelles. C'est ainsi que le vicaire savoyard de Jean-Jacques Rousseau a cru, sans doute, pouvoir accorder sa profession de foi avec les devoirs de son ministère ; et son disciple Robespierre a cru pouvoir demander aux prêtres constitutionnels de prêcher au nom du fils de Marie la vertu et l'égalité au peuple de France et à l'humanité. Dès le cinquième siècle, le néoplatonicien Synesius, élu évêque de Ptolémaïs et confirmé par le patriarche Théophile d'Alexandrie, déclarait qu'il ne croyait pas à la résurrection des corps et à la fin du monde, mais qu'il enseignerait les mythes au peuple : ce sont déjà les termes mêmes de Strauss. Feuerbach s'est toujours emporté contre ces adaptations théologiques ; selon lui, cette casuistique, qui permet de respecter les dogmes en les tournant, est aussi pernicieuse au sein du protestantisme que la morale des jésuites avait été dangereuse dans le catholicisme : par les réticences mentales et les intentions équivoques, on peut ici aussi voiler toutes les hypocrisies et excuser toutes les défections. Même quand l'intention du théologien est pure, les artifices sont condamnables, car ils réservent la vérité aux hiérarchies établies. Ils destinent à l'usage exclusif des clergés la révélation qui est due à tous ; ils conduisent à écrire en latin ce qu'on pense et à dire dans la langue vulgaire ce qu'on veut faire croire au peuple. Or, Feuerbach n'admet aucun privilège, aucun monopole de la vérité. Il ne s'agit pas, selon lui, d'une philosophie d'école : il s'agit de l'humanité ; ce n'est pas des livres, c'est des hommes qu'il faut faire. Il ne suffit pas d'avoir pour soi les classes dites supérieures ou éclairées, parce qu'elles sont dirigeantes, les dix mille d'en haut ; c'est un devoir sacré de préserver de l'erreur tous ses semblables.

Cet esprit démocratique aussi distingue Feuerbach de Strauss ou de Bruno Bauer. Celui-ci n'avait que dédain pour les masses inconscientes qui ne comprennent pas l'ironie métaphysique et la critique absolue ; l'autre avait peur des barbares. C'est ce qui explique les hésitations, les fluctuations de Strauss et les revirements, pour ne pas dire les apostasies de Bruno Bauer. Strauss a fini par demander les lois d'exception que Bismarck devait promulguer contre les ouvriers ; Bruno Bauer, après avoir démontré par des déductions spéculatives, d'abord la naissance surnaturelle de Jésus, puis la caducité de toutes les Églises établies, a mis sa plume au service de la réaction et de l'orthodoxie prussienne. Feuerbach a reconnu de bonne heure dans Weitling un prophète de sa classe et a adhéré dans sa vieillesse au parti socialiste fondé par Lassalle et Marx.

Plus que les autres, enfin, Feuerbach fut désintéressé ; dès sa jeunesse, il jugea vains les biens de ce monde. Au temps où il étudiait la théologie à Heidelberg, il écrivit à son père qu'il trouvait la Palestine trop étroite; son père essaya de le détourner de la philosophie en lui faisant prévoir une existence pleine de soucis, sans honneur et sans pain. Feuerbach renonça aux situations de l'Église d'abord, puis à celles de l'Université, pour mener la vie que son père lui avait prédite[1] ; il se consola en songeant à la destinée des grands philosophes : les honneurs n'avaient pas porté bonheur à Bacon; Leibniz avait, par excès de complaisance pour les Altesses, sacrifié parfois la philosophie à la théodicée; Bayle appelait sa charge un fardeau importable; Kant et Fichte furent inquiétés pour leurs opinions; Hegel et Schelling, en revanche, qui furent couronnés rois de la philosophie à Berlin et à Munich, se laissèrent, selon le mot de H. Heine, quelque peu oindre à cette occasion. Feuerbach respecte Jacob Boehme, qui fut un honnête cordonnier ; il admire surtout cet opticien silencieux qui fut assez sage en son temps pour refuser une chaire à l'Université de Heidelberg.

1. Cf. Lettre de Feuerbach à son père, 22 mars 1825, et réponse de son père, du 20 avril 1825 (Grün, pp. 191 et 197).

La philosophie de Feuerbach, comme celle de Spinoza, a gagné à ce désintéressement. Les *Pensées sur la mort et l'immortalité* affirment l'impérieux devoir pour l'homme de se sacrifier sans espoir de récompense. C'est pour ne pas choisir une croyance par intérêt que Feuerbach a parié contre toute rémunération. Il voulait rendre entièrement à l'humanité et à la nature la vie qu'elles lui avaient prêtée. Il songeait d'autant moins à se plaindre, si quelque *memento mori* lui rappelait sa dette, qu'il se savait privilégié : il pensait aux humbles qui avaient eu une moindre part, aux animaux, aux plantes ; il s'humiliait jusqu'à vouloir partager sa vie avec la pierre dont la vie n'est qu'une mort éternelle, et la mort lui apparaissait douce comme l'amour. Il disait[1] : « La nature m'est une mère ; je me sens redescendre sans inquiétude au sein de la terre ; je tiens à être enterré tout entier dans cette terre qui est ma terre natale. *Ubi patria, ibi bene*. Vouloir émigrer dans un autre monde, c'est déserter. Qu'importe si notre canton est pauvre : les prunelles de mon village sont meilleures que les figues exotiques ; je préfère mon pain noir au biscuit délicat qu'on me servira dans vos palais célestes. Achille, le héros grec, aimait mieux être manœuvre sur terre que roi dans le royaume des ombres. Je n'ai pas besoin d'être consolé de ma mort ; je ne veux pas être consolé de la mort des autres. La douleur m'est sacrée ; vos consolations sont impies. C'est parce que le philosophe pensait, comme Alfred de Vigny, le noble soldat-poète, que la

---

1. Cf. *Distiques satiriques contre la théologie*.

mort est une épée sur laquelle il faut s'enferrer courageusement, qu'il est revenu sans cesse à ce douloureux débat. Il savait qu'il est nécessaire, pour pouvoir rompre avec la foi ancienne, de ne pas se préoccuper de son intérêt personnel ici-bas ou dans un autre monde. Il avait coutume de dire qu'il faut sortir du christianisme, comme Bias est sorti de Priène ou Stilpon de Mégare, en ne sauvant que sa conscience. Feuerbach n'a même pas gardé le regret des idylles mystiques qui hantait parfois jusqu'à Renan lui-même, quand l'auteur des *Origines du christianisme* se prenait à envier les destinées du petit livre de messe, que feuillette, le dimanche, une main fine gantée de noir.

Jamais Feuerbach n'a eu la nostalgie des illusions perdues; jamais il n'a reculé devant un problème ni devant une solution : son caractère le poussait en avant. Il y a de la droiture dans sa persévérance à aller jusqu'au bout de ses déductions. M. Lanson a dit de Voltaire qu'il était choqué d'un manque de justice comme d'un manque de logique; on pourrait dire inversement de Feuerbach qu'il était froissé d'une inconséquence comme d'un défaut moral, comme d'une hypocrisie ou d'une lâcheté. Ce n'est pas qu'il fût intolérant. Strauss, vers la fin de sa vie, se chercha un résidu de fanatisme pour se trouver un reste de religion : il condamna, au nom d'une théodicée optimiste de la Matière, les hérésies de Schopenhauer. Feuerbach ne connaissait pas d'autre blasphème que le blasphème d'un homme contre ses propres principes, le désaccord entre les pensées, les paroles ou les actes d'un individu. Dès le début, il a jugé ainsi; à l'âge de dix-neuf ans, il écrit à son père : « Je m'incline devant tout homme, fût-ce même un Bahrdt, démolirait-il même les choses les plus sacrées, pourvu qu'il le fasse avec courage et ouvertement[1]. » Au contraire, la théologie, avec son mélange de liberté et de dépendance, de raison et de foi, répugnait jusqu'à la mort à son âme avide de vérité, c'est-à-dire d'unité, de décision, de résolution. C'est ce besoin moral qui a fait de Feuerbach l'ennemi acharné du christianisme dégénéré. Sans doute, il a eu cette haine ardente qu'a toujours inspirée aux caractères nobles et aux cœurs purs l'influence souvent dégradante de la superstition, et dont Lucrèce déjà avait su donner une si énergique expression; il a protesté, lui aussi, contre les tortures et les crimes du fanatisme, contre la fausse humilité de ceux qui se font les valets des dieux d'en haut pour faire peser la tyrannie sur les hommes d'en bas, et qui ne reconnaissent un Être absolu que pour pouvoir élargir à l'infini leur pitoyable personne; il a méprisé ceux qui ne voient dans la religion qu'une assurance sur la vie et consentent de petits sacrifices dans l'espoir d'une large indemnité; il a dédaigné ceux qui sont chrétiens par préjugé mondain ou par respect de la police d'Etat; il a plaint ceux qui, faibles épigones des grands saints qui aimaient à aimer, veulent croire qu'ils croient encore et n'ont retenu du grand drame chrétien qui s'est joué sur la scène du monde que le vague souvenir d'un épisode attendrissant. Mais si

---

1. Lettre de Heidelberg, 1823. Cf. Grün, I, p. 171.

lui-même, Feuerbach, n'est plus chrétien, c'est parce qu'aujourd'hui, nous dit-il, on ne peut plus l'être sans mentir à soi-même et aux autres. Le catholicisme se réclame à la fois de l'empire romain et du Christ, de César, des publicains et des pêcheurs de la Galilée. Le protestantisme autorise dans cette vie la conduite naturelle, mais garde les dogmes qui condamnent tout ce qui est terrestre. Le christianisme n'apparaît plus que comme une idée fixe qu'on veut concilier avec tout ce qui en est la négation évidente, avec nos théâtres et nos laboratoires, nos pinacothèques et nos glyptothèques, nos écoles militaires et industrielles, nos chemins de fer et nos machines à vapeur. On est pieux dans ses prières; on agit comme les athées. Ce cousin de Frédéric II qui, d'un coup de fusil, fit tomber un couvreur d'un toit pour amuser sa maîtresse, et qui se vantait d'être plus chrétien que son parent, l'ami de Voltaire, était plus cynique sans doute et plus cruel que ses sujets; mais il raisonnait comme eux. Le roi de Prusse se glorifie d'avoir rétabli l'ordre avec l'aide de Dieu et de sa fidèle armée; il applique les préceptes que recommande la sagesse des nations : « Aide-toi, le ciel t'aidera. » Partout on retrouve le même accouplement des choses humaines et des choses divines : on veut unir la mythologie de l'Olympe aux dogmes des Pères de l'Eglise; on veut exprimer par l'art hellénique la foi des iconoclastes, commenter par le droit romain la loi et les prophètes, justifier la baïonnette prussienne par le sermon sur la Montagne; on profane ainsi ce qui est saint; on contamine ce qui est pur. Et qu'on ne croie pas échapper à ce vice en ne gardant que la religion dite naturelle! Car comment concilierez-vous le pouvoir absolu de Dieu et les lois rigoureuses de la nature? Le Seigneur se serait-il réservé, dans la charte octroyée au monde, le droit de veto, le droit de grâce, le droit de miracle? Dieu n'est-il plus qu'un roi constitutionnel, partisan du juste milieu? Non! monarchie absolue ou république, Dieu ou nature, il faut choisir. Il vaut mieux que Dieu tombe en sauvant l'honneur que de survivre déshonoré. Comment accorderez-vous aussi la responsabilité humaine et la prescience divine? Calvin, un des plus hardis cependant des chrétiens modernes, n'a vu dans les hommes de bien que les instruments de Dieu, mais il a condamné les criminels. Croyez-vous enfin à cette vie ou à l'autre? Direz-vous que vous ne vous représentez plus l'immortalité comme une béatitude constante et une fête éternelle, que vous n'aspirez plus à cette fixité et à cette monotonie, à ce repos sans lutte et à cette jouissance sans besoin, que vous souhaitez au contraire un progrès indéfini pour développer toutes vos facultés? Mais ne voyez-vous pas qu'à la place du sabbat continuel, vous mettez ainsi dans l'au-delà la semaine de travail d'ici-bas? Vous voulez donc que les jours de labeur se suivent perpétuellement et sans répit, pour prolonger après votre mort votre *curriculum vitae?* Ayez plutôt le courage de renoncer ouvertement, virilement à une autre vie. Ecoutez ce que dit Luther : « De deux choses l'une : croyez tout, entièrement, sans réserve ni réticence, ou ne croyez rien. Le Saint-Esprit ne souffre ni séparation ni partage; dans la foi qu'il enseigne ou qu'il inspire, il n'y a pas une part de vrai et une part de faux... Si la cloche est fêlée sur un point, elle ne sonne plus et elle est abîmée entièrement. »

On voit que Feuerbach, comme son contemporain Auguste Comte, s'est révolté contre la juxtaposition, dans les esprits du dix-neuvième siècle, de deux séries d'opinions logiquement inconciliables. On peut dire que tous deux ont jugé mauvaise cette coexistence du mode de penser théologique ou métaphysique et du mode de penser scientifique ; tous deux sont allés jusqu'au positivisme pour rétablir la cohérence nécessaire[1]. Il y a pourtant, entre les deux œuvres, des différences essentielles. D'abord, l'inspiration première n'est pas la même chez les deux philosophes. Comte, catholique de naissance et disciple de Joseph de Maistre, voulait restaurer un corps de doctrines pour rétablir un ordre spirituel et temporel analogue à celui du moyen âge ; chez lui, l'anarchie moderne avait réveillé le besoin d'unité sociale. Feuerbach, au contraire, tenait plus, grâce à son éducation protestante, à la foi personnelle qu'aux œuvres communes ; il sentait surtout le besoin d'unité intérieure et individuelle ; il y avait dans sa nature une tendance profonde à aimer l'harmonie.

Son ami Riedel avait cru discerner en lui un germe de « *Weltschmerz* »; il avait supposé que le philosophe, comme les poètes romantiques, se plaisait à souffrir des déchirures de l'âme. Feuerbach lui ré-

---

1. Cf. Lévy-Bruhl, *La philosophie d'Auguste Comte*. — On a souvent comparé Feuerbach et A. Comte. Cf. Lange, *Hist. du Mat.*; Jodl, *Hist. de l'éthique*; Kolgen, *Les origines philos. du social*.

pondit : « Si tu entends par cette douleur la peine commune aux hommes de ce siècle qui ont conscience d'un avenir meilleur, ou le mécontentement de soi qui poursuit sans relâche les esprits avides de progrès, ou le chagrin qui vient de cette expérience que la réflexion attend le nombre des années, ou la souffrance morale que nous cause la conscience d'un écart constant entre notre vie et notre connaissance, tu as raison de ne pas m'en juger exempt ; mais tu as tort, si tu prends le déchirement intérieur dans un autre sens ; tu as tort, si tu vas jusqu'à m'attribuer quelque penchant voluptueux au mal du siècle. J'aime, au contraire, en tout le simple, l'entier, l'indivis. Je préfère les êtres aquatiques aux amphibies, bien que ceux-ci, par leur organisation, appartiennent à une classe plus élevée. Souvent je me suis senti attiré, comme le pêcheur dans la ballade de Gœthe, vers l'élément clair où se plaît à demeurer le petit poisson silencieux ; mais jamais je n'ai été tenté d'envier les poches gonflées de vent des batraciens ou la double langue des serpents. Non ! je préfère le petit poisson qui reste chez lui au crapaud qui émigre sur le sol des hommes, bien que par sa naissance et sa nature, il appartienne au marais ; je préfère le bouvreuil dont le chant monotone est du moins personnel et naturel au perroquet qui reproduit les paroles d'autrui. Mes fleurs favorites sont les plus simples... J'aime le parfum du muguet... Le tronc droit du palmier oriental me plaît... Je prends le café pur, sans sucre et sans lait... Mes cinq sens ont le goût de l'originalité, de l'intégrité ; comme eux, je déteste tout ce qui est falsifié, interpolé; je hais tous les ingrédients, tous les mélanges contre nature. » Ainsi, tandis que Comte cherchait à fonder une politique positive, Feuerbach voulait extraire l'essence du christianisme pour obtenir une foi pure.

D'autre part, Comte est un savant; Feuerbach est un théologien. Sans doute Feuerbach s'est toujours préoccupé de se tenir au courant des recherches scientifiques : même à Berlin, pendant les années de jeunesse, où, disciple enthousiaste de Hegel, il s'enivrait de métaphysique, il ne négligeait pas l'étude des mathématiques et de la philologie; et en quittant le maître, il lui dit : « Je vais maintenant étudier l'anatomie et les sciences naturelles. » Hegel ne put pas se froisser de ce congé, car Feuerbach obéissait à une loi historique dont l'auteur de la *Logique* avait montré la raison et la nécessité : « Après m'être consacré deux ans à votre philosophie, j'éprouve le besoin de me jeter dans des études diamétralement opposées. » A Erlangen, Feuerbach suivit les cours de Koch et de Fleischmann; à Bruckberg enfin, Feuerbach ne se borna pas à suivre du mieux qu'il put le progrès des sciences naturelles; il étudia lui-même la nature qui l'entourait. Aussi fut-il amené, comme Auguste Comte, à comparer la méthode de la philosophie et la méthode des sciences. Il se demanda jusqu'à quel point son maître Hegel avait le droit de prétendre à l'objectivité scientifique.

La philosophie de Hegel, comme toute métaphysique rigoureuse, dérive tout d'une première prémisse, nécessaire en ce sens qu'on est forcé de l'admettre en l'énonçant. Elle soutient qu'elle n'a pas besoin de postulat particulier ou arbitraire. Or, demande Feuerbach dans sa critique de la philosophie hégélienne, comment une philosophie de ce genre, une métaphysique *à priori* est-elle possible? est-elle concevable? Son existence même ne serait-elle pas en contradiction avec les idées de Hegel sur l'histoire? Une philosophie peut-elle avoir d'une part un commencement nécessaire, universellement et absolument nécessaire, et d'autre part un commencement qui est déterminé par la date et le lieu de son apparition, par l'état de la philosophie à ce point précis de l'espace et du temps? Hegel ne part-il point du système de Fichte et de Schelling? Hegel s'est posé d'abord la question qui était, au moment où il construisait son système, à l'ordre du jour de la philosophie allemande : « Quel est pour la philosophie le vrai principe? » — bien qu'une pareille question n'ait d'intérêt que pour une philosophie qui s'attache plus à l'exposition dogmatique qu'au fond des choses. N'est-ce pas là — abstraction faite de la différence de contenu et de la différence de forme qui en résulte — la méthode même de Fichte? Fichte part des choses telles qu'elles nous apparaissent et aboutit à montrer qu'elles sont bien ainsi pour elles-mêmes; il revient finalement à son point de départ, de sorte que le mouvement même de sa démonstration est un mouvement circulaire. Hegel n'a fait à cet égard que donner une

---

1. Cf. *Werke*, II. Critique de la philosophie de Hegel, pp. 185-232.

forme plus parfaite à ce cercle que Fichte avait essayé de construire. La philosophie de Hegel, comme tout ce qui apparaît dans le temps et dans l'espace, a donc un point de départ particulier et accidentel.

En fait, le système de Hegel commence par un postulat qu'il ne critique pas, à savoir qu'il faut partir du concept de l'être pur, de l'être abstrait. Or, pourquoi ne pas partir de l'être lui-même, de la réalité concrète? Hegel, dans sa logique, définit l'être ce qui est immédiat, indéterminé et identique à soi-même. Cette définition ne suppose-t-elle pas la définition préalable des termes : immédiat, indéterminé, identique? Hegel continue : « L'être passe au néant; il disparaît immédiatement dans son contraire. » Ne suppose-t-il pas ici qu'on connaît déjà des représentations sensibles comme celle de disparition? Voyons la suite de cette métamorphose : « Le devenir est l'unité de l'être et du néant, quand cette unité n'est pas en repos; l'existence est cette unité parvenue au repos. » Ne faut-il pas supposer ici encore qu'on connaît la représentation du repos? Ne faut-il pas admettre de plus qu'il y a moyen de parvenir au repos? Les sceptiques peuvent objecter que le repos est une illusion des sens, que tout est toujours en mouvement. Sans doute, dans ce système, qui dit A est forcé de dire B; mais que répondrez-vous à celui qui ne veut absolument pas dire A, et qui vous réplique : Votre être pur et indéterminé n'est qu'une abstraction; il n'y a de réel que l'être concret; prouvez-moi d'abord l'existence des universaux? Vous voilà ramenés à la querelle des réalistes et des nominalistes. Ainsi l'intuition sensible peut faire opposition à la logique et la logique ne peut la récuser sans être juge et partie. Le système de Hegel se heurte dès le début à la même objection que le système de Fichte. Chez Fichte, il y a contradiction entre le Moi pur et le moi empirique et réel. On peut lui objecter que le Moi pur n'est plus un moi; on peut objecter de même à Hegel que l'Être pur et vide n'est plus un être. La logique dit : Je fais abstraction de l'être défini; l'unité de l'Être et du Néant n'est pas pour moi un prédicat de l'Être défini; cette unité ne paraît paradoxale et ridicule au sens commun que parce qu'il substitue à l'Être pur un être défini. Mais le bon sens réplique : Il n'y a pas d'autre être que l'être défini. Si vous enlevez à l'être sa définition, il ne reste rien et il ne vous est pas difficile alors d'identifier au néant ce reste nul. C'est cette objection qu'il s'agit de réfuter. Il ne suffit pas de se démontrer à soi-même qu'on a raison : pour prouver, il faut convaincre autrui. La dialectique ne doit pas être un monologue de la spéculation, mais un dialogue de la spéculation et de l'expérience. Le penseur n'est un dialecticien que s'il est son propre adversaire. L'art suprême et le triomphe de la force est de se mettre en doute soi-même. La seule philosophie objective, la seule qui commence sans postulat subjectif, est celle qui a assez d'indépendance et de courage pour partir de ce qui lui est opposé. Tous les philosophes modernes ont admis comme postulat la vérité de leurs principes personnels; ils se sont bornés à les expliquer comme Fichte ou à les développer comme Hegel. Kant a critiqué l'ancienne métaphysique, non la sienne. Fichte suppose qu'on admet la philosophie de Kant; il n'a voulu qu'en coordonner les conclusions. Schelling admet d'une part la philosophie de Fichte, et restaure d'autre part le système de Spinoza, qui en est, en un sens, la contre-partie[1]. Hegel fait une synthèse de Fichte et de Schelling. Hegel regrettait dans l'Absolu de Schelling le manque de réflexion; il a fait rentrer dans cet Absolu les raisonnements du Moi de Fichte, mais il n'a pas contesté l'existence, la réalité objective de l'Identité absolue. Il a admis l'essentiel de la philosophie de Schelling, il n'a critiqué que les défauts de forme. Hegel a fait sur la philosophie de Schelling le travail que Fichte a fait sur la philosophie de Kant. Tous deux considéraient comme acquise la vraie philosophie; dans leurs doctrines de la science, ils ont voulu seulement l'exposer systématiquement. Hegel a substitué ses déductions logiques aux affirmations que Schelling fondait sur l'intuition intellectuelle immédiate.

Mais justement parce qu'il n'y a pas là qu'une substitution, il est permis de dire que la preuve de l'Absolu, malgré la rigueur scientifique du raisonnement chez Hegel, n'est qu'une preuve apparente. En réalité, Hegel lui-même considère l'Idée absolue comme prouvée avant d'en commencer la démonstration : il n'y a dans cette déduction qu'un déguisement, un jeu. De même que le penseur, sûr à l'avance du résultat, feint en écrivant d'être amené peu à peu au but qui est son

---

1. Cf. à ce sujet Delbos, *Le problème moral dans la philosophie de Spinoza*.

point de direction fixe, de même l'Idée absolue feint dans son progrès de partir de l'Être et de l'Essence qui, en réalité, supposent déjà l'Idée elle-même. Pour Hegel, l'Idée absolue était une certitude intérieure ; il ne la critiquait point, il ne la mettait point en doute personnellement, mais il fallait la démontrer aux autres. Cette démonstration était ainsi nécessaire, si l'on veut ; mais, d'autre part, elle était superflue et impossible. Dans le système de Hegel la fin suppose le commencement et le commencement suppose la fin. L'Être est déjà la certitude de l'Idée ; l'Être n'est pas autre chose que la manière d'être immédiate de l'Idée ; aussi cette ignorance de soi-même que montre au début l'Idée n'est qu'une ignorance ironique. L'Idée dit Être ou Essence : elle n'entend par là qu'elle-même ; elle garde l'incognito durant son progrès ; elle ne trahit son secret qu'à la fin.

Mais ces ruses ne servent à rien : ce n'est pas par des détours que la logique abstraite triomphe de son ennemie, l'intuition sensible. Voyons les deux adversaires aux prises dans la *Phénoménologie*. Le premier chapitre traite de la certitude sensible, c'est-à-dire, selon Hegel, de l'illusion du particulier. Les sens disent, d'après la phénoménologie : « Voici un arbre » ; mais faisons un pas de plus, ils diront : « Voici une maison ». Ils disent : « Maintenant il fait jour » ; attendons un instant, ils diront : « Maintenant il fait nuit ». Rien ne demeure constant sous ces éclipses successives que les termes généraux de « voici » et de « maintenant ». Nous ne pouvons même pas exprimer le particulier dont les sens nous donnent l'illusion : la langue réfute immédiatement cette erreur en n'exprimant que l'universel, seul élément de vérité dans la certitude sensible. — La langue, réplique Feuerbach, ne prouve rien ; mon frère s'appelle Jean ou Pierre ; il y a beaucoup d'autres individus qui s'appellent Jean ou Pierre ; s'ensuit-il que seules la Piérréité et la Jehannité existent vraiment ? Or, pour la conscience sensible, tous les mots sont des noms propres. La réalité du particulier est une vérité scellée de notre sang ; c'est la langue qui n'est qu'un vain signe sans réalité. Hegel ne réfute le réel qu'en paroles. Il dit : « Vous croyez voir un arbre ; faites demi-tour, cette illusion aura disparu. » Tout cela est facile dans la *Phénoménologie* où, pour faire demi-tour, il suffit d'un mot, d'une particule ; mais dans la réalité, où il me faut faire un effort pour forcer mon corps alourdi à exécuter le mouvement sans maladresse fâcheuse, la réalité sensible s'affirme derrière mon dos : l'arbre me limite, me pousse hors de l'espace qu'il occupe. Hegel ne réfute que l'hæcceitas, l'idée de la réalité ; la phénoménologie n'est au fond qu'une seconde logique. La pensée prétend ici partir de ce qui lui est opposé, de la conscience sensible ; en réalité, elle ne part que de l'idée du sensible ; elle est ainsi sûre à l'avance de la victoire et peut se permettre de traiter son adversaire avec humour ; mais quand tout est fini, elle n'a triomphé que d'un fantôme.

La philosophie de Hegel prétend être critique ; or, pour être vraiment critique, il faut qu'une philosophie distingue rigoureusement dès l'origine entre ce qui est subjectif et ce qui est objectif, qu'elle soit critique dans sa genèse même. Une philosophie de ce genre aurait pour objet principal les causes secondes. On peut comparer, en effet, la philosophie métaphysique, qui transpose dans l'Absolu les phénomènes psychologiques et les besoins subjectifs que Jacob Boehme avait attribués à Dieu, à la représentation théologique de la nature qui montrait aux hommes dans les comètes les effets immédiats de la volonté divine. La philosophie positive[1] doit procéder comme la science qui, cherchant l'origine des noix de galle, que la superstition faisait remonter au diable en personne, la découvre dans une piqûre innocente d'insecte. La philosophie de Hegel est à la fois rationaliste et mystique : au premier abord, elle séduit les cœurs aussi bien que les esprits ; mais elle ne tarde pas à être insupportable aux âmes mystiques, parce qu'elle détruit par ses termes logiques le charme de l'illusion, la douceur de l'abandon et l'ivresse de l'abîme ; et elle ne satisfait pas longtemps les têtes pensantes, parce qu'elle n'élimine pas rigoureusement tout ce qui n'est pas rationnel. Hegel garde, par exemple, pour édifier son système, la formule dont Schelling a fait la devise de sa philosophie : il admet l'identité du subjectif et de l'objectif. Or, admettre ainsi une formule confuse, c'est partir d'un principe stérile et pernicieux ; car c'est

1. Nous employons ce terme dans le sens qu'il a dans l'histoire de la philosophie française depuis Comte ; Feuerbach dit « philosophie anthropologique ou genetico-critique ». En Allemagne on a appelé positivistes les partisans des religions positives ou les disciples de la dernière philosophie positive de Schelling.

omettre la réserve qui est la condition du bon usage de la pensée : *Si fabula vera...* Dès le début de la *Logique* nous voyons où peut conduire cet oubli des précautions de la critique; Hegel nous parle du Néant sans analyser ce terme ni en rechercher l'origine. Or, qu'est-ce que ce Néant? Par l'ombre d'Aristote! le Néant ne saurait être pensé, car penser c'est définir. *Non entis nulla sunt praedicata. Non entis nulla est scientia. Nihilum dicimus cui nulla respondet notio.* Penser, c'est penser ce qui est. On a reproché aux philosophes païens d'avoir affirmé l'éternité de la matière et du monde; or, la matière n'a chez eux que le sens d'« être »; on leur reproche donc d'avoir pensé. Comment d'ailleurs les chrétiens s'y sont-ils pris pour supprimer l'éternité, c'est-à-dire la réalité de l'être? Ils ont attribué l'éternité à un être particulier, à Dieu. Comme cet être particulier a ainsi accaparé toute réalité, il ne lui reste rien pour créer le monde; mais comme il lui faudrait tout pour cette création, on fait du Néant lui-même l'*Ens capacissimum*. Dieu crée *ex nihilo*, c'est-à-dire il tire le monde d'une quasi-matière qui d'une part n'a aucune dimension, mais qui d'autre part contient tout. Hegel compare lui-même le Néant aux Ténèbres : cette parenté des deux termes nous met sur la voie de leur origine commune. Le Néant conçu comme antithèse de l'Être est un produit de cette imagination orientale qui oppose à la Vie la Mort comme une force autonome de destruction, et qui voit dans la Nuit non pas l'absence de la lumière, mais une Puissance ennemie du Jour. Il en est du Néant comme de la Nuit de Zoroastre ; c'est un de ces dragons ou de ces serpents qui causaient jadis les éclipses de soleil, et qui continuent à habiter les coins obscurs de notre esprit : à la lumière de la science s'évanouiront ces monstres.

Cette manière d'opposer la science à la métaphysique est un procédé commun à Auguste Comte et à Feuerbach ; mais quand il s'agit, pour arriver à l'unité, d'universaliser la méthode rigoureuse de la science, c'est à l'étude de la société que l'applique en premier lieu Auguste Comte, tandis que c'est à la réforme de la religion que Feuerbach la consacre d'abord : A. Comte cherche les lois de statique et de dynamique sociale; Feuerbach analyse les dogmes religieux. Ainsi les deux philosophes ont marché en sens inverse : A. Comte, mathématicien, procédant de la tradition cartésienne du dix-septième et du dix-huitième siècle, a insisté sur la classification des connaissances avant d'aboutir dans sa seconde période à la religion du Grand-Être et à une nouvelle Imitation de Jésus-Christ; Feuerbach, au contraire, théologien de l'école de Herder, a commencé par chercher pour l'humanité une religion d'amour; il n'avait pas un goût prononcé pour la science pure. On peut soutenir que c'est justement parce que le travail théorique répugnait à sa nature, qu'il s'y est condamné, que son âme religieuse l'a forcé à considérer cette espèce de mortification comme un devoir; et à vrai dire, s'il a eu plus de santé, plus de joie que Nietzsche, il eût admis, avec l'auteur des *Choses humaines par trop humaines*, la nécessité douloureuse de réprimer ses affections pour arriver à une vue objective des faits. Il est donc permis de dire que, chez lui aussi, la morale chrétienne a vaincu le dieu chrétien ; qu'il a appliqué la notion de sincérité avec une rigueur toujours croissante ; qu'il a obéi à la conscience chrétienne qui, aiguisée d'abord dans les confessionnaux, s'est transformée, sublimée jusqu'à devenir la conscience scientifique, la propreté intellectuelle voulue à tout prix [1]. Sans doute, mais il faut ajouter que c'est en étudiant les religions qui ont prétendu prendre possession de l'univers, que Feuerbach est arrivé à montrer toute l'importance de la science. Ainsi Comte a été Aristote avant d'être saint Paul ; Feuerbach a voulu être un second Luther ; la Renaissance même était à ses yeux une conséquence de la Réforme.

La réforme religieuse fut le but que Feuerbach ne perdit jamais de vue ; c'était pour lui la seule réforme radicale : « Qui extirpe le mal par la racine est dur sans doute ; mais l'arbre n'est pas touché, si tu ne fais qu'arracher les feuilles [2]. » Strauss lui-même et Bruno Bauer ne s'étaient attaqués qu'aux formes extérieures de la foi : Bauer a fait des recherches sur la Bible et l'histoire évangélique ; Strauss a critiqué les récits de la vie de Jésus et les dogmes ; tout cela n'est que la théologie du christianisme : c'est l'essence même de la religion qu'il faut atteindre. Cette préoccupation exclusive donne à l'œuvre de Feuerbach son unité et son

---

1. Cf. Nietzsche. *Werke*, V, 302. — *Aphorismes et fragments* choisis par Lichtenberger, p. 141 : *La Philosophie de Nietzsche*, p. 21. — Cf. aussi l'article de J. de Gaultier (de Kant à Nietzsche), *Mercure de France*, I, 1900, p. III.
2. *Distiques satiriques-théol. Werke*, III.

originalité. Dès l'âge de quinze ou seize ans, l'auteur de l'*Essence du christianisme* s'était senti voué à la tâche qu'il a accomplie. Ce n'est pas que l'enseignement ait développé au cœur de l'enfant de pieux sentiments : devenu homme, Feuerbach se rappelait fort bien que le catéchisme l'avait laissé absolument indifférent ; mais il était né en lui, sans aucune influence extérieure, un besoin de foi que ne pouvaient satisfaire ni son entourage ni ses maîtres. Prenant conscience de cette vocation, Feuerbach s'assigna comme but de sa vie l'étude de la religion : il est resté fidèle à son vœu. Il écrivit ses premières œuvres sur l'immortalité et le christianisme sans chercher, sans espérer même la popularité qu'elles lui valurent entre 1830 et 1848. Quand l'attention du public se tourna vers d'autres objets, il continua, sans se soucier de l'oubli où peu à peu il tombait, ses travaux sur la naissance des dieux. Au commencement de 1845, Marx et Engels essayèrent d'entraîner Feuerbach dans le mouvement de propagande communiste. Le 22 février 1845, Engels écrit à Marx : « Quand cette lettre t'arrivera, tu auras sans doute déjà reçu la visite de Kriege. C'est un rude agitateur, ce gaillard. Il te racontera bien des choses sur Feuerbach. Le lendemain de son départ d'ici, j'ai reçu une lettre de Feuerbach ; nous lui avions écrit. Feuerbach dit qu'il est forcé d'achever sa critique approfondie de la religion, avant de pouvoir s'occuper assez du communisme pour être capable de le défendre par écrit. Il ajoute qu'il est trop isolé en Bavière de toute la vie, pour pouvoir se tenir au courant. A part cela, il est communiste ; il ne s'agit pour lui que de connaître les moyens d'exécution. Si cela lui est possible, il viendra cet été aux bords du Rhin, et alors il poussera bien jusqu'à Bruxelles. Nous lui ferons bien entendre ce qu'il convient de faire[1]. » Cette espérance fut déçue. Feuerbach ne sortit pas de sa solitude bavaroise et de sa question religieuse.

Il ne fut pas tenté, comme la plupart des savants et des professeurs allemands, de jouer un rôle dans la tragi-comédie de 1848. Il se borna à faire, aux soirs des journées révolutionnaires, des conférences sur la religion à l'hôtel de ville de Heidelberg, devant un public mêlé d'étudiants et d'ouvriers. S'il s'est abstenu, ce n'est pas par détachement orgueilleux ou par dédain aristocratique : il n'était pas un de ces écrivains qui ne prétendent faire de politique que dans la république des lettres ; bien loin de ne se soucier que de théorie pure, il ne s'est guère intéressé qu'aux questions pratiques. Toutes ses œuvres traitent de problèmes humains, des problèmes qui tiennent au cœur des mortels et qui les font souffrir ; s'il se décidait à écrire, à exprimer ses idées, bien qu'il en coûtât à sa nature, plus portée à lire et à recueillir qu'à dire et à dépenser, c'est qu'il voulait agir ; quand il publiait un ouvrage, c'était pour adresser un manifeste à l'humanité. Mais c'est précisément cette certitude qu'il avait de l'efficacité de son œuvre qui le préserva de l'action politique immédiate : ses livres étaient des actes plus décisifs que les discours qu'il eût pu prononcer au par-

---

1. Cf. Mehring, *Nachlass de Marx, Engels, Lassalle*, II, p. 347.

lement de Frankfort. Il avait conscience de prendre une part active à une grande et triomphante révolution, à une révolution profonde dont les vrais effets ne devaient se développer qu'au cours des siècles; mais il ne croyait pas aux révolutions instantanées. Au Français Taillandier, qui s'étonnait de sa réserve, il répondit : « Sachez, Monsieur, que d'après ma philosophie, — qui ne connaît pas de dieux et qui, par conséquent, n'admet pas non plus de miracles dans le domaine de la politique, d'après ma doctrine, dont vous ne savez et ne comprenez à peu près rien, bien que vous prétendiez me juger au lieu de m'étudier, — l'espace et le temps sont les conditions fondamentales de toute existence et de tout être, de toute pensée et de toute action, de tout progrès et de tout succès. Ce n'est pas parce qu'il manquait au Parlement la croyance en Dieu, comme on l'a ridiculement soutenu à la Chambre du conseil de Bavière — la plupart des députés étaient des croyants, et le bon Dieu, pour prendre ses décisions, tient compte sans doute aussi de la majorité; — c'est parce qu'il lui manquait le sens du lieu et du temps qu'il finit si piteusement sans donner de résultat. La révolution de Mars est encore une enfant, illégitime sans doute, mais une enfant de la foi chrétienne. Les constitutionnels croyaient qu'il suffisait au Seigneur de dire : « Que la liberté soit! que le droit soit! » pour que fussent aussitôt droit et liberté; et les républicains croyaient qu'il suffisait de vouloir une république pour la faire naître; ils croyaient donc à une création *ex nihilo*. Les premiers transportaient dans le domaine de la politique les miracles chrétiens accomplis par le Verbe, les autres voulaient renouveler les miracles chrétiens accomplis par des actes. Or, vous avez sans doute assez entendu parler de moi, Monsieur Taillandier, pour savoir du moins que je ne crois absolument à rien. Comment donc pouvez-vous rapprocher mon esprit de l'esprit du Parlement, mon caractère du caractère de la révolution de Mars [1]? »

Il paraît injuste, en présence de telles déclarations, d'accuser Feuerbach, comme l'a fait entre autres Engels, de n'avoir rien compris à la Révolution de 1848; il ne convient pas de dire que la pensée du philosophe s'est attardée à un stade de l'évolution dépassé par les faits, et qu'il mérita ainsi le silence qu'on fit autour de lui, en passant à l'ordre du jour. La conduite de Feuerbach s'explique aussi facilement que l'attitude de Comte ou de Renan dans des circonstances analogues; il est resté d'accord avec ses principes : or, vérifier la conséquence logique est à peu près tout ce que nous pouvons faire, comme le remarquait déjà Bayle, quand nous voulons juger la conduite du voisin. Si nous exigeons davantage, nous risquons de retomber dans l'intolérance religieuse, dont ces philosophes ont justement cherché à nous débarrasser. Dès 1846, un an avant le *Manifeste communiste*, deux ans avant la Révolution, Feuerbach avait prévu la critique d'Engels et y avait répondu à l'avance : « On prétendra peut-être, dit-il, que ma position présente est déjà dépassée; la génération nou-

1. Cf. *Werke*, VIII, Introd. Richard Wagner, qui se laissa entraîner dans le mouvement révolutionnaire, confirme ce que Feuerbach nous dit de l'état des esprits en 1848.

velle veut des réformes politiques et sociales; elle ne se soucie aucunement de choses religieuses, encore moins de choses philosophiques. La religion est pour ces jeunes gens une question indifférente ou du moins depuis longtemps résolue. Il ne s'agit plus actuellement de l'existence ou de la non-existence de Dieu, mais de l'existence ou de la non-existence d'hommes; il ne s'agit plus de savoir si Dieu est de même essence ou d'une autre essence que nous, il s'agit de savoir si entre nous hommes, il y a égalité ou inégalité; il ne s'agit plus de savoir comment l'homme trouvera justice devant Dieu, mais comment il trouvera justice devant les hommes; il ne s'agit plus de savoir si et comment nous goûtons dans le pain le corps du Seigneur, il s'agit d'avoir du pain pour nos propres corps; il ne s'agit plus de donner à Dieu ce qui appartient à Dieu et à l'empereur ce qui appartient à l'empereur, il s'agit de donner enfin à l'homme ce qui appartient à l'homme; il ne s'agit plus d'être des chrétiens ou des païens, des déistes ou des athées, mais il s'agit d'être ou de devenir des hommes, des hommes sains de corps et d'âme, libres, ayant de la force pour agir et pour vivre. » A ces objections, Feuerbach répond : « Je vous accorde tout cela, Messieurs; c'est précisément ce que je veux moi aussi. La question de savoir s'il y a un Dieu ou non, l'opposition entre le déisme et l'athéisme appartient au dix-huitième siècle et au dix-septième, mais non au dix-neuvième. « Je nie Dieu » veut dire pour moi : « Je nie la négation de l'homme »; à la position illusoire, fantastique, céleste de l'homme, qui a pour conséquence nécessaire dans la vie réelle la négation de l'homme, je substitue la position sensible, réelle, dont la conséquence nécessaire est la position politique et sociale de l'homme. La question de l'existence ou de la non-existence de Dieu, est justement chez moi la question de la non-existence ou de l'existence de l'homme. Sans doute, je ne guéris que les maux qui ont leur origine dans la tête ou le cœur, et c'est de l'estomac que souffrent surtout les hommes. Je sens, disait une criminelle, comme les mauvaises pensées me montent de l'estomac. Cette criminelle est l'image de la société humaine d'aujourd'hui. Les uns ont tout ce que peut désirer leur palais avide de jouissances, les autres n'ont pas même le strict nécessaire dans leur estomac. De là viennent tous les maux et toutes les souffrances, même les maladies de la tête et du cœur des hommes. Tout ce qui, par conséquent, ne tend pas à définir et à extirper ce mal fondamental, n'est que fatras inutile. C'est de ce fatras que feraient partie mes œuvres complètes. Hélas! oui. N'y a-t-il pas pourtant bien des maux, même des maux d'estomac, qui proviennent de la tête? Je me suis une fois pour toutes, sous l'influence des tendances psychologiques et de circonstances extérieures, proposé de déterminer et de guérir les maladies de la tête et du cœur de l'humanité. Or, ce qu'on s'est proposé, on doit l'exécuter *tenax propositi*; ce qu'on a commencé, on doit l'achever consciencieusement, en restant fidèle à soi-même[1]. »

1. *Werke*, I, Introd.

Feuerbach ne s'est pas plus laissé détourner de sa route par les courants d'idées que par les mouvements politiques : il ne s'est approché des mêlées bruyantes que pour observer les faits qui se rapportaient à son sujet. C'est cette direction constante qui a permis à Feuerbach de marcher sur la voie étroite du positivisme, sans se laisser séduire par un des systèmes de métaphysique, qui renaissaient sans cesse sous les pas incertains des hommes du dix-neuvième siècle; jamais il ne s'égara à suivre ces spectres des religions mortes. Il avait renoncé de bonne heure au mysticisme rationaliste de Hegel aussi bien qu'au mysticisme naturaliste ou traditionaliste de Schelling; quand, après la révolution de 1848, les écoles se reformèrent avec de nouveaux mots d'ordre, Feuerbach sut vite à quoi s'en tenir : il jugea les groupes philosophiques comme il avait jugé les partis politiques, d'après leurs rapports avec la religion. Au moment où la guerre entre spiritualistes et matérialistes battait son plein dans les congrès des savants, Feuerbach découvrait les origines religieuses des deux doctrines ennemies, et cherchait à démêler dans chacune le bien et le mal qui dérivaient de cette source commune. Au moment où Schopenhauer, longtemps méprisé, prit enfin sa revanche et mit le pessimisme à la mode, Feuerbach notait les résidus dangereux d'ascétisme indou et chrétien et les restes précieux de morale religieuse qui demeuraient au sein de cette philosophie. Quand les professeurs des Universités allemandes, effrayés des conséquences qu'on tirait des grandes métaphysiques, et ne sachant plus à quel système se vouer, battirent en retraite sur Kant et se retranchèrent derrière les démarcations inexpugnables de ce Vauban de la philosophie, Feuerbach, qui appréciait aussi bien que les autres les précautions et la modestie de la critique, montra combien il subsistait de mysticisme dans une morale dont Schiller avait déjà blâmé le rigorisme monacal, et qui par son impératif catégorique, loi divine et code militaire du devoir, rappelait la règle des ordres religieux et les commandements du catéchisme, autant que les consignes de l'armée prussienne et la discipline des casernes de Königsberg. Jusqu'au jour où la mort, qu'il s'était habitué dès son âge mûr à considérer comme une fin normale, humaine et naturelle, vint l'interrompre dans son travail, Feuerbach consacra sa vie à poursuivre tous les dogmes, toutes les illusions, toutes les autorités qui prétendent, selon le mot de Nietzsche, diviniser ou diaboliser les choses naturelles et humaines.

CHAPITRE III.

L'Immortalité.

Feuerbach n'a pas seulement voulu détruire, il a entendu fonder. Il a toujours protesté avec véhémence contre le reproche qu'on faisait à son œuvre d'être purement négative. Et sans doute, n'eût-il fait que ruiner les superstitions du passé, il avait le droit de s'indigner de ce terme injuste dont on prétendait l'accabler. Pourquoi appeler positif le travail de ceux qui entretiennent les erreurs et perpétuent les servitudes? Dissiper les illusions, briser les chaînes, n'est-ce pas faire acte de vérité et de liberté? Abattre les idoles, n'est-ce pas servir Dieu?

Mais Feuerbach ne s'est pas borné à combattre les religions anciennes : il a eu, au moins au début, l'intention d'annoncer une foi nouvelle. Quand il eut renoncé le Dieu des chrétiens, il adora la Raison des panthéistes, puis il crut à l'Humanité. C'est là le sens exact de cet aphorisme qu'on a souvent comparé à la loi des trois états d'Auguste Comte : « Dieu fut ma première pensée, la raison ma deuxième, l'homme ma troisième. » Il y a eu d'ailleurs, chez Feuerbach, passage insensible d'une foi à l'autre : Dieu est raisonnable, disait le jeune théologien d'après l'ancienne théodicée ; la Raison est divine, rectifia d'abord le disciple de Hegel, et l'homme participe au divin par sa raison ; enfin, l'auteur de *l'Essence du christianisme* conclut : l'Humanité, seul Grand-Être de raison, d'amour et de volonté, est Dieu. La pensée de Feuerbach a eu ainsi une tendance constante à réduire de plus en plus le transcendant à l'immanent. Or, en niant tout ce qui est extérieur et étranger à la réalité présente, on affirme par là-même le sens intérieur, la valeur propre de la vie, de l'humanité et de la nature. Si l'au-delà n'est que l'en-deçà prolongé par le désir et arrangé par le rêve, c'est dans l'en-deçà qu'est le salut ; si les dieux sont faits à l'image des hommes ou personnifient les forces naturelles, ce sont les hommes qu'il convient d'aimer et les forces naturelles qu'il faut craindre ou séduire. Quand Feuerbach faisait l'histoire de la philosophie moderne de Bacon à Spinoza, il s'efforçait, nous dit-il, de trouver l'affirmation caractéristique de chaque système. C'est ainsi que, selon lui, le point de départ des méditations de Descartes est la proposition : *Cogito ergo sum;* l'idée du Père Malebranche est que nous voyons toutes choses en Dieu, et l'hérésie première de Spinoza fut d'admettre dans l'essence de l'Être absolu l'étendue au même titre que la pensée. Si, appliquant cette méthode à Feuerbach lui-même, on cherchait à définir la formule génératrice de sa philosophie, on serait amené sans doute à l'énoncer à peu près en ces termes : « Il faut rendre à toute existence son essence aliénée »; il faut restituer aux hommes et aux choses leur âme projetée au ciel ; il faut rapatrier dans ce vieux monde la vie qui a voulu franchir le pas de la mort pour chercher le bonheur dans de mystérieuses demeures extraterrestres. Toute l'œuvre de Feuerbach apparaît ainsi comme une série de réintégrations : dans ses *Pensées sur la mort et l'Immortalité*, Feuerbach a réintégré l'au-delà dans la vie présente; dans *l'Essence du christianisme*, il a réintégré le Dieu chrétien, acte pur, dans l'humanité; dans *l'Essence de la religion*, il a réintégré les dieux païens, puissances ou objets, dans la nature. La première de ces trois réintégrations commande évidemment les deux autres : les *Pensées* de Feuerbach *sur l'Immortalité* sont logiquement et historiquement antérieures à ses théories sur l'humanité et la nature.

On raconte[1] qu'un jour, Mme Hegel demanda à son mari son opinion sur l'immortalité de l'âme. Le maître, sans dire un mot, montra du doigt la Bible. Cette réponse rassura peut-être Mme Hegel; mais elle ne pouvait suffire aux disciples qui accouraient de toutes les universités allemandes pour entendre proclamer à Berlin le nouvel Évangile de la Raison. Pour eux la philosophie était la foi nouvelle. S'ils ne lui demandaient pas, comme aux croyances anciennes, de se mettre à la portée des humbles et de s'adresser aux femmes et aux enfants, ils prétendaient du moins être initiés aux mystères de l'Esprit et ils ne pouvaient exclure d'une religion humaine la méditation de la mort. Il ne s'agissait pas, en effet, pour ces jeunes

---

1. Grün, *Nachlass*, I, 26, dit tenir le fait de Mme Hegel elle-même.

gens, d'une vaine dispute d'école : il s'agissait d'une révélation qui devait transformer l'humanité. C'était une ère nouvelle qui succédait à l'ère chrétienne; l'Esprit du monde devait fonder enfin le vrai royaume de Dieu, le royaume de l'Idée, où la Raison dominerait seule. Il importait donc, affirmait Feuerbach, d'anéantir les opinions actuelles sur le temps, la mort, l'en-deçà et l'au-delà, le moi, l'individu, la personne, Dieu, etc..., opinions qui ont déterminé jusqu'à nos jours les mouvements historiques et donné naissance aux systèmes chrétiens, orthodoxes ou rationalistes. La Raison n'est pas encore rédimée dans le christianisme. En particulier, la représentation qu'on continue à se faire de la mort est absurde : c'est faire trop d'honneur à cet acte, qui est purement naturel, que de le considérer comme le journalier indispensable dans les vignes du Seigneur, comme le compagnon et le successeur du Christ, comme celui dont la venue est nécessaire pour accomplir entièrement l'œuvre de la Rédemption[1].

Or, si le maître était muet sur la mort, le panthéisme et l'hellénisme de sa philosophie parlaient contre le salut de l'âme chrétienne. Par ces deux tendances, Hegel était bien le contemporain de Gœthe; leur jeunesse avait vu les philosophes reprendre le ἓν καὶ πᾶν de Spinoza et les poètes chanter l'Hellade; il y avait là un héritage de pensées et de sentiments qu'ils avaient reçu du dix-huitième siècle et qu'ils ont réussi

---

1. Lettre de Feuerbach à Hegel, 22 novembre 1828. Cf. *Nachl.*, I, 246.

à transmettre au dix-neuvième. Ils avaient su vivre pendant les révolutions qui dévoraient les grands hommes et paraissaient maintenant dominer deux âges, vieillards vénérables pareils à des dieux. Mais tandis qu'au dix-huitième siècle le moralisme protestant, dont la *Critique de la raison pratique* est le testament, contrebalançait les efforts de la raison pure et limitait le déploiement de la Renaissance, au dix-neuvième siècle la Restauration, en rabaissant l'individu, achevait de ruiner le privilège personnel de l'immortalité, que les deux autres mouvements avaient ébranlé. Le père de Feuerbach avait connu sans doute la déclaration du philosophe de Sans-Souci :

> Mais nous qui renonçons à toute récompense,
> Nous qui ne croyons point vos éternels tourmens,
> L'intérêt n'a jamais souillé nos sentimens ;
> Le bien du genre humain, la vertu nous anime ;
> L'amour seul du devoir nous a fait fuir le crime ;
> Oui, finissons sans trouble et mourons sans regret
> En laissant l'Univers comblé de nos bienfaits.

Peut-être avait-il dans sa jeunesse aimé les petits vers de Hölty : « La lune qui m'est chère, luit aussi claire qu'elle brilla au paradis. Je veux me réjouir de cette belle terre, jusqu'au jour où je ne serai plus que cendre. » Nous savons qu'il avait lu les classiques ; il avait pris cette note dans Tacite : « *Mors omnibus ex natura aequalis ; oblivione apud posteros vel gloria distinguitur.* » Mais il était luthérien convaincu. Assez libéral pour s'indigner des « mystères » du prince de Hohenlohe, qu'il appelait un « coquin », il écoutait d'autre part le Kantien Reinhold qui lui démontrait la nécessité morale d'une autre vie. Feuerbach lui-même ne sentit plus le besoin de l'au-delà; poète, il aimait la nature ici-bas, et quand les anciens lui disaient, comme Lucrèce : « *Mortale aeterno jungere... desipere est* », ou comme Sénèque : « *Lex est, non pœna perire... homines pereunt, at humanitas perstat* », il n'entendait plus personne protester en faveur de l'immortalité. La philosophie moderne tout entière lui parut nier ces infinis particuliers qui feraient des individus périssables autant de substances divines. De Spinoza à Fichte, il entendait résonner le même glas : la Raison seule est éternelle; et quand il eut écouté Hegel, il vit bien que la nouvelle philosophie de l'histoire ne nous laissait aucune illusion. Il ne nous sera pas permis de rejouer notre rôle pour notre amusement égoïste, quand l'implacable plan de la nécessité nous aura chassés de la scène du monde et amené jusqu'au dénoûment fatal la pièce où nous avons figuré. On venait justement d'assister à des drames et à des catastrophes décisives; sous la Révolution et sous l'Empire, Dieu avait fait quelques élus et beaucoup de réprouvés : tout Jugement dernier paraissait une superfétation après cette histoire. Le Juge suprême avait fait comparaître devant lui les régimes séculaires et les grandes armées. Il n'appartenait pas aux victimes expiatoires, dont les têtes étaient tombées sur l'échafaud, de se montrer rebelles à la Némésis, et il ne convenait pas que les milliers de soldats, couchés dans les champs d'Europe par la faux divine, se relèvent pour faire appel individuellement.

Toutes les influences que subissait Feuerbach convergeaient ainsi et confirmaient en lui le sentiment de ce que la mort a d'irréparable. Dès 1828, dans la thèse qu'il soutient devant la Faculté d'Erlangen, le jeune philosophe se prononce nettement contre l'immortalité. La théorie qu'il y développe sur l'unité d'essence de la Raison, lumière une et divine qui éclaire l'âme humaine et crée la connaissance, n'était pas nouvelle; on peut faire remonter ce monopsychisme jusqu'au traité περὶ ψυχῆς, où Aristote soutient que seul l'entendement pur, séparé des sens et de toute matière, éternellement en acte, est éternel. De cette théorie aristotélicienne, Averroës déjà, au moyen âge, avait tiré cette conclusion que l'humanité seule est éternelle; et si Lévi ben Gerson, puis Spinoza avaient essayé de concilier le panthéisme rationaliste et l'immortalité individuelle[1], on ne peut pas dire qu'ils y aient réussi. Feuerbach reprend l'argument d'Averroës et y insiste: il accumule les métaphores pour traduire sa pensée sur ce point, comme il fait toujours quand l'idée lui tient à cœur. L'individu, dit-il, n'a de valeur que par sa participation à l'activité commune de la Pensée et la nature n'a de valeur que comme symbole transparent de l'Esprit qui lui est immanent. Ce sont les philosophies subjectives qui accordent à l'individu sans consistance l'immortalité et qui attachent trop d'importance à la mort naturelle. La mort naturelle n'est que la manifestation sensible, la représentation extérieure, la traduction par le geste, la simagrée de la mort spiri-

---

1. Cf. Lange, *Hist. du matérialisme*, I, 166, et note 17, p. 470; Delbos, *Le problème moral dans la phil. de Spinoza*, p. 192.

tuelle. Cette mort, plus remarquable vraiment et plus divine que la mort naturelle, c'est la Pensée. Si vous voulez vous représenter l'égalité absolue des hommes, il est inutile d'errer dans les cimetières, de considérer les ossements et les cadavres, de lever vos regards vers le ciel ; la mort qui nivelle tout est en vous. Mais cette Pensée qui est la vraie mort est aussi la vraie immortalité, car si en pensant je renonce à mon individualité, si je m'absorbe dans l'unité, en pensant aussi je suis le genre humain, et je communie avec la Raison universelle et infinie [1].

En 1828, Feuerbach regrette de ne pouvoir insister davantage sur ce point ; il y revient plus longuement en 1830, dans ses *Pensées sur la mort et l'immortalité*. Dans l'introduction de cet ouvrage, Feuerbach expose que la croyance à l'immortalité personnelle est une conséquence nécessaire de la religion protestante et de l'individualisme moderne. Le principe suprême du protestantisme n'est plus la communion dans l'unité de l'Eglise, mais la foi personnelle ; chaque protestant est un prêtre qui a son église au dedans de son âme : pour que la tradition de cette église se perpétue, il faut que l'âme soit immortelle. De même chaque individu moderne porte en lui sa cité : pour que cette cité ne périsse pas, il faut que l'individu contienne le palladium intangible. En termes abstraits, le sujet n'a plus d'autre objet que soi-même ; mais comme tout sujet a conscience sinon de son

---

1. *Dissertatio inauguralis* et lettre au prof. Harless, *Nachl.*, I, p. 203.

néant, du moins de ses défauts et de ses imperfections, il a besoin de compléments extérieurs, et, comme il ne les trouve plus ici-bas, puisqu'il a détruit sur terre tous ceux qui le définissaient et l'encadraient, il essaie d'en imaginer de nouveaux dans l'autre monde, qui aient comme les anciens l'avantage de le parfaire, sans avoir l'inconvénient de le limiter. Saint Augustin avait dit : « La gloire romaine tenait lieu de l'immortalité ». On pourrait aujourd'hui retourner le mot et dire : l'immortalité tient lieu de la gloire romaine. Ces faibles étoiles que sont les consciences personnelles ne gravitent plus autour des sphères qu'on nommait cités dans l'antiquité ou églises au moyen-âge; elles essaient du moins, pour ne pas avoir peur de leur isolement, de prolonger dans l'illusion d'un ciel éternel les petits sillons lumineux où elles ont filé un instant dans la nuit.

Le malheur est que ces prolongements géométriques n'ont aucune réalité. Ayons donc le courage de nous rappeler sans cesse que nous sommes éphémères : nous éprouverons alors le besoin de chercher une vraie source de vie; nous voudrons, pour trouver un nouveau régulateur de notre conduite, nous rattacher à une société nouvelle. Si nous comprenons bien toute la réalité de la mort, nous verrons se lever devant nous la vraie immortalité. Or, la mort a une quadruple racine : elle a une valeur morale, une raison métaphysique, une cause physique, une origine psychologique.

La mort a d'abord une valeur morale. Être moral, en effet, c'est aimer, c'est se sacrifier pour autrui;

c'est se nier soi-même : or, la mort n'est (pas) autre chose que la négation naturelle de l'homme; c'est donc l'acte par lequel la nature se soumet à la volonté morale. L'amour ne serait pas parfait sans la mort. En aimant, tu te juges digne de la mort : la nature ne fait qu'exécuter ton arrêt; la mort est donc un acte suprême de liberté. Aussi est-ce une moralité pitoyable que celle qui procède de la foi en l'immortalité. Il ne faut pas considérer la mort comme un loup avide qui se jette sur le troupeau des personnes morales; il n'est plus temps, quand elle a passé, de réparer par l'aumône d'une autre vie dénuée de sens les ravages qu'elle a causés. Ce n'est pas après la venue de la mort qu'il faut essayer d'en triompher : il convient de l'attendre comme une délivrance dernière, comme l'achèvement de l'émancipation intérieure.

La mort a aussi une raison métaphysique. La mort temporelle et sensible suppose, en effet, une mort éternelle et suprasensible : cette Mort, c'est Dieu. C'est l'Infini immanent qui fait éclater les formes éphémères du fini. Aussi, est-ce la vanité des vanités que de souhaiter quelque richesse après la mort : tu meurs précisément parce que tu n'es pas capable de conserver aujourd'hui ce que tu prétends acquérir demain; la mort ne provient pas d'un défaut, mais d'un excès. Ton pauvre coffre se brise sous le poids des trésors dont il regorge. Il ne faut pas concevoir Dieu comme un individu, à l'image d'un père de famille, d'un maréchal des logis ou d'un veilleur de nuit, comme un génie protecteur ou comme un bon patron : Dieu est Esprit, c'est-à-dire à la fois âme et conscience, nature et personne ; cet Être, qui est à la fois sujet et objet[1], est sans doute le principe de ton existence, mais il en est aussi la fin ; il n'est pas seulement le Moi absolu où ton moi doit se perdre, il est aussi le Non-Moi, c'est-à-dire l'ensemble des choses hors de toi qui te bornent et te limitent. Si tu veux te rappeler que tu es condamné à périr, il est inutile d'aller au cimetière : chaque arbre, chaque table où tu te cognes te répète : *Memento mori*. En créant la Nature, Dieu t'a tracé des frontières infranchissables.

Troisièmement, la mort a une cause physique. Tu as dans la conscience individuelle des sensations particulières. Or, la sensation est de sa nature instantanée ou éphémère. On se représente le temps comme n'ayant qu'une dimension, comme une ligne ininterrompue ; il faut se représenter le moment exclusif où l'individu sent comme une perle, comme une goutte d'eau qui, en se détachant du courant, prend la forme d'une boule. Toute sensation est concentrée : les rayons du soleil ne brûlent que si on les fait converger vers un foyer ; la jouissance a pour condition une interruption du cours ordinaire. On ne sent, on ne jouit, on n'a conscience de son individualité qu'en un point particulier du temps ; une béatitude éternelle est une illusion vaine. Où trouverions-nous d'ailleurs aujourd'hui l'espace réservé qui nous serait nécessaire pour continuer notre vie individuelle ? Nous n'avons plus de place pour les fantômes, plus de royaume des ombres,

---

1. On voit qu'à cette date Feuerbach admet encore l'identité dans l'absolu, du Moi et de la Nature ; il est encore le disciple de Schelling et de Hegel.

plus de Hadès ni de Scheol; plus d'Enfer sous terre, plus d'Eden dans les étoiles. La science ne nous permet plus, comme la conception téléologique de la nature, de retenir nos appartements sur une autre planète, si nous sommes forcés de déménager d'ici-bas. L'immortalité serait la négation de tout ce que nous savons de la nature. Tout être vivant, plante ou animal, par le fait même qu'il vit, change sans cesse, c'est-à-dire passe et meurt constamment : l'histoire continue des morts successives est ce que nous appelons la vie. — Tout être a une définition interne qui est sa forme, sa mesure, son espèce, sa loi. Un corps chimique est déterminé par ses éléments et leur rapport; un organisme a des proportions spéciales et est adapté à un milieu propre; un individu a un caractère. La loi de la vie humaine est d'être une vie terrestre. — L'individu n'est rien sans son corps : l'âme n'est pas dans le corps comme l'oiseau dans sa cage, le prisonnier dans son cachot; elle ne peut ni s'envoler ni s'évader quand la mort ouvre la porte; elle ne sort pas non plus comme la fumée par la cheminée; l'âme n'est pas un objet matériel fixe; c'est une activité pure; elle devient sans cesse; elle n'est jamais. C'est un feu sacré qu'alimente le corps en se consumant : quand le corps est brûlé, l'âme s'éteint. On se représente communément l'âme et ses rapports sous une forme sensible : on dit qu'elle est dans le corps, qu'elle en sort. Ce sont là des expressions impropres, pour ne pas dire impures. Dégageons l'idée de ces images grossières : nous dirons que l'âme n'est pas seulement sensation, mais encore pensée, liberté, volonté, raison, conscience de soi ; la séparation de l'âme et du corps n'est pas matérielle, elle est spirituelle : croire que cette distinction abstraite a une réalité concrète, c'est être victime d'une hallucination, d'une folie.

Enfin, la mort a une origine psychologique : l'esprit, la conscience, la raison sont universelles. En pensant, tu t'absorbes dans l'esprit. Ton existence s'abîme, s'anéantit dans son essence. La conscience universelle est lumière; les personnes ne sont que des couleurs obtenues par réfraction. La conscience appartient à l'humanité tout entière : elle était avant que tu n'émerges; elle sera après que tu seras retombé pour faire place à d'autres. Ton rang est déterminé par ta fonction particulière dans le grand organisme de l'humanité. Cette fonction, qui s'impose à toi par ton génie, ton instinct, te donne droit à la vie; mais quand la tâche est faite, l'organe disparaît : ta fin interne t'ouvre la carrière, mais c'est elle aussi qui y met un terme. Une autre vie sans but, sans vocation, ne serait que jeu et que luxe. Tu survivras dans l'histoire si tu as vraiment vécu : tu tiendras toujours dans la mémoire des hommes la place que tu auras conquise et occupée. Le ciel est la gloire; l'enfer, la malédiction de la postérité.

La mort ne détruit donc en nous que ce qui mérite de périr, ce qui en nous est égoïste, sans amour; ce qui est fini, sans Dieu; ce qui est individuel et soumis par le corps aux conditions de la vie matérielle et terrestre; ce qui en nous n'est pas assimilable à l'humanité et ne survit pas dans sa mémoire vivante. C'est la négation d'une négation. L'immortalité personnelle serait l'affirmation d'une vanité. La durée, la longueur, la quantité de la vie ne comptent point : c'est le contenu, l'intensité, la qualité qui importent. C'est dans cette vie-ci qu'il faut saisir la vraie immortalité; chaque moment peut avoir une valeur infinie. La vie n'est pas le bruit indifférent d'un souffle qui passe, c'est une musique mélodieuse où chaque note remplit sa destinée en résonnant bien. C'est dans le temps même qu'il faut triompher du temps. L'éternité, c'est la force, l'énergie, l'acte, la victoire.

Comme dans les *Pensées* de 1830, Feuerbach cherche dans ses *Aphorismes* de 1834 à substituer une immortalité immanente à l'au-delà chrétien. L'idée qu'il exprime ici sous une forme humoristique peut se définir ainsi : « Vous voulez, Messieurs, une immortalité où vous ne serez plus qu'esprit, où vous ne mangerez plus ni ne boirez, où vous ne serez plus soumis aux besoins du corps. Je suis de votre avis, je ne suis pas toujours disposé à manger et à boire; j'ai d'autres besoins; mais je ne vois pas pourquoi nous attendrions la mort pour vivre de cette vie spirituelle : elle est à notre disposition ici-bas. Le penseur, en tant que penseur, le poète en tant que poète, ne boit ni ne mange; quand on écrit, l'esprit se détache du corps par une abstraction analogue à la séparation que vous demandez à la mort. Si cette immortalité ne vous suffit pas, retournez au somnambulisme et aux spectres de la foi. C'est un méchant écrivain que celui qui distingue son activité spirituelle et son âme, qui non content de l'éternité de l'une veut pour l'autre une immortalité privée ; celui qui ne trouve pas son ciel dans son œuvre est un propre à rien[1]. » Dans les *Aphorismes* de Feuerbach le méchant écrivain personnifie donc la mauvaise immortalité, celle qui nous promet le royaume des spectres ; le bon écrivain personnifie la vraie immortalité, celle de l'art et de la science. L'auteur nous prévient qu'il ne faut voir dans son œuvre qu'une série de définitions dramatiques de cette immortalité active et énergique qu'il oppose à la paresseuse béatitude du ciel. C'est ce qui explique les paradoxes comme « l'œuvre de l'écrivain est son jugement dernier » ou « la lecture est la métempsychose », qui nous permet tantôt de pénétrer dans la conscience d'un Gœthe, tantôt de déchiffrer ce que peut bien penser un âne.

Sans doute Feuerbach se permet dans ses *Aphorismes* des digressions ; on sent en lisant qu'il a des soucis étrangers à son plan et même à toute théorie. Le sous-titre « *Abélard et Héloïse* », qu'il supprimera plus tard, nous avertit qu'il ne faut pas voir seulement dans les billets échangés entre le philosophe et son amie un artifice de style précieux ; on comprend mieux les dernières pages de l'œuvre quand on les compare aux lettres adressées par Feuerbach à sa fiancée. D'autre part, le jeune auteur tenait à justifier sa conduite aux yeux de son père, au moment où il venait de renoncer à une carrière régulière pour s'engager dans la voie où son esprit le poussait ; c'est ce qui explique le passage curieux où nous voyons défiler tous les

---

1. Cf. *Werke*, III, p. 388.

grands hommes qui se sont rendus illustres contre le gré de leurs parents : « Un mariage conclu sans le consentement des parents n'est pas forcément heureux par là même; de même une profession choisie sans l'assentiment du père ne prouve pas nécessairement une vocation. Il est presque permis de dire néanmoins que la plupart des grands écrivains — pensez par exemple à Lucien, Luther, Voltaire, J.-J. Rousseau, le Tasse, Pétrarque, l'Arioste, Shakespeare, Boccace, Ulrich de Hutten, Molière, Lessing, Thomas d'Aquin, Cujas, Cuvier, Diderot — ont cueilli contre la volonté de leurs parents le fruit de l'immortalité à l'arbre de la connaissance... » Cette loi, selon Feuerbach, s'explique aisément; l'écrivain original dérange les habitudes : tout homme destiné à l'immortalité paraît d'abord un intrus dans la vie ordinaire. L'auteur des *Aphorismes* se hâte par cette transition de revenir à son sujet : il ne fait allusion à son intérêt personnel qu'en le considérant comme un cas particulier du problème général; il s'agit de définir les rapports qui doivent exister entre la vie présente et la vraie immortalité.

Feuerbach est si préoccupé dans ces deux premiers ouvrages de ne pas détruire la croyance chrétienne sans la remplacer, qu'il fait à la religion et à la métaphysique des concessions graves, qui auraient pu devenir dangereuses au point de compromettre toute son œuvre. Il admet encore les interprétations les plus contestables de l'histoire; il accorde, par exemple, qu'il y a une parenté entre le christianisme et le parsisme : ces deux religions ont en effet, selon lui, un même dogme fondamental : c'est qu'il y a dans le monde lutte entre deux principes. Le parsisme exprime sous forme de symboles (la lumière et les ténèbres) le conflit que le christianisme définit en opposant les idées du bien et du mal; la croyance en la résurrection est l'« image » de la foi en l'immortalité; la vieille représentation des Perses qui attribuait à chaque objet un génie protecteur, un « Feruer » céleste, n'est que le symbole de la doctrine platonicienne et du dogme chrétien qui mettent en Dieu les Idées et les Essences de toutes choses. Feuerbach admet donc encore qu'en histoire, contrairement à ce que nous voyons dans la nature, l'ombre précède la réalité. D'autre part, l'idéalisme absolu, qui oblige le philosophe à considérer la mort comme un acte de liberté, le force à se demander : pourquoi donc meurent les animaux, les plantes? Car si les cartésiens ont pu, malgré les apparences et grâce à une rigueur logique à laquelle il convient de rendre hommage, refuser aux autres êtres que l'homme la dignité de la pensée et de la conscience, le droit à la souffrance même, il est évident du moins que nous ne pouvons nous réserver, comme un titre de noblesse, le privilège de la mort. Feuerbach n'hésite pas : c'est par le supérieur qu'il faut expliquer l'inférieur. Si les hommes ne mouraient pas, ni les plantes, ni les animaux ne sauraient mourir; bien plus, il est dans l'humanité une Mort éminente, singulière, dont les autres morts ne sont que les imitations vulgaires; cherchez cette Mort, nous dit Feuerbach, vous la trouverez... Nous savons, en effet, qu'elle est dans les quatre Évangiles. Ne soyons donc pas étonnés de voir

Feuerbach trouver une vérité profonde dans la représentation chrétienne de la chute : du moment qu'on fait dépendre le mal et la mort dans le monde d'un acte libre, on est bien près de l'idéalisme absolu; on n'a que le tort de se représenter un acte de l'Esprit universel comme une action particulière et accidentelle : la philosophie de l'Idée est l'expression logique de la religion.

Ce n'est pas seulement par cette explication mystique de la mort et du mal que Feuerbach risque de retomber dans la foi du passé, c'est encore par l'immortalité nouvelle qu'il nous propose. Feuerbach nous en donne deux définitions; la première : « Il n'y a pas de vie éternelle pour l'homme en dehors de la religion, de la science et de l'art », rappelle celle de Spinoza : « J'entends par vie humaine, celle qui se définit non pas uniquement par la circulation du sang et par les autres fonctions qui sont communes à tous les animaux, mais par la raison surtout, par la véritable vie de l'esprit ». Or, ce mépris de la vie organique et animale est le principe même de l'ascétisme monacal, et nous savons, en effet, que Spinoza a vécu en moine; il était mort au monde et la philosophie était sa sépulture[1]. Il y a encore, dans les premières œuvres de Feuerbach, des traces de cet ascétisme maladif et malsain, de cette philosophie spirituelle qui ne laïcise qu'imparfaitement la règle des couvents et isole l'écrivain dans son cabinet comme dans une cellule. Dans ses *Aphorismes*, Feuerbach oppose

---

1. Cf. Brunschvicg, *Spinoza*.

l'écrivain et l'homme, le livre et la vie ; au *Vivat* de l'écrivain correspond le *Pereat* de l'homme ; la vie n'a de valeur qu'en vertu du livre, et la dignité de l'homme est de servir d'organe obéissant à l'écrivain. Or, à quoi bon protester contre la méditation de la mort, si on introduit la mort au sein même de la vie ?

La seconde définition que Feuerbach nous donne de cette vie éternelle qu'il nous offre en compensation de l'au-delà rappelle plutôt la forme que prend l'idée de l'immortalité dans l'esprit d'Auguste Comte : « Comme la vie de l'individu, l'histoire de l'humanité n'est qu'une mémoire ininterrompue : l'Esprit s'assimile les existences particulières..., l'individu meurt au sein de l'histoire et par l'histoire, parce qu'il est un membre du Tout historique. L'humanité, dont le principe est un esprit, une conscience unique, n'a pas la même unité qu'un troupeau de moutons, qui ne se compose que d'individus isolés ; l'unité humaine absorbe en elle les individus ; elle manifeste dans l'histoire cette fureur divine qui anéantit les existences privées... ; l'humanité est comme un organisme sans cesse en train de dissoudre ou d'éliminer les éléments dont elle tire sa nourriture... » « ...L'aphorisme paradoxal de notre vie ne perd son caractère fragmentaire que si on le lit dans le contexte de l'humanité... » « ... A la compréhension et à l'extension d'une œuvre individuelle correspondent proportionnellement la grandeur et l'importance de la place qui est réservée à l'auteur dans la mémoire de l'humanité. » On le voit, on trouve déjà chez Feuerbach tous les dogmes que Comte développera dans sa religion nouvelle : « l'histoire conçue comme science sacrée de l'humanité — l'humanité assimilée à un organisme collectif où les individus sont liés par leurs fonctions les plus hautes — le Grand-Être défini par l'hypostase de l'esprit par où l'homme tend à se distinguer de l'animal — l'épuration que fait subir la mort à qui prétend au salut par l'admission à l'humanité[1]. »

Il est facile, chez Feuerbach comme chez Comte, de remonter à l'origine de ces idées : elles procèdent du romantisme. L'histoire est sanctifiée par les théoriciens réactionnaires de Savigny à Hegel; le Grand-Être rappelle le Volksgeist : après avoir représenté par une idole la tradition et la solidarité nationales, on personnifie maintenant par un dieu la tradition et la solidarité humaines. Quant à « l'assimilation organique de l'humanité », ce n'est évidemment qu'une métaphore prise à la lettre : par une analogie superficielle, on applique aux phénomènes purement humains des lois et des termes encore imparfaitement définis en biologie. De même qu'au dix-septième siècle les mathématiques prétendaient régir l'univers, ou qu'au dix-huitième la mécanique et la physique essayaient de tout reconstruire au moyen de machines et d'automates, de même au début du dix-neuvième siècle l'histoire naturelle et l'histoire humaine ne prétendaient pas seulement condamner la Révolution dont en un sens elles étaient issues, mais encore elles croyaient pouvoir se substituer à la vie dont elles

1. Lévy-Bruhl, *La Philosophie d'Aug. Comte.*

n'avaient pas même constaté toutes les conditions élémentaires; elles assumaient la direction de courants dont les sources restent mystérieuses, dont la force est indéterminée, et dont les fluctuations irrégulières échappent toujours à nos calculs et à nos prévisions. Ce n'était pas là d'ailleurs le plus grave danger de ces théories : les sciences se débarrassent vite de ces péchés de jeunesse, et, domptée par l'expérience, l'exubérance conquérante fait bientôt place à la patiente froideur. Le vrai péril ici encore provient de ce que l'esprit des hérétiques est toujours hanté par l'image de l'Église qu'ils viennent de quitter : Feuerbach et Comte nient tous deux toute liberté individuelle, toute autonomie; nous ne sommes que des membres du grand Tout; et plus nous nous spécialiserons dans notre fonction organique, plus nous contribuerons à la perfection. Notre salut est dans notre anéantissement... *perinde ac cadaver*. Feuerbach et Comte nous promettent tous deux, en échange de la vie, cette contrefaçon officielle de la libre gloire antique qu'on appelle la canonisation : les noms des plus illustres d'entre nous remplaceront ceux des saints dans les listes dressées pour les almanachs et les calendriers. Il se formera dans la mémoire des hommes le culte d'une aristocratie nouvelle, d'un clergé de l'avenir; seulement, cette fois, on ne croira plus comme les vieux aèdes aveugles aux légendes héroïques ou comme les moines pieusement ignorants aux enfantillages des martyrologes; nous sommes prévenus qu'on recrutera les élus d'après la vraie méthode biologique et historique; il y a, grâce à la science positive, une nouvelle infaillibilité. En somme, les deux réformateurs nous proposent un « catholicisme désaffecté ». Stuart Mill avait ses raisons quand il comparait Auguste Comte à Ignace de Loyola, et si Feuerbach en était resté aux idées qu'il exprimait vers 1830 ou 1834, il eût pu être conduit à édifier lui aussi un despotisme au moins spirituel.

Il ne convient pas pourtant d'insister outre mesure sur les résidus d'ascétisme et d'autorité hiérarchique qui demeurent dans les philosophies modernes. Il ne suffit même pas, pour rendre justice aux grands penseurs comme Spinoza, Comte ou Feuerbach, de mettre dans l'autre plateau de la balance le travail puissant qu'ils ont fait pour émanciper l'esprit humain des préjugés légués par le passé; il faut encore leur savoir gré de n'avoir pas rejeté trop vite des traditions séculaires. Leur mission était grave : il fallait prendre garde de ne pas perdre, avec l'héritage des croyances anciennes, les habitudes morales qu'elles avaient créées. En attaquant dans le christianisme l'opposition intransigeante de cette vie et de l'autre monde, le dualisme tranché de l'âme et du corps, l'arrogance hautaine de l'esprit à l'égard de la vie animale et de la nature, il importait de se rappeler que ces distinctions furent opportunes au temps où elles s'affirmèrent irréductibles, et en regard des conséquences fâcheuses qu'entraînèrent des antagonismes trop accusés, il est juste de placer les résultats heureux qui en découlèrent pour le progrès de l'humanité. Il fut salutaire, comme le remarque Heine, de faire succéder un régime spiritualiste au matérialisme grossier de l'empire romain et d'imposer une diète après les festins de Trimalcion ; il est bon que des martyrs soient venus témoigner contre la divinité des Césars et triompher de la force des bourreaux ; il a été utile qu'on ait isolé par une abstraction hardie, trop absolue, les tendances qui donnent à l'humanité sa dignité et sa noblesse : après plusieurs siècles de conflit aigu entre la matière et l'esprit, entre la nature et la pensée, entre l'intérêt et la conscience, entre la force et le sentiment, il est plus difficile de rabaisser l'homme et de le ramener à la barbarie. Ainsi, quand les penseurs modernes paraissent persister à recommander l'ascétisme, c'est, au fond, les droits de la vie supérieure qu'ils continuent à revendiquer en face de ceux que Comte appelle, avec une brutalité méprisante, les producteurs de fumier. En fait, il semble bien que la vie chrétienne de Spinoza a plus contribué à fonder la liberté d'opinion et de conduite que toutes les audaces des libertins.

De même, après plusieurs siècles de communion intime dans la foi, dans l'amour et dans l'espérance, c'est une prétention vaine que de vouloir se dresser seul au milieu de ses semblables, comme une bête féroce et sauvage dans un troupeau, ou comme un dieu orgueilleux et barbare parmi des mortels. Le besoin d'union est si fort qu'il paraît parfois ranimer les partis du passé qui se prétendent seuls aptes à le satisfaire. En réalité, ce besoin se crée sans cesse des organes nouveaux ; les patries et l'humanité vivent en se dépassant par un progrès continu. Les romantiques réactionnaires, qui parlèrent les premiers d'âme nationale et d'unité européenne, ont préparé l'avenir en croyant restaurer le moyen âge : la Sainte-Alliance est un hommage que la Contre-Révolution a rendu à la Révolution. A plus forte raison, les philosophes, qui ont montré aux hommes du dix-neuvième siècle leur au-delà dans une humanité solidaire dans le temps et dans l'espace, n'ont-ils pas fait revivre les églises d'hier. A travers les images des formes mortes qui les obsédaient encore, par le jeu même des ombres et des rêves, ils ont entrevu la libre organisation de demain.

D'ailleurs Feuerbach, à l'inverse d'Auguste Comte, qui a fondé sa chapelle vers la fin de sa vie, a renoncé bientôt à achever le temple dont il avait esquissé le plan. Il a rompu de bonne heure avec l'ascétisme de Spinoza et avec le catholicisme d'Auguste Comte. Il s'est aperçu que la philosophie spéculative, de Spinoza à Hegel, était encore en un sens une philosophie de moine misanthrope. Elle maintenait le dualisme de l'esprit et de la chair, de l'éternel et du temporel, du moment qu'elle opposait la réalité intelligible à la réalité sensible. « Eût-on jamais pensé, s'écrie Hegel à propos de la philosophie, si étonnante pour lui, de Kant, qu'on refuserait aux êtres intelligibles la vraie existence, sous prétexte que la matière sensible leur fait défaut dans l'espace et le temps ? » « Considère-t-on par hasard que la matière qui nous est donnée par la perception et la variété que nous montre la représentation est plus réelle que l'objet de la pensée et que l'idée ? Avoir renoncé à cette illusion est la condition de toute philosophie et même de toute religion. Comment pourrait-on éprouver le besoin où saisir le sens de ces choses spirituelles, si on considère les phénomènes sensibles, fuyants, superficiels et individuels comme la vérité? » Feuerbach réplique : Si au lieu de cette réalité fuyante, mais toujours neuve et jeune, il n'y avait au monde que l'Idée logique, l'univers ne serait bientôt qu'un désert où, au lieu d'hommes ayant la joie et la force de procréer, on ne rencontrerait que des anachorètes attendant la fin du monde. Il ne faut pas trouver ici-bas les raisins trop verts : la vigne de cette vie a des fruits qui réjouissent le cœur et ravissent les yeux des hommes. Sans doute la science simplifie la variété, réduit la pluralité à l'unité, fait abstraction des accidents individuels, mais ce n'est pas une raison pour mépriser la réalité sensible. Faire de l'Idée l'Être véritable, c'est faire du moyen une fin, c'est mettre la pensée à la place de l'objet, la science à la place de la vérité. Le philosophe est conduit à intervertir ainsi l'ordre de la nature. Le commencement naturel d'une évolution ou d'une histoire n'en est pas en effet, selon Hegel, le principe logique. Il semble bien, d'après le témoignage de l'expérience, que la conscience apparaît progressivement chez l'enfant et dans l'humanité. Nous croyons que l'individu et l'espèce sont avant d'être conscients. Hegel affirme que c'est là une illusion; selon lui, la conscience est; l'enfant et l'humanité y arrivent, y affleurent peu à peu. La pensée est antérieure aux sujets pensants; c'est une substance dont chaque sujet n'est qu'un acte; ce n'est pas des faits que se dégagent par une série d'abstractions les idées générales, ce sont ces idées qui se réalisent en prenant une forme concrète, en s'enveloppant d'un voile, en se couvrant d'un masque : le monde entier apparaît ainsi comme une allégorie. C'est bien là une philosophie romantique : comme l'art du moyen âge, elle voit dans les choses des symboles énigmatiques. Feuerbach proteste contre ces interprétations qui finissent toujours par appauvrir et déformer, par enlaidir et asservir la réalité[1]. Il remet en honneur l'art classique. Dès les premières lignes de son introduction à ses *Pensées sur la mort et l'immortalité*, il avait déjà rendu hommage aux Grecs, qui avaient trop le sens de la beauté pour partager l'homme en une âme prude, effarouchée par les formes de la nature, et un corps grossier, rebelle aux sentiments délicats. Les poètes modernes, de Pétrarque à Gœthe, ont renoué cette tradition classique : ils ont chanté l'amour, regardé naïvement la nature et exalté l'individu.

A cette Renaissance littéraire doit se joindre une Renaissance philosophique. Dès 1830, au moment où ses pensées en prose sont encore tout imprégnées de mysticisme hégélien, Feuerbach avait essayé dans ses *Rimes de la mort* d'opposer à la métaphysique religieuse la vérité de la vie. Le poète est plus libre et plus hardi que le prosateur. Ces vers, par l'énergie de leur réalisme, par leur sincérité tantôt joyeuse et exubérante, tantôt voulue et douloureuse, rappellent le monologue de *Faust* et cette confession épicurienne de *Heinz Widerporsten* où le jeune Schelling exprimait

---

1. Cf. *Werke*, t. II, pp. 18-83, *Critique de l'Antihegel de Bachmann*; t. III, *L'Immortalité au point de vue anthropologique*.

l'admiration que lui inspiraient les forces gigantesques qui dans la nature font effort vers la vie et la conscience. Il est curieux de remarquer que Gœthe trouva cyniques en 1799 les blasphèmes qu'en 1770 il avait mis dans la bouche de son héros; il ne voulut pas insérer dans l'*Athénée* la confession de Schelling, sous prétexte qu'elle attaquait trop vivement Schleiermacher et les romantiques. En 1830, c'est Schelling surtout que Feuerbach est obligé de combattre avec véhémence. Par deux fois, à trente ans d'intervalle, les générations nouvelles ont dû recommencer l'assaut, le *Sturm und Drang* contre les anciens révolutionnaires devenus calmes et conservateurs. Dans les *Rimes de la mort*, le poète, comme Faust, signe le pacte avec le diable, pour boire ici-bas à la coupe de la vie. Il renonce au royaume des anges; il a des idées païennes; il ne veut pas aller chez les ombres : il préfère se disperser au sein de la nature et servir d'aliment aux vies nouvelles qui germent sans cesse. Tout le rythme du monde n'est qu'une danse de la mort; entrons joyeusement dans le cortège. La houle des vagues, le vol des nuages, la hâte du sang, la rage de la colère, l'ardeur de l'amour, tous ces mouvements violents et rapides entraînent vers la mort les êtres haletants. Le poète oublie qu'il est le disciple de Hegel : « J'ai suivi, dit-il, les cours des elfes et des nixes, j'ai écouté les conférences de maître Rubezahl. J'ai vu dans chaque source claire la douce nuit de la mort; j'ai rencontré à chaque lisière de forêt la limite de mon éternité et j'ai lu mon acte de décès gravé sur les pierres du chemin. A l'école de la nature, j'ai appris qu'on ne récolte que sur le sol où on a semé, et que les courtes saisons font les belles moissons. Je ne vivrai qu'une fois, mais ma vie sera singulièrement intense : ce qui ne se répète pas est éternel. J'aime ce que jamais je ne verrai deux fois; la douleur humaine est sacrée. O Niobé ! une pierre qui pleure des enfants a plus d'humanité que la troupe des anges. »

Dans les *Aphorismes*, l'humour de Feuerbach continue à jouer son rôle de *privatdocent :* il est toujours en avance sur la philosophie officielle. L'humour donne aux idées abstraites une forme sensible qui les rend accessibles aux profanes; il exprime aussi indirectement la nécessité et la vérité de la connaissance sensible, la puissance de la nature et la légitimité de l'amour. De même qu'à la fin des *Distiques* il est fait appel aux femmes, aux filles d'Ève, d'Hélène ou de Maya, et de toutes les nobles héroïnes qui réveillèrent les hommes et les dieux, pour qu'elles aident les hommes à chasser une bonne fois toute théologie, de même à la fin des *Aphorismes* nous voyons surgir la figure d'Héloïse : l'amante réconcilie l'homme et l'écrivain, en alliant la vie spirituelle et la vie naturelle. Les ermites de la philosophie, qui ne pensaient que pour eux ou tout au plus pour messieurs leurs collègues, affirmaient l'identité de l'être et de la pensée : cette identité n'exprime au fond que l'identité de la pensée avec elle-même; l'objet unique de cette philosophie égoïste est le sujet toujours pareil à soi-même, qu'il s'appelle l'Absolu, Dieu, Trinité, Moi ou Substance. Le philosophe, au contraire, qui pense aussi pour autrui, pour ceux qui ne sont pas ses égaux, fini nécessairement par affirmer l'identité du moi et du toi, c'est-à-dire l'amour et le communisme.

Il admet aussi la liberté individuelle, car il sait que l'esprit souffle où il veut ; c'est un aventurier et un vagabond que cet esprit, un fils naturel, un enfant prodigue, un original quelque peu fou et excentrique, bref c'est un vrai philosophe et un hérétique rebelle à toute orthodoxie. Il faut lire dans les *Aphorismes* les portraits que nous trace Feuerbach de cet être singulier : ce sont peut-être les pages de la littérature allemande qui ressemblent le plus aux *Caractères* de La Bruyère et qui, par leur élégance spirituelle, soutiennent le mieux la comparaison avec les œuvres de nos grands moralistes. Il est même probable que c'est à cette qualité unique que Feuerbach doit la réputation de légèreté dont il a joui parmi les pédants. Voici, par exemple, une définition de l'âme : « Ce qui ne laisse pas de repos à un homme... ; ce qui le fait courir pieds nus jusqu'à Rome sans qu'il craigne, sans qu'il sente même la douleur... ; ce qui l'attire avec une puissance irrésistible, que ce soit une somme de cent ducats, une conjecture dans Eutrope, la découverte d'un nouveau cirage ou un petit ruban avec une particule, c'est cela qui est son âme... [1] » L'âme de Gœthe est sa poésie, l'âme de Spinoza ou de Leibniz leur philosophie. De même que l'univers de Leibniz ressemble à un étang plein d'êtres vivants, et où chaque goutte d'eau est un nouvel étang aussi animé que le premier, de même chaque goutte de sang, chaque

1. Cf. *Werke*, III, p. 186.

atome dans l'auteur était un nouveau Leibniz. Le grand Leibniz était un agrégat, une encyclopédie de petits Leibniz, qui reflétaient tous le grand être, comme le monde est le miroir de l'univers. Ce philosophe était un faisceau lumineux dont chaque rayon eût suffi à former l'âme d'un homme de valeur. Considérez en regard la simplicité sublime, la dignité silencieuse et le calme dans la vie et le caractère de Spinoza : vous n'y trouverez pas une tache sombre, vous y découvrirez une telle clarté, une telle transparence que vous apercevrez à travers le ciel pur et serein de la substance. Il résulte de cette définition de l'âme qu'il y a dans chaque individu un ressort personnel qu'il serait vain de vouloir comprimer ou briser du dehors. Ici encore, Feuerbach va jusqu'au bout : il soutient que la pensée même est originale et en un sens intraduisible. Tandis que les philosophes jusqu'à Hegel cherchaient à édifier un système parfait, absolument probant, Feuerbach ne croit pas qu'il soit possible de démontrer intégralement une pensée. Les formes logiques ne sont pas pour lui les formes de l'acte interne de la pensée : ce sont des formules qui servent à exprimer, à communiquer les idées. Il y a dans chaque homme un génie penseur, comme il y a un génie artiste. De même que l'artiste, pour montrer l'œuvre qu'il a en lui, est forcé de la reproduire, de l'imiter, de même le philosophe, pour enseigner sa philosophie, est forcé d'en donner une image, une représentation. La philosophie systématique n'est que la philosophie d'école et de théâtre : la philosophie intime est lyrique de sa nature. Aussi le maître peut-il inviter ses disciples à restituer en eux sa philosophie ; il peut éveiller, exciter en eux l'activité créatrice de leur pensée originale ; il lui est défendu de rendre leur raison captive d'un mot parlé ou écrit, sous peine de tuer l'esprit.

C'est ce respect de l'âme individuelle, plus encore peut-être que l'expérience de l'amour et la connaissance de la nature, qui a décidé Feuerbach à renoncer à la méthode spéculative. Cette méthode n'a pas seulement le tort d'être égoïste et de marcher en sens inverse de la nature, elle a encore l'inconvénient de ne convertir, à proprement parler, personne ; car elle attache plus d'importance à la forme externe de la pensée qu'à son caractère intime : elle ne saurait donc donner à l'homme d'explication satisfaisante. A cet égard, les premières œuvres de Feuerbach sur l'immortalité, malgré les efforts faits, dès le début, par l'auteur pour ne pas rester dans l'abstraction, lui parurent bientôt insuffisantes : il reste toujours au fond de l'homme une voix qui proteste contre la mort, quand on lui prouve que cette condamnation est sans appel, et qui parle encore en faveur de l'immortalité, quand on lui a démontré qu'une autre vie est impossible. Pour persuader, il faut une méthode vraiment positive et féconde : cette méthode diffère de la méthode négative des sceptiques anglais et français du dix-huitième siècle en ce qu'elle ne réfute pas directement ; elle admet la foi comme un fait qu'il s'agit d'analyser, elle en cherche l'essence, en découvre la genèse, en raconte l'histoire : elle dévoile, développe, dénoue au lieu de démontrer, de détruire, de trancher ; elle donne ainsi la vraie solution des énigmes ; la foi s'évanouit en se découvrant, mais il reste l'affirmation des besoins et des désirs qui l'ont fait naître.

C'est cette méthode que Feuerbach applique dans sa dernière œuvre sur l'immortalité parue en 1846. Il analyse d'abord la foi commune; car, malgré le mépris apparent des théoriciens pour la preuve tirée du consentement universel, cette preuve est en fait l'argument le plus puissant de tous. Feuerbach montre comment les peuples primitifs, qui ne distinguent pas entre les phénomènes psychologiques et la réalité objective, ont cru que l'homme subsistait après la mort, parce qu'il survivait dans la mémoire des siens et se dressait devant les amis et les ennemis dans les rêves. Il prend d'abord ses citations dans Homère, « cette Bible de l'anthropologie »; puis il invoque l'autorité des Écritures, et critique les témoignages des explorateurs et des missionnaires, d'après les *Renseignements sur l'homme à l'état sauvage* de Bastholm, l'*Histoire des pays et des peuples d'Amérique* de Baumgarten, et l'*Histoire universelle* de Meiners. Il arrive à cette conclusion que la croyance à l'immortalité est primitivement une des formes de la peur des spectres. Les peuples à l'état de nature se représentent donc les morts comme vivant d'une vie vague, parce qu'il leur est impossible de faire autrement; mais la mort est pour eux une privation réelle, une négation de ce qui fait le prix de la vie : partout on plaint les morts. Si on les croyait en route pour un monde meilleur, on n'hésiterait pas, malgré les regrets qu'ils peuvent laisser, à les féliciter de cet avancement. Au contraire, on cherche à les consoler en leur rendant des honneurs, en leur édifiant de superbes demeures, en célébrant leur anniversaire. Les Chinois, qui entre tous les peuples paraissent croire le moins à l'immortalité, sont ceux qui soignent le mieux leurs morts. — Cicéron s'imaginait croire à l'immortalité : quand il perdit sa fille Tullia, il s'aperçut sans doute que sa foi n'était pas solide, puisqu'il voulut assurer à sa pauvre enfant cette autre immortalité qu'est la gloire. — Si d'ailleurs on admet la foi primitive comme preuve, il ne faut pas s'en tenir exclusivement à l'immortalité de l'homme. César rapporte que les Gaulois brûlaient avec le mort tout ce qui lui était cher : ils croyaient donc que les animaux, les vêtements, les armes étaient immortels aussi bien que les hommes, puisque ces êtres et ces objets devaient accompagner dans l'au-delà leurs maîtres et possesseurs. Les Lapons sont plus sûrs de la résurrection des ours que de la leur. Les Germains croyaient qu'un mort qui apparaîtrait nu au Walhalla s'exposerait à d'éternelles railleries.

Au fond, l'apparente croyance des peuples à une autre vie n'est pas autre chose que la foi en cette vie. L'homme est heureux de vivre, malgré ses souffrances; il prétend naïvement continuer à vivre malgré la mort. Il prolonge par l'imagination la vie particulière que la mort lui a ravie : le fiancé veut retrouver sa fiancée, le guerrier ses armes, l'enfant ses jouets, le Germain veut aller au Walhalla, le Musulman au paradis de Mahomet. L'au-delà n'est pas autre chose que le monde réel transfiguré; la mort, la plus douloureuse des séparations, est le plus grand des poètes : elle sait représenter aux yeux de la mémoire ou de l'imagination ce que les sens ont perdu de vue. Si donc vous considérez comme inhumain de ravir à l'homme son au-delà, laissez à chacun son au-delà à lui : le païen préfère la mort éternelle à l'immortalité chrétienne. Les moralistes chrétiens disent, il est vrai, qu'ils ne veulent pas définir la vie dans l'au-delà d'une manière trop précise : ils craignent qu'une vision trop nette ne rende l'attraction trop forte. Les païens, qui souhaitaient dans l'autre monde les joies d'ici-bas, la danse et la musique, l'amitié et l'amour, la chasse et les festins, ont sacrifié souvent la vie présente à la vie future : des Germains se sont jetés sur leur épée, des femmes se sont précipitées dans les flammes, des Kamtchadales se sont fait dévorer par leurs chiens. La Providence a donc eu raison de recouvrir d'un voile impénétrable aux yeux des mortels la béatitude de la vie future. A cette objection, Feuerbach répond : Vous attribuez à la sagesse divine les précautions trop humaines que prend votre prudence. Vous vous dites en vous-mêmes : un tiens vaut mieux que deux tu l'auras ; vous n'avez plus cette foi profonde en l'autre vie qui avait pour conséquence le mépris de cette courte et misérable existence d'ici-bas ; vous ne voulez plus être dupes d'une croyance qui n'est plus pour vous qu'une illusion vaine.

Après la preuve fournie par le consentement universel, on invoque d'ordinaire en faveur de l'immortalité la nécessité subjective de la croyance à l'au-delà : « Nous ne pouvons, dit Fichte, rien aimer sans considérer comme éternel l'objet de notre amour. » Il y a là, sans doute, réplique Feuerbach, un besoin psychologique : nous ne pouvons agir avec joie, si nous sommes obsédés par l'idée de la fin ; mais c'est que, dans notre représentation, la fin est une rupture brutale, tandis que dans la réalité c'est une conclusion naturelle. Pourquoi mêler à notre vie actuelle la représentation déplacée et prématurée de la mort ? Si nous sommes actifs, nous ne verrons dans le *memento mori* qu'une invitation à profiter de la part de vie qui nous échoit en partage pour faire notre travail.

La préoccupation de l'autre vie est pernicieuse, car le mieux est l'ennemi du bien. Sous prétexte de triompher de la mort normale, qui est inévitable, on laisse subsister la mort précoce, qu'on pourrait ajourner, la mort qui est une conséquence de la misère, du vice, du crime, de l'ignorance, de la barbarie. Sous prétexte d'exaucer des souhaits fantastiques, de satisfaire des besoins de luxe, on reste indifférent devant les vœux les plus naturels et les exigences les plus indispensables. La promesse de l'autre vie est une flatterie démagogique. Luther a avoué plus d'une fois qu'il était impossible de croire à une pareille exagération du bien.

La vie dans la réalité est infiniment riche, longue et souvent ennuyeuse ; nous l'abrégeons par abstraction, et nous prolongeons ensuite cette prétendue brièveté par une durée imaginaire. — La mort normale n'achève que la vieillesse ; pourquoi vouloir qu'il n'y ait pas de terme à cette dernière saison ? L'enfant aussi et le jeune homme croyaient leur printemps éternel, et pourtant l'âge mûr est venu : pourquoi l'hiver ne passerait-il pas ? Les lois de la logique cesseraient-elles d'être applicables à partir du point où notre égoïsme est en jeu ?

L'homme place d'abord son au-delà dans le temps et dans l'espace; sans parler de l'avenir de l'humanité, l'avenir de l'individu est son paradis : le mendiant sera millionnaire, le caporal empereur et l'homme dieu; qui n'espère plus rien souhaite la mort. De même l'homme primitif croit que les morts ont franchi les montagnes, émigré outre mer, peut-être monté jusqu'aux étoiles. En attribuant aux morts une résidence céleste, on leur accordait l'apothéose; mais où situer les immortels, aujourd'hui que les étoiles mêmes sont dégradées par la science? La croyance à l'au-delà avait jadis l'avantage d'élargir le coin où l'homme primitif était confiné; aujourd'hui la civilisation, par l'histoire et la géographie, par les travaux de communication, démolit toutes les barrières qui nous limitaient : on peut avoir sur terre les jouissances matérielles et spirituelles; l'au-delà est superflu, mais on garde cette foi comme on garde une relique, ou comme certaines personnes conservent les jouets et les vêtements dont elles avaient besoin dans leur enfance : l'humanité tient à ces antiquités comme les amateurs à une vieillerie. L'immortalité est un point d'honneur : déniez à l'homme une aptitude imaginaire, il sera plus sensible à l'offense que si vous lui contestiez ses talents réels et ses mérites évidents.

La foi primitive était la seule naturelle; mais l'humanité, ne pouvant plus l'admettre, s'est résignée à une foi critique, qui trouve ridicule les rites anciens, qui n'offre plus d'aliments aux morts, mais qui pr tend continuer à leur accorder une certaine existence. Cette foi voit dans la mort une négation partielle ; mais le reste de cette soustraction, le résidu de cette analyse, est-ce donc encore moi? Pourquoi reconnaîtrais-je ma personne dans ce facteur d'un tout, cet élément d'une synthèse, que vous appelez mon âme? D'ailleurs, vous prouvez plus que vous ne voulez : vos arguments contre la fin de l'âme valent contre son commencement; consultez à ce sujet Platon, dont vous ne faites que me répéter la démonstration. Vous avez négligé la préexistence, parce qu'elle n'intéresse pas votre égoïsme; plus noble que vous et plus libre d'esprit, le philosophe grec et païen avait le courage de son opinion. Le christianisme primitif était déjà critique; il admettait la résurrection des corps, mais les soumettait à une purification. — La mort est considérée comme l'exécution d'un jugement; elle détruit ce qui est méprisé ou méprisable, elle respecte ce qui a ou paraît avoir de la valeur. — L'immortalité est un privilège aristocratique : les anciens la réservaient aux grands hommes, le christianisme ne fait monter au ciel que les croyants, les impies descendent aux enfers. — La mort est un chirurgien qui débarrasse le philosophe des fonctions humaines; c'est un médecin qui guérit le chrétien des maux terrestres. — Ici encore, les païens nous révèlent ce que signifient toutes ces distinctions : ils affirmaient sans détour la divinité des héros et des âmes immortelles. Pour la foi critique, la mort n'est qu'un agent qui réalise l'anoblissement que les demi-croyants souhaitent : elle fait de l'homme un dieu ou un ange.

La forme la plus récente de cette foi critique, le rationalisme moderne, prétend concilier la croyance à l'au-delà et l'aspiration au bonheur ici-bas. Le rationaliste n'est pas, comme le chrétien primitif, un révolutionnaire qui voit dans la misère présente la condition et la garantie de la béatitude future; c'est un progressiste qui veut un peu de perfection aujourd'hui, un peu davantage demain; il recule à l'infini le point où il ne sera plus qu'esprit pur. La mort n'est pas pour lui la catastrophe décisive qui fait rentrer l'homme dans la nuit éternelle ou lui donne accès à l'éternelle lumière : c'est un moment particulier de l'évolution, tout au plus une crise; après comme avant, l'homme continuera son effort. Mais pourquoi le rationaliste refuse-t-il aux animaux et aux plantes cette nouvelle période de vie qu'il accorde à l'homme pour lui permettre de se perfectionner? N'est-ce pas que pour lui la vie humaine seule a une valeur supraterrestre? Il admet donc toujours au fond l'ancien dualisme religieux qui oppose l'homme à la nature, qui dans l'homme même ne respecte que les besoins spirituels et qui dans la société n'estime que l'aristocratie. Il accorde aux savants et aux artistes la dispense de la mort pour qu'ils puissent s'initier à tous les mystères de l'art et de la science : mais les métiers ne sont-ils pas aussi des sciences et des arts? et la faim n'est-elle pas un besoin psychologique très respectable? Pourquoi offrez-vous aux friands de sensations fines les gourmandises de l'au-delà, tandis que vous refusez quelque rôti céleste à ceux qui n'ont jamais été rassasiés ici-bas? Pourquoi jugez-vous nécessaire de garantir aux amateurs déjà bien pourvus ici-bas les concerts et les opéras permanents, les pinacothèques et les académies perpétuelles, tandis que vous négligez de réserver aux femmes restées seules dans cette vie les joies du mariage et de la maternité? A vrai dire, le rationalisme chrétien ne peut se préoccuper que du superflu; s'il songeait au nécessaire, il serait forcé d'exiger dès cette vie une certaine réalisation de l'au-delà, pour qu'il soit donné à l'homme ce qui appartient à l'homme. Aussi néglige-t-il les aspirations légitimes, les désirs normaux, les souhaits modestes; il ne tient compte que de l'ambition orgueilleuse et démesurée; il n'a d'indulgence que pour la téméraire ὕβρις par laquelle l'homme prétend s'élever au-dessus de sa condition terrestre et l'individu s'arroge le droit d'accaparer l'univers.

Ainsi, par toutes les voies, Feuerbach aboutit au même point : il faut ramener du ciel sur la terre notre religion et notre philosophie. Les recherches faites avec une méthode plus rigoureuse ont confirmé son idée première. Il songeait sans doute à ses pensées de jeunesse quand il terminait sa dernière œuvre contre l'immortalité par cette réflexion qui était un argument suprême contre l'au-delà : « L'homme en écrivant son premier ouvrage, quels qu'en soient les défauts et les imperfections, a donné l'essentiel de son œuvre. Un esprit attentif y découvre déjà toutes les qualités qui se révéleront plus tard. Le premier ouvrage est un principe hardi; il n'y a plus qu'à le développer et à le démontrer. Heureux celui à qui il est donné d'en tirer lui-même les conséquences; mais ce n'est pas nécessaire… Il en est de notre existence comme de notre œuvre… Si nous donnons à l'aphorisme de notre vie un sens grave et une forme parfaite, l'éternel remplissage de l'au-delà nous paraîtra vain et superflu. »

Vers la fin de sa vie, Feuerbach alla jusqu'à se demander si les discussions pour ou contre l'immortalité n'étaient pas elles-mêmes vaines et superflues. C'est encore sacrifier à la transcendance que de contester l'au-delà ; l'essentiel est de faire œuvre immanente et pratique. La préoccupation de l'être éternel, dernier vestige de la religion de l'immobile et de la métaphysique des formes figées, doit disparaître devant l'activité consciente de l'incessant devenir. Bien plus, nous pouvons admettre que celui qui tient à l'immortalité pour ne pas penser à la mort conserve sa foi : elle est peut être pour lui salutaire comme une diète. Laissons aux malades leur confiance dans les remèdes empiriques qui les guérissent. En renonçant ainsi à discuter encore la question qui l'avait tourmenté entre toutes, en faisant même des concessions à ses adversaires, Feuerbach ne reniait pas son œuvre de passion ardente : il la couronnait par cette certitude sereine et tolérante, par cette paix plus décisive encore que la victoire.

CHAPITRE IV.

L'Essence du Christianisme.

Dans ses *Pensées sur la mort et l'immortalité*, Feuerbach a énoncé le théorème général de sa philosophie : l'*Essence du christianisme* est le premier des corollaires ; la réintégration de l'au-delà dans cette vie a pour conséquence immédiate la réintégration de Dieu dans l'humanité.

Pour prouver que le christianisme n'est, en effet, que l'apothéose de l'homme, il suffit, selon Feuerbach, d'en dégager l'esprit. Jusqu'ici, dit-il dans sa préface, on s'est contenté ou de s'en tenir à la lettre du texte, ou d'en donner une interprétation inexacte. Les théologiens sont divisés en deux camps : les uns attribuent une valeur historique aux légendes, aux contes de nourrice ; les autres démontrent les articles de foi comme autant de vérités logiques et métaphysiques ; la mythologie chrétienne, par sa naïveté, sacrifie la philosophie à la religion ; la métaphysique spéculative, par ses savantes excuses, ses subtiles distinctions et sa condescendance hautaine, sacrifie hypocritement la religion à la philosophie, et pourtant des deux côtés on proclame l'identité de la croyance et de la pensée. Feuerbach, au contraire, veut rendre justice à la foi comme à la raison : il ne prétend pas réduire ni subordonner l'une à l'autre; il ne croit pas d'autre part qu'il soit possible de les confondre ou de les associer. La foi est un ensemble de vérités particulières, de privilèges, d'exemptions, tandis que la raison n'admet pas d'exception aux règles générales; la foi est liée à un point du temps et de l'espace, à un nom propre; la raison est universelle, impersonnelle et commune. L'essence de la foi est précisément ce qui la distingue de la raison. La foi nous offre des images caractéristiques qu'il faut étudier scientifiquement, objectivement, comme s'il s'agissait d'une analyse chimique. Il est vain de partir de principes *a priori*, d'idées personnelles : il ne s'agit pas d'inventer, mais de découvrir; il ne s'agit pas de prouver ni de réfuter, mais d'expliquer. Il suffit de traduire correctement, fidèlement, le texte de la religion chrétienne, d'exprimer en bon allemand et d'une façon intelligible ce qui est dit dans la langue colorée de l'imagination orientale. C'est tout ce qu'a voulu faire l'auteur de l'*Essence du christianisme*. Les propositions qu'il énonce dans l'Introduction ne sont que des conclusions : les prémisses sont fournies par la religion elle-même. Le philosophe n'est ici qu'un auditeur attentif, qu'un interprète loyal et impartial; il ne joue pas le rôle de souffleur.

Il laisse parler les croyants eux-mêmes; mais il n'admet le témoignage que des vrais chrétiens. Le christianisme a eu sa période classique; c'est à cette période qu'il convient de se reporter. Il faut faire abstraction du christianisme lâche, sans caractère, confortable, littéraire, coquet, épicurien du monde moderne, et songer au temps où la fiancée du Christ était encore une vierge chaste et immaculée, où elle n'avait pas encore inséré dans la couronne d'épines de son fiancé céleste les roses et les myrtes de la Vénus païenne, où elle était pauvre en trésors terrestres, mais trop riche et trop heureuse de jouir en secret d'un amour surnaturel. Le christianisme contemporain ne vit que de l'aumône des siècles passés : Il faut remettre en lumière le christianisme original, le vrai christianisme que l'hypocrisie moderne a enveloppé de ténèbres pour le mieux renier.

Ce n'est pourtant pas l'origine historique du christianisme que Feuerbach se propose de chercher; ce qu'il veut découvrir, c'est la racine même par laquelle la religion s'est implantée dans l'âme humaine. Un historien comme Daumer nous apprend par exemple que la cène est un rite ancien, provenant d'un culte qui exigeait des sacrifices humains; que le vin et le pain tiennent lieu du sang réel et de la chair réelle dont jadis on avait coutume de se rassasier. Feuerbach, au contraire, ne se préoccupe pas de savoir si les rites ou les dogmes chrétiens existent ou non dans d'autres religions : il ne tient compte que du sens particulier qu'ont les sacrements dans le christianisme. D'autres auteurs, comme Lützelberger, nous prouvent, par exemple, que les récits où il est question des miracles du Christ sont pleins de contradictions et de désaccords; qu'il n'y a là que des légendes imaginées après coup, et que le Jésus de la Bible n'a rien de commun avec le Jésus de l'histoire. Feuerbach ne se demande pas ce qu'a bien pu être le vrai Jésus : il admet le Christ tel que la religion l'a fait, ou tel qu'il y est devenu; mais il montre que cet être surnaturel n'est pas autre chose que l'objet des désirs surnaturels du cœur humain. Il ne s'inquiète pas de savoir s'il y a eu des miracles ou non; il montre ce que sont les miracles, en prenant les exemples mêmes des Écritures : quand on a bien vu en quoi ils consistent, on n'éprouve plus le besoin de se demander s'ils sont possibles, réels ou nécessaires.

Feuerbach est très sévère pour la critique purement historique de la religion. Il ne prétend pas nier sans doute qu'il y ait eu des personnages éminents ou des faits remarquables à l'origine de la religion; il ne croit pas que tout soit légendaire dans le Nouveau ou l'Ancien Testament : ce ne sont pas des poèmes sans rapport avec la réalité. On peut même affirmer qu'aucune religion n'a pris naissance sans une occasion naturelle ou historique : s'il n'y avait pas de soleil, on n'eût pas inventé le dieu Apollon. L'homme, comme la nature, ne crée rien *ex nihilo* : il faut un aliment à l'oxygène, pour qu'il fasse briller à nos yeux le ravissant phénomène du feu; de même il faut une matière à l'imagination pour qu'elle évoque les figures poétiques et enchanteresses de la religion. Il a donc dû y avoir un Moïse ou un Jésus; il a dû se produire des événements physiques, physiologiques ou psychologiques qui ont permis la foi aux miracles; mais c'est une entreprise folle, ou du moins stérile, que de vouloir retrouver la vérité historique au moyen des

Écritures. Comment distinguerions-nous les traits primitifs parmi les déformations qu'on leur a fait subir et sous les surcharges dont on les a recouverts? comment démêlerions-nous le fil de la réalité dans la broderie des légendes? Les documents les plus indispensables font défaut. Il est possible que le Jésus historique ait souffert pour sa doctrine; mais le Christ, Dieu ou fils de Dieu, né d'une vierge, qui guérit les malades par une parole, qui apaise les tempêtes par un ordre, qui réveille les morts et qui ressuscite lui-même, le Christ de l'Évangile est le seul que nous connaissions. Il se peut que la croyance à la résurrection ait été, avant les origines du christianisme, article de foi dans la religion de Zoroastre; il se peut même que les amis de Jésus l'aient cru mort, l'aient pleuré et l'aient vu revenir; mais c'est tomber dans le pédantisme et c'est méconnaître absolument le sens de la religion que de vouloir tout ramener aux faits historiques : ce qui est historique n'est pas religieux et ce qui est religieux n'est pas historique. Les miracles sont du domaine des souhaits : le passé importe peu pour les expliquer. C'est encore être victime d'une illusion que de faire dériver toute la vie monacale de la nature et de l'esprit de l'Orient. Il faut du moins, si l'on admet cette dérivation, être juste et faire dériver toutes les tendances opposées de la nature et de l'esprit de l'Occident. Mais comment expliquer alors l'enthousiasme de l'Occident pour la vie monacale? Non, ce n'est pas au fond de l'Asie, c'est dans l'essence même du christianisme qu'il faut chercher l'origine des cloîtres.

Aussi, laissant à d'autres le soin d'étudier les débuts ou la fin, la fondation ou la décadence du christianisme, Feuerbach s'efforce de définir l'âme chrétienne telle qu'elle a vécu dans l'humanité. Toutes les questions de dates, de personnes, d'authenticité, qui préoccupent d'ordinaire les exégètes, lui sont en ce sens indifférentes. On lui a beaucoup reproché par exemple de n'avoir pas, à propos des sacrements, fait suffisamment de distinctions entre le dogme catholique et les différents dogmes protestants : on l'a taxé d'ignorance. Feuerbach a répondu par des notes plus nombreuses à chaque édition nouvelle où il fait preuve d'une érudition et d'une connaissance des sources peut-être unique en son genre; mais dans le texte, il simplifie volontairement; il réduit les variétés à un type commun. Il ne cherche pas à ranger dans un ordre chronologique les quatre Evangiles; le quatrième, celui de saint Jean, qui de Strauss à Harnack a particulièrement inquiété les théologiens et qui passe pour le plus suspect de tous, est peut-être celui qui plaît le mieux au philosophe : il a toujours ravi les âmes pieuses. Feuerbach ne s'occupe pas de savoir si les Pères de l'Eglise étaient grecs, romains ou africains; s'ils avaient des desseins politiques ou des arrière-pensées personnelles : « saint Antoine est très logique », — « saint Anselme est un grand docteur » — et « Lactance a souvent raison », — voilà à peu près à quoi se bornent les personnalités dans l'*Essence du christianisme*. L'auteur aime à citer les mystiques, les irréguliers, les originaux, ceux qui ont eu l'esprit chrétien au point de passer pour hérétiques. Les légendes naïves lui plaisent. Si elles ont pris naissance longtemps après la fin de l'événement qu'elles racontent, ou après la mort du saint qu'elles célèbrent, elles n'en sont que plus caractéristiques. Saint Bernard mérite sans aucun doute tous les respects; mais les ouvrages apocryphes du pseudo-Bernard sont aussi curieux en un sens que les œuvres authentiques de son modèle. Saint Bernard a tort aussi de réfuter (dans une de ses lettres) la théorie de l'Immaculée-Conception de la Vierge Marie elle-même; l'auteur de cette théorie, quel qu'il soit, était un chrétien de bonne volonté. Luther et Pascal étaient des héros de la foi; mais il y a eu sans doute des humbles, des femmes ou des enfants qui ont été des chrétiens aussi sincères, aussi exacts qu'eux ; si nous pouvions connaître les sentiments de ces obscurs oubliés, nous obtiendrions sans doute une image aussi parfaite de l'âme chrétienne qu'en analysant les *Propos de table* du docteur de Wittenberg ou les *Pensées* de l'austère janséniste de Port-Royal. Consultons du moins les recueils de chants édités à l'usage des communautés évangéliques et des Frères moraves; lisons les livres rares comme cet ouvrage de 1768 que Feuerbach recommande parce qu'il y est établi que la religion est le principal soutien des Etats laïques (F. v. Emmerich-Augsbourg). Ne négligeons même pas les poètes : s'ils ne disent pas toujours la vérité, ils trahissent parfois les secrets de l'âme. Quand l'Anglais Young nous dit par exemple que nier l'immortalité c'est être athée envers soi-même, il nous révèle le lien qu'il y a entre la croyance à l'au-delà et la croyance au Dieu chrétien. Ces deux croyances ne sont que deux variantes d'une même foi, la foi en la divinité de l'homme.

Or, cette foi est, selon Feuerbach, l'affirmation essentielle du christianisme : le secret de la théologie est l'anthropologie. Les chrétiens, comme les païens, ont fait Dieu à leur image. Dans les religions primitives, cet anthropomorphisme était évident. Les philosophes comme Xénophane remarquèrent de bonne heure que les dieux des nègres étaient noirs et avaient le nez écrasé, tandis que les dieux des Thraces avaient les yeux bleus et les cheveux roux; les moralistes observèrent que les poètes comme Hésiode ou Homère attribuaient aux dieux les vices humains, comme le vol, l'adultère, l'abus de confiance. Il se produisit ainsi une double épuration des représentations religieuses; on fit abstraction des qualités physiques et on fit un choix dans les qualités morales; on ne laissa à la divinité que des vertus. Ce monothéisme grec se rencontra avec le monothéisme hébreu. Les Juifs, fils d'une race iconoclaste et utilitaire, considérèrent toujours les statues comme profanes et inutiles; d'autre part, leur égoïsme jaloux et leur sentiment de la justice n'admettaient qu'une seule Loi et exigeaient un Evangile valable pour l'univers. Quand l'unité du monde sous l'empire romain eut permis au Dieu unique des philosophes grecs et des prophètes juifs de dominer, les apôtres et les missionnaires oublièrent que ce Dieu n'était que le fils de l'homme; il n'avait, semble-t-il, rien d'humain, n'ayant ni race, ni cité, ni forme, ni couleur. On crut bien avoir triomphé de l'anthropomorphisme et avoir éliminé de Dieu toute tare terrestre; en réalité, on avait gardé en Dieu l'essence de l'homme : la raison, la volonté et le cœur, la pensée, la liberté et l'amour.

Ces facultés constituent dans l'homme la trinité divine qui domine l'individu; c'est une puissance absolue à laquelle il ne peut opposer aucune résistance; aussi l'homme l'a-t-il projetée hors de lui et l'a-t-il appelée Dieu : mais il n'a fait ainsi qu'objectiver son Moi. Connaître Dieu, c'est se connaître soi-même[1]. Tout ce qui, dans la religion, ne paraît avoir qu'une valeur secondaire, subjective et humaine, a en réalité une valeur première, objective et divine. Au lieu de dire : le sentiment est l'organe du divin, il faut dire : le sentiment est le divin même. L'homme ne saurait dépasser son essence. Dieu est la manifestation de son âme, l'expression de son esprit, la révélation solennelle de ses trésors cachés, l'aveu de ses pensées intimes, la confession publique de ses secrets d'amour. On reconnaît d'ordinaire que les attributs de Dieu sont des qualités humaines : or, le sujet n'est défini que par ses prédicats; ce qui vaut pour la « providence », la « sagesse », la « toute-puissance », vaut pour Dieu lui-même.

Toute l'histoire de la religion nous prouve qu'il faut identifier le sujet et le prédicat, Dieu et l'homme. Quand l'homme se bâtit une maison, il édifie un temple à son dieu. Quand les artistes grecs distinguèrent entre ce qui convient à l'homme et ce qui ne lui convient pas, ils représentèrent dans les statues des

---

1. Γνῶθι σαυτόν devait être primitivement le titre de l'*Essence du christianisme*.

dieux leur idéal de majesté sereine et de magnanimité généreuse. Au temps d'Homère, les dieux mangeaient et buvaient, comme les Achéens, avec une joie divine, et Zeus était fier d'être le plus fort du camp olympien. Odin, le dieu de la guerre, est le Dieu suprême des guerriers germains, parce que la guerre est pour eux la première des lois. L'homme est la mesure de toutes choses, de toute réalité; la religion n'a pas d'objet propre, de domaine réservé. Tout ce qui est humain peut être considéré comme divin : la Peur avait son temple à Rome; les diables, les spectres, les sorcières, tous les monstres qui nous effraient ont trouvé place dans la foi. Inversement, tout ce qui est divin est humain. Il est vain, pour échapper à cette règle, d'imaginer en Dieu une abondance infinie d'attributs inconnaissables. Un philosophe comme Spinoza a pu sans doute se permettre le luxe d'une pareille richesse métaphysique. Il sait d'ailleurs que les attributs supposés n'exprimeront que ce qu'expriment l'étendue et la pensée, à savoir la perfection de l'unique substance. Mais la religion est utilitaire; elle nie tout ce qui est superflu ou même indifférent; pour elle, Dieu est une personne, un législateur, un moraliste, le père des hommes, le sauveur, le juste, le bon, le miséricordieux : autant d'attributs facilement connaissables, purement humains. La colère même n'est pas indigne de Dieu, si elle peut se justifier dans l'homme.

Le Créateur emprunte à la créature tous ses attributs; il s'enrichit en l'appauvrissant. Aussi, plus il y a de ressemblance entre eux, plus l'abîme qui les sépare est profond : quand l'homme a sacrifié à Dieu tout son être, il n'est plus rien par lui-même; mais en revanche il retrouve en Dieu tout ce qu'il a perdu. Le moine et la nonne font vœu de chasteté, mais tous deux ont des fiançailles et des amours célestes. Le croyant renonce à la pensée et à la science; mais la révélation lui est une intelligence absolue et un enseignement parfait. L'homme est méchant et corrompu, mais il participe à la toute bonté et à la toute pureté du Dieu qu'il adore : comment l'homme, en effet, prierait-il s'il ne supposait une sympathie, une parenté entre l'âme divine et l'âme humaine? Comment sentirait-il même que la bonté est bonne, s'il n'était lui-même bon en quelque manière? Admire-t-on un chef-d'œuvre, quand on n'a pas le sens de la beauté? Il y a ainsi entre Dieu et l'homme une communication permanente et une incessante circulation. De même que l'activité artérielle pousse jusqu'aux extrémités de l'organisme le sang que les veines ramènent ensuite vers le cœur, de même la vie religieuse extériorise en Dieu les sentiments nés au plus profond de nous pour les faire rentrer finalement dans l'âme humaine. C'est cette systole et cette diastole que Feuerbach étudie dans les deux parties principales de l'*Essence du christianisme*. Dans la première partie, il montre comment le dualisme que nous trouvons en nous nous force à séparer de nous le meilleur de nous-mêmes; dans la deuxième, il établit que les contradictions qui résultent fatalement de ce divorce nous obligent à réintégrer dans l'humanité l'essence que nous avons aliénée en Dieu.

I.

Le dualisme en nous provient d'abord de la raison; impersonnelle, impassible, impartiale, elle s'oppose à notre conscience particulière, à nos sentiments, à notre intérêt : un père qui condamne son fils à mort est le symbole de ce conflit. La raison représente en nous l'espèce; elle paraît divine à l'individu. Dans son ouvrage *Contra Academicos*, saint Augustin, encore imparfaitement dégagé du paganisme, dit que l'esprit ou la raison est le souverain bien de l'homme. Dans ses livres de *Rétractations,* il croit se corriger : le souverain bien, dit-il, est Dieu; mais il ne fait au fond qu'exprimer, sous forme religieuse ou théologique, la vérité qu'il avait énoncée d'abord en philosophe laïque. Dieu est un, universel, infini, nécessaire comme la raison.

Le Dieu purement rationnel n'est pourtant pas le vrai Dieu de la religion : la raison n'est pas, en effet, exclusivement humaine; elle a souci de la nature; elle étudie avec le même enthousiasme, elle considère avec le même respect les astres et les minéraux, les animaux et les plantes; elle admet l'indifférence, l'identité absolue des êtres : elle est panthéiste. Aussi la religion attribue-t-elle à Dieu, à côté de la raison, une conscience morale. Dieu, dit Kant dans ses *Conférences sur la philosophie de la religion,* est pour ainsi dire la loi morale personnifiée. — Mais ce premier caractère humain de Dieu ne nous suffit pas encore ; car la loi morale, comme le remarque Kant, nous humilie, et nous avons besoin d'être relevés : c'est l'amour divin qui sera notre rédempteur. L'amour a plus d'indulgence que la raison sévère : il est κατ' ἄνθρωπον; il a pitié même du pécheur que la Loi damne. Nous sommes soumis à la raison et sujets de la loi morale : l'amour nous donne la liberté. L'amour est le lien entre le parfait et l'imparfait, entre la pureté et le péché. entre le général et l'individuel, entre l'esprit et la nature, entre Dieu et l'homme. Pour pardonner, il faut que Dieu connaisse les passions, les besoins, les misères de l'homme; par amour, il se fera homme de chair et de sang : c'est le mystère de l'Incarnation. Il semble que le Seigneur descende de son trône pour marcher au milieu de son peuple : en réalité, c'est le peuple qui s'érige en souverain. « Dieu devint homme, dit saint Augustin, pour que l'homme devînt Dieu. » Ce qui paraît la deuxième personne en Dieu est au fond la première et la seule aux yeux de la religion chrétienne : c'est ne pas comprendre l'Incarnation que d'y voir un fait d'expérience, purement historique, sans nécessité logique; mais il est vain d'autre part de vouloir la déduire par un raisonnement métaphysique : la raison spéculative ne connaît que la première personne, qui ne s'incarne pas et n'est pas dramatique. L'Incarnation est la victoire de la deuxième personne sur la première : la Toute-Puissance sombre, sans amour, dont participent les démons et les diables presque autant que les anges, est détrônée : *Amor triumphat de Deo*, dit saint Bernard. Dieu sacrifie à l'amour sa majesté divine; mais ce sacrifice divin serait éternellement stérile, si nous persistions à immoler de nouveau l'amour humain à Dieu : imitons plutôt Dieu et sacrifions nous aussi la majesté à l'amour. Dans chacune de nos prières, nous invitons Dieu à l'Incarnation : nous lui demandons d'avoir pitié de nous, nous l'associons à nos souffrances, nous nous consolons en lui ; et Dieu souffre avec nous, nos prières le tourmentent et il se laisse fléchir par elles. Affirmer que Dieu a décidé de toute éternité, dans le plan de la création, l'accomplissement des prières efficaces, c'est être dupe d'une fiction vaine : nous avons besoin, comme dit avec raison Lavater, d'un Dieu arbitraire; nous exigeons que le bon père exauce aussi les souhaits qu'il n'a pas prévus chez ses enfants. Or Dieu, en s'incarnant, réalise le plus cher de nos vœux; en apparaissant aux hommes, Dieu se révèle comme vraiment humain : il nous prouve qu'il nous aime en se montrant à nous. L'homme avait feint de se dessaisir de son essence pour la céder à Dieu ; maintenant Dieu s'abaisse réellement et s'humilie : il renonce à sa divinité pour la conférer à l'homme. « Nous sommes honorés plus que toute créature, dit Luther, plus même que les anges, et nous avons le droit de nous vanter en vérité : notre propre chair et notre sang est assis à la droite de Dieu et gouverne tout. » Déjà, dans l'Ancien Testament, le Seigneur avait dit, le jour du sacrifice d'Isaac, qu'il ne laisserait plus les hommes consommer le meurtre de leurs enfants; maintenant, c'est Dieu le Père lui-même qui immole son fils pour sauver les enfants des hommes. Il ne met plus à l'épreuve la fidélité humaine, avant de donner au serviteur soumis un témoignage de la faveur d'en haut; il se résout lui-même au martyre pour prouver son attachement à l'homme.

Dieu, qui était d'abord Acte pur, est devenu en Christ pure Passion : non content de se sacrifier pour l'homme, il souffre par faiblesse humaine. Le philosophe païen, à la nouvelle de la mort de son enfant, déclarait : Je savais que j'avais engendré un mortel; le Christ, au contraire, verse des pleurs sur la mort apparente de Lazare. L'âme de Socrate était restée impassible, quand il avait fallu vider la coupe de ciguë; le Christ s'écrie : « S'il est possible, que ce calice s'éloigne de moi. » Les stoïciens divinisaient l'énergie toujours tendue de la volonté; les chrétiens admettent l'apothéose des larmes et des soupirs, et en eux l'image du Crucifié est restée plus vivante que le souvenir du Rédempteur : « Il vaut bien mieux, dit Luther, souffrir le mal que faire le bien. » Ainsi rien de ce qui est humain n'est plus étranger à Dieu : la Trinité est l'expression de l'humanité tout entière. Dieu le Père est la Pensée qui fait abstraction du monde, le Moi qui s'isole, autonome et content de soi-même; Dieu le Fils représente le besoin d'autrui, le Toi; l'Esprit n'est que l'amour des deux premières personnes entre elles, la conscience de la vie commune. Si l'on tient pourtant à distinguer l'Esprit du Moi et du Toi, on doit, à l'exemple des mystiques juifs et des frères moraves, y voir le principe féminin de l'amour : la troisième personne de la Sainte Famille ne saurait être que la Mère du Sauveur, la Mère riche en joie et plus riche en douleur, la Mère inconsolable. Le protestantisme a voulu exclure la Mère de la Trinité, mais la Mère s'est vengée, car le Fils et le Père n'ont pas tardé à la suivre, et la Famille divine tout entière a disparu du ciel.

Il est aussi dangereux d'ailleurs de s'attaquer à la deuxième personne de la Trinité ; la querelle qui se livra jadis autour de l'iota qu'on voulait mettre dans « Homousios » n'était pas une vaine dispute : l'honneur de la religion était en jeu. L'influence du Médiateur était compromise. Or, la situation eût été grave, si l'autorité de ce Maire du Palais céleste, protecteur des humbles mortels, avait été ébranlée : le Souverain qui s'était laissé gagner pouvait redevenir menaçant, et le sombre Destin planait de nouveau au-dessus de la terre. Entre le Tout-Puissant invisible et les hommes faibles et craintifs était apparu un Portrait rassurant ; il ne fallait pas en contester l'exacte fidélité : la plus légère différence eût réveillé les inquiétudes. On avait entendu le Verbe : il fallait croire que la Parole était divine. D'ailleurs, la deuxième personne de la Trinité n'est pas seulement l'Image et le Logos ; elle est en Dieu le principe qui crée le monde ; le Toi est la transition entre le Moi et le Non-Moi. Les théologiens chrétiens n'ont pas voulu supposer une matière réelle ; mais, ne pouvant penser une création *ex nihilo*, ils ont introduit en Dieu une matière spirituelle ; tandis que les païens attribuaient l'éternité objective à la matière, les chrétiens en ont admis l'éternité subjective. Quand les philosophes chrétiens, de Böhme à Schelling, disent que la nature est éternelle en Dieu, ils ne font qu'exprimer sous forme mystique la vieille idée païenne : la création n'est qu'apparente. Mais la religion tient à cette illusion par intérêt et par amour-propre : pour que l'homme soit le maître de la nature, il faut, en effet, qu'un Dieu personnel, prototype de l'homme, ait créé le monde. Il suffit, pour se rendre compte de cette liaison logique, de comparer la philosophie de Spinoza et celle de Jacobi ; tandis que l'éternité de la matière supprime la liberté absolue, l'empire personnel au sein de l'Empire de l'univers, la création *ex nihilo* est un acte de libre arbitre qui nous garantit notre indépendance : le Sujet triomphe du monde qui est issu du néant et qui y retournera. La création est le premier caprice, le miracle initial : c'est le coup d'État qui fonde la monarchie absolue du Moi, en inaugurant le règne de cette Providence, qui réserve ses faveurs et ses grâces à un privilégié dans la nature, à l'homme. On peut appliquer au Dieu chrétien ce que Chamisso dit du roi de Prusse : sa noblesse lui confère le pouvoir absolu, pour qu'il agisse suivant la volonté de sa cour. Bacon déjà avait dit : « Nier Dieu, c'est nier la noblesse de la race humaine. » L'homme est la cause finale de la création : en ce sens, il est antérieur au monde. Selon les mystiques, toutes les créatures émanent de l'homme. C'est parce que l'homme tient à cette priorité, à cette préséance qu'il tient au mystère de la création *ex nihilo;* c'est ne rien comprendre à la religion que de vouloir, comme font les théologiens, dériver le monde de Dieu par une déduction intelligible ; l'homme religieux, intéressé dans cette question, exige précisément qu'on supprime toute transition, toute transaction entre Dieu et la nature; il n'admet même pas le compromis des philosophes pieux, qui, tout en marchant en sens inverse de la réalité, font des concessions au panthéisme ; non, il faut qu'il y ait un abîme entre Dieu et la nature, pour qu'il y ait une distinction radicale entre la nature et l'homme.

La théorie de la création était la doctrine fondamentale du judaïsme : le principe en est l'égoïsme. Le Juif soumet la nature à sa volonté et à ses besoins ; il la traite comme un instrument fait pour le service de l'homme, comme un outil mis par Dieu à la portée de l'homme. L'auteur du Livre de la Sagesse dit avec raison que les païens admiraient trop la beauté du monde pour s'élever jusqu'à l'idée du Créateur : ce qui est beau paraît, en effet, avoir son principe et sa fin en soi-même. Les philosophes grecs, d'Anaxagore aux stoïciens, affirment que l'homme est fait pour regarder le monde ; ils sont artistes et théoriciens ; ils se sentent en harmonie avec le Kosmos. Les Juifs considèrent le monde comme un esclave qui se plie à leur action et à leur avantage ; aussi le monde doit-il dès le début obéir au commandement du Dieu d'Israël : il naît par ordre comme il change par ordre ; Dieu ou le prophète du peuple élu dit un mot et tout est ou n'est plus dans la nature : les eaux se fendent ou s'enflent en masse compacte, le bâton se transforme en serpent, le fleuve en sang, le rocher en source ; la lumière s'associe aux ténèbres, le soleil s'arrête ou recule, pour peu qu'Israël ait intérêt à ces modifications du cours ordinaire des choses. Les Grecs perçoivent une musique céleste dans le rythme harmonieux des astres ; ils voient surgir de l'Océan Vénus Anadyomène ; Israël communie avec Dieu en mangeant la manne. Les Grecs sont humanistes et philosophes; les Juifs sont théologiens : ils offrent à Dieu leur piété exclusive en échange du bonheur terrestre ; leurs descendants, encore aujourd'hui, tournent en priant leur visage du côté de Jérusalem. On nous dit bien que Salomon, dépassant en sagesse tous les fils de l'Orient, parlait des arbres, du cèdre du Liban et de l'hysope qui croît à la muraille, du bétail, des oiseaux, des vers et des poissons; mais il se trouve précisément que Salomon ne servait pas Jéhovah de toutes ses forces, de tout son cœur et de toute son âme : il réservait une part de ses hommages aux faux dieux et aux femmes étrangères; il y avait en lui un penchant au polythéisme. Les vrais Juifs monothéistes ne regardaient pas la nature : le regard est déjà un désir et une première adoration. Il est dit dans les livres de Moïse : « Ne t'arrête pas à considérer le soleil, la lune et les étoiles; c'est le Seigneur ton Dieu qui a rangé toute cette armée au ciel. » Ainsi c'est l'impératif catégorique du Dictateur suprême qui a mis toutes les choses à leur place : si l'Israélite célèbre parfois la grandeur de la nature, c'est pour mieux exalter la majesté de Celui dont la puissance souveraine domine tout : on relève le vaincu pour rendre hommage au vainqueur. En tout cas, quand Jéhovah combat et triomphe à la tête de son peuple, la nature même ne connaît plus d'autre loi que le salut public.

Le christianisme est un judaïsme spirituel. Substituons à la conscience nationale et à la passion politique le sentiment de la foi commune et les désirs éternels du cœur humain : Israël nous apparaîtra transfiguré en Christ; Jérusalem deviendra la cité de Dieu. Mais l'égoïsme supranaturaliste n'aura pas disparu; l'amour chrétien, comme le patriotisme juif, exige des miracles personnels, des grâces spéciales et des béatitudes particulières : le désir est toujours la Loi souveraine. « Dieu est un soupir ineffable, qui vit au fond des âmes », dit Sébastien Frank de Word. La prière s'efforce, sinon d'exprimer ce soupir, du moins de proclamer un des vœux intimes qui l'ont fait naître; en déclarant ainsi un besoin devant Dieu, on affirme la nécessité de le satisfaire : la prière n'est humble et soumise qu'en apparence; elle se traduit toujours par un impératif. C'est d'abord l'impératif de l'enfant gâté qui a confiance dans la bonne volonté du père; puis c'est l'impératif de l'amour dont les caprices sont des ordres; c'est bientôt un premier acte de rébellion, une sommation, une mise en demeure; et cela peut finir par un ultimatum et une déclaration de guerre. Le croyant ne se soumet qu'à un Seigneur assez bon pour n'avoir rien à refuser à ses serviteurs fidèles, et assez puissant pour pouvoir leur accorder tout ce qu'ils désirent : la foi n'est que la certitude d'avoir Dieu pour soi contre la nature entière. Dieu qui a créé la nature peut la détruire demain : les premiers chrétiens espéraient voir avant de mourir la fin du monde. Dieu peut en tout cas forcer dès aujourd'hui la nature à exaucer nos vœux : n'a-t-il pas donné des descendants au vieil Abraham; n'a-t-il pas guéri des sourds, des aveugles et des paralytiques; n'a-t-il pas ranimé des morts? et pourquoi Dieu a-t-il fait des miracles, si ce n'est pas pour obéir aux désirs de l'homme?

Il est vain de vouloir donner des miracles une explication naturelle : s'ils n'étaient pas contre nature, ils n'auraient pas de raison d'être. Pour qu'il y ait miracle, il faut qu'un phénomène matériellement impossible et logiquement inconcevable se réalise sous nos yeux : il faut donc qu'il y ait contradiction entre la raison et la science d'une part, et la certitude sensible de l'autre. Quand il est dit dans l'Écriture que l'eau s'est changée en vin dans le verre des convives, il n'est pas fait allusion à une combinaison chimique inconnue ou à quelque mystérieuse métamorphose organique : on affirme qu'il s'est produit une modification de la matière sans qu'il y ait eu élément nouveau, une transformation sans qu'il y ait eu un mouvement ou une action d'une force naturelle quelconque : la loi de conservation, suivant laquelle rien ne se perd, rien ne se crée, est abrogée ici. Même le principe d'identité ne saurait arrêter Dieu, quand l'homme a besoin de s'en affranchir : il est donc impossible de penser un miracle. Il est impossible aussi d'en connaître la genèse; le miracle est instantané, immédiat; il se produit soudain sans peine, sans travail, sans effort : c'est un épisode humoristique ou une péripétie attendrissante qui entretient dans la foule des spectateurs l'illusion de l'absolue liberté; c'est une démonstration dramatique ou une preuve expérimentale d'une vérité incroyable, à savoir que l'homme est en dehors de la nature. Par le miracle initial de la création, l'homme est posé comme antérieur à la nature; par le miracle final de la résurrection, l'homme survit à la nature; par tous les miracles intermédiaires, l'homme se dégage de la nature et triomphe de la nécessité. La primauté lui est assurée dès l'origine; la suprématie définitive lui est promise; la victoire lui est garantie à chaque instant.

Que peut signifier, par exemple, le miracle de la Conception immaculée, conciliant, malgré la chute, la pureté de la vierge et la joie de la mère, s'il ne prouve pas que l'esprit peut à tout moment éviter la souillure, le contact même de la nature? Le protestantisme, qui n'a gardé du christianisme que la doctrine, qui a autorisé la vie naturelle et le mariage terrestre, a perdu le sens de ce mystère : la mère de famille, entourée de ses nombreux enfants, leur fit oublier la Vierge-Mère. Il y eut ainsi divorce entre la foi et la vie, ce qui permit à la liberté de naître, mais maintint une équivoque dans la religion : on continua à vénérer ce qu'on avait cessé de pratiquer. Le Christ demeurait l'image exemplaire, le prototype du chrétien, mais on ne l'imitait plus. Aussi ne vit-on plus dans les temps modernes pourquoi Dieu avait laissé couler son sang sur la croix. Les chrétiens primitifs, eux, le savaient bien : l'évangile de saint Jean nous explique que Dieu voulait montrer qu'il était un homme réel. L'homme eut donc le droit de dire inversement que sa divinité était désormais prouvée et il put s'affirmer, au nom du Christ, le maître absolu du monde. Les païens eurent beau se moquer de ces prétentions à la suzeraineté : « Vous menacez de mort, disaient-ils aux chrétiens, les astres que vous quittez comme vous les avez trouvés; vous promettez à l'homme, qui a un commencement et une fin, une durée éternelle ! » Les vrais chrétiens n'hésitèrent pas à mépriser l'univers et sa vie éphémère, pour ne croire qu'à la réalité de l'au-delà. Les païens voulaient une âme saine dans un corps sain : les chrétiens souhaitèrent la maladie et appelèrent la mort. « Je meurs chaque jour », dit l'apôtre, et saint Antoine, le fondateur de la vie monacale, fit de cette parole sa devise : par cette mort quotidienne, les moines triomphaient déjà ici-bas de la nature dont ils devaient être débarrassés au ciel, où l'homme se confond définitivement avec Dieu. L'Homme-Dieu est le principe, le centre et la fin de la religion chrétienne.

II.

L'homme a personnifié en Dieu ses aspirations, ses besoins, son égoïsme, tout le bien qui dans l'humanité ou la nature contribue à son salut; il a personnifié dans le diable le mal physique ou moral. Dès lors, il ne connaît plus que deux puissances ennemies. Or, le chrétien a confiance dans la victoire finale du bien, mais il sait que la lutte n'est pas près de son terme, et il ne peut être fixé, en tout cas, sur le sort de son âme qu'après la mort. Aussi, l'évasion par le suicide plus ou moins lent lui paraîtrait-elle la meilleure des tactiques — le terrain ici-bas étant peu sûr depuis la chute — s'il n'importait de sauver les âmes et de les garder intactes pour qu'elles puissent prendre leur revanche dans l'au-delà. A vrai dire, l'initiative humaine a aussi peu d'influence sur les batailles morales que sur les autres : contre les tentations, le chrétien s'en remet surtout à la grâce, comme Frédéric le Grand, malgré son génie militaire, rendait hommage à Sa Majesté le Hasard, qui le préservait des mauvaises chances. Les hommes et les choses ne sont plus, pour le chrétien, que des jouets ou des masques : ils n'ont plus de vie propre et autonome. Dans la religion primitive, cette aliénation ne paraît pas avoir d'inconvénient grave : tout se retrouve au ciel ou en enfer; mais peu à peu les hommes prennent conscience de leur liberté et des lois naturelles : ils tombent alors dans les contradictions et les équivoques; car ils s'efforcent de prouver que toute réalité existe deux fois, une fois en nous ou dans la nature, et une fois en Dieu ou dans le diable.

Pour échapper à ces pléonasmes inquiétants, on sacrifie d'abord l'existence du diable : on oublie qu'on appelait jadis athées aussi bien ceux qui niaient le diable que ceux qui reniaient Dieu. Puis, quand on a déduit tout le mal de causes naturelles, on se décide à limiter et on restreint tous les jours davantage le domaine où s'exerce l'activité de Dieu, jusqu'à ce que Dieu ne soit plus que la cause première qui a créé le monde, où les causes secondes agissent seules aujourd'hui. La théologie prétend bien que ces causes secondes ne pourraient rien sans le concours constant que Dieu veut bien leur prêter, mais ce n'est là qu'une fiction diplomatique : Dieu n'a plus qu'un droit historique, il a contre lui le droit naturel; les miracles physiques lui sont désormais interdits et il ne se risque même plus, malgré les prières, à faire des miracles psychologiques, qui pourtant se voient moins. Il devient nécessaire dès lors de prouver son existence par des raisonnements métaphysiques, et le danger devient double. Il est impossible d'une part de conclure de l'essence d'une idée à l'existence de la réalité correspondante, la critique que Kant a faite de l'argument ontologique demeure malgré la protestation de Hegel; et, d'autre part, la valeur morale de la foi risque de paraître indifférente. Il importe surtout de croire à l'existence de Dieu; la lettre triomphe de l'esprit; le culte, la cérémonie, le rite, le sacrement tuent l'âme de la religion. Que votre Dieu soit un monstre, un Néron ou un Caligula, l'image de votre passion, de votre haine ou de votre vanité, cela ne fait rien : l'essentiel est que vous ne soyez point un athée. L'histoire montre où peut conduire ce malentendu. Aujourd'hui encore, athéisme paraît synonyme d'immoralité; et on peut en affirmant, sans définition préalable des termes, l'existence d'un Dieu, se décerner parfois à soi-même un brevet de vertu.

La liberté d'opinion se trouve ainsi supprimée. La religion s'imposait déjà en liant à ses dogmes une sanction : il fallait croire sous peine de damnation éternelle et le doute était un crime. On y ajoute maintenant des châtiments terrestres. Ne pas croire est une hérésie coupable : or il ne dépend pas de nous d'avoir la foi. Les arguments qu'on nous donne peuvent nous paraître insuffisants : ce sont les mêmes que présentait Cicéron dans *De natura deorum* et le *De divinatione* pour prouver les révélations païennes; ils ont servi aussi à établir l'existence historique des démons et des anges. A vrai dire, un « fait », au sens où l'on entend ce terme quand on dit que la révélation est un fait, est indémontrable. Les témoignages n'ont pas de valeur : ils attestent que l'Ânesse de Balaam parlait la langue maternelle des théologiens. Dira-t-on que ce sont les révélations successives qui ont fait l'éducation du genre humain? C'est exact, pourvu qu'on ne cherche pas le principe de cette éducation hors de l'humanité. L'homme, en effet, a d'abord enseigné au moyen de fables e. la révélation est une fable religieuse; mais le prophète est un poète qui croit à son œuvre, ou qui du moins s'intéresse parfois autant au récit qu'à la morale de son histoire : le fidèle ne voit dans le récit que la sanction de la morale; il n'agit plus pour obéir à sa conscience, il exécute des commandements. Si ces commandements sont d'accord avec la raison et l'éthique, tant mieux; mais l'essentiel est que ce soient des commandements révélés. Les cruautés, le vol peuvent être, en cas de nécessité, autorisés par Dieu : Samson, par exemple, commit bien des actes qui seraient difficilement excusables, s'il n'avait reçu d'en haut l'ordre de les accomplir. Montesquieu l'avait remarqué : la dévotion trouve, pour faire de mauvaises actions, des raisons qu'un simple honnête homme ne saurait trouver.

Dira-t-on que les révélations ne forment pas un bloc, qu'il faut s'en inspirer avec discernement? Mais il n'est pas permis de critiquer les révélations; il n'est pas possible de faire dans la Bible le départ du vrai et du faux. Si je suis forcé d'y distinguer ce qui est divin et ce qui est humain, ce qui est éternel et ce qui est temporel, le Livre sacré par excellence n'est plus qu'un livre ordinaire et profane. Faudra-t-il donc que j'écoute d'abord l'apôtre Paul, puis Pierre, Jacques, Jean, Mathieu, Marc ou Luc avant d'arriver à un passage où mon âme avide de Dieu puisse s'écrier εύρηκα : ici c'est le Saint-Esprit qui prend la parole ? Non, il faut s'en tenir à la lettre. Le Dieu qui compte les cheveux sur la tête de l'homme et choisit les moineaux qu'il fait tomber du toit a pesé les mots dont dépend la béatitude éternelle. Qu'on ne vienne pas dire qu'on supprime ainsi la liberté humaine; cette liberté humaine importerait-elle plus que la vérité divine ? Si l'une ne peut subsister qu'aux dépens de l'autre, les Jansénistes avaient raison contre les Jésuites : « Vouloir reconnaître dans l'Ecriture quelque chose de la faiblesse et de l'esprit naturel de l'homme, c'est donner la liberté à chacun d'en faire le discernement et de rejeter ce qui lui plaira de l'Ecriture, comme venant plutôt de la faiblesse de l'homme que de l'esprit de Dieu. » Nous voilà donc forcés de tout admettre, même les choses immorales, déraisonnables et contradictoires; nous ne sommes plus que les *canes Domini* : si nous voulons concilier l'autonomie de notre jugement et le respect de la révélation, nous tombons dans les sophismes; nous ne pouvons affirmer le caractère divin et sacré de l'Ecriture sans pécher contre l'esprit.

La théologie tombe dans de nouvelles contradictions si elle essaie de définir Dieu. Elle veut en effet que Dieu soit un être à la fois humain et surhumain, à la fois conscience individuelle et substance. Primitivement il n'y a entre l'homme et Dieu qu'une différence de degré. Pour obtenir les prédicats de Dieu, il suffit de mettre au superlatif les qualités humaines; si bien que les Juifs, n'ayant pas de superlatif usité en hébreu, disaient « montagnes de Dieu » pour désigner des montagnes très hautes; on peut aussi renforcer les épithètes au moyen d'un préfixe; les néoplatoniciens, par exemple, qui, de tous les philosophes païens, sont les plus voisins du christianisme, abusaient à cet effet de la préposition ὑπέρ. Dieu est infini, éternel, omniscient; il a le don d'ubiquité; il voit et entend tout; il a tous les souvenirs présents à la fois; il a tous les biens sans mesure et toutes les facultés à leur plus haute puissance. Mais tous ces trésors qui sont en Dieu sont des valeurs humaines : en passant de l'homme à Dieu, leur nature n'a subi aucune altération. L'activité divine a créé l'Univers, mais cette activité universelle est identique dans son essence à l'activité spéciale et partielle des hommes. Pour Dieu le travail n'est ni divisé, ni laborieux; mais le maître qui fait facilement un chef-d'œuvre n'en ressemble pas moins à ses compagnons moins adroits et plus humbles. Or, la théologie ne se résout pas à laisser Dieu et l'homme dans la même corporation : elle trouve la différence de grade insuffisante; elle veut que le travail de l'Ouvrier divin soit mystérieux. Elle suppose donc que Dieu donne une forme aux choses sans avoir de matière ou elle compare le Créateur à un Poète génial dont l'œuvre contiendrait à la fois toute la réalité et tout l'idéal. La Raison divine est inconcevable et les voies de la Providence sont insondables. L'étonnement spontané des hommes religieux, qui, ravis ou frappés par des événements imprévus, s'écriaient : « C'est incroyable! » devient chez les théologiens une stupeur voulue, préméditée et permanente. Quand, par exemple, les hommes disent, en s'adressant à Dieu : « Notre Père... », rien ne paraît aussi simple à expliquer que cette expression de piété filiale. Rien n'est, selon la théologie, aussi obscur : c'est un mystère d'une profondeur ineffable; il n'y a aucun rapport entre la paternité divine et la paternité humaine. Il faut bien admettre cependant que l'identité des prédicats suppose une certaine analogie dans les sujets; et l'on ne voit pas pourquoi le proverbe : « Tel père, tel fils » cesserait d'être applicable ici. La théologie essaie en vain de voiler la parenté et la ressemblance que la religion a commencé par célébrer. Même si on accorde que Dieu n'a eu dans l'humanité qu'un Fils, au nom duquel il a adopté les autres enfants, il reste que l'Homme est la fierté du Seigneur. « Dieu, disaient les mystiques, peut aussi peu se passer de nous que nous de lui »; ils avaient raison : il est impossible de séparer Dieu et l'Humanité.

Dans la Trinité, la théologie essaie de concilier le monothéisme et le polythéisme : trois personnes, mais une seule essence. Le Père est Dieu, le Fils est Dieu et le Saint-Esprit est Dieu : pourquoi ne dit-on pas qu'il y a trois dieux? Saint Augustin nous l'apprend; c'est qu'il est écrit : « Ecoute Israël, ton Dieu est un Dieu-Un. » On ne parle d'« une seule essence » que pour voiler cette infidélité des « trois personnes » à l'Ancien Testament de Dieu le Père.

Si au lieu d'examiner les objets de la religion — Création, Révélation, Dieu, Trinité — nous en analysons les éléments subjectifs, nous nous heurtons à des contradictions tout aussi insolubles que les premières. Nous pouvons réduire ces éléments à deux : la Foi et l'Amour. L'Espérance n'est en effet que la Foi orientée dans le sens de l'avenir; elle n'a pas plus d'existence distincte que le Saint-Esprit. A ces deux éléments subjectifs correspondent deux sacrements : le sacrement de la foi est le baptême; le sacrement de l'amour est la communion. Or, de même que l'essence de Dieu est à la fois humaine et surhumaine, de même le sacrement est naturel par sa matière et surnaturel par sa vertu. L'eau du baptême est le *lavacrum regenerationis* qui lave l'homme de la souillure originelle; elle chasse le diable et réconcilie avec Dieu; mais c'est de l'eau naturelle, de l'eau pure; toute autre matière ne produirait aucun effet. Dieu eût pu sans doute, par sa toute-puissance, ne tenir aucun compte de la qualité ordinaire des choses; un choix tout à fait arbitraire n'eût que mieux manifesté l'efficace de sa grâce souveraine. Mais il ne l'a pas entendu ainsi; il a voulu apparemment, dans sa haute Sagesse, qu'il y ait analogie entre le signe et le sens : c'est pourquoi le vin est le symbole du sang, le pain le symbole de la chair. Les transformations les plus miraculeuses ne sont pas absolues : l'eau se change en vin et en sang, mais elle ne sort pas de la catégorie des liquides; c'est une concession que le miracle fait à la réalité. De même, en voyant dans l'eau pure et claire le miroir de l'Esprit immaculé et lumineux, on rend d'abord hommage à la beauté de la nature; mais on ne reste pas fidèle à ce premier sentiment, car on ne respecte pas l'eau du baptême pour elle-même, mais pour la vertu miraculeuse dont on la pare. Si on nie cette efficacité surnaturelle, le baptême n'a pas de sens. Des théologiens ont invoqué contre elle l'expérience; mais l'expérience permet de contester tous les articles de foi : elle ne vérifie pas l'intervention divine; elle ne constate pas les résultats des prières; tous les miracles n'ont pas suffi à convaincre les pharisiens, et cependant il n'a fallu qu'un miracle pour convertir au christianisme tel ennemi farouche, comme ce Paul qui, en prenant le chemin de Damas, était encore plein de haine. Mais d'autre part, si nous laissons l'expérience hors de cause, si nous écoutons ceux qui insistent, malgré les cas défavorables, sur la vertu surnaturelle du baptême, nous nous trouvons devant un autre conflit aussi grave : l'opposition psychologique entre la grâce et le mérite prend ici, à la limite, une forme tangible; dans le baptême la grâce agit par l'extérieur, matériellement : le mérite chez l'enfant est nul. Luther, devant cette conséquence extrême, fut embarrassé. Il avait bien consenti à renoncer au libre arbitre de l'homme et, dans son pamphlet contre Erasme, il avait déclaré que la liberté était un titre de noblesse qui n'appartenait qu'à la majesté divine; mais il ne voulait pas pousser la résignation jusqu'à ne laisser à l'homme qu'une indifférence absolue à l'action de Dieu; il tenait à ce qu'il y eût quelque bonne initiative de notre part, ne fût-ce qu'une faible docilité, un penchant vague à subir l'influence du Seigneur, un désir naissant de la grâce; et il admit que l'intercession du parrain mettait dans l'enfant le germe de la foi.

Si nous examinons le second sacrement, le sacrement de l'amour, la communion, nous retrouvons la même difficulté. Le corps du Seigneur est, selon Luther, un aliment véritable : nous le prenons à jeun, nous le saisissons avec les lèvres, nous le mordons avec les dents; et cependant ce n'est pas un aliment qui rassasie, comme la chair : nous n'en mangeons qu'une petite quantité; ce n'est pas non plus une friandise, un dessert comme un fruit : sans la foi, il n'a pas de goût. Bref, c'est, selon l'expression même de Luther, un aliment qui est à la fois chair et esprit : « *Geistfleisch* ». Pour résoudre cette contradiction dans les termes, les scolastiques avaient recours à la distinction entre la substance et les accidents; des philosophes « catholiques » comme Descartes ont contribué à montrer la vanité de cette explication subtile; et cependant les scolastiques étaient dans la logique de la foi : l'idéalisme chrétien affirme par le mystère du sacrement le néant des qualités sensibles et découvre l'esprit sous l'illusion de la matière. Mais plus logiques encore furent les mystiques qui communièrent sans vin, et après la Réforme, ce Zwingle qui osa déclarer que le sacrement n'avait qu'une valeur subjective, au temps où des croyants plus naïfs se demandaient si le pain volé par une souris à un prêtre catholique était une hostie, et où les protestants d'Anspach étaient en désaccord sur la manière de digérer le corps du Seigneur. Zwingle a détruit ce matérialisme grossier; mais, en revanche, il a tué la poésie de la communion, la passion avide du chrétien pour le sang du Christ. En gardant le sentiment moral, on rend le dogme superflu; en gardant le dogme, on ruine la conscience.

Cette opposition, qui se manifeste entre la matière et l'idée des sacrements, est la conséquence d'une contradiction fondamentale dans le christianisme; il y a conflit dans cette religion entre la foi et l'amour. L'amour unit, la foi sépare. La foi nous soumet à une loi, l'amour nous affranchit. L'amour est communiste, la foi prétend au monopole exclusif de la vérité. Il est vrai que le Seigneur fait luire le soleil aux yeux des bons comme aux yeux des méchants et il laisse tomber la pluie sur les injustes comme sur les justes; mais c'est qu'il est impossible de faire autrement. A vrai dire, les rayons de lumière et de chaleur et les averses bienfaisantes ne sont destinées qu'aux hommes pieux; les autres auraient tort de montrer quelque reconnaissance pour ce qui rejaillit sur eux : on ne leur demande rien. Les croyants forment une aristocratie fermée et hautaine. Ils se disent sans doute les humbles serviteurs de Dieu; mais ils sont fiers de la livrée du Seigneur : ils sont seuls de sa maison. La foi de ces domestiques privilégiés est impérieuse : qui n'est pas avec eux est contre eux. Or, les ennemis du Christ sont damnés dans cette vie et dans l'autre. La foi est intolérante : « Il y a, dit Jurieu, un principe dangereux que les esprits forts de ce siècle essayent d'établir, c'est que les erreurs de créance, de quelque nature qu'elles soient, ne damnent pas. » Les vertus des païens ne sont que des vices splendides. Les enfants qui meurent sans baptême ne sont sauvés que si leurs parents sont chrétiens. La foi ne peut donc pas plus se concilier avec l'amour qu'avec la raison : l'amour, pas plus que la raison, n'admet les persécutions; les peines éternelles, absurdes aux yeux de la raison, paraissent horribles à l'amour. Pour la foi, le premier des commandements est « Crois »; pour l'amour comme pour la raison, il importe surtout d'être bon et de faire bien. Or, le concile de Trente a maudit d'avance ceux qui affirmeraient que la foi sans l'amour ne suffit pas au chrétien; il y a même eu des hommes de bonne volonté pour estimer que les bonnes œuvres étaient nuisibles au salut; en tout cas, le croyant est vertueux, non pour la vertu, mais pour le Dieu rémunérateur : la vertu est pour lui un sacrifice provisoire. Ainsi, quand le christianisme dit : « Dieu est amour », il subordonne en réalité l'amour à la foi : les chrétiens aiment en Christ; le Christ est le propriétaire de l'amour dans l'univers.

Ce conflit entre l'amour et la foi dans le christianisme s'explique par ses origines historiques : le christianisme est une transposition du nationalisme juif. Le privilège de la croyance s'est substitué au privilège de la race : ce n'est plus Israël, c'est le peuple des fidèles qui est le peuple élu; ce n'est plus la Judée, c'est le Paradis qui est la Terre Promise. La patrie nouvelle que fut le christianisme parut d'abord ouverte à tous les hommes, aux esclaves mêmes et aux barbares, qui, dans le monde antique, étaient hors de la cité ; mais bientôt elle se donna des frontières morales en se définissant par les dogmes et en exilant par l'anathème : on avait cru voir s'édifier sur terre une immense Cosmopolis ; en réalité, un nouveau fossé s'était creusé entre les hommes ; un abîme nouveau les maintenait séparés même après la mort, et reléguait en enfer les ennemis éternellement haïs qui devaient rester toujours étrangers à la béatitude céleste des citoyens de Dieu.

Toutes ces contradictions nous obligent à abandonner la foi pour garder l'amour, à quitter l'Église pour rester dans l'humanité. Puisque le secret de la théologie est l'anthropologie, renonçons au mystère équivoque et dangereux et avouons ouvertement que l'essence de Dieu est l'essence de l'homme. Il y a dans l'humanité des sentiments vénérables et des institutions qu'il convient de respecter ; mais le caractère sacré que nous leur reconnaissons ne leur vient pas d'une grâce, d'une protection d'en haut ou d'une bénédiction extérieure : il leur est propre. La vie a en elle-même un sens religieux. N'offrons pas à Dieu ce qui appartient à l'homme ou à la nature.

CHAPITRE V.

L'Essence de la religion.

I.

On a reproché à Feuerbach de n'avoir pas tenu compte de la nature dans son *Essence du christianisme :* le philosophe a répondu que ce reproche portait contre le christianisme lui-même, et non contre son interprète. A vrai dire, le christianisme n'avait pas pu faire entièrement abstraction du milieu où vit l'homme. On peut prétendre que les sacrements avaient sanctifié l'eau, le pain et le vin, et que les miracles nous avaient montré dans la nature la scène où se jouent les drames divins; mais tout l'effort de Feuerbach dans l'*Essence du christianisme* avait consisté précisément à expliquer que, par le sens mystérieux de ses sacrements et par la portée singulière de ses miracles, le christianisme affirmait la victoire de l'esprit sur la nature et tendait à anéantir le monde. Le Dieu dont, selon les mystiques, triompha l'Amour, représentait la Nature impassible et implacable. Les vrais chrétiens étaient, à la lettre, athées en Christ: ils brûlaient le Père pour adorer le Fils. Feuerbach n'avait donc fait que traduire exactement le texte du christianisme; la métaphysique même, dont l'auteur ne s'était pas encore entièrement débarrassé en 1840, contribuait à la ressemblance de l'original et de la version ; la glorification de l'Espèce humaine (Gattung) et de l'Amour rappelait autant les ardeurs sentimentales du moyen-âge que le communisme humanitaire du dix-neuvième siècle ou les paradoxes de Schopenhauer et des pessimistes modernes sur la puissance fatale de l'espèce animale. De même la théorie du dédoublement initial de l'homme et la distinction entre son essence (Wesen) et sa conscience (Bewusstsein) portent la marque du système hégélien ; mais les mystiques déjà avaient signalé en termes assez clairs le dualisme qui est au fond de nous : « *Est in nobis præter nos...* » Nous pouvons être surpris aussi de voir Feuerbach admettre à peu près sans discussion que l'homme seul est un animal religieux ; l'idée de l'évolution et l'expérience[1] nous obligent à lui contester en un sens ce postulat ; il n'est que juste cependant de faire remarquer en sa faveur que le christianisme avait nié l'âme des bêtes. Enfin, quand le philosophe protestait contre toute divinité étrangère à l'humanité, contre tout dieu non immanent, non indigène, « welsch » comme il disait, ce nationalisme humain détruisait sans doute ce qui restait de transcendant, de barbare dans le Dieu chrétien ; il n'en était pas moins fidèle à la tradition d'Israël qui exigeait un Messie juif et à la tradition évangélique qui voyait dans le Sauveur un fils de David et dans le divin Rédempteur un fils de l'homme.

1. Cf. Guyau, *Irréligion de l'avenir*.

Mais s'il est vrai que la philosophie personnelle de l'auteur n'a pas fait tort à l'*Essence du christianisme*, en revanche, la méditation exclusive de la foi chrétienne eût pu confirmer en Feuerbach quelques idées préconçues, s'il avait, comme la plupart des théoriciens avant lui, conclu de l'essence du christianisme à l'essence de la religion. Heureusement, tout concourait à préserver Feuerbach de ce sophisme si fréquent; en partant du principe même qu'il avait posé, — le secret de la théologie est l'anthropologie, — le philosophe était nécessairement conduit à vérifier cette conséquence, qu'il doit y avoir entre les dieux autant de différences qu'entre les hommes ; ses adversaires, d'autre part, lui reprochaient d'avoir, lui aussi, créé l'homme *ex nihilo*, et d'avoir oublié dans son apothéose de cette créature le sentiment immédiat que nous avons de notre dépendance. Feuerbach méditait de répondre aux objections de ses contradicteurs en leur accordant plus qu'ils ne demandaient; il savait en effet aussi bien qu'eux que l'homme isolé et absolu n'était qu'une chimère. Mais il n'avait pas besoin, pour se rattacher à l'Univers, d'avoir recours à une intercession céleste; à chaque pas qu'il faisait à Bruckberg, il se sentait au sein de la nature et il communiait avec les animaux et les choses. Le vieux paganisme germanique renaissait en lui; il se hâta de donner aux cultes anciens leur place légitime dans l'histoire des croyances, et, restant toujours fidèle à sa méthode générale, il réintégra la nature dans ses droits en analysant les religions qui avaient rendu hommage aux choses qui ne sont pas exclusivement humaines. Les théologiens distinguent entre les qualités physiques et les qualités morales de Dieu : Dieu, dit par exemple Leibniz, doit être considéré, dans le domaine de la physique, comme l'auteur de l'univers; dans le domaine de la morale, comme le monarque, le législateur des hommes. Or, Feuerbach avait montré dans l'*Essence du christianisme* que le Dieu moral, le Dieu bon et aimant, n'était que le divin sosie de l'homme, ou, si l'on préfère, le Jupiter céleste de l'amphitryon terrestre; il montra dans l'*Essence de la religion* que le Dieu physique, le Tout-Puissant n'était que la personnification de la nature.

Feuerbach ne s'est pas borné dans cette nouvelle œuvre à définir la religion païenne : il a donné, en outre, une esquisse de l'évolution de la religion depuis ses origines jusqu'au christianisme. Sans doute, il ne faudrait pas chercher ici une histoire complète; l'auteur ne s'est pas proposé de collectionner toutes les variétés connues en matière de religion et de les classer dans un ordre plus ou moins arbitraire, en tenant compte des différences souvent superficielles et accidentelles. Comme toujours, c'est le type commun qui l'intéresse; il ne cite guère que les expressions classiques d'une idée : un vers d'Homère, une phrase d'Aristote ou de Plutarque lui servent à éviter le développement facile qu'un pédant, vain de son érudition, se garderait bien de nous épargner. En revanche, Feuerbach se livre à une critique attentive et minutieuse des récits des voyageurs sur les mœurs des peuples primitifs; il s'efforce de distinguer nettement le fait et l'interprétation que les missionnaires et les explorateurs en ont donnée; cette interprétation est, en effet, déterminée souvent par des idées préconçues : leur désir de retrouver partout le consentement universel, par exemple, leur a fait voir parfois l'affirmation d'un dogme dans un rite qui en est la négation évidente. Mais ici encore, Feuerbach s'en tient à ce qui est vraiment important : son livre sur l'*Essence de la religion,* paru en 1845, n'a pas cent pages; et cependant les trente conférences qu'il a consacrées en 1848 à l'explication de son œuvre montrent l'abondance des documents dont il disposait et le soin qu'il mettait à les contrôler. Les propositions si brièvement formulées par l'auteur ne sont pas des postulats énoncés *a priori* ou des hypothèses; elles contiennent les résultats de recherches laborieuses et impartiales.

Les études de Feuerbach sur les religions primitives l'ont amené à cette conclusion que la religion naît du sentiment de dépendance qu'éprouve l'homme à l'égard de la nature. En ce sens, la religion est à l'homme ce que la lumière est à l'œil, l'air au poumon, l'aliment à l'estomac. Chez l'animal et l'homme primitif, cette dépendance est inconsciente; quand l'homme prend conscience de cette dépendance, la religion surgit en lui. Toute vie est soumise à l'alternance des saisons; mais seul l'homme arrivé à la vie consciente célèbre les changements périodiques par des drames et des actes solennels : ce sont les premières fêtes religieuses de l'humanité. Le principe de la religion n'est donc pas un sentiment bas : l'homme rend à la nature l'hommage qui lui est dû. Le philosophe déclare qu'il est lui-même un adepte du culte de la nature; il avoue franchement que l'air pur qu'il respire a une action bienfaisante, non seulement sur ses poumons, mais sur son cerveau, et que la lumière du soleil le pénètre tout entier. A l'inverse du chrétien qui trouve cette dépendance contraire à l'essence de l'homme, le philosophe n'espère pas être délivré de ces liens naturels : il se sent en harmonie avec le monde d'où il est sorti et où il rentrera ; mais il n'admet pas les erreurs dont la religion de la nature, pas plus que le christianisme, n'a pu s'affranchir : sans l'éducation et l'expérience, tous les hommes, dit Spinoza, sont soumis à la superstition. Dans l'*Essence du christianisme*, Feuerbach avait paru diviniser l'homme ; dans l'*Essence de la religion*, il paraît diviniser la nature ; en réalité, il n'est qu'à demi partisan de l'une comme de l'autre de ces deux apothéoses. En montrant précisément les raisons qui ont justifié aussi bien la religion de la nature que la religion de l'homme, le philosophe nous invite à respecter, au même titre que l'humanité, le milieu où elle vit et dont elle est inséparable ; mais il n'entend pas retourner au panthéisme païen. On peut aimer un individu sans pour cela en faire un dieu, sans fermer les yeux sur ses fautes et ses défauts ; de même, je puis reconnaître que je ne suis rien sans la nature ; je ne suis pas obligé par là d'oublier que la nature n'a guère de cœur, de raison ou de conscience que dans l'homme. Si l'idéalisme chrétien réduit la nature à rien, en revanche, le panthéisme païen lui accorde trop. Le devoir du philosophe est d'éviter ces deux excès du sentiment religieux ; il faut traiter la nature comme elle le mérite, la considérer telle qu'elle est réellement.

Vénérons-la comme une mère, puisque nous en sommes fils en un sens ; mais n'oublions pas que nous avons atteint notre majorité en arrivant à la vie consciente, et puisque nos parents humains eux-mêmes ne sont plus pour nous des dieux ayant droit de vie et de mort sur leurs enfants, ne sacrifions pas toute notre liberté au milieu d'où nous sortons.

Il n'y a pas d'ailleurs dans la nature une unité suffisante pour nous permettre de la personnifier. Le mot « nature » n'est qu'un terme général, un nom commun qui sert à désigner tout ce que l'homme distingue de soi et de ses œuvres ; ce n'est pas le nom propre d'un être réel. A vrai dire, chaque peuple a sa nature particulière : les anciens ne vénéraient que la nature de leur patrie. Les Français ne disent-ils pas encore aujourd'hui : « Dieu protège la France », et les Allemands n'invoquent-ils pas un Dieu de langue germanique ? Il ne convient donc pas de blâmer les peuples qui ont adoré leurs montagnes et leurs fleuves. L'ignorance de la géographie autorisait d'ailleurs chaque groupe à croire qu'il demeurait dans l'Empire du milieu. En Perse, on estimait, selon Hérodote, les étrangers en raison inverse de leur distance du centre national, et les Egyptiens considéraient le limon de leur Nil comme le berceau de toute vie.

Les hommes dépendent aussi de la flore et de la faune de leur pays ; leurs plantes et leurs animaux leur sont indispensables, et par suite sacrés. Il est dit, dans la partie la plus ancienne du Zend-Avesta, le Vendidad : « L'intelligence du chien maintient tout dans le monde. S'il ne gardait pas les rues, les loups et les brigands raviraient tous les biens. » Aujourd'hui encore, on prend parfois plus de soin du bœuf que du valet, et on attache plus de prix à la vie du cheval qu'à celle du cavalier; il ne faut donc pas s'étonner si les lois du Zend-Avesta reconnaissaient aux chiens, particulièrement aux chiennes-mères, ce droit à la vie qui ne figure pas encore dans nos codes. Les Egyptiens rendaient un culte aux chats et aux ibis, auxiliaires précieux quand il s'agissait de faire la guerre aux sept plaies dont les menaçait le courroux du ciel. Au Pérou, on vénérait le lama, on adorait le maïs. Les Hindous parent les taureaux de rubans et de fleurs, s'agenouillent devant eux et leur font des funérailles solennelles. Bref, on peut dire que chaque peuple a offert ses hommages à ses alliés naturels dans la lutte pour la vie. Sans doute, il s'est mêlé au culte des animaux des superstitions; il s'est trouvé des gens pour se sacrifier pieusement aux tigres et aux serpents, aux poux et aux puces; tout ce qui frappe les sens ou l'imagination, tout ce qui étonne ou séduit a pu être divinisé; mais partout où la civilisation s'est établie, on n'a maintenu que le culte des animaux qui ont bien mérité de l'humanité. On a toujours respecté ce dont on avait besoin, ce qui était utile ou bienfaisant; en ce sens, le principe de toute religion est l'amour de la vie, l'égoïsme, l'instinct de conservation. On a adoré surtout les arbres qui donnent les fruits, les animaux qui donnent le lait et la viande, l'eau qui féconde la terre, le feu qui éclaire et réchauffe. Les habitants de Chincha, dans l'Amérique du Sud, au lieu d'adorer le soleil, adoraient la mer; un Inca du Pérou s'en étonnait :

« Le soleil nous brûle, lui dirent-ils, tandis que la mer nous nourrit de ses poissons. » De même, le culte de Dionysos et de Demeter exprimait la reconnaissance de l'homme pour le vin et le pain. Les Latins dérivaient le nom de Jupiter de *juvando :* vraie ou fausse, cette étymologie atteste qu'on donnait le premier rang, le titre d'*optimus* et de *maximus* au dieu qui aidait le plus. Quand pour renier officiellement le paganisme on voulut faire descendre de son piédestal la déesse de la Victoire, Symmaque écrivit une apologie de la religion traditionnelle; il partit de ce principe qu'un dieu se reconnaissait à son utilité. Les chrétiens reprochèrent alors aux païens leur naïveté : « Vous adorez, dit Julius Firmicus, les Pénates, c'est-à-dire vos aliments, et Vesta, c'est-à-dire votre foyer; remplacez donc vos prêtresses par des cuisinières »; mais s'ils raillaient les objets de la religion païenne, les chrétiens ne critiquaient pas la qualité subjective de la foi chez leurs adversaires : les païens, selon eux, se trompaient simplement d'adresse en croyant remercier leur bienfaiteur et leur sauveur, car ils s'arrêtaient aux créatures au lieu de pénétrer jusqu'au Créateur. Au contraire, les chrétiens s'emportaient contre les dieux des philosophes, qui ne font aux hommes ni bien ni mal. A quoi bon un Dieu qui ne vit que pour lui et qui se contente de penser, comme le Dieu d'Aristote, ou des dieux oisifs comme les dieux des épicuriens? Le christianisme ne modifia donc pas l'essence du sentiment religieux. La réforme de Luther ne porta pas davantage sur le principe; il se proposa surtout d'abolir le polythéisme païen qui avait reparu au moyen-âge, quand, au lieu d'invoquer, comme autrefois, les épithètes opportunes des dieux, on avait invoqué, à chaque occasion, les prénoms des saints spéciaux. Luther l'a avoué : sous le papisme comme dans l'antiquité, l'hommage convenable était offert ; il suffit, pour être dans le vrai, de le rendre à qui de droit.

Quand Feuerbach déclare que le principe de la religion est l'égoïsme, il n'entend pas d'ailleurs faire un reproche : le philosophe admet qu'il y a un égoïsme légitime et naturel ; il ne combat, à part l'égoïsme bas et vulgaire, que l'égoïsme téléologique qui voit dans la nature un instrument adapté au service de quelques individus, ou l'égoïsme surnaturel qui a besoin pour se satisfaire de miracles ou d'immortalité personnelle. Néanmoins, les théologiens se sont froissés de cette définition de la religion : selon leurs théories, la religion, loin de consacrer l'égoïsme, est une école de renoncement. Les mortifications et les sacrifices usités dans toutes les religions semblent, à première vue, leur donner raison : au Thibet on se laisse ronger par la vermine ; aux Indes, on se laisse dévorer par des tigres ou mordre par des serpents. En Egypte, selon Diodore, on mangea des hommes en temps de famine, mais personne ne toucha aux animaux sacrés. Les Carthaginois offraient à Moloch leurs propres enfants. Mais si l'homme paraît ainsi se nier lui-même dans la religion, ce n'est en réalité qu'un détour pour mieux s'affirmer. Dans les sacrifices primitifs, l'intention égoïste est nette : on immole des hommes pour en sauver d'autres. Il y eut une fois en Suède une famine sous le roi Domald. On immola d'abord beaucoup de bœufs : Odhin ne s'émut point ; on sacrifia alors le roi et le dieu céda. Tous les peuples ont cherché ainsi à se concilier la faveur céleste par de remarquables offrandes : nous en connaissons des exemples chez les Grecs comme chez les Juifs, chez les Romains comme chez les Carthaginois, chez les Gaulois comme chez les Slaves. Les Indiens, si pleins de tendresse pour la vie des insectes, n'hésitent pas à décapiter quelque Harri de la classe inférieure ; les Mahrattes entretiennent et engraissent des garçons et des filles en prévision de leurs solennités sanglantes ; au Tonkin, on empoisonne des enfants en l'honneur des divinités qui protègent les moissons. On a distingué entre les sacrifices mesquins et les sacrifices généreux ; on a vanté les holocaustes et les hécatombes des Grecs et des Romains ; on a même félicité Alexandre et Caligula de n'avoir pas suivi le conseil de Prométhée qui engageait les hommes à n'offrir aux dieux que les os des victimes : mais qu'il y ait plus ou moins d'avarice ou de prodigalité dans ces offrandes, ce n'en sont pas moins des aumônes que l'homme fait aux dieux. Quand on rapporte un trésor au propriétaire qui l'a perdu, celui-ci fait parfois preuve de libéralité ; mais même quand il daigne partager, son communisme n'est qu'une expansion de joie égoïste. De même l'homme ne sacrifiait aux dieux une moitié de son bien que pour mieux garder l'autre. Sans égoïsme, pas de sentiment de dépendance, pas de religion. Saint Augustin reproche aux païens de s'attacher aux choses terrestres qui n'ont qu'une valeur d'usage, tandis que le Dieu des chrétiens réjouit par lui-même. Admettons cette distinction entre le moyen et la fin ; il n'en reste pas moins que les païens comme les chrétiens ont aspiré au bonheur. Dans toute religion, il y a désir de l'homme, c'est-à-dire d'abord soumission dévote à l'objet souhaité, puis triomphe égoïste dans la possession.

II.

C'est à la nature qui l'entoure que l'homme se sent d'abord soumis : tous les peuples considèrent la terre comme leur mère. Les Allemands rattachent le mot *Erde* à la racine *Ord* qui marque l'origine[1]. Chez les Grecs, les dieux eux-mêmes sont fils de l'Océan ou du Continent. Saint Augustin se raille de cette humble naissance et en tire parti en faveur de l'hypothèse evhémérienne. Feuerbach prend contre lui la défense des croyances naïves : la religion de la nature et la philosophie qui part du témoignage des sens se prêtent un mutuel appui. Les premiers êtres immédiatement certains, les premiers dieux des hommes sont les objets sensibles. Les Germains, selon César, ne vénéraient que les êtres qu'ils voyaient et dont ils recevaient des bienfaits évidents. Les premiers Évangiles de l'homme sont ses sens; bien plus, chaque sens est primitivement un dieu : car le culte de la lumière n'exprime que la divinité de l'œil, et quand l'homme fait monter dans les airs des parfums célestes, il n'encense

1. Cette étymologie paraît aujourd'hui abandonnée. On rattache le mot *Erde* à une racine *ar* (*arare*) qui marque l'idée de labourer.

à vrai dire que son nez. Sans doute, les religions primitives, qui se fient à l'apparence sensible, sont parfois victimes de graves illusions : nous voyons le soleil se lever et se coucher, et le plateau terrestre nous paraît une assiette posée sur la table mouvante de l'Océan ; il serait donc téméraire de conclure du culte primitif à une vérité scientifique. Aussi n'est-ce pas ainsi que Feuerbach entend la solidarité entre la religion ancienne et la philosophie moderne : il prétend simplement que si d'une part la croyance naïve est pour lui une confirmation de ses arguments et de ses impressions personnelles, d'autre part il trouve encore aujourd'hui dans son intelligence et dans son cœur les motifs qui ont poussé jadis les hommes à vénérer la nature. A l'inverse de certains historiens, il demande au présent la clef du passé, avant de chercher dans le passé l'explication du présent. Le sens de la vie actuelle permet seul, en effet, de comprendre ce qui a vécu : ce que l'homme ne connaît pas par lui-même lui demeurera toujours inconnu. Lisez et écrivez autant de volumes que vous voudrez sur les cultes anciens, si vous ne sentez pas en vous-mêmes pourquoi l'homme est porté encore aujourd'hui à diviniser le soleil et la lune, les plantes et les animaux, le fait historique restera pour vous lettre morte et la religion de la nature un mystère. Si, au contraire, la piété filiale de l'homme envers ses parents immédiats est encore vivante en vous, vous saisirez pourquoi les peuples primitifs ont adressé leurs hommages à la terre et à ses enfants.

Les chrétiens ont reproché aux païens de s'en tenir à ce culte du prochain, au lieu de remonter jusqu'à la cause première : cette critique est injuste. Admettons, en effet, qu'il y ait une cause première : les vraies causes pour nous n'en sont pas moins les causes secondes ; convient-il à un fils de ne pas arrêter sa reconnaissance à son père, et de la réserver tout entière à Adam, sous prétexte que celui-ci fut le premier père des hommes? Non, je suis un être particulier : mon origine individuelle seule m'intéresse personnellement. La série ininterrompue des causes finies et le temps linéaire où s'alignent indistinctement des instants égaux qui se suivent et se ressemblent, n'existent que dans l'imagination et la pensée des hommes. Dans la réalité, cette uniformité monotone est brisée : le caractère individuel a toujours quelque chose de nouveau, d'original ; chaque moment est unique et absolu. Sans doute, l'eau est une synthèse d'oxygène et d'hydrogène, mais ses qualités lui sont propres. La lumière de la lune n'est qu'un reflet, mais c'est un reflet incomparable. Le chien n'est qu'une créature parmi les autres, mais il a une vigilance et une fidélité singulières. Faire fi de ces distinctions conduirait à tout confondre et à compromettre toute autonomie. Adorer la cause première, c'est associer dans une même vénération le chien et les loups qu'il combat. Pourquoi nous arrêter d'ailleurs à une cause première? Qui nous a fixé cette halte suprême? L'homme trouve commode sans doute de se borner, de mettre un terme à l'activité inlassable de la nature et de s'agenouiller devant une divinité stable et éternellement immobile ; mais ce n'est pas prouver son droit que d'en prendre à son aise. Nous attribuons une découverte, la fondation d'une ville ou d'un Etat à un seul individu, même si nous faisons tort ainsi à des collaborateurs souvent innombrables : nous sommes portés de même à voir en Dieu le héros éponyme de la nature. Nous substituons aux grandeurs des nombres, aux nombres des lettres : nous résumons une série de noms propres par un nom commun, un groupe de noms communs par un nom collectif; mais il ne faut pas donner à ce procédé algébrique ou grammatical une portée métaphysique : la preuve dite cosmologique de Dieu ne démontre qu'une chose, c'est que Dieu est le signe conventionnel ou le nom collectif qui permet aux hommes d'abréger leur discours, quand ils parlent des choses variées et multiples de l'univers. Ces sortes d'abstractions ou d'abréviations peuvent être nécessaires pour exprimer une pensée; leur utilité pratique dans la vie est appréciable; mais elles n'ont pas une valeur objective absolue : la langue n'est qu'une traduction de la réalité et toute traduction est infidèle. A vrai dire, il n'y a pas de cause première au sens où on l'entend d'ordinaire : chaque effet a une certaine liberté; mais en revanche toute cause est soumise à des servitudes. La nature n'a ni commencement ni fin : tous les liens y sont réciproques; la monarchie absolue en est exclue. Nous admettons que la réalisation de la république humaine est la mission politique de l'homme; nous devons reconnaître que notre tâche scientifique consiste à déchiffrer la constitution républicaine de la nature; il ne convient pas de mettre en dehors et au-dessus d'elle quelque despote chargé de miraculeuses exécutions, législateur arbitraire et juge partial : la nature a en elle-même tous les pouvoirs. L'hypothèse d'une cause première n'expliquerait rien; car cette cause dépendrait de son effet le monde. Où est sa puissance, si elle ne fait rien? sa sagesse, si elle ne gouverne pas? sa bonté, si elle n'a pas d'objet? sa conscience, si elle ne perçoit rien? Otons le monde, il ne reste rien de la cause première : le sens d'un terme abstrait s'évanouit, quand disparaissent les choses concrètes.

L'être divin qui se révèle dans la nature n'est que la nature elle-même. Les Mexicains adoraient une déesse du sel : ils rendaient ainsi indirectement au sel le même hommage que lui rendait Homère, quand il lui décernait l'épithète de « divin ». Mais la religion primitive distingue entre le sel et la déesse du sel; toute la nature paraît ainsi possédée par des esprits. Le monothéisme réduit ces esprits à l'unité; mais il maintient la distinction entre la nature et l'esprit-un. La nature n'est donc pas seulement le premier objet de la religion; elle en est le fondement permanent. L'existence de la nature n'a pas pour condition, comme se l'imaginent les déistes, l'existence de Dieu : c'est au contraire la croyance à l'existence extérieure d'un Dieu qui repose sur l'existence de la nature hors de nous. Les attributs de Dieu qui sont étrangers à l'homme appartiennent à la nature. Le tonnerre est la voix de Dieu et l'éclair nous fait voir sa face. « Es-tu capable, dit Dieu à Job, de nouer les liens des sept étoiles? » Non, l'homme ne saurait même pas produire un arbre ou une herbe, et l'idée d'imiter l'éclair ou le tonnerre est coupable. Salmonée paya de sa vie, selon la mythologie grecque, cette insolence à l'égard du Père des dieux, c'est-à-dire cet orgueil contre nature. Seul, le Dieu de la nature est tout-puissant au ciel, infini comme l'air, éternel comme les astres. Un Inca du Pérou disait à un dominicain : « Tu adores un Dieu qui est mort sur la croix, tandis que nous adorons le soleil, qui ne meurt jamais. » Le Dieu de la nature est commun à tous les hommes : « Il n'y a qu'un Dieu, dit saint Ambroise, car il n'y a qu'un monde. » Son caractère d'universalité triomphe de l'égoïsme particulier des dieux nationaux : « De même que le soleil, la lune, le ciel, la terre et la mer sont communs à tous, malgré la variété des termes qui les désignent, de même, dit Plutarque, il n'y a qu'un Esprit qui dirige l'univers, bien que les différents cultes l'adorent sous des noms divers. » Cet esprit demeure mystérieux, tant que la science ne trahit pas les secrets de la nature : « Sais-tu, dit Dieu à Job, comment se dispersent les nuages? As-tu pénétré jusqu'au fond de la mer? As-tu mesuré la largeur de la terre? As-tu vu d'où vient la grêle? » Quand la science a donné l'explication de ces phénomènes, les théologiens sont forcés de convenir que les mouvements naturels suffisent à les produire; mais ils font encore une réserve : le mouvement initial, selon eux, est divin. Ils supposent à l'origine une masse morte, une matière inerte et paresseuse : et ils admirent Dieu qui a réussi à mettre en mouvement cette machine monstrueuse, parce que telle était sa volonté. Mais qu'est-ce qu'une volonté qui peut sans effort, sans poussée, contact ou influence physique, faire bouger un poids énorme ? C'est évidemment une volonté qui n'est pas analogue à celle de l'homme.

La nature communique ainsi à Dieu des aptitudes physiques surhumaines; elle lui prête aussi des qualités morales. C'est parce que l'homme distingue dans la nature des phénomènes agréables et utiles et des phénomènes déplaisants et nuisibles qu'il oppose Ormuzd à Ahriman, Dieu au diable, la bonté divine à la colère de Dieu. La foi chrétienne s'imagine qu'il y eut d'abord un paradis terrestre et rend l'homme responsable de la chute : le mal naturel lui paraît une conséquence du mal moral. En réalité, l'homme a conscience d'abord du mal naturel. Il ne peut s'expliquer, dans son âme d'enfant, que tout ne soit pas arrangé à souhait : il suppose donc qu'il y a eu mauvaise volonté soit de sa part, soit de la part d'autrui. Ce n'est pas parce que Dieu punit, par justice, colère ou malignité, que l'homme est frappé par l'éclair, c'est, au contraire, parce que l'homme se sent touché qu'il imagine une cause juste, irritée ou méchante. Quand l'homme a remarqué l'ordre immuable qui règne dans la nature, il attribue à Dieu la sagesse. Même quand on se défend de vouloir définir Dieu, on se le représente comme un objet naturel. Dieu n'est pas absolument inaccessible aux sens : c'est un souffle sur les eaux, c'est une lumière, c'est un feu, c'est un vieillard vénérable. Il est impossible de songer à un terme abstrait sans se le figurer sous une forme concrète; les lignes sont plus ou moins nettes, mais c'est toujours un portrait de la réalité individuelle et sensible. Pourquoi donc fixerait-on à Dieu une résidence céleste, s'il était esprit pur? Dieu n'est que l'image, l'idée de la nature.

Les théologiens et les métaphysiciens ont renversé l'ordre des choses. A les entendre, le concret naît de l'abstrait, l'original reproduit la copie. Hegel encore admettait que la matière a sa source dans l'espace et le temps; il suffit de remonter à Newton pour voir comment on déduisait cet espace et ce temps de Dieu; et nous savons que chez les anciens, Indiens, Grecs ou Romains, le Temps était formellement divinisé. Nous saisissons ici sur un exemple le procédé qui a été constamment employé pour intervertir la généalogie réelle. La mère nature devient ainsi la fille de l'esprit. Pour le métaphysicien, la nature n'est que l'opposé, « l'autre de l'esprit ». L'existence même de cette contre-partie de l'esprit devient ainsi inexplicable. Comment l'Esprit a-t-il pu consentir à cette négation de soi, à cette déchéance? Toutes les déductions imaginées pour passer du parfait à l'imparfait ne sont que des jeux logiques imités des exercices de théologie. « Il est étrange, dit saint Augustin, mais il est vrai que le monde ne pourrait être connu de nous s'il n'était pas, tandis qu'il ne pourrait pas être s'il n'était connu de Dieu. » Il y a là, en effet, une origine surnaturelle; si on l'admet, il n'y a plus de raison de contester les autres miracles. Il y a eu pourtant des Pères de l'Eglise qui ont soutenu que le Fils de Dieu était un effet non pas de la volonté, mais de l'essence de Dieu : ils ont reconnu ainsi implicitement que la nature est antérieure à la conscience. Le supérieur, en effet, suppose l'inférieur : pas de statue sans piédestal, pas de trône sans marchepied.

L'Être suprême n'est pas le premier né, mais le dernier venu, le plus complexe, celui qui a le plus de besoins. Un être qui a l'honneur de ne rien supposer avant lui ressemble fort au néant, et pourtant les métaphysiciens tiennent à cette abstraction vaine : ils veulent refaire chaque jour la création divine en tirant de leur tête l'univers.

Ceux qui se livrent à ces spéculations stériles sont encouragés dans leurs illusions ou dans leurs divertissements par un préjugé populaire. L'homme naïf conçoit la création à l'image de son travail volontaire : Dieu est pour lui un architecte qui a bâti sa maison selon un plan préconçu; partant de cette idée, le croyant découvre dans la nature des causes finales et voit ensuite dans cet ordre du monde une preuve ou du moins une confirmation de l'existence de Dieu; les stoïciens se servaient déjà de cet argument contre la théorie des atomes : Obtiendrez-vous, disaient-ils, une Iliade en jetant au hasard les lettres de l'alphabet? Cet argument pouvait avoir quelque valeur contre une hypothèse aussi aventureuse que celle des Épicuriens ; mais aujourd'hui la science est assez avancée, sinon pour résoudre le problème de la vie organique, du moins pour entreprendre d'expliquer par les causes efficientes les prétendues finalités : seules l'ignorance ou la présomption égoïste soutiennent encore l'ancienne téléologie. Les hommes ont cessé de croire que la terre fût une œuvre d'art divine, accommodée par le Créateur aux besoins de ses enfants. Les peuples qui n'habitent pas les zones tempérées n'ont d'ailleurs jamais eu l'idée de féliciter l'Architecte suprême de la demeure qu'il leur avait préparée. Les Kamtschadales considèrent même comme un imbécile le Kutka qui les a gratifiés de leurs montagnes infranchissables, de leurs torrents et de leurs ouragans. En hiver particulièrement, ils ne peuvent s'empêcher de lui dire de dures vérités. On s'est indigné de ce crime de lèse-majesté divine ; on a eu tort ; la seule supériorité des races civilisées vient de ce qu'elles insultent l'auteur du monde non par des paroles, mais par des actes : elles aplanissent ou éventrent les montagnes, elles endiguent ou canalisent les eaux, elles modifient tant qu'elles peuvent le monde parfait sorti des mains du Créateur. L'émigration même, le voyage à la mer ou la saison à la ville d'eaux est une injure à la Providence qui assigne à chacun la résidence convenable ; aujourd'hui nous commençons à prendre l'habitude de tous ces sacrilèges ; mais au début de la civilisation, les hommes éprouvaient quelque angoisse à s'engager dans la voie de révolte. Quand les Cnidiens voulurent percer un isthme, la Pythie objecta que Zeus eût pu faire une île de plus, s'il l'avait voulu ; quand les Romains prétendirent par de grands travaux éviter les inondations du Tibre, les Réatins trouvèrent contre nature ce projet qui tendait à corriger la carte du monde. Même dans les temps modernes, on jugea insolents ces paratonnerres qui provoquent la foudre, et il se trouva une faculté de théologie protestante — celle d'Erlangen, il est vrai — pour protester contre l'emploi de l'éther sulfureux dans les délivrances difficiles, sous prétexte qu'il est dit dans la Bible : « Tu accoucheras dans la douleur. » En tout cas, la terre et ses climats ont déjà bien changé depuis les sept jours et il se prépare des changements plus considérables encore : est-ce ainsi qu'on respecte Celui qui, voyant son œuvre le premier samedi ou dimanche, trouva que tout était bien? Les croyants eux-mêmes ne nient-ils pas déjà par leur conduite le dogme de la création? Il est temps de tirer de cette négation toutes les conséquences qu'elle comporte, et de reconnaître que le Dieu créateur n'est qu'une personnification de la nature; il convient de rendre à la nature les qualités et les énergies que la religion lui a empruntées pour les attribuer à Dieu.

III.

Il est vrai que la nature est le premier objet et demeure le fondement constant de la religion; mais il faut ajouter que la religion transfigure la nature dès l'origine et ne la voit jamais telle qu'elle est : aux yeux du croyant, la nature est une personne vivante et sensible. L'homme a toujours cherché plus ou moins consciemment à accommoder la nature à ses fins; le premier moyen qu'il a employé à cet effet consiste à assimiler la nature à son âme et à la soumettre à ses passions; quelquefois même l'homme découpe dans la nature des profils humains. Les Indiens de l'Amérique, par exemple, reconnaissent dans le soleil, la lune et les étoiles leurs frères ou leurs ancêtres. L'histoire de la religion nous présente ainsi une série de contradictions : quand la religion part de l'homme — c'est le cas pour le christianisme — elle adore sous le nom de

Dieu l'essence de l'homme, mais elle attribue à cette essence une existence naturelle, extérieure à l'humanité ; quand au contraire la religion part de la nature — c'est le cas pour les religions païennes — elle adore ce qui dans la nature n'est pas humain ; mais avant d'adorer cette part de la nature qui nous est étrangère, la religion lui prête précisément le caractère humain qu'elle n'a pas. L'homme, en effet, aurait beau savoir que tout dépend du soleil, que les végétaux, les animaux et les hommes doivent la vie à ses rayons bienfaisants, il n'adorerait pas cet astre s'il ne lui attribuait pas une liberté humaine, s'il n'en considérait pas les bienfaits comme des dons volontaires et s'il ne lui savait pas gré de se lever de bonne heure à notre intention. Où la nécessité apparaît, le culte cesse. Il y a eu un Cyclope qui a dit : « La terre, qu'elle le veuille ou non, produit de l'herbe pour nourrir mes troupeaux », mais on sait que ce Cyclope fut un impie et un athée : c'est un héros d'Euripide.

Les Athéniens pieux ne croyaient pas à ces fatalités naturelles : Borée leur était favorable, non parce qu'il soufflait du Nord, mais parce qu'il avait épousé la fille de leur roi Erechthée. L'imagination peut ainsi faire un être humain, par suite un dieu, de tout phénomène naturel. Il n'y a pas de signe extérieur qui distingue les dieux, leur divinité réside tout entière dans l'âme de leurs fidèles : les fétichistes de Sierra-Leone adorent des cornes, des racines ou des pierres ; dans les îles où abordent les vaisseaux des peuples civilisés, les sauvages rendent un culte aux pavillons, aux montres et aux instruments mathématiques. Dans son commentaire du premier livre de Moïse, Luther déclare : « Tout est possible pour le croyant... la foi est toute-puissante : par elle tout ce qui n'était pas est, et ce qui est impossible devient possible... » Ce que le saint Paul des Allemands dit de la foi chrétienne est vrai de toutes les religions. Aussi les dieux ne sauraient-ils ni se percevoir par les sens, ni se démontrer par la raison : on ne les connaît que par la foi intérieure et subjective. Au début il n'y a pas, il est vrai, de dieu qui n'habite dans un objet extérieur ou qui n'apparaisse dans un phénomène naturel ; mais, même à l'époque des croyances primitives, l'homme, en croyant diviniser la nature, ne divinise que lui-même. La nature ne livre que la matière des dieux, l'âme humaine leur donne la forme et la vie : la religion est un art qui modifie les choses selon les souhaits des hommes.

Le sentiment de dépendance n'est donc que le point de départ de la religion ; la liberté en est la fin. Il y a un abîme entre vouloir et pouvoir, souhaiter et atteindre, entreprendre et réussir, rêver et réaliser : c'est cet abîme que la religion a cherché à combler avec l'aide et la grâce des dieux. Les peuples primitifs avouent naïvement ce qu'ils demandent à la religion ; dans une peuplade indienne, ceux qui vont à la guerre chantent les strophes suivantes : « Pauvre que je suis ! je vais me battre contre l'ennemi ; je ne sais pas si je reviendrai pour me réjouir des baisers de mes enfants et de ma femme. Pauvre créature que je suis ! je ne dispose pas de ma vie, je ne suis pas maître de mon corps, et je veux pourtant faire mon devoir pour le salut de mon peuple. O Toi, grand Esprit de là-haut, aie pitié de mes enfants et de ma femme! empêche qu'ils ne soient en deuil de moi! Fais-moi réussir dans mon entreprise, que j'assomme mon ennemi et que je rapporte les signes de victoire à ma chère famille et à mes amis pour que nous nous réjouissions les uns les autres. Aie pitié de moi et protège ma vie et je t'offrirai un sacrifice. » Cette prière touchante nous montre clairement pourquoi l'homme s'adresse aux dieux. Tout ce qui ne dépend pas de nous ici-bas est l'affaire des Puissants de là-haut. Je puis être fort et succomber, être habile et être vaincu : les dieux seuls donnent la victoire. Si je veux le succès, il faut que je prie ceux qui l'ont entre les mains : être pieux, c'est tâcher de mettre la chance de son côté. Aussi est-ce surtout dans la détresse que l'homme fait appel à ses augustes protecteurs; le malheur rend dévot : c'est seulement quand le misérable a vu combien le ciel est insensible à sa misère, qu'il se révolte. De même le vaincu, souhaitant la revanche, demande d'abord aux Magiciens célestes de maudire son ennemi et de lui jeter un sort; aussi les croyants ne devraient-ils pas être sévères pour ceux qui usent personnellement de maléfices; si les prières des fidèles étaient exaucées, Dieu apparaîtrait souvent comme le complice d'incantations et de sortilèges : dans un cas comme dans l'autre, le véritable auteur, le seul responsable est l'homme. « La prière des justes est très puissante : Élie pria qu'il ne pleuve point et il ne plut pas sur terre trois ans et six mois. » La Providence, qui paraît si bonne aux bons et si équitable aux justes, est en réalité dure et partiale. La religion est le premier moyen qu'emploie l'homme pour triompher de ses voisins.

C'est aussi la première tentative de l'homme pour dompter la nature. L'homme, quand il se voit seul en face de la nature, a d'abord peur; à chaque instant il se sent menacé : la présence des dieux le rassure. Aussi les anciens mettaient-ils des dieux partout, aux seuils des maisons et des écuries, aux thermes et aux places publiques, comme aux coins des routes et des bois : à chaque tournant, à chaque pas, les génies protecteurs avertissent et préservent l'homme des dangers et des chances d'accidents. Plus hardis dans leur simplicité, les monothéistes ont étendu à tout l'univers le cercle d'influence de leur Gardien providentiel : sous les yeux de leur Père omniprésent, les hommes se sont sentis partout chez eux. La religion a été ainsi une des cuirasses d'airain dont se sont armés les hommes pour entreprendre la lutte contre les éléments : quand la croyance à l'au-delà eut triomphé, la mort même ne parut plus un danger aux mortels. Épicure et Lucrèce ont vu surtout la part de crainte et de soumission servile qui demeurait dans le sentiment religieux de leurs contemporains, et il faut reconnaître que leur œuvre d'émancipation a été bonne, car aux époques de civilisation les croyances du passé ne font guère sentir que leurs chaînes; mais il n'en est pas moins vrai que, dans les temps primitifs, la religion a inspiré aussi confiance aux âmes naïves et douces, et a empêché l'espérance de s'éteindre dans le cœur des mortels. Se croyant encouragés et soutenus par les dieux, les hommes ont osé commencer à agrandir leur empire : la nature leur paraissait soumise à des Seigneurs, mais ils savaient que les Seigneurs se laissent fléchir par les sacrifices et les prières des humbles; ils comptaient sur leur appui dans le péril. Ainsi, par leur alliance avec les immortels, les mortels devinrent peu à peu les maîtres du monde.

En tant qu'elle poursuit la conquête de l'univers, la religion a le même but que la science : il s'agit de faire de la mystérieuse nature un être théoriquement intelligible, pratiquement docile et favorable à l'homme; l'homme a toujours cherché à protéger son existence, à la préserver de la brutalité des coups et du hasard aveugle en mettant de l'ordre autour de lui. Mais tandis que la science emploie à cet effet des moyens naturels, la religion a recours aux recettes surnaturelles, à la prière, aux sacrements, à la magie. Aussi le progrès et le travail humain tendent-ils à restreindre le domaine de la foi : la jurisprudence, la politique, la médecine passent peu à peu du ressort de la religion au ressort de la science. Sans doute, l'une ne saurait tenir tout ce qu'a promis l'autre : la science pourra prolonger la vie, elle ne nous fait pas espérer l'immortalité. L'homme cultivé est plus soumis aux lois naturelles que le croyant naïf : celui-ci ne connaît que l'arbitraire et veut qu'on renonce en sa faveur à toutes les habitudes; celui-là sait que pour dompter la nature il faut commencer par lui obéir; mais, en revanche, l'homme libre est moins résigné en présence des maux guérissables que l'homme religieux; il leur déclare ouvertement la guerre au lieu de leur adresser une humble requête ou de leur rendre hommage par des temples et des sacrifices : les Grecs offrent des victimes aux vents contraires, et les Romains essaient de séduire la fièvre en lui consacrant un édifice ; les savants modernes cherchent à gouverner les éléments sans leur faire des concessions sanglantes et à chasser les maladies sans les honorer. D'ailleurs, les succès de la religion dépendent du caprice des dieux, pour ne pas dire qu'ils sont dus au hasard ou à l'illusion ; les victoires de la science sont constantes, certaines et réelles. Il y a donc opposition nécessaire entre la foi et la science. On objecte, il est vrai, que la foi et la science ont vécu côte à côte — sans se causer toutefois — dans l'esprit de grands hommes ; mais cette juxtaposition du passé et de l'avenir dans un même individu ne prouve pas plus que la coexistence dans une même nation d'institutions surannées et d'organisations nouvelles. L'avidité conquérante des Romains se calmait à l'origine quand les poulets sacrés n'avaient pas d'appétit ; mais l'empire romain a fini par absorber le monde. Le regret d'une illusion n'arrêtera pas l'expansion souveraine de la vérité.

La religion de la nature a été la moins tenace de toutes : c'est qu'elle est exposée à des déceptions évidentes. Un coup de hache déracine avec l'arbre le culte qu'on lui rend. Le paganisme a survécu dans les campagnes où l'on avait pour la nature un respect trop grand ; mais là aussi on a eu tôt ou tard le courage de prendre la cognée. La religion étant dans son principe un désir de liberté, chaque révolte nouvelle a marqué un progrès religieux. Les juifs et les chrétiens, par exemple, ont été de grands rebelles ; ils ont voulu imposer à l'univers leur loi et leur morale. Tandis que les anciens voyaient partout des dieux à vénérer, le monothéiste a dit : « Il n'y a qu'un Dieu, et c'est le mien. » Il a prétendu accaparer ainsi tout ce qui est en dehors de lui. Peut-être a-t-il fallu l'exemple de cette ambition religieuse démesurée, de cette témérité contre nature de l'esprit, pour que l'humanité osât prendre possession de son domaine et l'arranger à son gré.

CHAPITRE VI.

Morale.

Il y a entre la philosophie théorique de Feuerbach et sa morale un double lien. Il a, d'une part, commencé par juger les croyances, les idées abstraites même, selon leur valeur morale; il a eu d'abord une tendance à trouver vrai ce qui était bon et désintéressé, et faux ce qui était mauvais et égoïste. S'il a rejeté les preuves de l'immortalité de l'âme ou de l'existence de Dieu, par exemple, c'est qu'elles lui ont paru s'inspirer surtout du principe « d'ambition suffisante ». On pourrait dire qu'à l'inverse de Kant, il a considéré que la négation des dogmes était un postulat de la raison pratique. Mais, d'autre part, les idées morales de Feuerbach se sont modifiées au cours de ses études philosophiques; à chaque progrès dans la théorie correspond chez le philosophe une nouvelle orientation dans l'action. Au fur et à mesure que dans sa philosophie de la religion Feuerbach insistait davantage sur le caractère immanent de notre destinée, de notre amour et de notre science, nous voyons sa morale devenir plus terrestre et s'enraciner de plus en plus profondément dans le cœur humain et la nature.

Dans sa première jeunesse, Feuerbach paraît avoir eu un culte fervent pour la morale chrétienne. Vers dix-huit ans il notait les maximes pieuses qu'il rencontrait au cours de ses lectures. Dans les « *Fragments pour servir à déterminer mon curriculum vitae philosophique* » on trouve, sous la rubrique « Ansbach, 1822 », cette citation d'Opitz : « Celui qui met de côté le désir des choses temporelles et ne pense qu'à ce qui n'est pas mortel, celui-là est si solide sur ses ancres qu'aucun orage ni aucune tempête ne peut l'ébranler le moins du monde »; puis le mot de saint Bernard : « *Plus labora celare virtutes quam vitia* »; enfin les lignes où saint Augustin attribue le bien à Dieu et le mal à l'homme : « *Contemne te, cum laudaris. Ille in te laudatur, qui per te operatur. Noli ergo ad laudem tuam operari quod bonum est, sed ad laudem illius, a quo habes, ut bonum agas. Abs te habes male agere, a Deo habes bene agere.* » Personnellement, Feuerbach est resté fidèle à ces maximes, en ce sens qu'il demeura humble sur terre et désintéressé; mais il fut aussi un révolté, en ce sens qu'il prêcha l'attachement à tout ce qui est mortel, l'amour humain et l'égoïsme naturel. « On ne saurait, dit-il, s'imposer trop d'impératifs catégoriques, être trop stoïcien envers soi-même; mais envers les autres, à part quelques exceptions difficiles à constater, on ne saurait être trop épicurien. »

Les *Pensées* de Feuerbach *sur la mort et l'immortalité* obligeaient le philosophe à ne proposer à l'homme qu'une fin terrestre. En 1848, il terminait ses *Conférences sur l'Essence de la religion* à l'hôtel de ville de Heidelberg par ces antithèses volontairement accusées : « Je souhaite que mes auditeurs soient con vertis, pour qu'ils soient désormais non plus des amis de Dieu mais des amis des hommes, non plus des croyants mais des penseurs, non plus des dévots qui prient mais des ouvriers qui travaillent, non plus des candidats à l'au-delà mais des étudiants de l'en-deçà, non plus des chrétiens qui, selon leur confession et de leur propre aveu, sont moitié anges et moitié bêtes mais des hommes, entièrement des hommes. » Dès 1830, il était évident que l'auteur devait logiquement aboutir à cette conclusion. Aussi dès qu'il aima, le philosophe eut conscience que la révolution morale accomplie en lui était profonde et d'une portée incalculable. Il a noté ce changement dans son *curriculum vitae* sous la rubrique « Journal 1834-1836 ». Les sentences ici sont souvent énigmatiques, mais on en devine le sens en les rapprochant des lettres écrites à la même date par le philosophe à sa fiancée; l'amour, qui fortifie d'ordinaire au cœur des croyants la certitude immédiate qu'ils ont de leur éternité, est au contraire, pour Feuerbach, la preuve que tout notre être est fragile. « Je t'aime éternellement, c'est-à-dire mon amour pour toi ne finira qu'avec ma conscience. » — « Eternel est, ce dont la fin est ma propre fin. » — « Le désir de revoir les morts aimés, qui serait assez inhumain pour ne pas le ressentir? Mais est-ce une preuve de la réalité de l'au-delà? N'est-ce pas l'expression d'un amour déjà rassasié et satisfait ici-bas? N'est-ce pas par conséquent un témoignage indirect en faveur de cette vérité qu'ici-bas est notre tout? » — « L'amour seul peut résoudre l'énigme de l'immortalité. L'idée de notre immortalité nous est agréable : cela ne prouve pas que cette idée soit vraie; l'idée contraire nous est douloureuse : cela ne prouve pas davantage que cette idée soit fausse. D'ailleurs, l'idée que nous sommes finis n'est douloureuse que tant que nous n'y sommes pas habitués, tant qu'elle ne nous est pas devenue familière. » — « N'est-ce pas une faiblesse révoltante d'éprouver une grande douleur, quand les êtres aimés sont ravis à nos sens? Non, c'est une faiblesse de ne pas vouloir éprouver les tourments de l'amour et les douleurs de la vie en général. C'est pourquoi je n'ai pas honte de vous avoir éprouvés, tourments de l'amour et du désir, et je crois néanmoins être de ma nature un philosophe; car un philosophe ne doit pas seulement connaître les choses, il doit avant tout en avoir l'expérience. » — « La croyance à l'immortalité est sans doute, chez une femme, une foi féminine; mais chez un homme, c'est une foi efféminée. »

L'amour, qui a décidé Feuerbach à rejeter définitivement toute sanction ultra-terrestre, le pousse bientôt à s'insurger contre les commandements mêmes de la morale chrétienne. Il avait eu d'abord le désir de la perfection absolue, la terreur du péché et le remords de la faute la plus inoffensive. Il trouve maintenant qu'un des caractères essentiels de l'homme est d'être faillible et que les fautes des hommes sont souvent meilleures que leurs vertus. Il justifie l'homme par des procédés analogues à ceux qu'employèrent pour justifier Dieu les auteurs des théodicées : les fautes sont la rançon des vertus, qu'elles mettent en lumière par contraste, ou dont elles ne sont que le voile; les fautes sont des vertus malheureuses; il ne leur a manqué que l'occasion ou la chance pour réussir dans le monde moral; les fautes ne sont que les remords de conscience d'une vertu ambitieuse à l'excès. On aperçoit, à travers les métaphores de cette casuistique, l'effort que fait le philosophe pour concilier l'ancien idéal religieux qu'il va abandonner et la conduite naturelle et humaine qu'il admet déjà. Peu à peu, l'opposition irréductible apparaît : Feuerbach fait son choix; il renonce délibérément à l'innocence première. « L'arbre de la vie est sinon dans la Bible, du moins dans la réalité, l'arbre de la connaissance du bien et du mal : le péché est inséparable de la vie. La faute est la réaction de la nature contre la règle rigide de la morale. Il y a des natures dont seul le péché est le rédempteur et le libérateur. Je te le dis en vérité : la plus grande faute de ta vie fut de n'avoir jamais failli, jamais péché. »

Dès lors, Feuerbach cherche une morale nouvelle; il croit d'abord que ce mot magique d'amour, qui a fait taire en lui l'écho des paroles anciennes, va suffire à fonder la loi moderne. L'amour n'est pas seulement, au point de vue théorique l'unité de la pensée et de l'être, c'est-à-dire la connaissance absolue; il est encore, au point de vue pratique, l'unité du moi et du toi, c'est-à-dire la règle de notre conduite. L'amour satisfait notre âme, explique notre vie, donne une fin à l'existence. Il faut trouver dans l'amour ce que le chrétien trouvait dans sa foi, ou pour mieux dire, il faut garder du christianisme l'amour qui en est l'âme et rejeter la foi qui est sans amour. Quand on aime Dieu de tout son cœur et de toutes ses forces, on n'a plus

d'amour disponible pour l'homme. La Bible demande :
« Qui n'aime pas son frère qu'il voit, comment aimerait-il Dieu qu'il ne voit pas? » Et moi je demande :
« Qui aime son frère qu'il voit, comment aimerait-il
Dieu qu'il ne voit pas? » C'est l'amour humain que
doit annoncer le nouvel Evangile. Le christianisme
est le moyen-âge de l'humanité, mais de nos jours
commence une ère nouvelle. Feuerbach se croit un
moment le Messie de ce troisième Testament. Les
injustices mêmes qu'il subit lui paraissent un signe
de sa vocation. Les universités allemandes lui refusent une chaire : c'est un « *auspicium liquidum* ».
Il vit comme un exilé loin des capitales, mais il sait
que c'est de Nazareth et non de Jérusalem que vient
tout ce qui est bien. « Tu dois croire, dit-il, oui, croire,
mais croire qu'il y a aussi entre les hommes un véritable amour; que le cœur humain aussi est capable
d'amour infini, d'amour qui pardonne tout; que
l'amour humain aussi peut avoir les qualités de
l'amour divin. Il vaut mieux aimer l'objet le plus vain
et le plus indigne que de s'enfermer sans amour en
soi-même. Aime et tu auras toutes les autres vertus
par surcroît, car il n'y a qu'un Mal : l'Egoïsme, et
qu'un Bien : l'Amour. »

Feuerbach ne pouvait s'en tenir à cette glorification
prophétique de l'amour, où il s'était laissé entraîner
dans l'ivresse du bonheur et dans l'enthousiasme
ardent d'une propagande religieuse. Sans doute, dans
l'*Essence du Christianisme* il avait pu encore prêcher
l'amour, parce que le sujet de son œuvre se prêtait à
cette apologie. L'amour humain peut, en effet, être

présenté comme un athéisme pratique, comme la négation de Dieu dans le cœur et dans les actes. Or, le christianisme se donnait pour la religion de l'amour; il n'est sans doute que la religion de l'égoïsme surnaturel et spirituel, comme le judaïsme n'était que la religion de l'égoïsme terrestre et temporel; mais cette équivoque permettait précisément à Feuerbach de ruiner le christianisme en le prenant au mot, et de se servir de l'amour pour triompher de Dieu, à l'imitation de Jésus-Christ. L'apologie de l'amour était ainsi aux yeux de Feuerbach, la transition la plus courte pour passer du royaume de Dieu au royaume de l'Homme. Mais quand le philosophe eut abandonné ainsi les rêves ambitieux de la spéculation religieuse pour redescendre au domaine de l'humble réalité, quand il eut substitué l'homme vivant à l'idée abstraite de l'humanité, il vit bien que l'amour n'épuise pas notre essence. A l'amour, il faut joindre d'abord la raison, la loi de l'intelligence; car un amour privé de raison ne se distingue pas, dans ses effets, ni dans ses actes, de la haine : il ne sait pas ce qui est utile ou nuisible, opportun ou déplacé. Feuerbach arrive donc ainsi à cette formule : « Le moi, c'est la raison; le toi, c'est l'amour. L'amour avec la raison ou la raison avec l'amour, c'est l'Esprit. » L'amour se trouve ainsi limité par la raison qu'on lui associe; il est d'autre part soumis à une servitude intérieure, puisque l'amour d'autrui et l'amour de soi sont en un sens indissolubles. L'amour n'est qu'une affirmation de la volonté de vivre; aucun être ne peut d'ailleurs se nier lui-même, car être, c'est s'aimer; bien plus, secourir autrui, c'est s'aider soi-même : on est malheureux de la misère d'autrui. Quand, après avoir étudié le christianisme isolément, Feuerbach chercha la loi générale des religions, le philosophe vit que l'égoïsme, qu'il considérait d'abord comme un élément impur fatalement mêlé à l'amour, était en réalité le principe créateur, le père des dieux et des hommes. Mais déjà dans l'*Essence du christianisme*, Feuerbach avait à vrai dire ruiné d'avance la religion dont il célébrait le culte : il ne pouvait rien admettre d'absolu, du moment qu'il faisait de l'homme la mesure de toutes choses. Quand Stirner lui reprocha de donner à son éthique un caractère religieux, Feuerbach put répondre victorieusement : « Sans doute, en prenant pour point de départ le christianisme, et en définissant l'humanisme par opposition à ce christianisme, on est amené à dire que la morale est la vraie religion; on entend affirmer par là qu'il ne faut pas faire dépendre les rapports entre les hommes de leurs rapports avec Dieu, on admet une morale affranchie de l'autorité et de la foi, mais on ne prétend pas que l'homme soit fait pour la morale : c'est la morale, en effet, qui est faite pour l'homme. »

Tandis que la critique de son disciple Stirner obligeait Feuerbach à marquer avec plus de précision le caractère relatif de sa morale, les objections de ses adversaires le forçaient à discuter les postulats de la morale courante. On prétendait refuser au philosophe, au nom de la conscience, le droit d'examiner les représentations que les hommes s'étaient faites de Dieu. Le philosophe répliqua en 1845 : « Quoi! la conscience nous interdirait de connaître Dieu, c'est-à-dire de reconnaître en lui l'essence de la nature et de l'homme ? Hélas ! votre conscience n'est pas autre chose que le respect de l'habitude et la soumission à l'autorité de l'opinion : elle n'exprime que votre crainte et votre servitude. Quel serrement de cœur, quelle angoisse de conscience les protestants n'ont-ils pas dû éprouver au début, quand ils ont sacrifié le représentant de Dieu sur la terre, le pape et les saints ! Rien de nouveau ne vient au monde sans remords, car l'habitude est la conscience des conservateurs dont le nombre est légion. Ce fut jadis pour les Carthaginois une affaire de conscience d'adoucir quelque peu le culte cruel et insensé de leurs pères : ils se firent un scrupule de substituer dans les sacrifices des enfants étrangers à leurs propres enfants. On s'est refusé ainsi, au nom de la conscience, le droit d'être des hommes. O conscience, que de crimes tu as sur la conscience ! »

On reprochait d'autre part à Feuerbach d'avoir, en niant l'autre vie, tari la source des sacrifices : Qui se résoudra à quitter volontairement cette terre, si vous donnez à cette vie terrestre le titre de vie unique, la valeur d'un bien qu'il est impossible de remplacer ? Le philosophe répond : En effet, les hommes ne sacrifieront plus leur vie qu'à bon escient. Les chrétiens immortels pouvaient se permettre des sacrifices de luxe ; ils prodiguaient leurs vies pour une fantaisie, pour un caprice de prince : désormais il n'y aura plus de sacrifices sans nécessité. Mais il n'y a aucune raison de supposer les hommes incapables à l'avenir de sacrifier leur vie, quand ils jugeront le dévouement indispensable. Ne voyons-nous pas aujourd'hui ceux qui ne croient plus à l'immortalité braver les persécutions? Le temps est passé où les chrétiens fidèles s'exposaient au martyre; dans notre siècle, c'est en parlant du salut éternel qu'on acquiert les biens terrestres; au contraire, les pauvres de ce monde sont ceux qui rejettent les béatitudes et les peines de l'au-delà. Autrefois l'athéisme était une vanité de cour, un luxe de nobles frivoles, un jeu d'esprits superficiels; aujourd'hui, il pénètre dans le peuple des travailleurs; il gagne en étendue et en profondeur. Les vrais amis du Christ sont maintenant les révoltés; les protecteurs officiels de la foi ne songent plus à risquer leur vie pour supprimer l'injustice terrestre. Le dogme de l'au-delà ne suscite plus guère de dévouements héroïques; il entretient d'autre part la résignation des esclaves; la négation de l'au-delà, au contraire, donnera aux hommes l'énergie nécessaire pour améliorer leurs conditions d'existence. Il y a aujourd'hui des pères qui, pour nourrir leurs enfants, sont forcés de sacrifier toutes les joies, de réprimer toutes leurs aspirations humaines; c'est admirable, disent les croyants; mais le philosophe ne serait pas fâché de diminuer les occasions qu'ont les malheureux de se faire admirer par les autres.

Pourquoi, au surplus, les croyants s'inquiètent-ils à ce point des conséquences pratiques des doctrines? Il faut croire que les raisons théoriques ne suffisent plus à l'apologie du christianisme, car la morale, qu'on invoque aujourd'hui pour soutenir la foi qui s'en va, ne fut pas toujours le premier souci de l'Église : « Toute l'Écriture sainte, dit Bodin dans sa *demonomanie*, est pleine de témoignages que Dieu a la plus grande horreur des magiciens (c'est-à-dire de ceux qui renient Dieu et s'allient au diable), qu'ils sont bien plus dignes de malédictions que les parricides, incestueux et sodomites... Un magicien, même s'il ne fait aucun mal, mérite d'être brûlé pour cause de lèse-majesté divine. » Luther dit de même : « L'assassin ne commet un péché que contre le cinquième commandement, l'incrédule commet un péché contre le premier commandement. » Prétendre qu'il n'y a pas de foi sans morale, c'est retomber dans une hérésie condamnée par l'Église catholique. Dans l'Église grecque, en Russie, en Arménie, on donne plus facilement l'absolution aux assassins qu'à ceux qui ont rompu le jeûne. Le juge Carpzov communiait tous les mois et lut cinquante-trois fois la Bible d'un bout à l'autre : il condamna vingt-trois milliers de misérables à mort. « Le connétable Anne de Montmorenci..., peut-être le seul chef du parti catholique qui aimât la religion pour elle-même, c'était en disant son chapelet, si l'on en croit Brantôme, qu'il ordonnait des supplices, des meurtres, des incendies, sans se débaucher nullement de ses paters, tant il était consciencieux... » L'Église a toujours eu pour les pécheurs fidèles des indulgences particulières ; elle n'a donc pas qualité pour flétrir comme immorales les doctrines qui nient les sanctions ultra-terrestres.

Il y a pourtant dans ces objections des croyants un aveu à retenir. Quand Luther nous dit en des vers dont il est difficile de rendre l'énergie : « A part la foi, il n'y a aucune raison de ne pas vivre comme un pourceau », il confesse par là qu'à part la croyance religieuse, il n'y a aucune différence entre certains hommes et les animaux : c'est la religion qui sert ici de cloison entre l'humanité et la bestialité; autrement dit l'homme religieux, selon Luther, trouve en lui-même la tendance à la bestialité; il cherche en dehors et au-dessus de lui — en Dieu — la tendance à l'humanité. Or, on n'est véritablement un homme que si on considère l'humanité comme la définition nécessaire de sa nature, comme le caractère essentiel de son être. La religion réprime les effets du mal moral, elle n'en supprime pas la cause; elle empêche les manifestations de la barbarie, elle ne la guérit point. La morale humaine ne doit chercher ses fondements que dans l'humanité; elle doit tendre à se confondre avec notre nature. Jadis les hommes n'observaient les règles les plus élémentaires de l'hygiène et de la propreté que pour exécuter les commandements de Dieu : aujourd'hui certains préceptes des Anciens Testaments nous semblent puérils : il nous paraît tout « naturel » de nous y conformer : de même la postérité s'étonnera un jour d'apprendre que les hommes de notre âge ne se sont bien conduits que par déférence pour un ordre supérieur, ou dans l'espoir d'une récompense dans la vie future : la conduite que nous appelons « morale » leur apparaîtra « toute naturelle ».

A vrai dire, un acte n'est moral dans son principe que s'il est « naturel », spontané. Les vrais sacrifices sont des actes d'enthousiasme, des actes de génie. Il n'y a pas de commandement, pas d'impératif catégorique qui soit capable de les produire. Les règles littéraires n'ont jamais créé une œuvre d'art : les lois morales n'ont jamais engendré un sacrifice véritable. La vraie vertu est une enfant naturelle, une enfant de l'amour. Ce qu'on appelle ordinairement vertu n'est qu'une imitation, une copie qui n'a pas la valeur originale de la vie. Les moralistes voient surtout dans la vertu un effort pour dompter la vie naturelle : plus l'homme se donne de mal pour bien faire, plus il a de mérite à leurs yeux. Feuerbach, au contraire, admire surtout la manifestation facile des tendances spontanées. En elles-mêmes, ces tendances ne sont ni morales ni immorales : la conduite vertueuse est l'ordre qui en règle le jeu en les conciliant harmonieusement et qui répartit judicieusement entre nos fonctions la somme de notre activité vitale. Voici par exemple une femme qui aime la société, la conversation; ce goût n'est pas immoral; mais si cette femme néglige pour aller dans le monde de donner des soins à ses enfants, les moralistes, c'est-à-dire les méchantes langues, la traiteront de mauvaise mère, et déclareront que sa conduite est « immorale »; et pourtant l'acte de soigner ses enfants n'est pas « moral » en soi : il est la conséquence de l'amour maternel, c'est-à-dire d'une tendance « naturelle ». Ce qui pour cette femme serait un sacrifice paraîtra tout « naturel » à une mère qui ne se plaît qu'à la maison auprès de ses enfants. Ainsi le devoir n'est pas un *deus ex machina*, un météore venu du ciel ou d'un autre monde; il appartient à la même catégorie que nos penchants et nos tendances; c'est un instinct naturel qui fait valoir son droit contre l'oppression d'un autre instinct; le remords est l'ombre irritée, l'« esprit » d'un instinct qu'un autre instinct plus fort a tué. Pas de devoir sans tendance correspondante; on ne saurait obliger un homme à faire ce qu'aucun de ses semblables ne fait spontanément, naturellement. Il est faux de faire du devoir un genre à part et de l'opposer aux instincts. Kant dit : « Si la nature avait mis dans le cœur d'un individu peu de sympathie, si cet individu — d'ailleurs honnête homme — était froid de tempérament et indifférent aux souffrances d'autrui, peut-être parce qu'étant pourvu lui-même d'un don particulier de patience et d'une force de résistance singulière, il suppose chez les autres, ou même exige d'eux la même persévérance; si la nature n'avait pas donné à cet individu — qui ne serait pas à vrai dire le pire de ses produits — une tendance bien marquée à aimer ses semblables, ne trouverait-il pas néanmoins en lui-même une raison de s'attribuer une valeur bien supérieure à celle qui peut avoir un bon tempérament? Oui, sans doute ! De là vient justement la valeur du caractère qui est moral et sans aucune comparaison le plus noble, à savoir qu'il fait le bien non pas par inclination (Neigung), mais par devoir (Pflicht). » Feuerbach répond : Sans doute, je ne dois pas seulement faire le bien par inclination, par tempérament, par sentiment, mais encore par principe, par devoir. Mais qu'est-ce que le devoir de bienfaisance, sinon la tendance à faire le bien devenue objet de ma conscience et de ma volonté[1]? Le devoir est une ma-

---

1. Sénèque (Ep. 108) le reconnaît : « *Omnibus enim natura fundamenta dedit semenque virtutum : omnes ad omnia*

nifestation de la nature humaine; c'est un effet, une conséquence de cette nature; cet effet n'a été considéré comme cause autonome, cette conséquence n'a été respectée comme un principe *a priori* qu'au cours de la civilisation, quand l'homme eut oublié l'origine de toutes choses. L'homme moral a été d'abord porté ou poussé dans une direction déterminée; il a accepté cette direction et en a fait la norme de sa conduite; puis il a imposé sous le nom de « devoir » à son prochain ce qu'il avait érigé en loi pour lui-même, en partant de cette idée, moitié vraie, moitié fausse, que son prochain était aussi son semblable. Quand j'agis sans aucune inclination, uniquement par devoir, j'agis donc, à proprement parler, en singe; et c'est précisément parce que cette imitation artificielle m'oblige à un effort, que je m'attribue du mérite et que je prétends à une récompense. La vertu naïve, spontanée, originale, ne connaît pas le mérite et ne se soucie pas des sanctions : elle est heureuse d'être. Nos vertus contraintes sont malheureuses; nous aspirons à une vie libre où notre attitude sera conforme à nos inclinations, et nous espérons être délivrés dans l'autre monde du joug que nous subissons ici-bas. Mais pourquoi faire régner sur terre une vertu fausse et menteuse, puisque, finalement, au ciel, nous donnerons carrière à nos désirs? Mettons d'accord dès maintenant notre volonté et notre sensibilité.

ista nati sumus. » Kant lui-même, dans le *Guide pour la connaissance des hommes et du monde*, dit : « Mais il y aussi des hommes qui de nature ont un caractère moral et qui paraissent nés pour la générosité, l'amour de l'honneur, etc. »

Sans doute, il y aura toujours quelque mérite même dans la conduite la plus naturelle; l'artiste qui a une vocation n'est pas dispensé par là de tout effort; le souci de notre santé même nous impose des diètes, c'est-à-dire des sacrifices et un certain héroïsme. Nous serons toujours forcés de réprimer des caprices, de triompher de certaines antipathies; mais il est insensé de conclure de ces répressions particulières, de ces petites mesures de rigueur à un état permanent de guerre civile au-dedans de nous. Il n'est pas nécessaire, pour assurer l'ordre et la paix, de refuser tout droit à nos tendances naturelles : il suffit d'acorder à chacune sa part normale de liberté et de faire prédominer l'intérêt général. Il y a entre notre volonté et nos tendances le même rapport qu'entre l'espèce et les individus ou entre la raison et les sens. Le sauvage, qui, sans penser aux conséquences, mange jusqu'à ce qu'il n'ait plus rien à manger, est esclave de sa gourmandise. L'homme civilisé détermine, en tenant compte de l'avenir, la mesure de sa jouissance présente : il mange raisonnablement, librement; mais l'avenir n'est pas un être suprasensible, bien qu'il plane au-dessus de l'instant et qu'il ne soit pour moi qu'un objet de pensée; la volonté qui me permet de m'élever au-dessus de mon désir actuel n'est pas davantage une faculté suprasensible. Le besoin que j'éprouve d'exercer normalement toutes mes activités suffit pour expliquer le gouvernement que je me donne.

Au fond, l'antithèse du devoir et de l'inclination n'est que la traduction, en termes de morale, de l'opposition entre le général et le particulier. Feuerbach, qui avait pris parti dans la philosophie théorique contre le réalisme des idées, ne pouvait admettre en morale la valeur absolue de la loi. La critique d'un de ses adversaires, Schaller, lui montra combien ces deux questions étaient étroitement liées : tout dépend de la définition de l'individu. Schaller distingue dans l'homme une essence générale, qui permet à l'individu de se dépasser lui-même, dans la théorie comme dans l'action, en s'élevant au-dessus de ses représentations arbitraires et de ses penchants particuliers : c'est cette essence qui a permis au langage de s'établir entre les hommes et qui nous donne accès à l'enthousiasme esthétique ou au désintéressement moral ; bref, le général est, selon Schaller, réel et objectif, absolu et moral ; l'individuel est fini, relatif, accidentel, immoral, sophistique. Feuerbach reconnaît que l'homme distingue en lui différents organes, des fonctions et des facultés variées ; mais il ne voit pas pourquoi Schaller met en dessus et en dehors de nous les facultés dites supérieures, pour ne laisser à l'individu que des fonctions inférieures. Se dépasser soi-même, triompher de soi ne sont, à vrai dire, que des manières de parler. Si ma pensée n'est pas individuelle, pourquoi donc me fatigue-t-elle à ce point? Et y a-t-il rien de plus personnel qu'une conception de la vie ou qu'un sentiment artistique? Croyez-vous, Monsieur le professeur, que Fichte luttait contre son penchant individuel, quand il s'occupait de philosophie? Gœthe était-il poète malgré lui et Raphaël n'était-il peintre qu'à son corps défendant? A vrai dire, cette négation de l'individu n'est pas autre chose que la négation ancienne de la matière et du corps. Cette polémique contre l'arbitraire individuel, le penchant individuel, la représentation individuelle, vient directement de la caserne ou — ce qui revient à peu près au même, car les casernes ne sont en un sens que les cloîtres sécularisés — du collège des jésuites. « Le jésuite résiste au penchant naturel (*naturali propensioni*) inné chez tous les hommes, qui les pousse à avoir et à suivre leur propre jugement. » Le *perinde ac cadaver* est la seule conséquence logique de cette théorie : si vous voulez supprimer ce qui est individuel, vous supprimerez la vie. La vie est rebelle au joug de toute loi rigide et immuable; l'ordre ne règne que dans la mort.

Kant, parfois si révolutionnaire dans sa philosophie théorique, a voulu maintenir dans la pratique des règles universelles et absolues : il a essayé de construire une morale en ne la fondant que sur la loi pure. C'est là, selon Feuerbach, une tentative vaine : la forme sans matière est stérile; la vertu pure, c'est le mystère de l'Immaculée-Conception traduit dans la langue abstraite du protestantisme. La tentative de Kant s'explique par son origine historique : c'est un essai pour réduire la religion chrétienne à la morale et pour sauver ainsi du supranaturalisme tout ce qui touche à la pratique. Kant, en faisant de la morale l'essence de la religion, a pris à l'égard du christianisme l'attitude qu'avait prise Aristote à l'égard du paganisme grec, quand il réduisit les dieux à un rôle théorique. Un dieu qui n'a plus qu'une intelligence spéculative n'est plus un dieu; de même un Dieu exclusivement moral n'est plus que la personnification de la loi morale. Sans doute, le Zeus qui du haut de l'Olympe regarde en souriant les combats des dieux est un philosophe, mais ce n'est là qu'un de ses attributs; de même le Dieu chrétien est un être moral, mais il a encore d'autres perfections : la morale n'est dans le christianisme que la condition de la béatitude. En détruisant ce lien, la philosophie du dix huitième siècle ne gardait sous le nom de déisme qu'une religion desséchée, froide, morte : elle était incapable d'autre part de fonder une morale vivante. La loi morale, en effet, n'a pas plus d'existence objective que l'idée générale d'arbre. L'homme qui ne pense pas ne voit que des arbres isolés; l'homme qu'absorbe la pensée abstraite oublie le témoignage des sens et ne s'intéresse qu'à l'idée d'arbre, dont il fait une réalité. De même l'homme qui n'a pas de règle de conduite obéit aux penchants dont il subit l'impulsion et qui se succèdent en lui sans ordre; au contraire, les moralistes comme Kant ne s'attachent qu'à la forme vide de la loi et méprisent le contenu sensible. Ils sont dès lors obligés, pour être logiques, d'admettre une faculté qui ne soit déterminée que par la loi, indépendamment de toutes les tentations des sens : cette faculté est la volonté pure, la liberté.

Aucun mot n'a, selon Feuerbach, créé autant d'équivoques que ce mot de liberté. Lui-même avait, dans sa jeunesse, discuté avec passion les différentes définitions que les métaphysiciens donnaient de ce terme. En 1838, Feuerbach, à propos du livre de son ami K. Bayer, parle avec enthousiasme de ce mot de Liberté qui est le *Fiat*, le Verbe créateur des temps modernes. La Renaissance, avec Pierre Ramus, Louis Vivès, Telesius, s'en servit pour ruiner la domination des dogmes et l'autorité d'Aristote ; Descartes lui rendit hommage par son doute, et Leibniz vit dans l'autonomie de la monade le principe de toute réalité. A l'époque révolutionnaire, Kant, Fichte, Jacobi sont les apôtres de la liberté. Mais ces philosophes ont eu le tort, selon Feuerbach, de donner de la liberté une définition trop étroite. Qu'ils dérivent la liberté de l'impératif catégorique, comme Kant ; qu'ils s'en tiennent, comme Jacobi, à la connaissance immédiate de son existence et dédaignent toute recherche sur son origine, comme jadis un empereur refusa toute enquête sur sa généalogie pour ne pas compromettre l'éclat de sa maison ; ou qu'ils reconnaissent, comme Fichte, dans la Liberté, le nom propre du Moi, tous sont d'accord pour ne voir dans la liberté qu'un attribut de l'esprit pur et pour l'opposer à la nature. Ce fut le mérite de Schelling d'affirmer la divinité de la nature et de chercher dans cette nature même la racine de la liberté : « Même le ver de terre que vous écrasez avec votre pied est animé déjà du souffle divin de la liberté : il a la sensation, sinon l'idée de la liberté. » Mais Schelling et les romantiques abusèrent de ce mot. Ils prétendirent s'affranchir du devoir de l'abstraction, du joug pesant de la logique, de la triste nécessité où nous sommes de penser. Leur liberté excluait l'ordre, la raison, la loi : pour sauver les illusions chères et les images charmantes, elle livrait tout à l'arbitraire de l'individu. Hegel opposa la liberté intellectuelle à ce dérèglement. Pour lui, la vraie affirmation de notre autonomie est la pensée ; la vraie liberté est la raison, non la raison au sens où l'entendait Spinoza qui la considérait comme un acte d'intuition intérieure, mais la raison objective, la raison scientifique. Sans doute, Hegel, en insistant sur le caractère objectif de la raison, a un peu trop négligé le principe subjectif de l'esprit, l'amour ; et Feuerbach qui à cette date (1838) s'efforçait d'allier le bien et la nature, la raison et l'amour, le reproche à son maître. Il regrette que Hegel n'ait pas vu dans la création un acte d'amour. Pourquoi comparer la nature à l'enfant prodigue du nouveau Testament, au lieu de nous rappeler le Cantique des cantiques du Testament ancien ? Mais Feuerbach reconnaît que ces réserves ne sont que secondaires ; Bayer a raison de louer Hegel : il importe plus que jamais d'affirmer la parenté intime de la pensée et de la liberté.

Deux ans après cette première critique de l'idée de liberté, Feuerbach était revenu sur le même sujet à propos du second livre de Bayer (*Du concept de l'esprit moral, 1840*). Dans ce nouvel ouvrage, Bayer avait présenté contre la morale hégélienne une objection grave ; le maître avait, selon Bayer, tenu trop peu de compte de la conscience individuelle : « Schleiermacher et Hegel, disait l'auteur dans son introduction, ont insisté sur la moralité objective, mais depuis Kant on n'a plus parlé de vertu personnelle. » Or les circonstances politiques obligeaient une fois de plus les hommes libres à ne chercher qu'en eux-mêmes la source de l'énergie morale et le courage de la résistance. Hegel avait considéré l'État, en tant qu'il est la réalité de la volonté substantielle, générale, comme une fin en soi, et la vie dans l'État comme la fin de la vie de l'individu. L'auteur au contraire subordonne l'État aux fins de l'esprit; l'État n'a pour lui qu'une valeur relative, la seule loi absolue et la loi de la vertu. La vertu des individus dans une collectivité morale est la condition de la moralité collective. Hegel disait : « Dans un État moral complètement développé et réalisé, la vertu proprement dite n'a l'occasion de s'exercer que dans des circonstances exceptionnelles et en cas de conflit intérieur »; aussi est-ce surtout dans les sociétés primitives que se fait jour la vertu, parce qu'ici la moralité est plutôt un goût personnel, un don naturel; la vertu était par exemple une des qualités d'Hercule : le génie particulier d'un individu réparait les défauts de l'organisation générale. Bayer n'admet pas qu'on oppose ainsi les États anciens et les États modernes : s'il existait une société où la vertu n'aurait plus l'occasion de s'exercer, il y régnerait un ordre mécanique qui n'aurait rien de commun avec l'idée de liberté consciente qu'on prétend réaliser. Où trouver d'ailleurs en Europe un état où la vertu ne soit pas obligée à chaque instant de se défendre et d'attaquer? Aristide et Phocion ne seraient-ils plus poursuivis aujourd'hui ? Anaxagore et Socrate ne seraient-ils plus accusés d'athéisme? Feuerbach avait ses raisons pour ne pas contredire son ami sur ce point, et il expose sa critique avec beaucoup de force; mais il fait lui-même à Bayer une objection plus grave encore. Il exprime le regret de voir Bayer admettre encore une différence de valeur entre ce qui est empirique et ce qui est spéculatif, comme si cette distinction résidait dans les choses en soi, et ne provenait pas uniquement de la manière humaine de les considérer. C'est ce parti pris qui a conduit Bayer à exclure de l'idée de liberté et d'amour le concept empirique de besoin. Or il n'y a point de besoin qui soit en lui-même vulgaire et bas : le besoin est au contraire une manifestation de la liberté; plus un être est élevé, plus il a de besoins. Il n'y a immoralité que si on sacrifie un besoin supérieur à un besoin inférieur, ou si on dégrade, en vue de satisfaire un besoin inférieur, un être ou un objet destiné par sa nature à satisfaire un besoin supérieur. Celui qui fait de Dieu l'objet de son besoin de bonheur, est vulgaire, mais non celui qui le considère comme l'objet de son besoin de vérité. C'est précisément le besoin qui élève l'être au-dessus des limites de son individualité. Bayer, en excluant de l'amour le besoin, n'a insisté que sur le côté subjectif du sentiment; or, l'amour est avant tout le besoin d'autrui. Aimer, c'est ne pouvoir ni ne vouloir exister sans un autre que soi. Vous pouvez donner à Dieu même toute l'autonomie et toute l'indépendance que vous voudrez : si vous mettez l'amour en lui, vous lui attribuez un besoin. L'amour qui dérive d'un excès de perfection est un luxe; l'amour n'est vrai et profond que s'il exprime chez un être la tendance à acquérir ce qui lui manque.

Feuerbach, à la veille de publier son ouvrage capital sur l'*Essence du christianisme*, ne poussa pas à bout cette objection; elle l'eût conduit dès lors à cesser toute discussion sur l'idée abstraite de liberté. Au fond, il avait renoncé déjà en morale, comme dans les autres parties de la philosophie, à toute déduction *à priori*; il s'en tenait désormais à l'expérience. Il était donc obligé, s'il voulait être conséquent avec lui-même, d'appliquer à la solution des problèmes moraux la même méthode qu'il appliquait dans l'étude des questions religieuses : au lieu d'engager une polémique sur la définition des termes, il devait analyser les idées morales et en chercher la genèse. Feuerbach ne put faire ce travail que vers la fin de sa vie : son traité de la liberté se trouve dans le dixième et dernier volume de ses œuvres; son traité de morale est demeuré inachevé et les fragments en ont été publiés, à la suite de la correspondance du philosophe, dans le deuxième volume de Grün. Dans ses derniers ouvrages, Feuerbach suit la même idée directrice qui l'avait guidé déjà dans ses *Conférences sur l'Essence de la religion* de 1848; il admet que l'égoïsme, qui est le principe de la religion, est aussi le ressort de notre volonté : la vraie liberté est le bonheur.

Toute l'histoire des morales religieuses vérifie, selon Feuerbach, cette théorie. Les religions n'ont imposé des devoirs à l'homme que pour mieux assurer son bonheur. En règle générale, une loi religieuse ne fait que consacrer un désir. L'agriculture, la destruction des animaux nuisibles, la protection des animaux utiles furent jadis commandés aux hommes parce que leur intérêt l'exigeait. La loi religieuse n'est primitivement qu'une direction donnée à l'homme pour lui permettre de mieux arriver à son but. « Je suis un étranger sur terre, ne me cache pas tes commandements », dit un verset des psaumes. Le boudhisme lui-même ne fait pas exception à la règle générale des religions. Sans doute, le boudhiste ne conçoit pas la morale eudémoniste de la même façon qu'Aristote ou Helvetius, qu'Épicure ou quelque obscur philosophe allemand — les Allemands ont l'honneur, comme l'observe ironiquement Feuerbach, de n'avoir pas de grand philosophe dont la morale ait été eudémoniste ; — c'est que la vie dans les Indes ne ressemble pas à la nôtre dans l'Europe occidentale. Le boudhiste ne voit son salut que dans la mort ; mais l'individu qui se suicide ne prouve pas par là qu'il n'aspire pas au bonheur ; la mort n'est pour le malheureux qu'une délivrance ; de même le Nirvana est expressément défini « comme le remède qui supprime tous les maux et guérit toutes les maladies ». A vrai dire, l'eudémonisme est si inné à l'homme qu'il ne peut ni penser ni parler sans l'affirmer volontairement ou inconsciemment.

Il en résulte que, si on pouvait considérer un individu ou un groupe isolément, cet individu ou ce groupe n'aurait pas d'autre devoir que celui d'assurer sa conservation et de satisfaire son égoïsme. Mais la vie en société a exigé des lois qui ont subordonné ou coordonné les égoïsmes individuels. C'est l'intérêt d'autrui qui m'ordonne le désintéressement. La conscience, que les théologiens considéraient comme un intermédiaire entre Dieu et l'homme, *medium inter deum et hominem*, et que les moralistes continuent à consulter comme une sorte d'oracle, a une origine facile à expliquer : la voix au-dedans de nous n'est que l'écho des clameurs du dehors. Ainsi la morale d'un individu considéré isolément n'est qu'une fiction vaine : l'homme n'est homme qu'en société. Il est nécessaire tout au moins de tenir compte pour fonder une morale des relations sexuelles : la personnalité sans sexe n'est qu'une chimère. L'existence de l'homme égoïste est liée à l'existence d'autres hommes, ne fût-ce qu'à celle de ses parents, de ses frères et sœurs, de sa famille ; l'homme égoïste est forcé, tout à fait indépendamment de sa bonne volonté, de partager dès le ventre de sa mère les biens de ce monde avec son prochain. Si les influences physiques et morales de la première éducation ne suffisent pas à limiter le pouvoir absolu de son égoïsme, l'expérience de la vie et les sanctions du droit social sauront lui imposer le respect des libertés d'autrui. Le progrès moral s'est fait partout de la même façon : l'homme a été habitué peu à peu à respecter l'égoïsme de son prochain au même titre que le sien propre. « Ayez pour autrui les mêmes sentiments que pour vous-mêmes » dit Confucius. « Fais à autrui, dit le Nouveau Testament, ce que tu voudrais qu'on te fît. » Ce précepte, qui apparut d'abord sous sa forme négative — ne fais pas à autrui ce que tu ne voudrais pas qu'on te fît — est le seul précepte moral qui ne soit pas hypocrite.

Schopenhauer — que Feuerbach met au-dessus de tous les autres philosophes allemands pour sa netteté franche et sa précision — a voulu donner comme fondement à la morale la compassion, seul instinct à la fois moral et vivant dans l'homme : « La compassion infinie pour tous les êtres vivants est la garantie la plus solide et la plus sûre d'une conduite morale ; il n'y a là besoin d'aucune casuistique. Qui sera pleinement animé de ce sentiment ne blessera certainement personne, ne fera de tort ni de mal à personne, aidera chacun dans la mesure de ses forces et tâchera que tous ses actes portent la marque de la justice et de l'amour des hommes. » Schopenhauer démontre, par des exemples, que c'est le manque de compassion qui imprime à un acte le caractère de la plus profonde abjection morale. Inversement, la première des vertus, la justice, a pour principe la compassion : il n'y a pas d'Idée, de devoir de justice *in abstracto*. Feuerbach approuve la démonstration de Schopenhauer et la trouve remarquable de clarté et de justesse ; mais il objecte que la compassion elle-même a pour condition, pour principe l'égoïsme, l'instinct de bonheur (*Glückseligkeitstrieb*). Plus un homme est indifférent, insensible à la souffrance, plus il est impassible devant les douleurs d'autrui. C'est uniquement parce que les douleurs d'autrui nous font mal ou du moins nous dérangent dans notre bonheur, c'est parce que — sans calcul et involontairement — nous sommes bienfaisants envers nous-mêmes de toute notre bienfaisance envers autrui, que nous prêtons notre concours actif à notre prochain. Supprimez l'égoïsme, vous supprimez la compassion. Si le bonheur égoïste n'est pour vous qu'illusion, vous serez forcés d'admettre que les cris de douleur ne sont pas moins égoïstes et moins vains que les cris de joie. Si vous êtes épris du Nirvana, ou si vous considérez comme l'idéal suprême pour l'homme quelque autre réalité ou quelque autre néant métaphysique et suprasensible, vous mépriserez non seulement le bonheur terrestre, mais encore, si vous êtes conséquent avec vous-mêmes, la misère terrestre : on se pleure soi-même en pleurant les autres.

Par cette morale fondée sur l'égoïsme, Feuerbach se sépare nettement des grands philosophes allemands, particulièrement de Kant et de Hegel. Il revient aux théories du dix-huitième siècle français, particulièrement à celles de Helvetius. Il y a sans doute dans les papiers du philosophe recueillis par Grün une note intitulée : *Contra Helvetium;* de même que le matérialisme du dix-neuvième siècle allemand n'est pas le matérialisme du dix-huitième siècle français, de même l'eudémonisme de Feuerbach eût évidemment rectifié sur bien des points l'eudémonisme de Helvetius : il eût tenu compte des travaux scientifiques sur les civilisations primitives, des découvertes de l'histoire naturelle, des recherches médicales sur les rapports du physique et du moral et des théories nouvelles de l'économie politique; mais Feuerbach n'a pas eu le temps de développer entièrement sa philosophie pratique. D'ailleurs, en morale comme dans les autres parties de la philosophie, il tenait surtout à affirmer le principe et à y insister constamment : il savait que les conséquences en découleraient nécessairement.

LIVRE DEUXIÈME

CHAPITRE PREMIER.

Théologie. — Influence de Feuerbach sur Strauss.

Au dix-septième et au dix-huitième siècle le problème de la révélation et de la tradition des vérités révélées était le problème capital de la théologie : vérité divine ou erreur humaine, salut ou illusion, c'était entre ces deux pôles que se débattaient les âmes ; et les supranaturalistes sincères admettaient que Jésus avait versé pour eux son sang sur la croix, tandis que les rationalistes courageux soupçonnaient les apôtres et peut-être Christ lui-même d'imposture. Mais vers la fin du dix-huitième siècle, sous l'influence de grands philosophes comme Lessing et Kant, un troisième courant se dessina : on essaya de concilier la foi et la science, le dogme et la raison. On s'y prit de deux manières. On considéra d'une part que la foi était une forme primitive de la science, une ébauche ou une image de la vérité. La révélation dès lors n'était plus un éclair qui avait un jour illuminé le Sinaï ; c'était une lumière d'abord faible et vacillante, qui avait rayonné lentement et avait peu à peu éclairé l'humanité au cours des siècles. Dieu n'avait pas dicté une fois pour toutes, par Testament, ses dernières volontés, comme un Père qui va mourir : l'Éternel vivant avait veillé sur les hommes, ses enfants, et avait adapté ses conseils à leur âge, selon les préceptes d'une sage pédagogie. Ainsi s'était faite l'éducation du genre humain, qui atteignait précisément sa majorité vers la fin du siècle des lumières; le meilleur moyen de rendre hommage à Dieu était de se montrer capable d'autonomie, puisque le meilleur élève est celui qui sait le mieux se passer du maître : la libre pensée devenait ainsi comme le couronnement et la sanction de la discipline religieuse.

C'était là une conciliation historique de la foi et de la science : on situait les deux adversaires à des époques différentes. On essayait d'autre part de fonder la paix psychologique; on délimitait dans la conscience le domaine où devait régner la religion et le domaine où pouvait gouverner la science. La religion n'était plus un système de vérités : la foi était une communion intime avec Dieu, que ne pouvait troubler la libre recherche des lois naturelles et qui n'avait plus aucune raison, par conséquent, de gêner la science. De même que Kant, en admettant l'expérience immédiate du devoir, sauvegardait la liberté sans avoir besoin de contester le déterminisme scientifique, de même Schleiermacher, en considérant la foi comme un fait de conscience, croyait pouvoir rester fidèle à l'Église, tout en rassurant les adversaires éclairés de la religion. Spinoza, qui au dix-huitième siècle passait pour le prince des athées, devenait ainsi un saint, et le grand théologien du romantisme berlinois offrait une boucle de cheveux aux mânes du juif impie de la Haye. Les dogmes et les églises, la morale et la conduite n'avaient plus, à vrai dire, qu'une valeur relative : l'essentiel était le sentiment d'humilité et de dépendance absolue que Schleiermacher baptisa du nom de sentiment religieux.

Hegel s'éleva avec violence contre cette définition de la religion, qu'il trouva dégradante et dangereuse. Dégradante, car si la religion se mesure au sentiment de dépendance, il faut conclure que le chien est un animal plus religieux que l'homme; dangereuse, car le sentiment est un élément personnel, subjectif, qui autorise l'individu à s'isoler : la raison seule est générale et permet de fonder des Églises et des États. Hegel s'efforça donc d'établir que la religion est un acte de liberté et une manifestation de la raison. Il reprit ainsi sous une forme nouvelle la conciliation historique de la religion et de la philosophie que Lessing avait cherché à établir; il admit que le symbole avait précédé l'Idée claire et distincte et pouvait encore servir aujourd'hui à éclairer de sa lumière voilée les yeux qui ne sont pas encore assez forts pour supporter l'éclat de la pure logique.

Ce sont ces deux conceptions de la religion qui ont dominé dans la théologie du dix-neuvième siècle. La plupart des théologiens ont même adopté tour à tour ces deux interprétations si diversement conciliantes des croyances humaines : plus voisins de Hegel quand ils ont étudié l'histoire des dogmes, ils se sont tenus plus près de Schleiermacher quand ils ont été obligés de défendre la foi ; la conciliation historique permet, en effet, de mieux mettre en relief le progrès des idées jusqu'à nos jours : la conciliation psychologique nous donne l'espoir que nous pourrons saisir l'éternel au sein du mouvement constant de la nature et atteindre le divin au cœur même de l'individu. Feuerbach, lui aussi, s'est efforcé de concilier la définition de Hegel et celle de Schleiermacher; mais le traité de paix qu'il propose ruine toute apologie historique ou psychologique des croyances positives. Feuerbach admet, en effet, avec Schleiermacher que le sentiment de dépendance est le fondement de la religion ; mais ce sentiment n'a selon lui rien de mystérieux : nous dépendons de la nature qui nous entoure et d'où nous nous dégageons à peine. Feuerbach admet d'autre part avec Hegel que le sentiment religieux est un acte de liberté, la prise de possession de la nature par l'esprit; mais, selon lui, cette prise de possession n'est ni réelle ni rationnelle : elle n'est qu'un pieux souhait, un désir impuissant qui se console de sa faiblesse par une illusion. La religion n'est donc ni l'humilité d'un esclave qui se soumet comme un bon chien, ni le triomphe d'un esprit qui se joue de la nature comme un roi orgueilleux de sa captive; c'est le rêve d'affranchissement, c'est l'espoir d'un libérateur tout puissant qui soutient l'homme sous les coups qu'il reçoit et le rassure contre le caprice brutal d'une nature qu'il ne sait encore comment apaiser ou séduire. Les dieux sont les fils de nos souhaits de bonheur, les amis qui nous promettent la joie par la douleur; voilà l'idée fondamentale de la *théogonie* de Feuerbach.

Guyau, dans son introduction à l'*Irréligion de l'avenir*, a donné de la religion la même définition que Feuerbach : il a insisté également sur la conscience de notre dépendance et sur le sentiment corrélatif de libération; mais il croit que Feuerbach n'a admis qu'un des termes, le désir, et il loue Strauss d'avoir coordonné la définition de Schleiermacher et celle de Feuerbach. Il y a là une erreur de fait, qui n'enlève rien de sa valeur à la démonstration de Guyau, mais qu'il est nécessaire de relever, si l'on veut étudier l'influence de Feuerbach sur la théologie allemande; il est facile de montrer, en effet, que Feuerbach a coordonné les deux définitions avant Strauss. L'œuvre de Feuerbach sur l'*Essence de la religion* est antérieur de vingt-sept ans au livre de Strauss sur l'*Ancienne et la nouvelle foi* auquel Guyau fait allusion; or, Feuerbach dit en propres termes au § 2[1] : « Le sentiment de dépendance de l'homme est le fondement de la religion », et il complète sa pensée au § 29[2] : Le sentiment de dépendance est le fondement de la religion, sans doute; mais la suppression de cette dépendance, la liberté, est le but de la religion. En d'autres termes : la divinité de la nature est le point de départ de toute religion, même de la religion chrétienne; mais la divinité de l'homme en est la fin. Strauss n'a pas, comme le dit Guyau, corrigé

---

1. *Werke*, I, p. 411.
2. *Werke*, I, p. 440.

la définition de Feuerbach par la définition de Schleiermacher : partant, au contraire, des définitions de Hegel et de Schleiermacher, il s'est peu à peu converti à la doctrine de Feuerbach.

Strauss fut un théologien souabe. Seuls protestants dans le midi de l'Allemagne, les Souabes se considéraient comme les interprètes tout désignés des idées de leurs coreligionnaires du Nord ; mais en même temps ils prétendaient conserver le sens de la nature et de l'art, plus développé chez leurs voisins du Sud. Pour exprimer cette heureuse conciliation en termes hégéliens, il suffisait de parler de la synthèse de la substance et de la conscience critique (*Selbstbewusstsein*). On échappait ainsi à la naïveté conservatrice d'erreur des Bavarois sans tomber dans le scepticisme blasé et desséchant des Berlinois[1]. Les Souabes étaient d'autre part des travailleurs consciencieux et érudits qui, comme le pasteur dans *Hermann et Dorothée*, connaissaient bien les Écritures sans ignorer la littérature profane. L'école de Tubingue s'est rendue illustre par ses recherches historiques. Strauss fut l'élève de Fr. Chr. Baur, le chef de cette école, avant de donner aux études de son maître une impulsion nouvelle par sa *Vie de Jésus*. La *Vie de Jésus* rendit Strauss célèbre : elle fit scandale. C'était pourtant, dans l'intention de l'auteur, une œuvre de restauration plutôt qu'un acte révolutionnaire ; mais c'était une de ces restaurations hégéliennes qui annoncent la chute imminente et la hâtent encore. Strauss partait de la *Vie de*

---

1. Cf. Vischer. D*r Strauss und die Wirtemberger*.

Jésus telle qu'elle est représentée dans les récits des évangiles, dans l'âme des croyants et dans les dogmes de l'Église; il examinait ensuite les critiques qui ont ruiné la foi à cette vie surnaturelle du Christ, et il arrivait à cette conclusion que la vie de Jésus était, sans doute, un mythe comparable à ceux d'Adonis, d'Osiris ou d'Hercule, mais qu'il y avait sous cette enveloppe mythique une idée religieuse que le philosophe devait sauver : c'est l'idée du caractère divin de l'esprit humain. L'histoire de la vie de Jésus est la traduction objective du pressentiment qu'a eu l'Église de cette parenté de Dieu et de l'esprit de l'homme. De même que le Dieu de Platon a formé le monde en ayant les Idées pour modèle, de même la communauté chrétienne a formé l'image de son Christ en prenant pour matière la personne et la destinée de Jésus, mais en ayant devant les yeux, sans s'en rendre compte distinctement, l'idée de l'identité de Dieu et de l'humanité. La vie de Jésus demeure ainsi comme une expression symbolique de la vérité, comme une traduction concrète d'une conception abstraite, comme la mise en scène dramatique d'une idée. En réalité, si l'on admettait cette explication, les Évangiles n'étaient plus qu'un roman ou un mélodrame à thèse, et il n'était plus permis d'entretenir ses semblables dans l'illusion cruelle que c'était arrivé, fût-ce il y a bien longtemps. Strauss garda pourtant des années l'espoir qu'on pouvait échapper à cette conclusion nécessaire; il crut, en disciple fidèle de Hegel, que la critique ne ruinait que la forme exotérique de la foi, tandis que le contenu était sauf. Il n'avait fait, disait-il, qu'appliquer au Nouveau Testament la méthode employée par le théologien de Wette dans sa critique de l'histoire d'Israël ; dans sa réponse aux attaques de Steudel, il affirmait que la religion n'était pas en cause ; il avait traité une question historique, et fait un travail philologique. Les recherches de Wolf sur l'origine des poèmes homériques n'enlèvent rien de leur immortelle jeunesse à l'*Iliade* ni à l'*Odyssée;* je puis de même continuer à m'édifier en lisant les récits évangéliques, tout en sachant que je me trouve en présence de mythes humains ; qu'importe l'enveloppe éphémère, puisque le charme est éternel ? Que le vieil Homère ait vu le jour dans l'une ou l'autre des sept villes, qu'importe à celui qui lit les adieux d'Hector ? Que Jésus soit né à Nazareth ou à Bethléem, qu'importe au chrétien, qui se plaît dans la communauté des fidèles, comme dans une patrie spirituelle ? Le sentiment, d'autre part, n'a rien à voir dans la recherche scientifique. Le naturaliste ne s'occupe pas de la beauté et de la dignité des objets qu'il étudie : l'historien ne doit pas tenir compte du caractère religieux des textes qu'il analyse.

Strauss croyait sa position solide : les arguments de ses adversaires contre la *Vie de Jésus* étaient, en effet, encore beaucoup plus faibles que les siens, et il lui était facile dans la polémique de passer de la défensive à l'offensive, où il se sentait plus libre et plus sûr de lui. A Steudel, il rappelait que le supranaturalisme n'avait pas même pu vaincre le rationalisme : il est vrai, sans doute, que la défaite de Paulus a coïncidé avec le soulèvement de l'Allemagne ; mais ce n'est pas aux Storr et aux Süsskind qu'on doit cette victoire, c'est à Hegel. Hegel seul a su concilier le respect du dogme et l'autonomie de la pensée et a permis ainsi aux philosophes de montrer une piété sincère. Il était vain d'espérer, après une révolution, une restauration entière du passé. N'avez-vous donc rien appris depuis Kant? Et les journées de 1830 ne sont-elles pas un argument décisif? D'ailleurs, que vous le vouliez ou non, vous êtes forcés de faire des concessions : de même que la Réforme protestante a réformé jadis le catholicisme lui-même, de même la critique pénètre aujourd'hui jusqu'au cœur du supranaturalisme. N'avez-vous pas été obligés d'avouer que la langue du serpent n'était qu'une illusion et que le dialogue de Balaam avec son ânesse n'était qu'un monologue? Or, qu'ai-je fait, moi, Strauss, sinon appliquer avec conséquence la méthode d'interprétation subjective à laquelle vous êtes forcés d'avoir recours parfois, malgré votre respect de la lettre? Je me suis borné à soumettre à cette exégèse toutes les paroles miraculeuses de l'histoire biblique, toutes les voix du ciel et toutes les oraisons des anges : si partout, du discours de Jéhovah dans le buisson ardent jusqu'à l'interpellation qu'adresse Jésus à Paul sur le chemin de Damas, je n'ai entendu que des voix humaines, si dans tous les drames sacrés je n'ai vu que la représentation de pensées sujectives, nées à l'occasion de quelque apparence extérieure, ce n'est pas ma faute. Strauss avait beau jeu aussi contre Eschenmayer, qui était sous l'influence du mysticisme de Jacobi, et qui contestait tout droit d'examen à l'intelligence dans le domaine réservé de la religion. Strauss n'avait pas de peine à démontrer qu'en traduisant les évangiles devant le tribunal de la raison, il ne s'était pas fait l'allié des Juifs qui ont traduit Jésus devant Caïphe et le grand conseil. Eschenmayer demandait, d'autre part, aux incrédules d'agir d'abord selon la foi : ils apprendraient bientôt ainsi, par l'expérience immédiate, si le Christ n'avait défendu que sa propre cause ou s'il était mort pour la cause de Dieu. Cet argument paraissait s'appuyer, il est vrai, sur l'autorité de Lessing. L'auteur de l'*Education du genre humain* n'avait-il pas dit : « Quand le paralytique éprouve personnellement l'action bienfaisante de l'étincelle électrique, que lui importe si c'est Nollet ou Franklin qui a raison en théorie » ; mais Strauss pouvait interpréter cette phrase en faveur de sa thèse et soutenir que son adversaire n'avait fait que reproduire l'ancienne maxime : « Abêtissez-vous. » Strauss laissait entendre dans sa réplique que ce n'était pas lui qui péchait contre l'esprit.

Il semble pourtant que plus Strauss s'avançait, moins il se sentait tranquille. Steudel lui-même l'a sans doute inquiété quand il lui a reproché d'avoir, d'une part, semé le doute dans la foule en écrivant en allemand, et d'avoir, d'autre part, tenté une restauration de la foi qui ne pouvait satisfaire tout au plus que des philosophes. Strauss se défend vivement sur ce point, comme s'il voulait se rassurer lui-même : il affirme qu'il n'a souhaité pour lecteurs que des théologiens ; il distingue le point de vue des savants et le point de vue du peuple ; s'il n'a pas écrit en latin, c'est par souci de la forme : il n'a pas voulu traiter un sujet nouveau dans une langue ancienne. Mais son étude est

scientifique; on ne doit pas l'aborder sans préparation.
A vrai dire, il ne s'adresse pas exclusivement aux pasteurs; mais dans la communauté, il voudrait faire un choix : séparer les éclairés de la masse et n'avoir pour lecteurs que les chrétiens compétents. Il n'a pas pu échapper à Strauss que cette tendance aristocratique était contraire à l'esprit d'une religion qui a relevé les humbles et honoré les simples. Il est visible aussi que Strauss, dans sa réplique à Menzel, — l'adversaire de Gœthe et de la Jeune Allemagne, — insiste, comme pour mettre sa conscience en repos, sur les caractères qui distinguent la critique de Hegel et la sienne de la critique du dix-huitième siècle. Menzel n'aimait pas en théologie les raisonnements trop subtils : il admettait bien, puisque tout le monde le disait, que la science, après avoir commencé par éloigner de Dieu, devait finir par y ramener; mais il trouvait le détour un peu long et il craignait de s'égarer en route : le plus court et le plus sûr était de s'en tenir à la religion établie et à la morale traditionnelle. Strauss lui répond qu'il est impossible de ne pas passer par les chemins de la critique : au dix-neuvième siècle, nous sommes engagés. Dans l'Aufklärung moderne, l'esprit a ruiné toutes les déterminations objectives; il travaille sans doute maintenant à les restaurer, mais rien ne vaut plus parce qu'il existe; il faut que chaque objet prouve sa valeur. On analyse tout, on éprouve la force de résistance de la foi, du mariage, de toutes les institutions sociales : il est certain qu'on ne pourra pas ébranler les fondements solides; mais il est certain, d'autre part, qu'on ne pourra pas non plus refréner l'esprit qui cherche à

se dégager dans sa liberté infinie. On ne saurait remonter le cours du temps; il est plus facile de faire tourner les aiguilles de la montre dans le bon sens jusqu'à la faire avancer de onze heures que de la forcer à retarder d'une seule. Comprenons donc la loi du progrès : il a fallu les sophistes pour que Socrate puisse fonder une morale sur le raisonnement; de même, le doute du dix-huitième siècle a été nécessaire pour que la foi nouvelle soit plus solide et plus sûre. Nous pourrons ainsi être plus tolérants; nous n'aurons plus besoin de traiter les athées avec horreur : convaincus de l'inexactitude matérielle de leur opinion, nous respecterons en eux le droit formel au doute et à la libre recherche; mais, d'autre part, notre critique sera plus respectueuse que celle de Voltaire ou que celle de l'auteur anonyme des *Fragments de Wolfenbüttel*. Nous avons dépassé le point de vue d'où la religion paraît une tromperie et le mythe un mensonge; nous n'attribuons plus l'invention des récits religieux à l'esprit subjectif d'un individu; nous leur reconnaissons une valeur objective, puisqu'ils expriment l'esprit d'une race, d'un peuple, d'une communauté; ils n'ont pas été rédigés arbitrairement par un ou plusieurs auteurs, ils sont les produits naturels d'une collectivité : le mythe n'est pas une fleur artificielle fabriquée par quelque prêtre ambitieux et rusé, c'est une fleur naturelle éclose dans un milieu favorable. L'école de Hegel peut, grâce à cette interprétation nouvelle de la religion, rester chrétienne : bien plus, comme l'a dit un disciple sur la tombe du maître, c'est Hegel qui a réconcilié les hommes éclairés avec Dieu en leur expliquant l'unité de

Dieu et de l'homme. Et Strauss se donne le malin plaisir de comparer ce que dit Hegel sur ce point et ce qu'avait dit jadis le mystique Angelus Silesius. Le système de Silesius, dit un critique dans la *Feuille littéraire* (Litteraturblatt), — ce critique est peut-être Menzel lui-même, — est une apothéose mystique du moi. Il part de ce principe que Dieu doit aimer sans cesse et toujours davantage; il ne peut, d'autre part, aimer un objet inférieur à lui-même; il ne peut aimer que lui-même; il faut donc que sa personnalité sorte de lui pour qu'il puisse l'aimer; il faut qu'elle devienne objective, qu'elle s'extériorise en l'homme. C'est là la seule manière pour la philosophie spéculative, comme pour le mysticisme, de se représenter l'unité de l'homme et de Dieu : l'homme est l'« autoobjectivation » de Dieu, c'est-à-dire l'image où Dieu se mire, s'admire et s'aime lui-même. C'est ainsi que Hegel dit dans sa *Philosophie de la religion* : sans le monde, Dieu n'est pas Dieu au sens plein du mot; il n'est vraiment Dieu que s'il se connaît soi-même; or, il ne se connaît qu'en prenant conscience de soi dans l'homme; mais Strauss ajoute : il ne faut pas se méprendre sur le sens de cette phrase; Hegel ne définit pas l'homme comme la substance, dont Dieu serait un accident; il ne prétend pas que Dieu n'existe que dans la conscience de l'homme; il n'admet pas non plus qu'il y ait dépendance de Dieu vis-à-vis de l'homme, comme si Dieu était forcé d'attendre la réflexion de l'homme pour exister. Cette théorie téméraire n'est pas celle de Hegel; il est, au contraire, facile de la découvrir dans les vers de cet Angelus Silesius que Menzel loue tant.

Nous saisissons ici la profonde différence qui sépare au début la méthode de Strauss de celle de Feuerbach. Tous deux partent du panthéisme de Hegel; mais, tandis que Strauss insiste davantage sur les formules abstraites qui en recouvrent le mysticisme et qui donnent aux rapports de Dieu et de l'homme une certaine correction diplomatique, Feuerbach prend le mysticisme à la lettre, en montre toute la hardiesse entreprenante et, poussant à bout la théorie qui fait dépendre Dieu de l'homme, voit dans l'homme le sujet dont Dieu est le prédicat. Selon Strauss, Dieu est l'essence de l'homme; selon Feuerbach, l'essence de l'homme est Dieu. D'autre part, les relations de Dieu et de l'homme ont, dans la théorie de Hegel et de Strauss, un caractère purement intellectuel; il ne s'agit que de science, de conscience, de connaissance. Chez Feuerbach, au contraire, comme chez les mystiques, le sentiment est au cœur de la religion et l'amour est le lien intime qui unit et identifie l'esprit divin et l'âme humaine. Il y a un point pourtant où, dès le début, Feuerbach et Strauss sont d'accord : tous deux reconnaissent à l'humanité et non à tel ou tel homme le caractère divin; tous deux devaient entrer ainsi en conflit avec les dogmes chrétiens qui admettent la divinité de l'individu; mais, tandis que Feuerbach s'attaque surtout au dogme de l'immortalité personnelle, Strauss voit la difficulté principale dans le problème de la divinité du Christ. Hengstenberg, dans la *Gazette de l'Église évangélique,* avait signalé le danger aux hégéliens ses adversaires. Si on posait de nouveau la question : « Crois-tu que je sois un homme comme toi? »

l'école de Hegel ne serait-elle pas forcée d'y répondre par un « oui » catégorique? Strauss voyait bien que la personne du Christ risquait en s'élargissant jusqu'à représenter l'union de Dieu et de l'humanité, de se confondre avec l'Idée abstraite; il la voyait s'évanouir à la lumière de sa critique. Il avait beau se dire tout bas que le Christ n'était peut-être pas essentiel au christianisme et se rappeler la distinction courante dans l'école hégélienne entre le vrai principe logique et le début historique accidentel, la question n'en demeurait pas moins pressante : dans quelle mesure l'idée de l'unité de Dieu et de l'homme laisse-t-elle subsister l'histoire évangélique?

La droite hégélienne avait admis que l'Idée s'était réalisée dans un Individu. Göschel, dans sa *Profession de foi de la philosophie spéculative*, avait essayé par ce procédé d'accorder « à la représentation un siège et une voix au sein du concept absolu », et le maître n'avait pas refusé son approbation à ce disciple plein de bonnes intentions. Gabler, lui aussi, avait donné, au nom de la philosophie, ce témoignage de piété à la religion chrétienne. Le plus logique de tous fut Bruno Bauer. On peut reprocher à Bauer d'avoir souvent changé d'opinion, mais il faut reconnaître qu'il n'eut jamais à moitié aucune de ses opinions successives; c'était alors l'époque où il démontrait, par voie de déduction, la nécessité de l'Immaculée-Conception. Dans les *Annales de critique scientifique*, où il rendit compte de la *Vie de Jésus* de Strauss, il exposa que pour lui ce n'était pas la résurrection qui était difficile à comprendre, mais la mort. Il nous donne pourtant une explication de cet accident : dans la lutte de la nature contre la puissance de l'esprit qui cherche à le pénétrer, l'esprit avait commencé à triompher de l'adversaire qu'il s'était opposé ; la mort est la preuve que cette victoire n'était pas complète et que l'union n'est pas encore absolue. Strauss avait trop le sens de la réalité historique pour se permettre de construire ainsi *à priori* tout le détail du passé. Sans doute, il admettait avec Hegel que la nécessité se fait jour dans le jeu des contingences, et que l'Idée parfaite se réalise au prix du sacrifice d'innombrables existences imparfaites ; mais il voulait précisément laisser une certaine part au hasard dans l'histoire des origines du christianisme comme dans l'histoire de tous les grands événements. La position du soleil, la direction du vent décide du succès dans les batailles entre les peuples ; le vol d'un trait ou d'une balle, la chute d'une pierre met fin à une vie d'une importance décisive dans l'histoire universelle ; malgré cela, nous admettons que les grands événements sont soumis à des lois nécessaires ; de même nous pouvons étudier les circonstances historiques où est apparu le christianisme sans en contester la portée singulière. Bien plus, nous pouvons estimer que les faits de l'histoire religieuse sont divins, sans réserver exclusivement à une histoire particulière, éminente, κατ' ἐξοχήν ce prédicat : si nous reconnaissons que toute l'histoire participe au divin, nous n'aurons même plus le droit de faire de ces préférences ; l'histoire de la Grèce n'est-elle pas aussi divine que l'histoire de la Judée ? Au Dr Ullmann, qui lui reprochait de méconnaître ainsi l'importance de la personnalité, il répondait en distinguant le panthéisme hégélien du panthéisme de Spinoza; sans doute Hegel, par opposition aux systèmes de Kant, de Fichte et de Jacobi, qui ne connaissent que la réalisation subjective de l'esprit dans l'individu, met en relief le caractère objectif, substantiel de l'esprit, qui anime les peuples et les époques, et qui domine les individus; Hegel se rapproche ainsi de Spinoza; mais, tandis que Spinoza ne voit dans l'individu qu'un mode accidentel, un phénomène éphémère de la substance, Hegel voit dans l'individu la réalisation de la substance. A la tête de toutes les actions décisives de l'histoire universelle, dit Hegel dans sa *Philosophie du droit*, il y a des individus, des sujets qui réalisent la substance. Strauss admettait ainsi que Jésus était comparable aux hommes de génie, qu'il avait joué sans doute dans l'histoire de la religion le rôle qu'un Homère ou un Sophocle, un Raphaël ou un Shakespeare avaient joué dans l'histoire de l'art. Dans ses *Feuilles pacifiques*, Strauss, allant plus loin dans la voie des concessions, reconnaît à Jésus une divinité éminente, parce que les génies religieux sont plus rares que les autres et qu'il n'y en a plus eu un seul depuis dix huit siècles qu'on puisse mettre sur le même rang que le fondateur du christianisme. Mais Strauss sentait bien, sans doute, quelle inconvenance il y avait, aux yeux des croyants, à replacer le Christ dans la série des génies humains, où il risquait de paraître voisiner avec ce païen de Gœthe, ou avec cette autre incarnation de l'esprit que Hegel avait vu chevaucher aux portes d'Iéna, avec ce Napoléon dont on se rappelait qu'il avait voulu tout garder pour César sans rien rendre à Dieu.

Comment d'autre part Strauss pouvait-il concilier l'idée de l'unité de Dieu et de l'homme avec le dogme de la chute et de la rédemption? Il l'avait essayé : la chute était, selon lui, une métaphore pour exprimer la négation de l'esprit, la nature sensible; la rédemption consiste dans la négation de cette négation, qui permet à l'individu de s'élever à la vie spirituelle, à la vie divine et humaine à la fois de l'espèce. Mais ses adversaires — le Dr Müller, par exemple — objectaient non sans raison : Ainsi selon vous, la chute est inévitable et le vrai Rédempteur est l'Idée de l'espèce; or, le christianisme ne sait rien d'une telle chute, qui ne serait qu'un des moments nécessaires dans le développement du progrès; il ne sait rien non plus d'une telle rédemption, qui serait due à la grâce d'une connaissance spéculative; il n'indique qu'un chemin réel et pratique pour se rapprocher de Dieu, une seule manière de renaître à la sainteté, une seule libération réelle : pour s'affranchir de la domination du Malin, pour participer à la rédemption, il faut avoir la foi. Les croyants, loin de seconder les tentatives de Strauss pour restaurer la foi, contribuaient donc à les faire échouer; au lieu de lui savoir gré de ce qu'il tenait à rester dans la communauté chrétienne, ils l'expulsaient par la violence de cette patrie spirituelle. Les arguments de ses adversaires l'ébranlaient; comme il voulait les réfuter consciencieusement, il leur donnait d'abord toute leur force et ils étaient bien plus décisifs sous la plume d'un Strauss que sous la plume de Steudel ou d'Eschenmayer, de Menzel ou des docteurs Ullmann et Müller. D'ailleurs, pour se renseigner sur les points litigieux, Strauss aimait à lire les œuvres des critiques anglais et français; il avait beau dire qu'il jouait avec ces écrivains dangereux, comme on joue avec un animal sauvage quand on sait qu'il ne saurait vous faire de mal; le doute gagnait dans son âme comme en témoignent les lettres à Märklin, où il priait Dieu de lui frayer un passage. C'est à ce moment que l'attention de Strauss fut attirée sur les œuvres de Feuerbach.

Feuerbach n'était pas intervenu dans la polémique qu'avait soulevée la *Vie de Jésus* de Strauss : il n'attachait qu'une importance relative aux questions purement historiques, et il était absorbé par l'étude des systèmes philosophiques de Bacon à Spinoza, Leibniz et Bayle. Il y avait, d'autre part, entre ses idées et celles de Strauss, des désaccords graves; mais Feuerbach ne jugeait sans doute pas utile d'y insister au moment où Strauss était attaqué de tous les côtés et avait à se défendre contre les théologiens de toutes nuances. Il n'avait pourtant pas négligé de dire un mot en faveur de Strauss, quand l'occasion s'en était présentée : c'est ainsi qu'à propos des théories sur les rapports du doute et de la foi, il avait été amené dans une note de son *Bayle* à parler du reproche qu'on faisait à Strauss d'ébranler la certitude historique. « Hélas! dit-il, l'histoire n'a pas attendu la méthode de Strauss pour devenir incertaine! et s'il nous fallait croire à tous les témoignages, nous serions forcés d'admettre les faits les plus invraisemblables, nous n'aurions aucun argument à faire valoir contre les miracles de la mythologie païenne, et nous pourrions avec saint Augustin déduire tout ce que nous voudrions de la toute-puissance de Dieu. » Une autre fois, en 1839, Feuerbach, parlant de la réaction religieuse, compare les croyants qui prennent des fables pour des faits à ce personnage de Boccace, pour qui les ceps de vigne attachés au moyen de saucisses, les montagnes de fromage et les ruisseaux de vin de Toscane étaient des réalités; mais il n'oublie pas de rendre hommage à ceux qui jouent de son temps le rôle que jouaient, dans la nouvelle italienne, les amis éclairés de Calandrino, les Bruno et les Buffalmaco qui l'accompagnent dans sa recherche de la pierre noire; et il cite en première ligne le vaillant Souabe contre qui s'étaient levées la populace savante et la masse des ignorants : il raille les prétendus philosophes qui se sont joints à cette émeute. Feuerbach prenait ainsi parti pour Strauss : mais il ne semble pas que ses idées aient été modifiées par la *Vie de Jésus*.

Au contraire, l'influence des premières œuvres de Feuerbach sur Strauss est très facile à saisir; c'est la lecture du *Leibniz* et du *Bayle*, et de la brochure *De la philosophie et du christianisme* qui a décidé Strauss à renoncer à sa tentative de conciliation entre la foi et la philosophie, entre le mythe et l'histoire. C'étaient de beaux jours, dit Strauss dans son introduction à son *Histoire des dogmes*, que les jours où l'on espérait avoir rétabli la paix et l'harmonie entre des adversaires acharnés; mais ce paradis n'était qu'une illusion éphémère. Il était vain de croire que la différence de forme ne modifiait pas le contenu : la logique hégélienne elle-même ne permet pas de faire entre la forme et la matière une distinction aussi tranchée. Aussi avait-on bientôt fait trop de concessions : le maître lui même s'était souvent exprimé en termes si bienveillants qu'il paraissait défendre le dogme dans son intégrité; les disciples, renchérissant, s'étaient efforcés de panser les plaies de la foi en arrachant à la philosophie les dents les plus dangereuses. La théologie fabriquait des pâtés, pour lesquels les dogmes fournissaient la chair, les discours de Schleiermacher le lard et le système de Hegel les épices. On voit assez à ces métaphores de haut goût que Strauss a cessé d'être conciliant. Il cite, en effet, maintenant sa *Vie de Jésus* comme un des actes offensifs contre la foi, qui, après la première escarmouche où l'immortalité était en jeu, avait engagé la bataille. Plus vive encore, dit Strauss, fut l'attaque de Feuerbach. Une philosophie chrétienne était, selon cet auteur, une contradiction dans les termes, une philosophie étant par définition universelle, tandis que l'épithète de chrétienne impliquait une restriction. Il est vain de chercher, sous les dogmes des idées, des vérités rationnelles qui formeraient le canevas sur lequel brode la représentation : les dogmes sont de leur nature inconcevables et la tâche de la philosophie n'est pas d'en tenter l'apologie, mais d'en rechercher l'origine dans l'essence de l'homme. La religion ne doit pas à l'imagination et au sentiment son enveloppe superficielle, son vêtement et ses décors, mais sa vie même. La religion a un caractère subjectif, anthropomorphique, géocentrique; la philosophie doit être objective, scientifique, universelle. La philosophie est théorique; la religion satisfait nos besoins pratiques et nos souhaits. Le Dieu de la philosophie est une Idée, une substance; le Dieu de la religion est une Personne, le Créateur. La philosophie recherche les lois nécessaires; la religion tient surtout aux actes arbitraires, aux grâces. La morale philosophique détermine ce qui est bien et ce qui est mal; la morale chrétienne ordonne ce qui est prescrit par les commandements. Strauss accorde à Feuerbach que le cœur (*Gemüt*) est le terrain où germe la religion; que ce terrain est fécondé par nos souhaits sensibles et finis et nos besoins purement subjectifs; il est donc impossible de continuer à mettre la religion sur le même plan que la science ou la philosophie; ce n'est pas une connaissance pure. Mais Strauss ne se résout pas encore, à cette date, à abandonner la conception hégélienne qui fait de la religion une manifestation de l'esprit en progrès. Sans doute, dit-il, le cœur, le siège des besoins et des souhaits finis de l'homme, le cœur égoïste et jaloux qui voudrait imposer sa loi au monde, est porté à admettre comme vrai ce qui lui est agréable de croire; mais peut-on nier d'autre part, sans déchirer l'unité de la nature humaine, que la raison, l'activité objective de l'intelligence, ne joue aussi un rôle dans la représentation religieuse? Aux yeux de la religion, Dieu n'est pas seulement le serviteur du plaisir, mais encore une puissance morale; et s'il est vrai qu'on peut expliquer cet attribut divin par la tendance pratique qui porte l'homme à préférer la satisfaction plus haute et plus durable à la satisfaction basse et éphémère, il n'en reste pas moins que ce caractère moral rapproche la conception religieuse de la conception philosophique. Strauss tient toujours à considérer la religion comme une première forme, imparfaite sans doute, mais modifiable de la philosophie. Optimiste de nature, il veut pouvoir dire que tous les hommes ont connu dans une certaine mesure la vérité. Sans doute, l'humanité n'a pas eu dès le début conscience de son essence; encore aujourd'hui, cette conscience ne se fait jour dans l'individu qu'à un âge relativement avancé; mais l'humanité a toujours eu comme un pressentiment confus de ce qu'elle a fini par savoir distinctement. Quand elle n'était pas encore capable de connaissance pure et abstraite, elle s'est créée une série d'images bariolées, comme les mythes d'Osiris, de Perséphone, du Christ, pour se représenter sous une forme concrète et colorée son essence. La vérité n'a pas toujours fait luire ses rayons clairs et droits, mais c'était déjà sa lumière qui se réfractait dans l'arc-en-ciel des mythes. L'humanité, comme le Faust de Gœthe, a été entraînée dans plus d'une aventure, mais elle a toujours eu conscience du bon chemin. Selon Strauss, comme selon la pieuse Marguerite, le pasteur dit à peu près la même chose que l'ami de Méphistophélès : les mots seuls sont légèrement changés. L'histoire des religions n'est donc pas l'histoire des folies successives de l'humanité : c'est l'histoire du progrès par lequel l'humanité se rapproche toujours davantage de la philosophie. Aussi Strauss ne se propose-t-il pas de ruiner les dogmes chrétiens : il veut, comme il l'indique dans le titre même de son ouvrage, étudier leur évolution historique. Déjà, les religions, depuis qu'elles sont entrées en conflit avec la science, et la philosophie ont dû critiquer leurs dogmes et leur donner une forme plus pure. Strauss ne veut que prendre acte de ces réformes successives qui peu à peu substituent aux représentations religieuses les concepts philosophiques; dès maintenant, il y a une communauté d'initiés qui savent que la religion est la conscience des liens qui rattachent notre vie finie à notre essence absolue : peu à peu se développe l'Eglise de la foi rationnelle. Ainsi Strauss essaie de garder, malgré quelques concessions faites à Feuerbach, la philosophie hégélienne de la religion. Il y avait surtout deux questions, où le désaccord des deux interprétations s'accusait nettement : c'étaient la question des miracles et la question de l'au-delà.

Pour Feuerbach, le miracle est un désir réalisé par l'imagination; l'homme veut que l'univers obéisse aux souhaits du cœur humain au lieu de rester soumis aux lois naturelles, et il a parfois l'illusion que son règne est arrivé. Strauss accorde qu'il y a une part de vrai dans cette interprétation, mais il ajoute aussitôt : Daub n'a-t-il pas raison lui aussi, quand il voit dans l'intérêt que l'homme porte au merveilleux une conscience confuse de la liberté? Soit, par exemple, le miracle de Jésus domptant la tempête d'un mot. Quel est le sens, quelle est l'âme de cette histoire miraculeuse? N'est-ce que le vain désir qu'éprouve l'homme d'échapper facilement au danger qui peut le menacer à l'occasion? Ou n'est-ce pas plutôt la conscience qu'a l'esprit de sa supériorité sublime sur les puissances de la nature? Sans doute le symbole n'exprime qu'imparfaitement cette dignité de l'esprit; l'esprit n'apparaît pas en effet dans le miracle comme l'esprit pur de l'homme; il est personnifié par un être surhumain; d'autre part, sa puissance sur la nature n'est pas le pouvoir moral qui dompte en nous la nature ni le pouvoir scientifique qui la dompte hors de nous : c'est la puissance magique d'un thaumaturge. Strauss ne prend pas le miracle à la lettre comme la droite hégélienne et le centre hégélien : il ne croit pas que toute la puissance de l'esprit ait été aux ordres de Jésus ni qu'elle lui ait permis de faire de la nature son jouet. S'il en était ainsi, dit Strauss, ce serait un miracle encore plus grand que le Sauveur n'ait pas commandé à l'arbre stérile de produire des fruits, au lieu de le maudire, et qu'il ait laissé la Samaritaine tirer du puits l'eau qu'il pouvait faire monter d'un mot. L'esprit est bien une puissance qui dompte la nature, mais il est d'autre part la loi et l'âme de cette nature; il ne peut donc la dompter que par un travail lent et patient et non par un coup de force ou par un ordre verbal. Mais malgré toutes ces réserves, Strauss affirme que c'est bien de la liberté de l'esprit humain qu'il s'agit dans le miracle, et il estime que personne ne peut être satisfait de la « basse » explication de Feuerbach.

De même Strauss ne peut se résoudre à ne voir dans le christianisme que la religion de l'au-delà. Il n'admet plus exclusivement la théorie hégélienne qui considérait le christianisme comme la religion qui a enseigné l'immanence du divin dans l'humanité; mais il n'admet pas encore entièrement la théorie de Feuerbach. Il reconnaît qu'on peut invoquer en faveur de cette théorie de nombreux arguments : le christianisme oppose à Dieu le monde comme un objet extérieur tiré du néant; l'histoire de l'humanité n'est aux yeux des croyants que l'histoire de la lutte de Dieu et du diable; l'autre vie seule a toute réalité; dans l'Incarnation même, la nature humaine et la nature divine ne sont pas mêlées et la personne ne se confond pas avec l'essence qui la pénètre. Mais malgré tout, l'Incarnation paraît à Strauss un symbole de l'immanence et le christianisme lui apparaît comme un panthéisme imparfait. Aussi, tandis que Feuerbach déclare que le christianisme est, dans son principe, hostile à tout art humain comme à toute science naturelle et à toute politique mondaine, Strauss explique que l'art était nécessaire dans le christianisme pour faire luire ici-bas un reflet des gloires d'en haut.

Qui avait raison, de Strauss ou de Feuerbach? Il est évidemment difficile d'invoquer ici une autorité, et beaucoup de protestants, même croyants, se refuseraient à admettre le jugement de Luther; il est pourtant intéressant de confronter les interprétations des deux théologiens protestants et les textes du grand Réformateur. C'est ce qu'ont fait les partisans de Feuerbach dès 1843. On trouve dans le deuxième volume des *Anekdota* édités par Ruge, un article (Tome II, n° VII, p. 206) intitulé : « Luther comme arbitre entre Strauss et Feuerbach. » L'auteur, qui signe « Un qui n'est pas de Berlin » (*Kein Berliner*), expose le débat; il explique ensuite que Luther est une autorité plus importante que tous les auteurs des traités théologiques, parce que pour lui la religion fut une vérité immédiate, parce que la religion fut pour ainsi dire sa nature; puis il donne une page de citations tirées de Luther, et il conclut ainsi : « Dans ces quelques mots, vous avez une apologie de toute l'œuvre de Feuerbach, une apologie de ses définitions de la Providence, de la toute-puissance de Dieu, de la création, du miracle, de la foi : ayez honte, chrétiens, chrétiens distingués et chrétiens ordinaires, chrétiens savants et non-savants, ayez honte de constater qu'il a fallu un antichrétien pour vous révéler la vraie essence du christianisme. Et vous, théologiens spéculatifs et philosophes, laissez-moi vous donner ce conseil : affranchissez-vous des concepts et des préjugés de la métaphysique si vous voulez parvenir aux choses telles qu'elles sont, c'est-à-dire à la vérité. Et il n'y a pas d'autre chemin pour arriver à la vérité et à la liberté que celui qui passe par Feuerbach. Ce torrent ardent (*Feuer-bach*) est le purgatoire du présent. » Le calembour, qui est le mot de la fin de cet article, se retrouve chez Grün comme chez Ruge. Il a du moins l'avantage de nous faire comprendre ce que Feuerbach fut pour ses contemporains : tous ceux qui renonçaient à la théologie chrétienne et à la métaphysique spéculative furent, à un moment donné, feuerbachiens.

L'idée d'un appel à l'arbitrage de Luther a été reprise sous une forme originale par Bolin. Pourquoi, demande Bolin, Strauss n'a-t-il pas écrit la biographie de Luther que ses amis attendaient de lui? Il était naturel de supposer que Strauss, après avoir écrit la vie d'Ulrich de Hutten, s'occuperait du grand réformateur, dont il avait d'ailleurs célébré en termes éloquents le rôle national et politique. L'heure était opportune, puisque le parti catholique et le protestantisme se retrouvaient en lutte. Strauss ne s'était-il pas écrié, quand il eut vu à Cologne le jubilé en l'honneur des trois rois de l'histoire sacrée, qu'il fallait invoquer comme un saint l'homme qui avait débarrassé dans la mesure de ses forces l'Allemagne du culte des idoles? Pourquoi donc Strauss ne nous a-t-il donc pas donné un *Luther?* Bolin cite à ce sujet l'aveu de Strauss lui-même : « Ce qui m'a empêché d'écrire une biographie de Luther, ce n'était pas seulement l'aversion que j'éprouvais alors pour la théologie. J'ai triomphé depuis de ce sentiment et j'ai écrit de nouveau plus d'un ouvrage sur des sujets théologiques; et pourtant, aujourd'hui encore, il me serait impossible d'écrire une vie de Luther. J'ai pour le grand libérateur une vénération profondément respectueuse; j'admire son caractère viril, sa courageuse fidélité à ses convictions; je me sens attiré par bien des traits d'humanité et de santé qu'offrent sa vie et ses œuvres; mais il y a entre lui et moi un abîme. Un homme qui part de ce principe que lui et tous ses semblables sont radicalement corrompus, et seraient voués à la damnation éternelle sans la rédemption par le sang du Christ et sans leur foi à la vertu de ce sang, un homme qui a un tel sentiment au cœur de son âme m'est si étranger, il demeure si incompréhensible pour moi que je ne saurais le choisir comme héros. Quoi que j'admire et que j'aime d'ailleurs en lui, ce sentiment intime m'inspire une telle horreur qu'il ne saurait être question entre lui et moi de la sympathie qui est indispensable entre le héros et l'auteur d'une biographie. » Bolin observe avec raison que c'est précisément la foi chrétienne de Luther qui déroute Strauss. Feuerbach, au contraire, déclarait que Luther était le seul personnage historique du protestantisme, et il écrivit une brochure intitulée l'*Essence de la foi au sens de Luther* (1844) où il explique très clairement, en commentant d'abondantes citations, comment Luther conciliait son humanité et sa dévotion.

Au fond, Strauss avait si peu l'âme chrétienne qu'il n'arrivait pas à comprendre les sentiments d'un vrai chrétien ; mais, comme il ne voulait pas rompre avec le christianisme, il essayait de s'en voiler l'essence, que Feuerbach, au contraire, dévoilait. De même Strauss n'osait pas arracher jusqu'à la racine ce système de Hegel qu'il ne portait plus en lui, d'après sa propre expression, que comme une « dent branlante ». Trente ans il hésita ainsi entre la théologie métaphysique et le positivisme. Selon les circonstances, il se rapproche hardiment de Feuerbach ou il affecte de s'en éloigner. Il admire son ami Christian Märklin qui, sous l'influence de Feuerbach, se décida à rompre avec l'Église, et dans la biographie qu'il lui consacre après sa mort prématurée, il rend hommage à l'écrivain « qui mit le point sur l'*i* que nous avions découvert, et qui par son naturalisme génial dissipa les derniers nuages de la scolastique qui obscurcissaient encore notre horizon ». Il cite l'éloge que Märklin fait de Feuerbach pour n'avoir pas hésité à mettre la vérité au-dessus du christianisme; mais on sent que lui-même ne s'est pas encore décidé à creuser un abîme entre les croyants et lui. Plus longtemps que Christian Märklin, Strauss a cherché un chemin qui lui permît de marcher librement à la frontière du christianisme sans en sortir. Ce n'est que dans sa dernière profession de foi que Strauss répond nettement « non » à la question : « Sommes-nous encore des chrétiens? » Sans doute, il est bien moins catégorique quand il s'agit de répondre à la deuxième question : « Avons-nous encore de la religion? » mais il admet que les dieux sont les fils de nos désirs : il reconnaît que si nous n'avions pas de désirs, nous n'aurions pas de dieux. Or, c'est là évidemment le point capital. On peut donc dire, malgré toutes les réserves que Strauss croit devoir faire encore, que le théologien le plus remarquable parmi les disciples de Hegel et de Schleiermacher a fini par se convertir à la doctrine de l'*Essence de la religion* de Feuerbach.

CHAPITRE II.

Influence de Feuerbach sur les idées politiques et sociales. — Arnold Ruge.

Feuerbach ne fut ni un homme politique ni un sociologue; il n'a écrit aucun ouvrage sur les constitutions réelles ou idéales; il n'a pas cherché à déterminer, comme Auguste Comte, les lois de statique ou de dynamique sociales; mais, comme théologien, il fut entraîné dans le conflit de l'Eglise et de l'Etat qui agitait la Prusse; comme philosophe, il fournit aux réformateurs et aux révolutionnaires un corps de doctrines.

L'homme qui enrôla Feuerbach dans le parti des hégéliens militants s'appelait Arnold Ruge. C'était un Poméranien, qui s'était occupé d'esthétique platonicienne dans les prisons où le gouvernement de la restauration prussienne avait soin de jeter ceux de ses sujets qui aimaient trop la liberté de leur patrie. Après un voyage en Italie, il s'était établi à Halle, où il était *privat docent* à l'Université. De ses études d'humaniste et de son expérience du présent il semble avoir dégagé de bonne heure cette idée que son pays était barbare au regard de la civilisation hellénique. Il considéra l'hégélianisme comme une école de renaissance et entreprit de lui donner un organe. La nouvelle gazette littéraire[1] qu'il se proposait de fonder à Halle, avec Echtermeyer, devait insérer des correspondances de toutes les universités et académies allemandes, et tenir les professeurs au courant du mouvement artistique et scientifique : mais ce devait être aussi, dans l'intention de ses fondateurs, une montre qui, mue par le progrès même des idées, marquerait à chaque moment l'heure de l'histoire et permettrait aux hommes de prendre conscience du travail accompli par les ressorts cachés. Par cette dialectique hégélienne on prétendait attribuer à une revue de l'enseignement supérieur un sens métaphysique; en réalité, les événements lui donnèrent une portée politique. Ruge déploya d'abord une activité méritoire pour grouper autour de lui, sans distinction d'opinion, les érudits allemands; il ne demanda pas seulement la collaboration des philosophes à qui les *Annales de critique scientifique,* l'organe berlinois de la droite hégélienne, ne suffisaient plus; il s'adressa aux critiques d'art, aux orientalistes, aux physiologistes. Mais il n'était pas facile de tirer les professeurs des universités allemandes de cette « fainéantise savante » dont Forster, au temps de la Révolution française, avait déjà senti tout le danger. Ruge ne dut pas être accueilli partout avec enthousiasme, car nous le voyons dans ses lettres traiter tel de ses collègues de bédouin, tel autre de chameau. Il rencontra plus d'un original, comme ce Carové qui croyait que le christianisme aurait disparu

---

1. Nerrlich, *Corr. de Ruge,* I, p. 66; lettre à Rosenkranz, 24 août 1837.

avant 1860, dernier délai; ou encore ce travailleur qui n'avait qu'un livre — un Horace — dans son bureau : pour recommencer en Allemagne l'œuvre de l'*Encyclopédie*, ce n'était pas là sans doute une excellente recrue. A Göttingue, Ewald, un hébraïsant, reprocha à Ruge d'avoir cité Strauss, qui n'était pas, selon les spécialistes de l'exégèse, au courant de la science. Ruge estima que ce philologue était victime d'une idée fixe : le pédantisme d'Ewald n'était cependant que l'exagération d'un scrupule, qu'exprimèrent à Ruge les frères Grimm[1]. Ruge eut beau leur exposer que son hégélianisme excluait tout dogme, qu'il entendait suivre le mouvement de la science, se renouveler et se rajeunir par un continuel progrès; les frères Grimm craignirent que le caprice d'un journaliste ne s'érigeât en principe; ils préféraient s'en tenir à leur modeste bulletin universitaire, aux *Göttinger Anzeigen*. Ruge disait : « Je ne puis pourtant pas faire un journal qui ne tienne pas compte du présent »; il ne voulait pas perdre le contact de la réalité vivante, il était impatient d'influence immédiate. Ainsi apparaissait dès le début la difficulté qu'on éprouve à vouloir concilier le travail purement théorique de la science et l'action politique. Parmi les savants, quelques-uns des plus illustres ne voulaient pas prendre part à l'œuvre de Ruge. Ruge pourtant avait confiance : il rêvait de diriger à la fois le mouvement de l'Idée et le mouvement de l'Etat, puisque l'Etat n'était à ses yeux que l'incarnation vivante de l'Idée dans la réalité. Le protestantisme et la

---

1. Cf. Nerrlich, I, p. 75-80.

Prusse lui paraissaient capables de progrès sans limite et d'adaptation indéfinie : la philosophie hégélienne était la conscience toujours en éveil de la Prusse et du protestantisme. Ruge se consolait d'avoir été déçu dans ses ambitions, en se sentant investi d'une sorte de mission providentielle. « Je ne donnerais pas ma situation pour un protectorat », écrivait à sa femme le *privat docent* que l'on ne voulait pas titulariser ; je suis le chef de la cavalerie hégélienne de la maison des Hohenzollern[1]. C'était une croisade laïque et philosophique : l'ordre teutonique était devenu l'ordre de la raison.

Ruge ne devait pas tarder à s'apercevoir que le gouvernement prussien n'entendait pas tout à fait jouer le rôle que lui attribuaient les philosophes. Sans doute ce gouvernement était obligé de faire respecter de temps en temps les droits de l'Etat ; il dut, par exemple, intervenir contre l'archevêque de Cologne, le baron Von Droste zu Vischering, vers la fin de 1837 ; il dut défendre (28 janvier 1838) aux prêtres catholiques d'exiger des parents, dans le cas de mariage mixte, des promesses formelles au sujet de l'éducation des enfants ; mais Ruge avait tort de voir dans ces mesures, dictées par la raison d'Etat, des actes d'adhésion à la raison des philosophes. Léo, l'adversaire de Ruge, comprit mieux que lui la situation ; il exploita contre la gauche hégélienne les sentiments conservateurs des ministres et des professeurs ; il forma dans les Universités allemandes un parti de défense religieuse et

---

1. Cf. Nerrlich, lettre du 27 nov. 1838.

sociale contre les hérétiques et les révolutionnaires. Des collaborateurs des *Annales de Halle* abandonnèrent la revue, parce qu'on y faisait des personnalités — comme si, disait Ruge, on pouvait vivre sans faire la guerre à ses adversaires ; d'autres s'en allèrent, parce qu'on attaquait le Christ au nom du diable. Un jour, vingt-trois professeurs insérèrent une déclaration dans la *Gazette de Leipzig*, où ils reprochaient à Ruge de troubler la paix et la concorde des Universités. Ruge avait déjà éprouvé quelque inquiétude quand il avait vu le gouvernement prussien soutenir plus ou moins ouvertement le coup d'Etat en Hanovre contre la constitution et Leo figurer sur la liste des nouveaux professeurs proposés pour remplacer les « sept de Göttingue » qui avaient protesté au nom de la loi : comme son ami Stahr, il avait cru naïvement qu'on ne trouverait pas en Allemagne sept coquins pour s'asseoir aux chaires laissées vides par ces hommes d'honneur ; il s'était imaginé que tous ses collègues préféreraient manger du pain sec. Il commença maintenant à comprendre que l'histoire de la Prusse n'était pas mue uniquement par une Idée, et que deux partis s'y disputaient le pouvoir : mais il restait optimiste. Sans doute la Prusse déviait quelquefois, comme au moment du Congrès de Carlsbad, vers l'absolutisme autrichien ; mais la direction générale de son histoire la menait sûrement à la liberté. Ruge comptait toujours sur les hommes comme Altenstein et Schulze pour maintenir son pays dans la bonne voie ; et si, d'une part, il écrivait des pamphlets vigoureux pour donner à sa patrie une conscience claire de la route à suivre, il se montrait d'autre part humble et respectueux. Il affirme qu'il ne veut combattre que par les armes de la science; il n'y aura de sang versé que si le peuple et le gouvernement commettent la faute suprême d'être infidèles à leur idéal historique. Altenstein et Schulze faiblissent : ils cessent de le soutenir par des lettres ou des audiences; ils titularisent de plus jeunes que lui; la promotion du jubilé de Luther ne comprend que des orthodoxes et des réactionnaires; on ne lui épargne plus les affronts : Göschel, à qui il avait envoyé son *esthétique* avec une dédicace respectueuse de l'auteur, lui demande : « A qui dois-je remettre le livre prêté ? » Malgré tout Ruge ne perd pas courage. Le 16 mars 1839, il écrit encore à Strauss au sujet de l'affaire de Zürich : « La populace intervient dans les débats scientifiques; je ne vous cacherai pas que je me rends très bien compte, moi aussi, de l'attitude de notre Etat, qui se comporte vis-à-vis de la science libre en marâtre; mais je ne vois pas d'autre moyen de s'opposer à l'obscurantisme — s'il m'est permis de ressusciter ce vieux mot — que de mettre en relief la vraie nature de l'Etat. » Ce n'est que vers la fin de l'année 1839 qu'il commence à craindre le triomphe du romantisme; il redoute l'avènement d'un ministère Hassenpflug ou Bunsen-Rochow; il songe à l'exil. Il est obligé de donner sa démission et de se retirer de l'Université (3 novembre 1839). Il se propose de quitter Halle, dont il avait fait pourtant un centre d'activité philosophique et

---

1. Cf. lettre d'Adolphe Stahr à Ruge, 3 janvier 1836. Nerrlich, I, p. 104.

de partir pour la Saxe, « ce pays de Hurons, où il n'y a que de l'industrie et où on craint toute philosophie comme un spectre[1] ». N'y a-t-il donc plus de Stein ou de Hardenberg? s'écrie-t-il avec angoisse. En 1840, quand la réaction l'emporte définitivement, Ruge distingue l'existence et l'idée de l'Etat. Il reconnaît que l'administration prussienne est un élément de discipline nécessaire, mais il affirme maintenant que le Christ et Luther n'étaient pas des serviteurs de la Loi et il prend position contre les pharisiens. « La crainte de Strauss et de Feuerbach, dit-il, c'est la crainte de l'esprit en marche. » C'est à ce moment que Ruge saisit l'importance de la philosophie de Feuerbach.

Dès le début des *Annales de Halle*, il avait demandé au philosophe sa collaboration. Il ne l'avait pas rencontré en faisant sa tournée; mais il lui avait exprimé par lettre[2] son admiration pour son *Leibniz* et l'avait prié d'écrire contre les hégéliens berlinois qui démontraient le miracle, le diable et l'enfer, et qui démontreraient le purgatoire s'ils en recevaient l'ordre. Feuerbach devint collaborateur des *Annales de Halle* où il publia plusieurs articles. A défaut de l'article sur l'*Histoire de la philosophie* d'Erdmann que Feuerbach avait déjà envoyé à Berlin, Ruge lui demanda une critique de l'*Histoire de la philosophie* de Michelet (de Kant à Hegel). Feuerbach refusa de s'en charger; mais il accepta ensuite avec joie d'écrire un compte rendu du livre de son ami Bayer; ce dernier article parut

---

1. Lettre à Rosenkranz, 17 nov. 1839.
2. Nerrlich, *Corr.*, lettre du 14 octobre 1837.

dans le sixième cahier de la première année de la revue. Le 27 février 1838, Feuerbach envoya l'article sur le matérialisme de Dorguth. Ruge, excellent directeur de revue, reconnut rapidement la supériorité de son collaborateur; il acceptait les observations de Feuerbach, qui trouvait par exemple trop sévère un jugement sur Henri Heine; d'une manière générale, le philosophe souhaitait qu'il y eût moins d'articles purement littéraires, comme celui de Strauss sur Kerner; les pédants étaient déjà trop portés à reprocher à la revue sa légèreté[1]. En revanche, Feuerbach encourageait la polémique sérieuse, comme celle d'Echtermeyer dans son travail sur la lutte entre le dogme et la philosophie à l'Université de Halle. Le philosophe rédigea lui-même un grand article où il discutait les accusations que Léo dirigeait contre les hégéliens, et précisait les positions des deux partis. Il rappelait la lutte entre les wolfiens et les piétistes au dix-huitième siècle (1723); il expliquait que l'affaire actuelle n'était qu'une reconstitution de l'ancienne; il montrait que la nouvelle entre-mangerie professorale de Halle — abstraction faite des mesquineries particulières et des questions de personnes — n'était qu'un épisode de la lutte entre le christianisme et la philosophie; il affirmait que les deux adversaires étaient irréconciliables et il terminait par ces mots : « Ne demandez pas aux mécréants, qui, au lieu de lever un œil au ciel et de baisser l'autre vers la terre, concentrent les regards de leurs deux yeux sur un seul point, ne leur demandez

---

1. Nerrlich, lettre du 25 février 1839.

pas de loucher comme vous et de sacrifier à la fois le salut et la vérité. » Ruge lut avec enthousiasme cet article qui exprimait ses idées avec plus de vigueur et de netteté qu'il ne l'eût fait lui-même et qui, d'ailleurs, le grandissait en donnant plus d'ampleur au débat où il était mêlé; et quand il reçut, le 4 mars 1839, du censeur Wachsmut, de Leipzig, l'interdiction d'imprimer la fin, il eut plus de respect encore pour « le grand et très aimable hérétique[1] ». Il fit paraître l'article en brochure, à Mannheim, sous le titre plus général : « *De la philosophie et du christianisme, au sujet du reproche fait à la philosophie hégélienne de n'être pas chrétienne*[2]. » Ruge demande alors à Feuerbach de lui prêter son concours pour fonder à Dresde une Université libre[3] dont sa revue serait l'organe; il presse sans cesse le philosophe de lui envoyer de nouveaux articles. Le 17 juillet 1840[4], il lui écrit : « J'espère que vous aurez bientôt terminé votre ouvrage (l'*Essence du christianisme*) et que vous pourrez collaborer plus souvent. Chaque page de vous a une très grande valeur pour moi et aussi pour le public, et il importe beaucoup que vous mettiez toujours, si possible, votre signature pour honorer la revue de votre nom[5]. » C'est donc vers le milieu de l'année 1840 que l'influence de Feuerbach devient prépondérante dans le

1. Lettre du 31 mai 1839 (Nerrlich).
2. Cf. *Werke* de Feuerbach, I, p. 42.
3. Cf. Grün, I, p. 298.
4. Cf. Grün, I, p. 332.
5. Feuerbach aimait à garder l'anonymat. Il ne voulait même pas signer l'*Essence du christianisme*. Cf. lettre à Wigand, 4 janvier 1841. Grün, I, 334.

milieu universitaire allemand. C'est au moment où la philosophie est décidément rejetée dans l'opposition que le philosophe le plus hardi est le mieux écouté. Le 14 octobre 1840, Ruge écrit à Feuerbach : « Je souhaiterais seulement que vous ne tardiez pas à m'envoyer quelque article, signé autant que possible. Votre nom sonne bien : c'est comme une trompette de Jéricho. On ne le respecte pas peu et quelques-uns lisent deux ou trois fois ce que vous avez signé, uniquement parce qu'ils savent désormais qu'il y a là quelque chose d'important, quand ils voient votre nom. Les connaisseurs vous reconnaissent aussitôt, car vous êtes original et d'un intérêt si particulier que chacun le sent, pourvu qu'il ait le sens et le goût de l'esprit et de la pensée... Donnez-nous bientôt encore un peu de Feuerbach : le phlegme de notre temps a besoin d'un tel purgatoire [1]. »

Les évènements de 1841 décident Ruge à prendre parti plus exclusivement encore pour Feuerbach. Quand Schelling est appelé à Berlin, il souhaite qu'on réponde par des bombes et des cartouches à cette provocation de la réaction : c'est Feuerbach qu'il supplie d'ouvrir le feu [2]. L'attitude des hégéliens berlinois à l'occasion du retour de Schelling indigna Ruge. Quelques années auparavant, à la mort de Hegel, les disciples avaient, il est vrai, mis sur le trône de leur maître ce « fatal [3] » Gabler, que Ruge appelle « un pauvre

---

1. Sur ce calembour, cf. le chap. sur Strauss.
2. Cf. lettre 11 février 1841. Grün, I, pp. 335-338.
3. Calembour. Cf. le titre de la parodie de Platen : *La fourchette fatale*.

petit maître d'école »; mais ils avaient du moins tenu tête à Steffens et au prince héritier, son ami et son frère en Christ, qui étaient déjà pour Schelling l'apostat. Maintenant Schelling, soutenu par le prince héritier devenu roi, l'avait emporté et tous s'inclinaient devant lui; ils flattaient le vieillard rentré en grâce, sans parvenir, d'ailleurs, à calmer ses rancunes, et se rendaient ainsi ridicules. Aussi Ruge écrit-il à Feuerbach, le 24 novembre 1841, « jour anniversaire de la naissance de Spinoza », de ne plus se gêner dorénavant et de n'avoir aucun ménagement pour les hégéliens de droite, du centre et de gauche. Il se réjouit maintenant du tumulte soulevé en Israël et il trouve Strauss modéré, parce que Strauss a gardé en politique les illusions qu'il vient de perdre lui-même. Il est prêt à lire comme il convient l'*Essence du christianisme*, qui paraît précisément à cette date.

C'est la portée politique de la thèse qui semble avoir surtout intéressé Ruge dans ce livre; aussi trouve-t-il que la fin est manquée. Feuerbach, qui dans le corps de l'ouvrage ne pouvait à cause du sujet parler de la nature, avait, dans la préface et la conclusion, pris texte des sacrements pour exalter l'eau, le vin et le pain. Les adversaires de Feuerbach, Tholuck par exemple, s'autorisaient de ce passage pour dénoncer le caractère frivole et superficiel de l'œuvre tout entière et pour déclarer que l'auteur se bornait à ressusciter la religion de la nature. Ruge demande à Feuerbach de retrancher la fin de son œuvre, pour éviter toute interprétation erronée ou malveillante, et de mettre en relief cette thèse essentielle que « toute la force actuellement absorbée par l'Être sans besoins doit être restituée à la vie humaine ». En réalité, l'*Essence du christianisme* contenait implicitement les deux thèses; Feuerbach y cherchait déjà à réhabiliter la nature, en même temps qu'il plaidait la cause de l'homme contre le Dieu transcendant, fils de ses rêves et créature de ses illusions; mais, tandis que ses adversaires insistaient sur son naturalisme pour mieux le discréditer et favorisaient ainsi sans le vouloir le progrès de la pensée du du philosophe, Ruge ne s'attachait qu'à l'humanisme, parce que cette doctrine permettait une intervention immédiate dans l'action politique. Ainsi s'explique l'enthousiasme débordant que Ruge éprouva d'abord pour l'œuvre de Feuerbach, puis sa déception quand il vit le philosophe se désintéresser d'abord des querelles du jour pour se consacrer exclusivement aux recherches érudites et se rapprocher enfin, par ses études sur les religions anciennes, des naturalistes. Il importe de relever dès le début ce malentendu entre Ruge et Feuerbach, bien que les conséquences ne s'en soient manifestées que deux ou trois ans plus tard. C'est parce que Ruge n'en avait pas conscience qu'il fut entraîné beaucoup plus loin qu'il ne voulait aller en réalité et se trouva forcé ainsi de revenir en arrière.

En 1841, c'était encore lui qui tenait la tête du mouvement. Feuerbach lui-même lui a rendu cet hommage que, sans son impulsion, il n'eût pas écrit tout ce qu'il a publié. Nous le voyons, en effet, encourager le philosophe à continuer sa polémique contre les théologiens comme Müller; il compare ses articles aux pamphlets de Lessing contre Götze. Tandis que Vatke et Schaller se retirent de l'action pour faire leur carrière, tandis qu'Echtermeyer, qui fut codirecteur des *Annales de Halle*, devient infidèle à la cause, tandis que les Souabes avec Strauss et Zeller forment une Gironde dont l'organe est « les *Annales de Tubingue* », Ruge se range lui-même avec Feuerbach dans cette « montagne » philosophique qui voit dans l'humanité souveraine une république de dieux[1]. Tout en regrettant déjà que le philosophe ne veuille pas sortir de son trou pour devenir un homme d'action, il écrit son grand article sur l'*Essence du christianisme*, où il veut montrer que ce livre marque une ère nouvelle dans l'histoire de la philosophie. Strauss a conservé, selon Ruge, un tic métaphysique : Feuerbach seul a prononcé le Verbe qui « fendra la mer Rouge devant les enfants d'Israël ». Au moment où on parle de la conversion du roi de Prusse au catholicisme, Ruge sait particulièrement gré à Feuerbach de l'immense « progrès de conscience » dont il convient de remercier le philosophe qui a nettement rompu avec le Moyen-Âge. Il renonce à la tradition hégélienne, rejette même la spéculation hardie de Bruno Bauer; seul Feuerbach met l'action réelle à la place du vœu transcendant. Il se rattache ainsi à l'Aufklärung du dix-septième siècle, à Kant et à la philosophie révolutionnaire. « En un sens, ce sont les critiques, les fils de l'Héphaïstos constructeur de routes, les disciples de

---

1. Cf. lettre du 25 déc. 1841. Grün, 1, 346; — lettre à Stahr, 8 sept. 1841 (Nerrlich).

Kant qui ont fini par avoir raison, bien qu'ils ne comprennent point que leurs prophéties sont maintenant réalisées[1]. » C'est Feuerbach qui a proclamé l'autonomie de l'humanité et la souveraineté du peuple. Maintenant qu'il ne croit plus à une heureuse évolution de la Prusse dans le sens du protestantisme libéral, Ruge loue le philosophe d'avoir prouvé que le christianisme n'est pas capable de progrès, puisqu'il doit par principe se passer du monde et de la civilisation. Il faut donc que l'initiative du changement en lui vienne du dehors. Et Ruge s'emporte contre Echtermeyer qui n'a pas lu Feuerbach; il reproche à Fleischer de méconnaître son œuvre et invite Prutz à l'étudier attentivement[2]. La censure d'ailleurs avait soin de souligner les passages importants des articles de Feuerbach en demandant à Ruge de les supprimer. Dans une lettre du 24 février 1842, Ruge écrit à Feuerbach : « Ils me montrent du doigt vos articles de cette année et m'annoncent qu'ils ruinent toutes les institutions religieuses et *sociales*. Textuel[3]. » Et Ruge, après s'être vengé des formules de politesse qu'il est obligé d'adresser ailleurs aux censeurs, en les qualifiant ici, entre autres aménités, de crétins, continue : « Et pourtant il faut agir et tout de suite. » Ruge demande donc à Feuerbach de l'autoriser à publier ses *Thèses philosophiques* dans les

1. Cf. Nerrlich : lettres de Ruge à Stahr (7 nov. 1841), à Werner (27 nov. 1841), à Prutz (8 janv. 1842), à Fleischer (10 fév. 1842).
2. Cf. Nerrlich, lettres à Prutz, 20 février 1842 et 21 avril 1842; — à Fleischer, avril 1842.
3. Cf. Grün, I, p. 351.

Anekdota qui doivent paraître en Suisse. Il tient à insérer ces thèses, précisément parce qu'elles sont purement philosophiques; la démonstration que la police a commis un attentat contre la science sera ainsi plus éclatante. Il est remarquable que Ruge ne se préoccupe pas du tout de la portée théorique des idées de Feuerbach : il pense à l'effet produit par l'attentat de la censure sur les hommes politiques, comme Lindenau en Saxe, Schön, Flottwell, Bodenschwingh, Schulze, etc., en Prusse. Il s'agit de ne pas laisser endormir l'affaire, de constituer un dossier : c'est une nécessité morale et politique[1].

Les *Anekdota* parurent au début de l'année 1843. Cet ouvrage en deux volumes fut comme le testament des *Annales allemandes* (*Deutsche Jahrbücher*). On y trouvait sous la rubrique « théologie » des articles où Bruno Bauer exposait les souffrances que doit endurer la conscience théologique, quand elle se soumet au supplice de Sisyphe en s'efforçant de résoudre des contradictions sans cesse renaissantes : on peut mesurer par là le chemin parcouru par les hégéliens dans les dix années qui suivirent la mort du maître; le critique, qui démontrait par une déduction métaphysique la réalité historique des miracles, paraît se rallier maintenant au cri du dix-huitième siècle : « Ecrasez l'infâme. » Il y avait aussi des articles politiques sur Fichte et la Révolution française (de Köppen), sur le Landtag (de Nauwerck), sur la Prusse (d'un patriote anonyme). Ces articles étaient animés de cet esprit

---

1. Cf. Grün, lettre à Feuerbach, 8 mars 1842; I, p. 352.

démocratique qui avait poussé Jacoby à poser ses quatre questions fameuses. Mais, à vrai dire, les *Anekdota* marquent le moment précis où le mouvement de la gauche hégélienne n'est plus théologique et n'est pas encore politique : la courte période purement philosophique qui ménage la transition entre les querelles religieuses et les luttes sociales, s'y trouve isolée et fixée : Strauss s'est retiré; Bruno Bauer commence à dévier : Marx apparaît à peine avec un court article non signé : c'est Feuerbach qui y triomphe. Ruge a accordé la première place dans son recueil au philosophe : il la lui devait. C'est, en effet, sur les œuvres de Feuerbach que s'était livrée la bataille décisive entre la censure et les *Annales* : les barbares l'avaient emporté; mais les *Anekdota* témoignaient de l'héroïque résistance des « trois cents spartiates[1] ». Ruge nous donne tous les documents nécessaires pour nous permettre de suivre le combat. Les lettres échangées entre le directeur et le censeur nous montrent pourquoi la paix était impossible, malgré la bonne volonté de Ruge et de Wachsmut : ces deux individus n'étaient pas, en effet, des champions isolés, ils se trouvaient engagés dans une mêlée générale et entraînés plus loin qu'ils ne l'auraient voulu. Il est curieux de voir Ruge essayer d'abord de faire croire au censeur — et peut-être de se convaincre lui-même — que les œuvres de Feuerbach ne s'adressent qu'à un public restreint de savants; il soutient qu'on peut les laisser

---

1. Les *Annales* (*de Halle*, puis *allemandes*) avaient, en 1839, 813 abonnés, au 1ᵉʳ mai 1842 un peu plus de 500. Cf. *Anekdota* et Grün, I, 354, lettre de Ruge à Feuerbach.

passer sans inconvénient, comme on avait laissé passer la *Vie de Jésus* de Strauss sur le rapport de Neander ; puis il se rend compte peu à peu de la gravité de ses actes et de la portée de ses idées, jusqu'au moment où il s'aperçoit que le censeur a raison : « Mieux vaudrait peut-être supprimer le tout que de tolérer de pareilles coupures », avait dit Wachsmut ; cet aveu d'un bourreau naïf et indulgent parut alors à la victime d'une ironie cruelle : entre la réaction et la philosophie, c'était une question de vie et de mort. Dans ce duel entre le passé et l'avenir, Feuerbach était, aux yeux de Ruge, un des protagonistes : c'est le nom du philosophe qu'il oppose à ceux de Guizot et de Savigny dans la lettre qu'il écrit à son éditeur Wigand le 11 mars 1842 : « La réaction triomphe partout, en Angleterre, en France avec Guizot ; en Prusse, Savigny est ministre... Feuerbach est dans un village[1]. »

Il semble bien qu'à cette date Ruge ne distingue pas son action de celle du philosophe qui est son maître. L'*Essence du christianisme* est pour lui l'œuvre décisive. Il est heureux de voir que ce livre a fait sensation même à Berlin et que les idées font leur chemin dans les esprits, sans que les hommes soient disposés à s'avouer à eux-mêmes l'influence qu'ils subissent. « J'ai rendu visite, écrit-il à Feuerbach, aux vieux hégéliens, à Vatke aussi, le théologien endurci qui a promis au ministre de vous réfuter et qui reçut cette réponse « que ce n'était pas nécessaire, qu'on ne vous lisait pas du tout ». Les savants ne sont pas d'accord

---

1. Cf. Grün, I, 354 ; 14 avril 1842.

là-dessus avec Son Excellence : c'est fort heureux en cette circonstance. A Halle comme à Berlin, j'ai trouvé que l'esprit était changé, surtout parmi les jeunes. Même où l'on n'a pas encore étudié et digéré votre critique, l'opposition à la scolastique est dans l'air. Schelling se rend ridicule avec application. Il relit toujours les vieux cours jaunis, et il dit : « Voici du nouveau »; mais il lui échappe des choses dans ce genre : « Récemment, Voss a dit dans ses lettres mythologiques », etc., et les Berlinois commencent à rire à ses dépens. » Hegel, le maître mort il y a dix ans, est oublié, renié ou dépassé par ses disciples; le vieux Schelling n'a joui d'une résurrection éphémère que pour retomber pitoyablement : c'est Feuerbach qui représente maintenant la philosophie, c'est à lui que Ruge a consacré son grand article des *Anekdota*, « l'Ère nouvelle de la philosophie allemande ». Ruge montre d'abord ce qui distingue l'*Essence du christianisme* des ouvrages analogues parus à la même date : la *Liberté humaine* de Vatke, la *Dogmatique* de Strauss, la *Trompette du jugement dernier* de Bruno Bauer. Vatke est un théologien qui donne encore à Dieu ce qu'il convient de rendre à l'homme. Strauss veut mettre la philosophie à la place des dogmes; mais sa philosophie est encore hégélienne dans son essence : il remplace les représentations religieuses par des concepts abstraits; au lieu du Dieu personnel, du Christ et de l'immortalité individuelle, il parle de l'espèce et de la substance. Sans doute, il est moins conciliant que Hegel : il n'admet pas qu'on puisse varier la forme sans altérer le contenu; mais il fait aussi des concessions : il a le culte des génies religieux; le Christ n'est plus Dieu pour lui, il est encore divin. Strauss a échoué dans sa tentative de substituer la philosophie à la religion : la vérité théorique, la métaphysique ne garantit pas la béatitude, ne promet pas de miracles, ne donne pas satisfaction aux désirs. Bruno Bauer est plus hardi, et chez lui l'ironie s'allie à une logique rigoureuse; mais il a le tort de vouloir tout trouver dans Hegel. Feuerbach seul nous donne une critique réelle du christianisme, une critique de la raison impure, une phénoménologie de la croyance, une réfutation de la religion à l'adresse de ceux de ses adeptes qui sont cultivés; il dépasse non seulement le romantisme et Schleiermacher, mais Kant et Hegel; il complète et corrige à la fois l'œuvre de l'Aufklärung. Il rompt nettement avec le Moyen-âge et même avec le protestantisme; il ne traîne pas avec lui sur le rivage les vaisseaux qui l'ont amené; il ne porte plus au bras ni dans sa mémoire les chaînes de Prométhée, il brûle les mauvaises odeurs du passé dans l'air pur où vit la conscience actuelle. Mais Strauss a tort de craindre qu'en reniant ainsi la tradition, on ne retombe dans l'erreur des hommes du dix-huitième siècle qui ne voyaient dans l'histoire des religions que l'histoire des folies humaines : Feuerbach a retenu de la discipline hégélienne qu'on ne peut dépasser que ce qu'on explique; il sait qu'un progrès n'est que la solution d'un problème posé par les faits. D'ailleurs, l'attitude hostile du dix-huitième siècle à l'égard des religions n'est plus aussi nécessaire au dix-neuvième, où la victoire paraît assurée à la pensée libre. Aussi suffit-il à Feuerbach de dévoiler l'essence de la religion pour ruiner le christianisme dégénéré. Mais il ne faut pas oublier que cette décadence du christianisme n'est pas fortuite : le principe de cette religion exclut le progrès. Strauss a tort de croire qu'il soit possible d'écrire une histoire des dogmes : le dogme est immuable; il se définit, mais ne se raconte point. Feuerbach, pour nous en donner l'image, a pu prendre indifféremment des citations dans Luther ou dans saint Augustin, sans tenir compte des siècles qui les séparent. Sans doute, l'Église a été entraînée par le mouvement général des sociétés, mais son histoire n'est pas l'histoire d'un développement interne : c'est l'histoire d'une évolution déterminée par les circonstances extérieures; c'est l'histoire des accidents qui lui sont arrivés : une religion n'a d'histoire qu'à contre-cœur. Au contraire, la philosophie de Feuerbach permet un progrès réel. Ce progrès, aux yeux de Ruge, sera surtout un progrès politique. Le christianisme a négligé l'État; il n'a rien affranchi sur terre : il a rivé les chaînes, en consolant de la servitude. Feuerbach nous invite à conquérir la liberté ici-bas. C'est la liberté qui est le ciel de l'esclave, c'est l'avenir qui est l'au-delà de l'humanité.

Ruge fait donc de la doctrine de Feuerbach un éloge sans réserve. D'autre part, tous deux veulent passer de la théorie à la pratique; mais c'est sur l'urgence de l'action et sur la tactique qu'ils sont en désaccord. Feuerbach ne trouve pas que le moment soit venu d'intervenir directement dans la politique militante;

Ruge, en envoyant les *Anekdota* au philosophe de Bruckberg, l'appelle « un égoïste dans la pratique ». Feuerbach, dans sa réponse datée du 10 mars 1843, proteste contre cette dénomination. « Vous êtes absolument dans l'erreur, écrit-il. Sans doute, à distance les choses ne font pas le même effet que de près, et ce n'est que dans la logique hégélienne que se confondent l'apparence et l'être. Votre dernier grand article m'a vraiment électrisé; c'est le mot d'ordre de l'avenir. Mais je persiste à croire que la seule méthode pratique qui ait chance de succès consiste à se servir de la théologie comme véhicule de la politique[1]. » Feuerbach veut d'abord enseigner, faire de la propagande, convaincre; Ruge veut agir, se battre, diriger, vaincre. La divergence s'accusa quand Ruge eut annoncé à Feuerbach son intention de donner aux *Annales allemandes* une suite sous le nom d'*Annales franco-allemandes* : Ruge croyait ainsi traduire en acte la pensée de Feuerbach. Feuerbach, en effet, avait parlé dans ses « *thèses provisoires pour la réforme de la philosophie* » de la nécessité de faire une synthèse de la philosophie française et de la philosophie allemande[2]. « Le vrai philosophe, le philosophe qui se confond avec la vie, avec l'homme même, doit être de sang gallo-germanique. Ne vous effrayez pas, chastes Germains, de cette alliance! Déjà, en l'an 1716, les *Acta philosophorum* ont exprimé cette idée : « Si nous comparons les Allemands et les Français, nous

---

1. Cf. Nerrlich, lettre du 10 mars 1843; I, p. 303.
2. Cf. Feuerbach, *Werke*, II, p. 259.

voyons que ceux-ci ont plus de vivacité d'esprit, ceux-là plus de solidité; aussi pourrait-on soutenir que c'est le tempérament gallo-germanique qui convient le mieux à la philosophie : un enfant, fils d'un père français et d'une mère allemande, devrait (*cœteris paribus*) avoir un bon esprit philosophique. » Très juste, dit Feuerbach; seulement, c'est la mère qui doit être française et le père allemand. Le cœur révolutionne, la tête réforme; la tête assure le succès définitif, mais il faut d'abord que le cœur mette en mouvement. Il n'y a d'esprit que là où il y a mouvement, passion, agitation, sang, sensibilité. Seul, l'esprit de Leibniz, son principe sanguin, matérialiste en même temps qu'idéaliste, put tirer les Allemands de leur pédantisme et de leur philosophie scolastique. — Ruge crut donc que Feuerbach accueillerait avec joie la nouvelle que l'alliance spirituelle des deux nations commençait à se manifester par un organe. Par lettre du 24 mai 1843, il demande au philosophe sa collaboration[1] : « *Strauss* avait inauguré les anciennes *Annales*, il faut que *vous* inauguriez les nouvelles. Vous êtes populaire et aimé, et, en outre, vous avez proclamé depuis longtemps l'alliance gallo-germanique. Pensez à nous envoyer une contribution qui convienne à notre but. Tout conviendra d'ailleurs : pourtant, le mieux serait un manifeste de vous contre la spéculation et l'attitude théologique des Allemands (depuis la Réforme ou en ce moment même dans toute leur vie) et en faveur d'un rapprochement du côté de

---

1. Cf. Grün, I, p. 357.

la France, rapprochement qui paraît s'imposer depuis que la métaphysique commence à leur peser. Pourtant, je ne veux rien vous proposer; il suffit que vous approuviez le plan d'une manière générale, ce dont je ne doute point; il vous viendra bien une idée. Nous voulons commencer le 1ᵉʳ octobre. » Contre toute attente, Ruge se vit désapprouvé par Feuerbach.

Le philosophe lui répondit : « Je n'ai absolument rien à objecter contre l'idée en soi; au contraire, le contact avec l'esprit français a pour moi un certain attrait, pour ne pas dire plus; mais, au point de vue *pratique*, cette idée ne résiste pas à l'examen, surtout dans les circonstances présentes. Cette association (franco-allemande) est *surprenante*, et ne serait-ce que pour cette raison, elle manque son but : car le but à atteindre est toujours de se donner de l'air. Mais pour se donner de l'air, il ne faut pas dans la lourde atmosphère de l'Allemagne bourgeoise d'aujourd'hui provoquer un courant vif; encore bien moins faut-il soulever une tempête. Si nous arrivons à avoir de l'air, le courant ne tardera pas à se produire; il dépend de conditions qui ne sont pas en notre pouvoir. L'action silencieuse est la meilleure. D'abord tout bas, puis à haute voix et non inversement. L'Allemagne ne peut être soignée que par le poison, non par le feu et par l'épée. Nous ne sommes pas encore assez avancés pour passer de la théorie à la pratique, car il nous manque encore la théorie; du moins la théorie n'est pas encore développée complètement et précisée dans tous les sens. La doctrine reste l'essentiel. Ce n'est pas seulement la mauvaise volonté qui s'oppose à la lumière d'un esprit nouveau, ce sont aussi des bornes de l'intelligence, des représentations fausses qui sont entretenues ou qui du moins ne sont pas ruinées par nos meilleurs esprits. Ce sont des *livres* qu'il nous faut, des grands et des petits, et ce n'est que dans les livres qu'on peut se donner carrière. Les journaux n'ont droit qu'à un rôle auxiliaire. Vous avez eu tort de prendre l'offensive. Un journal qui ne soit pas obscur, c'est tout ce qu'on peut entreprendre actuellement. Il faut s'imposer des limites pour concentrer sa puissance en dedans. Il faut que nous arrivions non pas à enseigner nous-mêmes, mais à faire qu'on enseigne d'après nous, malgré toutes les mesures prohibitives, et nous y arriverons. Il n'y a pas, à ma connaissance, d'autre chemin pour passer de la doctrine à la vie ; il n'y en a pas d'autre du moins qu'on puisse se proposer. Mais en quoi l'alliance française nous y aidera-t-elle ? La cause en aura-t-elle plus de poids ? Y gagnerons-nous de nouveaux arguments ? Non, nous n'obtiendrons qu'un effet extérieur. Il ne faut nous appuyer que sur nous-mêmes, il faut nous tirer d'affaire tout seuls. Ne serait-ce pas la même chose que d'aller soi-même à Paris et de bombarder l'Allemagne de là-bas [1] ? »

En présence de ces critiques, la question se pose de savoir si la lettre de Feuerbach insérée dans la correspondance qui servit d'ouverture aux *Annales franco-allemandes* est authentique. Dans cette lettre, datée de Brückberg, juin 1843, c'est-à-dire du même mois que

---

[1]. Cf. Grün, I, p. 358, lettre de Bruckberg, 20 juin 1843.

la précédente, Feuerbach se montre en effet favorable sans réserve au projet de Ruge[1]. Mehring en soutient l'authenticité, contrairement à l'opinion de Treitschke, et il nous paraît en effet difficile à admettre que Ruge et Marx se soient permis de forger une lettre favorable de Feuerbach, s'ils n'avaient eu entre les mains que la lettre absolument défavorable du 20 juin. Dans cette lettre du 20 juin, Feuerbach fait d'ailleurs allusion à une lettre antérieure : « Dans ma dernière lettre, je ne vous ai donné que ma première impression sur votre idée, sans avoir réfléchi à la possibilité et à l'opportunité de l'exécution. » Nous voyons d'autre part que, dans une lettre du 2 juin 1843 à Ruge[2], Feuerbach ne se montre pas hostile aux *Annales franco allemandes*; il dit simplement qu'il ne pourra pas aller à Paris parce qu'il est serf de la glèbe, *glebae adscriptus*, et il exprime la crainte que ses thèses philosophiques ne soient trop sèches pour un journal d'esprit français ; au contraire, après le 20 juin, Feuerbach s'est de plus en plus tenu à l'écart. Il est donc probable que Feuerbach, après avoir reçu la lettre de Ruge datée de Dresde le 24 mai 1843, a d'abord été séduit par son idée, et qu'il a exprimé cette première impression favorable dans une lettre écrite au commencement de juin 1843. Il n'y a pas de raison dès lors pour ne pas admettre que c'est cette lettre que Ruge et Marx ont insérée dans les *Annales franco-allemandes*. Ils en ont sans doute peu altéré le texte, s'ils y ont touché, car ils

---

1. Cf. Mehring, *Nachlass*, I, p. 378.
2. Cf. Nerrlich.

avaient encore pour tout ce qui était signé de Feuerbach le plus grand respect; d'ailleurs le style est bien celui du philosophe, et sa manière s'y reconnaît très nettement. Tout au plus aura-t-on supprimé les formules — toujours laconiques chez Feuerbach — du début et de la fin.

Quoi qu'il en soit, il est certain qu'à la réflexion Feuerbach a désapprouvé l'alliance ouverte avec les Français, qu'il considérait comme une faute de tactique. Feuerbach, malgré son humanisme de 1840 et son internationalisme de 1870, a toujours estimé que le progrès dans chaque pays ne devait pas se faire par une importation de l'étranger, mais par le développement normal des traditions nationales. C'est ainsi que dans son dernier ouvrage il s'efforce encore de prouver que son matérialisme ne provient pas des écrivains français du dix-huitième siècle, mais est la conséquence logique de la religion de Luther; il voit un symbole dans ce fait que le fils du grand réformateur fut médecin : les naturalistes sont les héritiers légitimes des théologiens. Ruge, lui aussi, avait été d'abord d'avis qu'il fallait rester en Allemagne. En 1838, il écrivait à Preller, qui allait accepter un poste à Dorpat, de ne pas quitter la patrie : « Même quand j'étais à Rome[1], je me sentais parmi les barbares : j'ai pleuré de joie quand le postillon, au sortir de la Porta del Popolo, a fait claquer son fouet pour le retour... Je refuserais la couronne de Russie pour garder ma maison de Halle, qui n'a de couronne d'or que sur l'enseigne, et qui ne

---

1. Cf. Nerrlich, lettre du 21 mars 1838, p. 129.

confère aucune puissance, mais qui donne, au lieu de
ce point d'appui si sottement cherché par Archimède
hors du monde, un point situé au contraire au milieu
même du monde qu'on veut soulever. » Après 1870,
Ruge fut un des premiers réfugiés qui se rallièrent au
régime bismarckien pour pouvoir rentrer dans leur
pays; mais en 1843 Ruge voulait se libérer du « nationalisme étroit ». Il estimait que « la philosophie
en langue allemande » n'était pas une vérité particulière, — la liberté à Berlin n'est pas autre chose dans
son essence ni dans son idée qu'à Paris; — le tombeau de Hegel, de Mirabeau, de Saint-Just et de Börne
est la terre tout entière, et leurs actes appartiennent
au genre humain [1].

Dans une lettre à Stahr, il raillait même les appels
de Fichte à la nation allemande. « La nationalité allemande consiste en ceci, qu'au lieu de recevoir les lois
de Napoléon, on en reçoit de Mieg et de Schmidt, de
Hinz et de Kunz[2] » (de Dupont et Durand, de Pierre ou
Paul). Les gouvernements allemands aidaient d'ailleurs
Ruge à franchir toutes les frontières : les *Annales de
Halle* avaient dû se réfugier en Saxe; les *Annales
allemandes* avaient été interdites par le Conseil de la
Confédération germanique; les exils successifs de
Ruge, en l'éloignant toujours davantage, agrandissaient son cercle d'action. Il n'était plus maintenant
que le soldat de l'humanisme et de la Révolution; il
considérait comme Marx que Paris — l'ancienne Uni-

---

1. Cf. Nerrlich, lettre du 18 octobre 1843.
2. Cf. Nerrlich, lettre du 11 juillet 1844.

versité de la philosophie, *absit omen* — était devenu la nouvelle capitale du monde[1].

Il y avait donc, semble-t-il, accord parfait entre Ruge et les communistes ; disciple de Feuerbach comme eux, il voulait, par-dessus les frontières, réaliser l'humanité. Et pourtant la brouille ne devait pas tarder à éclater. Elle fut envenimée, sans doute, par des froissements personnels, par des questions d'argent ; mais, outre qu'il nous paraît bien difficile aujourd'hui de reconnaître qui, de Ruge ou de Marx, par exemple, avait tort dans l'affaire des *Annales francoallemandes*, il est plus intéressant d'insister sur la divergence des idées. Ruge reprochait aux communistes d'abord de sacrifier l'individu à un Être mystique ou à une abstraction métaphysique, puis de trop négliger l'action politique. Tandis que les communistes condamnaient toute tendance égoïste comme diabolique, prêchaient l'amour de l'espèce et prétendaient réduire l'individu à n'être qu'un organe du grand organisme humain, Ruge soutenait[2] que la vraie essence humaine n'était pas la communauté, mais l'individu vrai ; que cette existence finie était la seule réalité de l'espèce éternelle ; que la communauté n'avait de valeur que par rapport à l'individu. La mission de la société est de créer l'individu vrai ; est mauvaise toute société qui

1. Cf. lettres de Ruge à Marx, de Paris, août 1843 ; de Marx à Ruge, de Kreuznach, septembre 1843 (Mehring, p. 379).

2. Cf. « *Le Communisme allemand* » dans *l'Opposition* de K. Heinzen, Mannheim, 1846, Heinrich Hoff, pp. 96-122 ; particulièrement p. 103. — Cf. aussi « *Deux ans à Paris* », études et souvenirs, par Arnold Ruge, Leipzig, Jurany, 1846 ; 2 vol. Compte rendu de K. Heinzen dans *l'Opposition*, pp. 328-331.

n'accomplit pas sa mission, et la société qui irait contre son but serait infâme. Le critérium de la vraie société est l'homme libre et noble qu'elle crée. L'espèce est un concept abstrait; l'individu seul la réalise. Le tort du christianisme n'a pas été de donner à tout individu une valeur absolue, mais seulement de ne pas faire valoir dans la réalité les droits sacrés de chacun. Au fond, Ruge interprète l'humanisme de Feuerbach dans le sens kantien : il veut qu'on respecte tout homme comme une fin, sans jamais traiter son prochain comme un moyen. Il faut réformer toutes les institutions qui sont contraires à ce principe, mais il faut prendre garde de détruire l'autonomie personnelle.

Le milieu où, selon Ruge, se réalise l'individu et croît l'homme libre, est l'État. Ruge blâme les invectives des communistes contre l'organisation politique; il ne veut pas admettre que nous vivions dans une « société animale » et que nous soyons des « cannibales ». Les communistes commettent, selon lui, la même erreur que commettaient les premiers chrétiens, quand ils condamnaient en bloc toute la société ancienne. C'est une idée fixe de croire qu'on a découvert une nouvelle panacée et qu'on pourra instaurer immédiatement une cité de béatitude. L'intervention des gendarmes — ne sont-ce pas des prolétaires en uniforme? — dans les réunions d'Elberfeld et les décrets de police devraient pourtant montrer aux communistes que l'action politique est nécessaire. C'est ce souci de rester toujours en contact avec les partis politiques en Prusse qui explique la conduite de Ruge; par exemple, son adhésion au mouvement religieux des « Amis de la lumière » (Wislicenus) et des catholiques schismatiques allemands (Johannes Ronge); c'est peut-être même ce qui pourrait excuser dans une certaine mesure son attitude envers le gouvernement du nouvel Empire. Il est certain, du moins, que ce fut une des causes décisives de sa brouille avec Marx et, par suite, de sa rupture avec Feuerbach.

Il semble, en effet, que Ruge en voulut au philosophe d'avoir aidé à fonder le socialisme; il fut froissé de le voir pardonner aux communistes leur mysticisme et leurs illusions et de l'entendre encourager leur lutte contre l'esclavage moderne. Sans doute, Ruge continue à parler d'humanisme et à employer des termes feuerbachiens; mais c'est surtout pour opposer l'idéalisme des premières œuvres du philosophe au matérialisme naissant. Même quand il loue Feuerbach, on sent qu'il n'est plus en communion d'idées avec lui. C'est ainsi qu'il écrit à Kuno Fischer, le 19 février 1847 : « Au sujet des antithèses de Feuerbach, vous avez absolument raison. L'opposition qui revient sans cesse dans l'*Essence du christianisme*, par exemple, est un défaut et de forme et de fond. Pourtant il est un grand ouvrier de la restauration de la philosophie libre... Il est bon, sans doute, de le laisser fermenter tranquillement encore un bon bout de temps. Les hégéliens de la génération antérieure ne lui peuvent rien, ne serait-ce que parce qu'ils n'ont ni cœur ni sens esthétique. C'est, d'ailleurs justement ce qui a permis et a justifié le triomphe de Feuerbach[1]. » Pendant la révolution de

---

1. Nerrlich, *Corr.*, II, p. 82.

1848, qui devait pourtant, aux yeux de Ruge, « réaliser l'humanité », Ruge et Feuerbach ne se causèrent point à Frankfort. Après la révolution, quand le matérialisme gagne du terrain, Ruge s'indigne de voir Feuerbach propager cette « épidémie » : « Quel est le nom qu'invoquent les gens comme Moleschott? C'est Feuerbach qu'ils portent sur le pavois. Et on est obligé de reconnaître que Feuerbach fait de plus en plus ce qui est nécessaire pour devenir un symbole aux yeux de cette espèce[1] ». Le disciple qui avait salué en Feuerbach l'apôtre d'une ère nouvelle finit même par contester au maître ses titres les plus certains. Ses lettres sur la *Théogonie* dans le *Museum allemand* de Prutz (1858), sont telles que Bolin a pu dire que Ruge avait lu en journaliste l'œuvre que Feuerbach chérissait entre toutes. Sans doute, Ruge y rend hommage une fois de plus à l'*Essence du christianisme* qu'il appelle « le troisième chant du coq de la liberté de l'esprit allemand »; il loue la philosophie de la religion de Feuerbach qui marqua, dit-il, un progrès décisif; mais il regrette que Feuerbach se soit détourné de la logique de Hegel, « logique impérissable et éternellement vraie ». Cette première infidélité, jointe au mépris de la politique et de l'histoire, a conduit Feuerbach à désespérer des vrais principes de la raison et de la liberté humaine, à haïr la pensée elle-même, bref

1. Cf. Nerrlich, *Corr.*, II, p. 182. — De son côté, Feuerbach écrit encore une lettre très amicale, 10 avril 1857 (cf. Grün, II, p. 41). Mais, d'autre part, dans une lettre à Kapp, 3 nov. 1859, il dénie toute compétence à son « prétendu ami » (cf. Grün, II, p. 59).

à se rapprocher des naturalistes, matérialistes et socialistes. Nous savons, par une note recueillie par Bolin dans les papiers de Feuerbach, ce que le philosophe pensait de ces lettres de Ruge : « Ruge peut me condamner; il est incapable de me juger. C'est un maître quand il juge ce qui est au-dessous de lui, au-dessous de son point de vue; c'est un écolier quand il veut juger ce qui est au-dessus de lui, en dehors de son point de vue. A vrai dire, Ruge n'a lu, ou du moins n'a digéré et ne s'est assimilé qu'une seule de mes œuvres, l'*Essence du christianisme*, parce qu'ici mon sujet m'a forcé à faire abstraction de la réalité extérieure, parce que cette œuvre est encore une œuvre inspirée de l'idéalisme même qu'elle combat. Mon *Essence de la religion* même ne lui est pas entrée dans la tête parce qu'il n'a pas d'yeux pour le *lumen naturæ*. Comment aurait-il pu être juste envers ma *Théogonie?* Elle est trop philologique pour MM. les philosophes et trop philosophique pour MM. les philologues. »

Dix ans après avoir écrit ses lettres sur la *Théogonie*, Ruge publie lui-même des *Discours sur la religion*, sur les causes de sa grandeur et de sa décadence, dédiés aux gens cultivés parmi les croyants. Ce titre montre que Ruge avait surtout l'intention de riposter aux discours sur la religion dédiés par Schleiermacher aux gens cultivés parmi ses détracteurs. Or, il oublie que, de son propre aveu, la réfutation de Schleiermacher se trouve déjà dans les œuvres de Feuerbach. Il ne se souvient de l'auteur de l'*Essence du christianisme* que pour lui reprocher de n'avoir pas vu que toutes les religions étaient des religions de la nature. Feuerbach, dit-il, a cependant connu l'ouvrage de Charles-François Dupuis sur l'*Origine des cultes;* mais il n'a pas eu le courage de reproduire la théorie du conventionnel; c'était déjà une hardiesse suffisante de soutenir que la théologie n'était qu'anthropologie. On a vraiment le droit d'être surpris de cette critique hautaine. On peut d'abord faire observer, comme l'a fait Bolin, que Feuerbach n'a sans doute pas connu l'ouvrage de Dupuis : Feuerbach n'en fait pas mention. Or, il cite toujours ses sources, et il insiste de préférence sur les livres rares et précieux qu'il a la chance d'avoir entre les mains. On peut estimer aussi qu'avant d'accuser de timidité un homme dont il avait vanté jadis l'audace singulière, Ruge eût dû vérifier si la théorie qu'il venait de découvrir ne se trouvait pas dans les œuvres de Feuerbach : or, le philosophe a longuement développé dans les *Conférences sur l'essence de la Religion,* par exemple, la thèse qu'on lui reproche d'avoir négligée. En tout cas, il est curieux de voir ce même Ruge, qui s'était séparé de Feuerbach parce que son maître se préoccupait trop de la nature, lui faire un crime maintenant de ne pas en avoir tenu assez compte. Mais vers la fin de sa vie, Ruge ne pesait plus ses termes, quand il parlait du philosophe dont il avait dans sa jeunesse salué l'œuvre avec enthousiasme. Dans une lettre, il va jusqu'à dire que Strauss et Feuerbach n'ont fait que se réchauffer à l'ardeur de l'esprit de Hegel sans être de vrais hégéliens. La crainte du matérialisme a fini par ramener Ruge à l'idéalisme systématique de l'école hégélienne orthodoxe. Le temps était loin où il avait publié, en dépit des censeurs, les *thèses provisoires pour la réforme de la philosophie*. Il est vrai que l'ancien détenu politique était devenu partisan de Bismarck; l'ancien directeur des *Annales franco-allemandes* était maintenant un sujet fidèle de l'Empire fondé en 1871; et l'exilé rentré, le révolutionnaire rallié touchait une pension du gouvernement prussien, à titre de dommages et intérêts.

CHAPITRE III.

Le socialisme vrai et le matérialisme historique. Marx et Engels.

Ruge s'était surtout servi de la philosophie de Feuerbach comme d'une arme dans la lutte politique entre l'Eglise et l'Etat; son collaborateur Karl Marx insista plutôt sur les conséquences sociales de la nouvelle théorie de l'humanisme.

I.

Disciple de Hegel, ami de Bruno Bauer, Karl Marx semble n'avoir pas eu une connaissance directe et approfondie de l'œuvre de Feuerbach avant la publication des *Anekdota* de Ruge. Il cite sans doute déjà le nom du philosophe dans un de ses articles de la *Gazette rhénane*, et cet article tout entier rappelle par ses idées et par sa forme les procédés de démonstration et le style de Feuerbach[1]. Marx y discute les deux questions suivantes : « La philosophie doit-elle se servir aussi d'articles de journaux pour traiter les problèmes religieux ? » et « La politique doit-elle être traitée phi-

---

1. Cf. Mehring, *Nachlass de Marx, Lassalle, Engels*, I, 259, sous la rubrique : l'article de tête du n° 79 de la *Gazette rhénane*.

losophiquement par les journaux dans un état dit chrétien? » Les réponses que fait Marx à ces deux questions sont les mêmes que celles qu'avait faites Feuerbach aux chefs d'accusation dirigés par Leo contre la philosophie de Hegel. En particulier les passages où Marx insiste sur l'opposition fondamentale entre le christianisme d'une part, la philosophie et la politique de l'autre, ou sur le désaccord de la théorie et de la pratique chez les croyants, ressemblent à s'y méprendre à une page de Feuerbach. Mais il est fort possible qu'il y ait là simplement une rencontre toute naturelle : les deux polémistes luttaient contre les mêmes adversaires, et ils avaient le même souci de définir exactement les positions. Engels, dans la brochure où il examine la philosophie de Feuerbach à propos de la publication de la thèse de Starcke, dit que c'est l'*Essence du christianisme* qui décida Marx à rejeter le système de Hegel pour adopter celui de Feuerbach, et il renvoie pour l'étude de cette influence de la doctrine nouvelle sur Marx à la *Sainte Famille*. Mais Mehring fait observer avec raison qu'il n'est pas question de l'*Essence du christianisme* dans les écrits de Marx parus après la publication de cette œuvre en 1841; et que, d'autre part, il n'est pas nécessaire d'aller jusqu'à la *Sainte Famille* pour saisir l'influence de Feuerbach sur Marx : elle est visible à chaque page des *Annales franco allemandes*. On pourrait ajouter que dans tout le passage où il expose la décomposition du hégélianisme, Engels ne suit pas rigoureusement l'ordre des faits; il dit par exemple : « Le groupe des plus décidés parmi les jeunes hégéliens se trouva rejeté par les nécessités pratiques de sa lutte contre la religion positive du côté du matérialisme anglo-français : ils entrèrent ainsi en conflit avec le système de l'école. Tandis que le matérialisme voit dans la nature l'unique réalité, le système hégélien ne la considérait que comme une manifestation extérieure de l'Idée absolue; c'était comme une dégradation de l'Idée. En tous cas, la pensée ou le produit de la pensée, l'Idée, est ici le principe : la nature n'est qu'un fait dérivé qui ne doit son existence même qu'à la condescendance de l'Idée. On se débattait comme on pouvait dans cette contradiction. Alors vint l'*Essence du christianisme*. D'un seul coup il dissipa la contradiction en restaurant sans détour le matérialisme sur le trône. La nature existe indépendamment de toute philosophie; elle est la base sur laquelle nous les hommes, qui sommes nous-mêmes des produits de la nature, nous avons grandi; en dehors de la nature et des hommes, il n'y a rien, et les êtres supérieurs que créa notre imagination religieuse ne sont que le reflet imaginaire de notre propre essence. Le charme était rompu; on jeta de côté le « système » qu'on avait fait sauter; la contradiction fut résolue du moment qu'elle n'existait qu'en imagination. Il faut avoir éprouvé personnellement l'effet libérateur du livre pour s'en faire une idée. L'enthousiasme fut général : nous fûmes tous sur le moment feuerbachiens. » Il semblerait d'après cette page d'Engels que l'*Essence du christianisme* ait eu surtout pour objet une restauration du matérialisme, ou du moins une apologie de la nature. Or on peut soutenir que cette restauration ou cette apologie résultaient nécessairement de l'*Essence du christianisme;* mais il n'en est pas moins vrai que Feuerbach lui-même et ses disciples n'ont guère eu conscience de ces conséquences logiques qu'à partir de 1844; si le matérialisme était implicitement contenu dans l'*Essence du christianisme,* l'humanisme y était explicitement proclamé comme la religion nouvelle, et c'est l'humanisme que non seulement Ruge, mais Marx et Engels eux-mêmes y virent tout d'abord. Il n'est question que d'humanisme dans les articles des *Annales franco-allemandes* où Marx et Engels adhèrent entièrement aux idées de Feuerbach. Engels, par un oubli singulier, ne parle pas de ces articles si caractéristiques. On croirait à lire sa brochure que le matérialisme historique est sorti tout armé du cerveau de Marx. Or, s'il est permis de louer chez Engels la modestie avec laquelle il s'efface personnellement devant la mémoire de son collaborateur disparu avant lui, il n'est pas défendu de penser qu'il a quelque peu simplifié l'histoire des origines du marxisme, d'une part parce qu'en 1888 il ne se rappelait pas distinctement l'état des esprits entre 1840 et 1845, d'autre part parce que le souci de l'apologie a dérangé l'exposition du développement naturel de sa doctrine. Engels a voulu trop nettement opposer Marx et Feuerbach; aussi n'a-t-il pas tenu suffisamment compte du progrès des idées, tant chez Feuerbach que chez Marx : cette négligence est d'autant plus surprenante qu'Engels insiste particulièrement dans sa brochure sur l'opposition hégélienne du devenir et de l'être; il n'eût pas dû oublier que la pensée des deux philosophes était trop vivante pour se laisser immobiliser dans des systèmes arrêtés une fois pour toutes et qu'il n'est pas juste de définir leurs théories comme des dogmes absolus, dont on voudrait voiler la naissance pour les soustraire à la mort.

En fait, Marx, avant de fonder le matérialisme historique, a développé l'humanisme de Feuerbach. Il a dû être surtout frappé, comme Mehring le remarque avec raison, des *thèses provisoires pour la réforme de la philosophie* parues dans les *Anekdota*. Ces phrases courtes, où le souci de la précision et le goût de l'antithèse font revenir souvent les mêmes mots, et où l'effort critique tend surtout à intervertir les termes, ont dû plaire à l'esprit de Marx, qui aimait à donner à ses jugements cette forme lapidaire et épigrammatique.

Il lut ces thèses aussitôt après leur publication, alors qu'il était encore rédacteur à la *Gazette rhénane*. On peut conclure d'une lettre de Ruge du 19 mars que c'est Marx qui fut frappé du passage de Feuerbach sur le principe « gallo-germanique » : la fondation même des *Annales franco-allemandes* fut donc le premier des actes par lesquels Marx s'efforça de mettre en pratique les théories de Feuerbach. Dans les lettres où il donne le programme du nouvel organe, Marx oppose la société « humaine » à la société « animale » des sujets de la monarchie prussienne. L'humanisme lui paraît l'expression philosophique de la république démocratique, qui est son idéal à cette date, où il prend nettement parti pour la Révolution française contre les vainqueurs de 1813. « Le principe de la monarchie, d'une manière générale, est l'homme méprisé, méprisable, et Montesquieu a bien tort de prétendre que c'est la vertu. Il se tire d'affaire en distinguant monarchie, despotisme et tyrannie. Mais ce sont là les noms d'un même système : tout au plus peut-on relever une différence de mœurs dans l'application du même principe. Où le principe monarchique a la majorité, les hommes sont en minorité; où il n'est pas mis en doute, il n'y a pas d'hommes[1]. » Marx, on le voit, juge le présent aussi défavorablement que Feuerbach[2]; mais tandis que Feuerbach n'a d'espoir que dans la propagande méthodique et lente par les livres ou par les poèmes, dans la conversion d'esprits de plus en plus nombreux, Marx tire argument de la misère même et voit le salut dans l'excès de la détresse. On saisit ici à son origine cette singulière disposition d'esprit qui permettait à Marx, par une âpre ironie, d'être d'autant plus optimiste qu'il jugeait la situation plus mauvaise : catastrophe et révolution étaient pour lui à peu près synonymes, comme si toute chute était féconde : « Ce n'est que la situation désespérée qui me remplit d'espérance. » Il y a peut-être là une réminiscence des prophètes religieux d'Israël, qui jugèrent toujours que les temps étaient proches quand tout allait mal[3], ou un souvenir de la dialectique hégélienne qui engendrait

---

1. Cf. Mehring, *Nachlass*, I, 367.
2. Cf. *Ibid.*, lettre de Bruckberg, p. 378.
3. La doctrine chrétienne, qui veut qu'au ciel l'ordre terrestre soit retourné, n'est que la transposition dans l'au-delà de la revanche imminente dont les prophètes menaçaient les puissants.

le progrès par la succession des contradictoires; mais il y a là aussi la simple constatation de ce fait que la nécessité pousse l'homme à réagir. En 1843, Marx espère, semble-t-il, que le salut viendra de deux classes acculées à la révolte : d'une part les penseurs, d'autre part les prolétaires. En molestant les penseurs, on les oblige à prendre part à l'action politique; en exploitant les prolétaires, on les force à penser. Il faut dire pourtant que Marx ne s'exprime pas encore très nettement : il parle de « l'humanité qui souffre » et de « l'humanité qui pense ». Les forces concrètes n'apparaissent pas encore entièrement dégagées de ce que les marxistes appelleront plus tard leur revêtement idéologique. Marx reconnaît lui-même de bonne foi qu'il n'a pas encore pris parti : « S'il n'y a pas de doute sur le point de départ, il règne d'autant plus de confusion sur la direction à prendre. Non seulement il a éclaté une anarchie générale parmi les réformateurs, mais chacun est obligé de s'avouer qu'il n'a pas une vue exacte de ce qui doit arriver [1]. » Selon son habitude, Marx voit dans cette incertitude un nouvel avantage; le dogmatisme se trouve écarté par l'absence même de plan. Comme on ne sait pas construire l'avenir, on étudiera le passé. On critiquera non seulement le socialisme, mais la religion, la science, etc. Mais comme, d'autre part, on veut agir sur l'Allemagne, on partira des deux objets qui l'intéressent à cette date, c'est-à-dire de la religion et de la politique. La méthode que la critique doit employer est celle de

1. Mehring, *Nachlass*, p. 380.

Feuerbach. Il ne s'agit pas de présenter au monde un nouveau principe devant lequel il doive s'agenouiller : il s'agit de tirer les conséquences des principes admis jusqu'ici. Nous ne vous disons pas : « Renoncez à vos débats »; nous voulons seulement vous montrer de quoi il s'agit. Il suffit de réveiller le monde, de lui montrer le sens de son rêve. De même que Feuerbach s'est borné à analyser la conscience mystique et à mettre en relief l'essence humaine des illusions religieuses, de même il suffit d'analyser l'état politique et d'en relever les contradictions internes pour en dégager la vérité sociale. Ce que la religion est pour les luttes théoriques de l'humanité — une table des matières — l'état politique l'est pour les luttes pratiques. Il s'agit d'une confession, rien de plus. Pour se faire remettre ses péchés, l'humanité n'a qu'à les donner pour ce qu'ils sont. De même que Feuerbach n'a voulu réformer la religion qu'en la restaurant dans son intégrité et sa pureté première, de même Marx veut révolutionner la politique en exécutant ce que le passé avait l'intention de faire : ce n'est pas un travail nouveau, c'est l'achèvement conscient de l'ancien travail.

Dans son *Introduction à la critique de la philosophie du droit de Hegel,* Karl Marx indique avec plus de précision comment il entend continuer l'œuvre de Feuerbach. C'est le devoir de l'histoire, après que la critique a fait disparaître l'au-delà, de réformer l'en-deçà. L'illusion religieuse est dissipée : il faut changer les conditions qui en ont permis le développement. Les consolations célestes sont vaines : il faut des remèdes ici-bas; la critique du ciel fait place à la critique de la terre, la critique de la religion à la critique du droit, la critique de la théologie à la critique de la politique. Voilà pour la théorie. En pratique, il s'agit de fonder une société « humaine ». Marx paraît convaincu que les peuples modernes — France et Angleterre — s'élèveront, dans un avenir très prochain, à une « hauteur humaine ». Il entend par là un état social où on aurait renversé toutes les institutions qui rabaissent, asservissent, isolent et dégradent l'homme. Est-il possible que l'Allemagne atteigne le même niveau que les nations de l'Europe occidentale, bien qu'elle soit actuellement très au-dessous de ses voisines ? Il y a, selon Marx, deux leviers qui soulèveront à l'humanité ce pays tombé si bas : d'une part, la pensée de ses philosophes; d'autre part, la misère de ses prolétaires. L'Allemagne ne vit dans la civilisation contemporaine que par l'esprit et par la souffrance. Elle est révolutionnaire par sa critique radicale de la religion et par son dénûment tout moderne. Déjà, au seizième siècle, elle avait pris part au mouvement de la Renaissance par sa Réforme et par sa guerre de paysans. Aujourd'hui, c'est le philosophe qui joue le rôle du moine, et les ouvriers de l'industrie, par la maturité de leur détresse, sont prêts à une jacquerie urbaine. On voit que Marx considère bien Feuerbach comme un second Luther. C'est de son œuvre qu'il attend l'émancipation de l'Allemagne[1]. « Sans doute, Luther a vaincu la servitude par dévotion, parce qu'il y a substitué la servitude par persuasion ; il a brisé la

---

1. Cf. Mehring, *Nachlass*, I, 392.

foi à l'autorité, parce qu'il a restauré l'autorité de la foi ; il a laïcisé le clergé, parce qu'il a cléricalisé les laïques ; il a libéré les hommes de la religiosité extérieure, parce qu'il a implanté la religiosité à l'intérieur de l'homme ; il a émancipé le corps de la chaîne parce qu'il a enchaîné le cœur. Mais si le protestantisme n'était pas la vraie solution, il était la vraie position du problème. Il ne s'agit plus désormais de la lutte du laïc contre le cléricalisme extérieur, il s'agit de la lutte de chacun contre son cléricalisme intérieur, contre sa nature cléricale. Et si la transformation protestante qui a cléricalisé les laïcs allemands a émancipé les papes laïcs, les princes avec leur clergé de privilégiés et de bourgeois, la transformation philosophique qui humanise les Allemands cléricaux émancipera le peuple. L'émancipation ne se bornera pas aux princes ; la sécularisation ne s'arrêtera pas davantage au vol des biens d'Eglise, qu'a su organiser particulièrement l'hypocrite Prusse. » A cette date, Marx conçoit donc la révolution comme une émancipation religieuse, accompagnée d'un transfert de propriété ; les besoins matériels assureront le triomphe de la réforme morale qui leur donnera satisfaction. La philosophie trouve dans le prolétariat ses armes matérielles, le prolétariat trouve dans la philosophie ses armes morales ; ainsi s'accomplira la seule libération pratiquement possible en Allemagne ; ainsi se réalisera la théorie qui proclame que l'homme est l'être suprême de l'homme. Une révolution politique comme celle de 1789 est impossible en Allemagne, la bourgeoisie allemande n'ayant pas l'audace « géniale » de la bourgeoisie française; mais l'Allemagne pourra brûler une étape; elle pourra rattraper la France par un « saut périlleux ». Elle s'affranchira du même coup de l'ancien régime et du régime bourgeois par une révolution sociale. La tête de cette émancipation humaine est la philosophie, le cœur en est le prolétariat. On ne peut ni réaliser la philosophie sans libérer le prolétariat, ni libérer le prolétariat sans réaliser la philosophie. Quand toutes les conditions intérieures seront réalisées, la Pâque allemande, le jour de la Résurrection de l'Homme sera annoncé par le chant claironnant du coq français.

Dans sa réponse à la brochure de Bruno Bauer sur la *Question juive*[1], Karl Marx met en relief, au moyen d'un exemple, la différence qui existe à ses yeux entre l'émancipation politique, telle que la Révolution française l'a proclamée, et l'émancipation humaine dont il emprunte la formule à Feuerbach. Selon Bruno Bauer, l'émancipation des Juifs est impossible en Allemagne. L'Etat, chrétien par son essence, ne saurait en effet émanciper, et le judaïsme, tant qu'il reste fidèle à son essence, n'a pas le droit de prétendre à l'émancipation; l'émancipation religieuse est la condition de l'émancipation politique. Marx rend hommage à la critique de Bruno Bauer, qui a défini les termes avec précision et qui a répondu nettement aux deux questions : « Qui doit émanciper? » et « Qui doit être émancipé? » Mais, selon Marx, Bruno Bauer n'a pas vu qu'il se posait une troisième question : « De quelle

1. Braunschweig, 1843.

espèce d'émancipation s'agit-il? » Au lieu de se demander si le Juif a le droit d'exiger l'émancipation politique, il convient de se demander si l'émancipation politique a le droit d'exiger du Juif la renonciation au judaïsme, ou, en généralisant le problème, si l'homme, pour être citoyen, doit renoncer d'abord à sa religion? Marx estime que, dans un Etat politique, la religion est une affaire privée. Il est facile de le constater, si l'on considère la situation dans les Etats-Unis de l'Amérique du Nord. En Allemagne, en effet, il n'y a pas encore à vrai dire d'état politique, puisque l'Etat y est fondé sur le christianisme; en France même, l'émancipation politique n'est qu'à moitié réalisée, puisqu'il y a encore une apparence de religion d'Etat, grâce à la formule dénuée de sens et contradictoire dans les termes de « la religion de la majorité ». Aux Etats-Unis, au contraire, l'Etat est étranger à tous les cultes : c'est donc là que l'expérience sera concluante. Marx, fidèle déjà à la méthode scientifique qui le décidera plus tard à choisir l'Angleterre comme objet de ses études, parce que c'est dans le pays le plus industriel qu'il est le plus facile de dégager les lois du capital, prend ici pour exemple les Etats-Unis, parce que la séparation de l'Eglise et de l'Etat y permet une observation décisive des rapports de la politique et de la religion. Or, que voyons-nous en Amérique? D'une part, la Constitution n'impose pas les croyances religieuses et la pratique d'un culte comme condition des privilèges politiques; d'autre part, on ne croit pas aux Etats-Unis qu'un homme sans religion puisse être un honnête homme. Beaumont, Tocqueville et Hamilton sont unanimes à reconnaître que la religion, séparée de l'Etat, n'a rien perdu de sa force : il n'y a donc pas contradiction entre l'émancipation politique et la servitude religieuse, ou plus exactement, l'Etat peut être émancipé religieusement, sans que le citoyen le soit. Il en est de la religion comme de la propriété, de la profession, de la naissance. Ces éléments n'entrent plus en ligne de compte dans la vie politique, puisque tous les citoyens participent également à la souveraineté sans distinction de fortune, de position ou d'origine. Mais dans la vie civile, tous ces éléments agissent librement. En supprimant le cens exigé pour l'électorat ou l'éligibilité, on annule politiquement la propriété sans la supprimer civilement; en séparant l'Eglise de l'Etat, on renonce collectivement à la religion sans s'en affranchir individuellement. Chaque homme mène ainsi une double vie : une vie politique et une vie privée; il est à la fois citoyen et bourgeois, membre d'une société humaine organisée et membre d'une société animale où règne le *bellum omnium contra omnes*. Marx donne aux formules de Feuerbach une portée nouvelle : la société humaine n'est plus seulement la société où l'homme est l'Être suprême pour l'homme, elle est aussi la société où l'humanité a triomphé de l'animalité, où l'espèce a triomphé de l'égoïsme. Marx traduit ainsi le terme de « Gattung », que Feuerbach aime tant à employer, par « organisation sociale ». La vraie société humaine n'est pas réalisée par l'émancipation politique qui laisse subsister l'égoïsme dans la vie civile, dont la religion n'est qu'un élément. Comment donc se réalisera-t-elle ? Selon Marx, elle se réalisera par réintégration : de même que, selon Feuerbach, l'humanité, qui a projeté au ciel son essence, doit s'en imprégner de nouveau, de même, selon Marx, l'individu qui a renoncé à son caractère social en faveur de l'état politique doit le reprendre en soi : le citoyen et le bourgeois, la vie politique et la vie civile doivent se pénétrer et se confondre. « Ce n'est que le jour où l'homme réel et individuel aura repris en soi le citoyen abstrait et sera devenu dans sa vie empirique, dans son travail et ses fonctions individuelles un être social (*Gattungswesen*), ce n'est que le jour où l'homme aura reconnu et organisé ses forces propres comme des forces sociales et que, partant, il ne séparera plus de soi la force sociale sous la forme de la force politique, ce n'est qu'alors que l'émancipation humaine sera réalisée[1]. » Si l'on prend à la lettre ces phrases de Marx, la société humaine qu'il considérerait comme conforme aux principes de Feuerbach serait une société unique où, chaque individu organisant volontairement toutes ses forces en vue du travail social, l'anarchie politique résulterait de la suppression de toute tendance égoïste. Il n'y aurait plus de gouvernement, mais tout serait socialisé, la propriété comme la religion, les consciences comme les biens. Dans cette société paradoxale, l'organisation politique est annulée, tandis que l'organisation sociale absorbe tout. Ainsi, selon Feuerbach, l'humanité devenait athée

---

1. Cf. Mehring, *Nachlass*, I, p. 424.

en se divinisant tout entière. Marx a abouti à cette solution extrême parce qu'il considérait l'organisation politique actuelle comme une illusion : le gouvernement n'était à ses yeux qu'une vaine Providence. De même que Feuerbach crut d'abord que le dualisme religieux qui opposait Dieu et l'humanité provenait d'un dédoublement de l'homme, qui aurait projeté son essence hors de lui pour ne garder que la guenille, de même Marx croyait que l'organisation politique résultait d'un dédoublement de l'individu, qui aliénait son caractère humain pour ne garder que l'égoïsme. Feuerbach renonça à cet idéalisme quand il étudia les religions de la nature; il vit que le christianisme lui-même supposait une chose en soi hors de l'âme. Marx eût de même été amené à rejeter le subjectivisme politique, s'il s'était mis à étudier les organisations primitives; il eût constaté que même l'organisation politique qui prétend se fonder sur le contrat social suppose une unité étrangère à la liberté individuelle. C'est pour n'avoir pas tenu compte, par exemple, des questions de famille, de race, de nation, qu'il n'a, pas plus que Bruno Bauer, donné de la question juive une solution décisive ; c'est pour la même raison qu'il n'a pas entièrement compris la Révolution française. Rien de plus caractéristique que la manière dont il commente la Déclaration des droits de l'homme et du citoyen[1]. Selon Marx, les droits de l'homme, en tant qu'ils se distinguent des droits du citoyen, ne sont pas autre chose que les droits du

---

1. Mehring, *Nachlass*, I, p. 415 sqq.

membre de la société civile, c'est-à-dire de l'homme égoïste, de l'homme séparé de l'homme et de la communauté. La lettre du texte semble en effet donner raison à Marx; on pourrait, à première vue, croire avec lui que toute la société n'est là, selon la Déclaration, que pour garantir à chacun de ses membres la conservation de sa personne, de ses droits, de sa propriété; elle n'apparaît que comme un cadre extérieur aux individus, une limitation de leur autonomie primitive : le seul lien qui maintient l'union est la nécessité naturelle, le besoin, l'intérêt privé, la conservation des propriétés et des personnes égoïstes. Il est pourtant difficile, si l'on admet cette interprétation, d'expliquer pourquoi les droits de l'homme sont posés comme antérieurs aux droits du citoyen, comme naturels et imprescriptibles : ne reconnaît-on pas par là-même à la qualité d'homme une dignité supérieure à la qualité de citoyen? Et est-il possible d'admettre que l'égoïsme ait paru respectable avant tout aux Constituants, à tel point qu'ils ont voulu proclamer que toute Constitution avait pour fin unique d'en mieux garantir le respect? Sans doute, ils ont voulu mettre les individus à l'abri des atteintes du despotisme; mais était-ce pour sauvegarder l'égoïsme de chacun, ou n'était-ce pas plutôt pour empêcher que l'humanité ne fût lésée dans un de ses représentants? Quoi qu'il en soit, Marx s'aperçoit bien qu'il est difficile d'accorder avec la Déclaration, interprétée à sa manière, les actes révolutionnaires[1]. « Il nous paraît

---

1. Mehring, *Nachlass*, I, p. 419.

énigmatique qu'un peuple qui commence justement à se libérer, à abattre toutes les barrières entre ses différents membres et à fonder une organisation politique, qu'un tel peuple proclame solennellement le droit de l'homme égoïste, isolé de ses concitoyens et de l'organisation collective (Décl. de 1791); bien plus, qu'il répète cette proclamation à un moment où le dévouement le plus héroïque peut seul sauver la nation et est par suite impérieusement exigé, à un moment où le sacrifice de tous les intérêts de la société civile est mis à l'ordre du jour et où on est obligé de punir l'égoïsme comme un crime (Déclaration des droits de l'homme, etc., de 1793)... Il y a contradiction flagrante entre la pratique révolutionnaire et la théorie. Tandis que, par exemple, on déclare que la sûreté est un droit de l'homme, on met officiellement à l'ordre du jour la violation du secret des lettres. Tandis qu'on garantit la liberté absolue de la presse (Const. de 1793, art. 122) comme une conséquence du droit humain de liberté individuelle, on anéantit complètement la liberté de la presse, car la liberté de la presse ne doit pas être permise lorsqu'elle compromet la liberté publique (Robespierre jeune, *Hist. parlem. de la Révol. franç.*, par Buchez et Roux, t. XXVIII, p. 135); c'est-à-dire : le droit humain de liberté cesse d'être un droit à partir du moment où il entre en conflit avec la vie politique, tandis que théoriquement la vie politique n'est que la garantie des droits de l'homme, des droits de l'homme individuel, et doit par conséquent être sacrifiée dès qu'elle va contre son but, dès qu'elle est en contradiction avec les droits de l'homme. Mais la pratique n'est que l'exception et la théorie est la règle. Même si l'on veut considérer la pratique révolutionnaire comme la position juste du rapport entre les deux termes, il reste toujours à résoudre une énigme : pourquoi ce rapport est-il renversé dans la conscience des émancipateurs politiques? pourquoi prennent-ils la fin pour le moyen et le moyen pour la fin ? d'où vient cette illusion et comment a-t-elle pu durer?

Selon Marx cette énigme est facile à résoudre. Il semble pourtant que les explications qu'il donne n'en fournissent pas la solution. Il montre bien [1] comment la société bourgeoise s'est dégagée de la société féodale, comment les rapports de la vie civile et de la vie politique avant la Révolution ont déterminé par opposition les rapports entre le bourgeois et le citoyen : mais il ne nous montre pas comment la vie politique, qu'il suppose née uniquement pour servir la vie civile, s'arroge un pouvoir absolu. Sans doute c'est là, selon Marx un régime d'exception, fondé par un coup d'Etat et qui ne peut durer : « Quand l'état politique se dégage violemment de la société civile, quand l'émancipation humaine tend à se produire sous la forme de l'émancipation politique, l'Etat peut et doit aller jusqu'à supprimer, jusqu'à anéantir la religion; mais cette suppression n'est qu'une mesure analogue à la suppression de la propriété individuelle par le maximum, la confiscation et l'impôt progressif ou à la suppression de la vie par la guillotine. Dans les moments où elle

---

1. Mehring, *Nachlass*, I, p. 421 sqq. et 410,

prend particulièrement conscience d'elle-même, la vie politique cherche à écraser son soutien, la société civile et ses éléments, et à se poser comme la vie sociale réelle et pure de l'espèce humaine. Mais elle ne peut y arriver qu'en allant violemment contre les conditions de sa propre existence, qu'en déclarant la Révolution en permanence, et le drame politique a par suite pour dénoûment fatal la restauration de la religion, de la propriété privée, de tous les éléments de la société civile ; il aboutit à cette conclusion aussi nécessairement que la guerre se termine par la paix. » Mais ces considérations mêmes montrent que Marx attachait trop peu d'importance à l'émancipation politique dont la Révolution française a donné l'exemple. Partant de cette idée que l'organisation politique est par rapport à l'organisation sociale ce que Dieu est à l'humanité (dans l'*Essence du christianisme* de Feuerbach), il devait arriver à ne plus voir dans l'Etat qu'un mirage trompeur, donnant l'illusion de la paisible unité humaine aux animaux féroces en guerre dans la société civile ; mais de même que la projection de l'essence humaine au ciel n'eût pas été possible sans l'existence du monde réel, de même la division de l'homme en citoyen et en bourgeois n'eût pas été concevable sans l'existence de liens nationaux et humains. Allons plus loin : si on ne voit dans la déclaration des droits que la charte des intérêts privés, il ne suffit pas de dire que les actes révolutionnaires sont la violation brutale du contrat consenti, il faut expliquer comment le salut public a pu être invoqué pour justifier cette violation. Il y a d'ailleurs des actes révolutionnaires qui n'ont pas été dictés par le danger ; certains ne sont que la réalisation de promesses et d'espérances qu'on avait imparfaitement définies au début, parce qu'on n'en avait pas une conscience nette, mais dont les heures graves de la Révolution ont parfois mûri le sentiment et hâté l'échéance : l'émancipation politique contenait en puissance l'émancipation nationale et sociale. Au lieu de considérer ainsi la révolution sociale comme la conséquence légitime et le développement normal de la révolution politique, Marx a paru admettre que la Révolution française n'avait voulu fonder que le régime bourgeois : ce n'était pas seulement donner trop beau jeu à ses adversaires les économistes libéraux, c'était aussi être injuste envers le passé humain. Nous voyons naître ici et se dégager peu à peu de l'humanisme de Feuerbach la conception matérialiste de l'histoire : dès le second article sur la question juive, cette doctrine apparaît sous la forme la plus paradoxale, bien que voilée encore de locutions empruntées à l'*Essence du christianisme*.

Pour arriver à la liberté humaine, le Juif doit, selon Bruno Bauer, s'émanciper de la servitude religieuse : selon Marx, il suffit qu'on l'affranchisse des liens économiques. Ce n'est pas le Juif fêtant le sabbat qu'il convient de considérer, c'est le Juif trafiquant les sept jours de la semaine. Feuerbach voulait partir de l'être pour aboutir à la conscience, au lieu de prendre la conscience comme origine de l'être : Marx admet que la conscience religieuse est déterminée par les conditions matérielles d'existence des croyants. Il dit expressément : « Une organisation sociale, qui eût supprimé les conditions, la possibilité du trafic (*Schacher*) eût rendu le Juif impossible. La conscience religieuse se fût dissipée comme une fumée dans l'air où la société jouirait d'une vie réelle. » Feuerbach avait déclaré que le principe de la religion juive était l'égoïsme : Marx explique la religion juive par le culte de l'argent, dieu temporel des juifs. Feuerbach avait relevé chez les Juifs — par opposition à l'hellénisme — le mépris de la théorie, de l'art, de l'histoire, de l'homme considéré comme fin en soi ; Marx dit que ce mépris est la vertu caractéristique de l'homme d'argent. En développant ce paradoxe, il va jusqu'à affirmer que la nationalité du juif n'est que la nationalité du commerçant ; que le respect de la Loi et des rites n'est que le respect de la légalité formelle, seul sentiment moral de l'homme d'argent ; que le jésuitisme talmudique enseigne à tourner la loi, art essentiel dans le monde des égoïstes, etc. Marx pousse si loin ce système qu'il emploie couramment « judaïsme » comme synonyme de « capitalisme ». Il ne tient aucun compte des traditions religieuses et nationales ; il oublie les origines du judaïsme, né sous la tente des pasteurs nomades et fortifié au foyer des agriculteurs ; il voit le judaïsme triompher dans la société chrétienne contemporaine, particulièrement dans l'Amérique du Nord ; il ne le voit pas souffrir dans les communautés juives de l'Europe orientale. C'est qu'il ne suffit pas, pour arriver à la vérité, de retourner les formules de l'idéalisme : pour se faire en sens inverse, le jeu des termes avec les faits et les hommes n'en est pas moins arbitraire. La conception idéaliste et la conception matérialiste sont d'ailleurs deux manières très voisines de défigurer l'histoire : il est parfois difficile de les distinguer, comme dans ce passage où Marx les associe, pour ne pas dire qu'il les confond. « Si le judaïsme s'est maintenu à côté du christianisme, ce n'est pas seulement parce qu'il est une vivante critique religieuse du christianisme, parce qu'il est l'incarnation du doute sur l'origine religieuse du christianisme, c'est encore et tout autant parce que l'esprit juif pratique, parce que le judaïsme s'est perpétué dans la société chrétienne elle-même et y a même atteint son apogée. Le Juif, qui apparaît comme un membre particulier dans la société, n'est que le représentant particulier du judaïsme de la société bourgeoise[1]. » A vrai dire, il semble qu'à cette date la pensée de Marx n'est pas encore très ferme : son intention est d'appliquer la

---

1. Dans la *Sainte Famille*, Marx donne toujours la même solution de la question juive : on y saisit plus nettement encore les causes de son erreur. Partant de cette idée, que la religion est puissante aux États-Unis, où l'Église est séparée de l'État, il a cru que l'émancipation politique tendait à supprimer les privilèges des religions d'État, pour la même raison qu'elle avait supprimé les privilèges des corporations. La conséquence était une anarchie religieuse, comparable à l'anarchie industrielle; cette anarchie devait favoriser le développement de la vie religieuse, comme elle a favorisé l'expansion du capitalisme. Or, même si l'on admettait une telle analogie, il faudrait conclure aujourd'hui qu'il se reforme fatalement une unité religieuse, un trust des Églises qui tend à accaparer les âmes ; la lutte de l'État contre cette puissance redeviendrait nécessaire ; en poussant à bout la théorie marxiste, on parlerait de nationaliser ou de socialiser la religion. Mais il n'est pas exact que la suppression des religions d'État ait pour conséquence l'anarchie religieuse. La concurrence des sectes ne se produirait pas partout comme aux États-Unis, pays où les protestants

méthode et les procédés de la critique de la religion à la critique de la société; il est ainsi amené, d'une part, à insister sur le soubassement économique de l'édifice politique, à l'exemple de Feuerbach, qui avait recherché les fondements terrestres du Panthéon religieux, et il se trouve ainsi sur la voie d'études fécondes; mais il se laisse entraîner, d'autre part, à des analogies purement verbales entre les phénomènes analysés par Feuerbach et les faits qu'il ne connaît encore lui-même qu'imparfaitement. Il dit, par exemple : « L'argent est le Dieu jaloux d'Israël devant lequel aucun autre dieu ne saurait subsister. L'argent dégrade tous les dieux des hommes et les transforme en marchandise...; l'argent est l'essence aliénée du travail et de l'existence de l'homme et cette essence étrangère le domine et il l'adore... De même que l'homme, tant qu'il a encore des préjugés religieux, ne sait objectiver son essence qu'en l'aliénant pour en faire un être fantastique, de même il ne peut, tant qu'il est dominé par le besoin égoïste, déployer son activité pratique et produire des objets qu'en pla-

---

sont en majorité, et qui n'a pas de traditions religieuses. Des monopoles religieux continueraient à exister, surtout dans l'Europe catholique, en Afrique et en Orient. Il faut, d'autre part, tenir compte de ce fait que l'union religieuse a été la première forme consciente de l'union nationale : encore aujourd'hui, il y a très souvent confusion entre la société religieuse et la nation. Dès lors, il y a fatalement lutte, au sein des nations, et même au sein des consciences individuelles, entre le sentiment social ancien et le sentiment moderne. Il ne convient pas de comparer entre elles la concurrence industrielle même la plus effrénée et cette lutte si singulièrement grave, puisqu'elle est à la fois matérielle et morale.

çant ses produits et son activité sous la domination d'un être étranger et en leur conférant la valeur d'un être étranger : l'argent... » Bref, Marx n'évite pas toujours, à cette date, les fausses comparaisons qu'il condamnera plus tard si sévèrement chez Grün, M. Hess et les autres champions du « vrai socialisme » feuerbachien.

II.

Les articles qu'Engels écrivit à la même époque sont aussi directement inspirés de Feuerbach que ceux de Marx. Dans son *Esquisse d'une critique de l'économie politique,* il compare l'histoire de l'économie politique à l'histoire de la théologie. Le système mercantile est l'ancien régime, le Moyen-âge catholique du commerce, qui a eu lui aussi ses croisades et son inquisition [1]; le libre-échange fondé sur le *Wealth of Nations* d'Adam Smith correspond au protestantisme libéral. Mais de même que la théologie ne peut que reculer jusqu'à la foi aveugle ou avancer jusqu'à la philosophie libre, de même le libre-échange ne peut que conduire d'une part à la restauration des monopoles, d'autre part à la suppression de la propriété individuelle... Le système mercantile avait encore une certaine droi-

---

1. Mehring, *Nachlass*, I, pp. 433-435, 437-439. Cf. encore, p. 455 : « La théorie de Malthus n'est que l'expression économique de l'opposition de l'esprit et de la nature et de la corruption qui en résulte pour l'un et pour l'autre. »

ture naïve, catholique... l'opinion publique n'était pas encore humanisée... pourquoi donc aurait-on caché des choses qui résultaient de l'essence inhumaine et hostile du commerce? Mais lorsque le Luther de l'économie, Adam Smith, fit sa réforme, les temps étaient bien changés... le siècle était humanisé... à la place de la droiture catholique se développa l'hypocrisie protestante... — Mais l'économiste ne sait pas lui-même quelle cause il sert. Il ne sait pas qu'avec tout son raisonnement égoïste il ne forme pourtant qu'un anneau de la chaîne du progrès général de l'humanité. Il ne sait pas qu'en dissolvant tous les intérêts particuliers, il ne fait que frayer la voie à la grande révolution où tend le siècle, révolution qui réconciliera l'humanité avec la nature et avec elle-même. — Engels n'emprunte pas seulement à Feuerbach cette philosophie de l'histoire et cette définition de la révolution imminente, il se sert encore des procédés du maître pour critiquer les catégories abstraites des économistes. Il leur reproche leur « valeur abstraite », leur « commerce abstrait », leur commerce sans concurrence, c'est-à-dire un homme sans corps, une pensée sans cerveau[1]. Il trouve qu'en économie comme en théologie les vrais rapports sont intervertis : on fait dépendre la valeur qui est l'origine, la source du prix, de ce prix qui n'est que son propre produit. Engels ajoute : on sait que cette inversion est l'essence de l'abstraction, et il renvoie à ce sujet à Feuerbach. Autant que la partie critique, la partie positive de ce travail d'Engels est pure-

---

1. Cf. Mehring, *Nachlass*, I, 439-442.

ment feuerbachienne. « Produisez avec conscience, en qualité d'hommes, non comme des atomes dispersés sans conscience collective (*Gattungsbewusstsein*), c'est le seul moyen de remédier aux crises sociales et à la profonde dégradation de l'homme. »

C'est encore du point de vue de la philosophie de Feuerbach qu'Engels juge le livre de Carlyle : *Past and Present*. Il a de l'indulgence pour cette apologie du Moyen-âge : de même qu'il a opposé, en se servant des termes mêmes de Feuerbach, la droiture catholique et l'hypocrisie protestante, de même il admet qu'on vante l'organisation et la religion des siècles passés en face de l'anarchie et de la barbarie contemporaine. Feuerbach, comme Auguste Comte, a paru plus partisan au début de la restauration que du libéralisme; Engels met les tories bien au-dessus des whigs : il estime les premiers plus humains. Au sujet des réserves qu'il croit devoir faire, il renvoie encore à Feuerbach[1]. « La critique du panthéisme se trouve dans les *thèses* de Feuerbach dans les *Anekdota* et les œuvres de Bruno Bauer... L'athéisme contemporain est la conséquence de l'aliénation de l'essence humaine... Mais est-il nécessaire de copier Feuerbach?... Que Carlyle lise les œuvres de Feuerbach et de Bruno Bauer s'il veut savoir d'où vient l'immoralité qui corrompt toute notre société... Le panthéisme est encore une conséquence inséparable de sa prémisse, le christianisme, du moins le panthéisme moderne, celui de Spinoza, de Schelling et aussi celui de Hegel... Ici encore Feuer-

---

1. Cf. Mehring, *Nachlass*, I, pp. 449, 459, 464.

bach m'épargne la peine d'en fournir la démonstration. » Engels se borne donc à résumer en quelques lignes serrées la théorie de l'humanisme feuerbachien ; à cette date, il est loin de penser que la philosophie allemande ramène au matérialisme anglo-français ; il estime, au contraire, que le défaut des Anglais, non seulement de Carlyle mais encore des socialistes, est précisément de ne connaître que le matérialisme et d'ignorer la philosophie allemande. Ces socialistes sont encore des Anglais, au lieu d'être uniquement des hommes [1].

Au moment où ils se rencontrent, Marx et Engels sont tous les deux feuerbachiens sans réserve ; leur idéal est de réaliser l'humanité en organisant la société. Tous deux portent sur la société contemporaine un jugement pessimiste et ont foi en la Révolution imminente. Partis de la même doctrine philosophique, ils aboutissent aux mêmes conclusions pratiques ; la seule différence vient de ce qu'Engels, connaissant mieux l'Angleterre, a surtout étudié l'état industriel et les théories économiques, tandis que Marx, préoccupé des conséquences de la Révolution française, examine de préférence les questions juridiques. Il est utile de remarquer que si tous deux comptent sur l'action révolutionnaire du prolétariat, ni l'un ni l'autre ne parlent encore de lutte de classes : le prolétariat réalisera l'humanité parce qu'il est d'une part la classe la plus malheureuse, la plus déshumanisée par l'état actuel, d'autre part la plus ouverte à la pensée philosophique,

---

1. Cf. Mehring, *Nachlass*, I, 482, 484, 489.

la plus humaine par l'esprit[1]; ni l'un ni l'autre ne songent à donner au prolétariat une puissance politique. Au contraire, Marx estime que l'influence sociale du prolétariat croît ou décroît en raison inverse de son influence politique. Ce n'est pas uniquement pour le plaisir d'éplucher le style de son ancien collaborateur Arnold Ruge, devenu son ennemi, que Marx insère dans le *Vorwärts* les gloses marginales où il critique l'article sur le roi de Prusse et la réforme sociale; il y a entre la pensée de Ruge et celle de Marx opposition diamétrale : selon Ruge, les réformes sociales ne seront possibles en Allemagne que grâce au développement de l'action politique; selon Marx, c'est précisément parce que l'esprit politique n'existe pas en Allemagne que l'heure de la révolution sociale y est proche. L'Allemagne est la plus prolétarienne, la plus révolutionnaire des nations parce qu'elle est la plus déshéritée et la plus philosophique, la plus pauvre en conquêtes politiques et la plus riche dans le domaine de l'esprit. L'Angleterre est un pays trop politique pour comprendre la question sociale : les héros de la Convention, Robespierre, par exemple, ont eu le minimum d'intelligence sociale parce qu'ils ont eu le maximum d'esprit politique. Les ouvriers de Lyon n'ont pas eu le sentiment de leur mission sociale, parce qu'ils s'imaginaient être les soldats de la République; au contraire, les tisserands de Silésie ont eu nettement conscience de l'essence du prolétariat; Weitling a

1. Engels note que les livres de Strauss ne sont lus en Angleterre que par les ouvriers de Manchester, Birmingham et Londres. Cf. Mehring, *Nachlass*, I, 464.

écrit sur l'organisation sociale des œuvres de génie; et l'Allemagne sera le pays classique de la Révolution sociale, parce que l'inaptitude politique y est absolue. Le seul acte politique de la Révolution sociale sera précisément de détruire l'organisation politique. De même que, selon Feuerbach, Dieu ne gouverne qu'aux dépens de l'humanité, et que l'avènement du règne humain sera marqué par la mort de la Providence, de même, selon Marx, l'État ne subsiste qu'en ruinant l'organisation sociale, et la Révolution fera naître la société humaine en tuant la hiérarchie politique.

III.

La première œuvre commune de Marx et d'Engels — la *Sainte Famille* — est une apologie de Feuerbach contre Bruno Bauer. Les auteurs disent expressément dans leur préface que leur intention est de défendre l'humanisme réel contre son ennemi le plus dangereux, le spiritualisme ou idéalisme spéculatif, qui met à la place de l'homme réel et individuel la conscience (*Selbstbewusstsein*) ou l'esprit et qui enseigne avec l'évangéliste : « C'est l'esprit qui donne la vie ; la chair ne sert à rien. » Ils s'attaquent à la critique de Bruno Bauer (en prenant pour texte les huit premiers cahiers de la *Gazette littéraire universelle*), parce que cette critique leur paraît l'expression la plus parfaite du principe chrétien-germanique, dont la dernière tentative consiste à faire de la critique elle-même une puissance transcendante. Ils opposent ici le sens de la vie et du réel chez Feuerbach au culte des abstractions et des formules que Bruno Bauer et ses collaborateurs avaient poussé encore plus loin que leur maître Hegel. Sans doute, Hegel avait déjà réalisé les idées abstraites et défini par exemple les pommes, les poires et les amandes comme des modes du fruit; puis, comme il fallait expliquer l'apparition de la variété au sein de la substance unique, il avait déclaré que l'existence sensible des différents fruits était due aux mouvements, aux incarnations successives du fruit; mais les mystères de la construction spéculative étaient mieux voilés chez le maître que chez les disciples, d'abord à cause de sa maîtrise même, de son adresse à manier sa méthode, puis à cause de sa science; Hegel a eu, en effet, une telle connaissance de l'évolution réelle qu'il en donne souvent une image fidèle, malgré la trame spéculative dont il la recouvre; chez ses disciples, au contraire, la construction spéculative apparaît dans sa nudité splendide; chez Szeliga, par exemple, le Mystère devient un sujet indépendant qui s'incarne dans des individus, comtesses, marquises, grisettes, portiers, notaires, ou des objets, bals ou portes de bois.

De même que Szeliga pousse à l'absurde le réalisme des idées chez Hegel, Bruno Bauer offre la caricature de la philosophie hégélienne de l'histoire. Selon cette doctrine, le résultat de l'évolution réelle n'est pas autre chose que la vérité démontrée, c'est-à-dire ayant pris conscience d'elle-même. Chez Bruno Bauer, le caractère

---

1. Cf. *Sainte Famille* : critique de l'analyse des *Mystères de Paris*, par Szeliga.

téléologique d'une pareille conception apparaît nettement ; de même que les plantes ne sont là que pour être mangées par les animaux, destinés eux-mêmes à servir d'aliment aux hommes, de même l'histoire n'est faite que pour servir de matière à la fonction de consommation théorique, la démonstration. Chez B. Bauer, l'histoire, la vérité, sont d'ailleurs personnifiées ; ce sont des sujets métaphysiques : « l'histoire ne permet pas qu'on se moque d'elle, etc... » Hegel, d'autre part, supposait un esprit abstrait ou absolu, qui se développe au sein de l'humanité ; l'humanité est donc une masse qui a plus ou moins conscience de l'esprit qui l'anime. Il y a ainsi chez Hegel une histoire empirique, exotérique et une histoire spéculative, ésotérique : l'esprit absolu de l'histoire qui travaille la masse ne trouve son expression adéquate que dans la philosophie. Mais Hegel faisait deux réserves : il se refusait premièrement à considérer le philosophe individuel comme l'incarnation de l'esprit absolu ; et deuxièmement, il ne faisait intervenir la conscience qu'au terme de l'évolution, *post festum*. Bruno Bauer ne connaît pas ces timidités[1].

Un petit groupe d'élus — Bruno et ses disciples — est l'incarnation même de la Critique, de l'Esprit absolu, et l'évolution historique est l'exécution consciente d'un plan prémédité. Bruno devient ainsi le Rédemp-

---

1. Cf. Mehring, *Nachlass*, II, pp. 179, 180, 186, 187. — Pour montrer comment des faits, altérés d'abord par Hegel, sont ensuite entièrement travestis par Bauer, Marx choisit comme exemple l'histoire du matérialisme français au dix-huitième siècle. Cf. Mehring, *Nachlass*, II, pp. 238-240.

teur lui-même et il convient d'honorer d'un culte la Sainte Famille de Charlottenburg. Marx s'amuse longuement[1] à cette ironie un peu facile : il a, par exemple, plusieurs pages de railleries pour le travail d'exégèse que Szeliga avait fait sur les *Mystères de Paris ;* il se moque avec insistance du procédé simple qui consiste d'une part à faire d'un prédicat humain un sujet distinct, et d'autre part à nier les objets extérieurs au nom du subjectivisme absolu. Il convient pourtant de noter, parmi les exemples que Marx a choisis pour montrer que les déductions des frères Bruno et Edgar Bauer ne tiennent pas compte de l'expérience vivante, immédiate, sensible, d'abord l'exemple de l'amour que Feuerbach avait déjà choisi, puis l'exemple de la misère. Ici l'ironie devient plus sérieuse : « les ouvriers qui travaillent dans les ateliers de Manchester et de Lyon ne croient pas qu'ils arriveront à supprimer par le raisonnement et la pensée pure leurs seigneurs industriels et leur propre dégradation. Ils ressentent très douloureusement la différence qu'il y a entre l'être et la pensée, entre la conscience et la vie. Ils savent que la propriété, le capital, l'argent, le travail salarié et autres choses analogues ne sont nullement des imaginations de leur esprit, mais des produits tout à fait pratiques et objectifs de leur essence ; qu'il faut par conséquent les supprimer d'une manière pratique et objective pour que l'humanité se réalise dans l'homme, non seulement dans sa pensée et dans

---

1. Il faut dire que la censure allemande n'admettait pas les plaisanteries au-dessous de vingt feuilles.

sa conscience, mais encore dans son existence matérielle, dans sa vie »; et plus loin[1] : « La première proposition du socialisme profane rejette l'émancipation purement théorique comme une illusion et exige pour la liberté réelle, outre la volonté idéaliste, des conditions très tangibles, très matérielles. De quelle hauteur la critique sainte ne domine-t-elle pas cette masse qui trouve nécessaire de faire des révolutions matérielles et pratiques, ne fût-ce que pour conquérir le temps et les moyens indispensables pour pouvoir s'occuper de théorie. »

Marx applique donc aux théories de Bruno Bauer la critique que Feuerbach a faite de l'idéalisme hégélien : il loue Feuerbach d'avoir dévoilé le mystère du système de Hegel : « Qui donc a mis un terme à la dialectique des concepts, à la guerre des dieux, que les philosophes seuls connaissaient? Feuerbach. Qui a dressé l'homme à la place de l'ancien fatras, écartant du même coup la conscience infinie? Feuerbach, Feurbach seul. Il a fait encore plus : ces catégories, qui permettent aujourd'hui à la critique de faire des embarras, cette richesse réelle des relations humaines, ce contenu énorme de l'histoire, cette lutte de l'histoire, cette lutte de la masse avec l'esprit, etc., etc., il y a longtemps qu'il a détruit tout cela[2] ». Et Marx s'étonne de la naïveté de Bauer, qui, après l'acte de génie de Feuerbach, a l'audace de nous restaurer tout le vieux bric-à-brac. Au moment où les bourgeois allemands

---

1. Cf. Mehring, *Nachlass*, II, 197.
2. Cf. *Ibid.*, 195.

commencent justement à essayer de comprendre le nouvel humanisme, B. Bauer continue à vouloir la victoire de l'esprit chrétien-germanique. C'est que Bauer, comme Strauss, est encore un métaphysicien. De même que Strauss avait interprété Hegel dans le sens spinoziste, en s'attachant à la substance, de même Bauer l'a interprété dans le sens fichtéen, en s'en tenant à la conscience. Ce n'est que Feuerbach qui a su poser les principes de la vraie critique de la spéculation hégélienne, en réduisant l'Esprit absolu, synthèse de la substance et de la conscience, à l'homme réel au sein de la nature[1]. Il semble pourtant, malgré tous les éloges dont Marx comble l'auteur de l'*Essence du christianisme* aux dépens de Hegel et des hégéliens, que, dès cette date (fin de l'année 1844), le futur auteur du *Capital* cherche déjà un système qui serait la synthèse de Hegel et de Feuerbach, en ce sens que l'idéal de Feuerbach — l'humanisme — serait réalisé par la dialectique hégélienne du progrès nécessaire. Jusqu'ici, il avait opposé les deux termes : société civile et société politique, et il se figurait la révolution prolétarienne comme une organisation humaine de la société civile qui annulerait l'état politique. Ce n'était pas seulement le but qui était fixé par la philosophie de Feuerbach : le progrès social lui-même se conformait au mouvement du progrès religieux. Maintenant Marx commence à opposer classe possédante et prolétariat : ce sont toujours deux formes de l'aliénation humaine, c'est-à-dire deux termes d'un rapport

---

1. Cf. Mehring, *Nachlass*, II, pp. 248-250.

feuerbachien, mais ils constituent d'autre part la thèse et l'antithèse d'une opposition hégélienne[1], et, en ce sens, leur évolution est déterminée d'avance. Le prolétariat résoudra la contradiction qui le fait souffrir en supprimant les deux termes. Forcément en révolte contre une situation où il perd toute humanité, le prolétariat ne peut se libérer qu'en changeant toutes les conditions de vie inhumaine de la société actuelle tout entière. Il importe peu de savoir quel but se propose le prolétariat : la courbe même de son mouvement est définie par sa position. Dès lors, ce n'est plus tant de l'idéal feuerbachien, de l'organisation humaine de la société que se préoccuperont Marx et Engels, mais de la situation du prolétariat et de la dialectique qui fait de l'opposition même des classes le ressort du progrès, puisque la couche inférieure, fatalement soulevée par sa misère, ne peut se redresser sans entraîner la chute de toute la superstructure sociale qui pèse sur elle. La fixation du terme à atteindre n'a plus la même importance, du moment que le mouvement y mène nécessairement. Il ne s'agit plus tant de s'entendre sur les intentions que de bien

---

1. Remarquons que c'est à propos de Proudhon que Marx formule pour la première fois cette opposition. — Marx estime ici que l'œuvre de Proudhon, manifeste scientifique du prolétariat français, a une grande importance historique. Il loue Proudhon d'avoir défini la propriété comme une fonction sociale; il lui reproche seulement de n'être pas allé jusqu'au bout de sa pensée : la propriété égale suppose encore une aliénation (*Entfremdung*). Proudhon supprime l'aliénation sans sortir de l'économie politique, comme les théologiens libéraux suppriment l'aliénation religieuse sans sortir de la théologie.

connaître les faits ; la philosophie de l'avenir tend à s'effacer devant la science du passé et du présent : on cherchera moins à définir les principes qu'à déterminer les lois. D'autre part, le rôle du prolétariat et le rôle de la pensée sont maintenant renversés : au début, le prolétariat était un moyen, un organe, un outil au service de l'idée communiste ; maintenant, l'idée elle-même n'est plus que l'expression théorique du mouvement, une projection de la réalité dans la conscience, un épiphénomène. Lassalle appela un jour Marx « un Ricardo devenu socialiste et un Hegel devenu économiste ». De même qu'en effet les théoriciens libéraux justifiaient le système bourgeois, de même Marx justifie le communisme au nom des lois de l'évolution ; et de même que Hegel déduisait le progrès nécessaire de l'opposition des idées, de même Marx le déduit de l'opposition des classes. Cette double conversion ne peut évidemment s'expliquer que par l'individualité même de Marx et de Engels, par leur sympathie pour les classes laborieuses, par leurs tendances démocratiques et la tournure de leur esprit ; par leur vie aussi, par leur étude de la Révolution française et de l'industrie anglaise ; par leur connaissance enfin de la littérature socialiste ; mais si l'on fait abstraction de tous ces éléments personnels, il reste que tout s'est passé comme si les systèmes des économistes s'étaient imprégnés de l'esprit de l'*Essence du christianisme*, et comme si la philosophie de l'histoire de Hegel s'était retournée dans le sens de la *philosophie de l'avenir*. Bref, la philosophie de Feuerbach a été une des forces décisives qui ont orienté la pensée de Marx et d'Engels vers le matérialisme historique.

C'est en 1845 que le nouveau système se dessine nettement; c'est à cette date que Marx et Engels se rendent compte que leur doctrine n'est pas simplement une conséquence, un complément de la doctrine feuerbachienne, comme ils le croyaient d'abord, mais qu'elle implique une philosophie nouvelle. Dans la *Situation des travailleurs anglais*, dont la préface est datée de Barmen, le 15 mars 1845, Engels se propose de faire connaître la situation réelle du prolétariat : c'est cette connaissance qui, selon lui, manque le plus aux théoriciens allemands, presque tous convertis au communisme par la philosophie de Feuerbach. Sans doute, Engels ne renie pas cette philosophie : le communisme est toujours pour lui l'application pratique de l'humanisme; ce ne sont pas seulement les travailleurs, mais tous les hommes qui sont intéressés à sa réalisation, et si la situation des travailleurs est la plus révoltante, c'est précisément parce qu'elle est la plus inhumaine : « Quand depuis son enfance on a chaque jour travaillé douze heures et plus à faire des têtes d'épingles ou à limer des dents de roues, quand on a, en outre, vécu dans les conditions d'existence d'un prolétaire anglais, combien d'aptitudes et de sentiments humains peut-on bien avoir sauvés du naufrage et gardés dans son âme jusqu'à sa trentième année? » Le prolétariat moderne est une race dégradée, privée de sa dignité humaine. Mais si Engels insiste sur cette déshumanisation du prolétariat, c'est pour mieux montrer la nécessité où il se trouve de se révolter.

L'humanité, qui agonise dans le prolétariat, aura un soubresaut désespéré, car elle ne voudra pas mourir. Déjà, nous voyons que le prolétaire est plus humain que le bourgeois, et c'est dans les grèves, escarmouches qui annoncent et préparent le combat décisif, que son humanité apparaît le mieux : la victoire du prolétariat est le triomphe de l'humanité. Ce qu'il faut donc étudier avant tout, c'est les conditions de la bataille, les phases de la lutte. Sur ce point, Engels se sépare des socialistes qui ne tiennent pas compte de l'évolution historique, et qui font appel à la philanthropie stérile, à l'amour universel, au lieu de compter sur la fécondité de la misère.

C'est au fond le même reproche que Marx adresse à Feuerbach dans les onze thèses qu'Engels publia en 1888 dans sa brochure sur le livre de Starcke. Ce sont des notes rédigées par Marx au printemps de 1845, à Bruxelles, au moment où il travaillait avec Engels à un livre sur l'*Idéologie allemande*. Dans cet ouvrage, Marx et Engels se proposaient d'une part de faire leur examen de conscience, de fixer pour eux-mêmes et pour les autres le point de vue où leur pensée s'arrêtait maintenant, et d'autre part de donner une critique de toute la philosophie postérieure à Hegel et du socialisme allemand; il y avait là la matière de deux forts volumes in-8°; mais l'ouvrage ne parut point faute d'éditeur, et Marx livra le manuscrit à la « critique rongeuse des souris ». Le premier volume contenait la critique de Bauer, de Stirner et de Feuerbach; on vient de publier d'importants extraits du chapitre sur Stirner[1], mais il ne subsiste sur Feuerbach lui-même que les onze thèses déjà connues. Ces thèses n'étaient nullement destinées à l'impression ; ce sont de ces notes que Marx avait l'habitude, semble-t-il, d'inscrire à la hâte sur des fiches, avec l'intention de s'en servir quand il rédigerait un ouvrage ; il convient donc d'être très prudent dans l'interprétation de ces formules énigmatiques, qui n'ont pas été revues sur épreuve, et qui n'ont pas de contexte. Il semble pourtant que l'intention de Marx a été d'établir une distinction entre l'ancien matérialisme, qui finit avec l'œuvre de Feuerbach, et le nouveau, qui commence avec son œuvre personnelle. Or, Marx nous a donné dans la *Sainte Famille* une esquisse de l'histoire du matérialisme moderne, qui montre comment il se représentait cette doctrine, peu de mois avant le moment où il rédigeait ses thèses sur Feuerbach[2]. Il y a, selon Marx, deux sortes de matérialisme, qui se croisent parfois, mais qu'il est facile de distinguer : le matérialisme scientifique, qui tend à ruiner la théologie et la métaphysique ; le matérialisme politique et social, qui tend à renverser les institutions ; le premier aboutit à la science de la nature, le second conduit au socialisme. En Angleterre, le matérialisme scientifique perce déjà au Moyen-âge sous la théologie de Duns Scot ; il se dévoile avec Bacon, il s'érige en système avec Hobbes,

---

1. Cf. Andler, *Commentaire du manifeste communiste*, p. 86. — Mehring, *Nachlass*, II, 346. — Bernstein, *Dokumente des Sozialismus*, 1903, Stuttgart, Dietz, Band III, Hefte, 1-4.

2. Cf. Mehring, *Nachlass*, II, 231-242.

Locke et leurs disciples. En France, il apparaît d'une part chez les adversaires de Descartes, comme Gassendi, qui fit renaître la philosophie de Démocrite et d'Epicure ; et d'autre part chez ceux des élèves du maître qui tenaient plus à sa physique qu'à sa métaphysique. Une des tâches de la philosophie française au dix-huitième siècle, de Bayle à Condillac et à Cabanis, fut de ruiner la théologie et la métaphysique du dix-septième siècle. Les Allemands, dit Marx, ne s'aperçurent de cette opposition entre les philosophes du dix-septième siècle et ceux du dix-huitième qu'à partir du jour où Feuerbach, le nouveau Bayle, entreprit de démolir une seconde fois la métaphysique spéculative du dix-septième siècle, restaurée par les Allemands et particulièrement par Hegel au dix-neuvième siècle. Le matérialisme pratique apparaît surtout dans les œuvres des philosophes français du dix-huitième siècle qui ont tiré des conséquences politiques et sociales des théories anglaises, en particulier du système de Locke, dans le livre d'Helvetius par exemple (*De l'homme*) ou dans le *Système de la nature* de Holbach. Ces philosophes ont insisté sur l'égalité naturelle des intelligences, sur la bonté naturelle, la toute-puissance de l'éducation, sur l'influence du milieu, sur le progrès industriel, sur le droit au bien-être, etc. Il est facile de saisir, dit Marx, le lien étroit qui rattache ces théories au communisme et au socialisme. Si l'homme tire toute connaissance et tout sentiment du monde sensible et de l'expérience dans le monde sensible, l'important est d'organiser le monde empirique de telle manière que l'homme y apprenne par expérience ce qui est vraiment humain, qu'il en reçoive des habitudes humaines et qu'il en tire la connaissance de soi et de sa dignité humaine. Si l'intérêt bien entendu est le principe de toute morale, l'important est de faire converger l'intérêt particulier et l'intérêt humain. Si la volonté de l'homme est déterminée au sens matérialiste, c'est-à-dire si l'homme est libre, parce qu'il a non pas la faculté négative d'éviter ceci ou cela, mais la puissance positive de faire valoir sa vraie individualité, il ne faut pas faire expier le crime par un individu, mais détruire les foyers antisociaux du crime, et donner à chacun l'espace social nécessaire au déploiement de sa vie essentielle. Si l'homme est formé par le milieu, il faut transformer le milieu humainement. Si l'homme est sociable de sa nature, il ne développe donc sa vraie nature qu'en société; il faut mesurer la puissance de sa nature non pas à la puissance d'un individu, mais à la puissance de la société. Mais il n'y a pas seulement entre le matérialisme et le socialisme un lien logique, il y a selon Marx filiation directe. Le matérialisme, transformé en France, retourna, en effet, dans sa patrie d'origine, l'Angleterre, où Bentham fonda sur la morale d'Helvétius son système de l'intérêt bien entendu; c'est de ce système que partit Owen pour fonder le communisme anglais. Cabet, exilé en Angleterre, en ramena ce communisme. Tous les communistes français, d'ailleurs, depuis les babouvistes jusqu'à Fourier, Dezamy, Gay, voient dans le matérialisme la doctrine de l'humanisme réel et le principe logique du communisme. Ainsi, le socialisme français et anglais est l'aboutissant pratique du matérialisme humanitaire, comme Feuerbach en est la conclusion théorique.

Nous comprenons maintenant pourquoi Marx, dans ses thèses sur Feuerbach, critique le matérialisme en général ; c'est que pour lui il n'y a qu'une doctrine fondamentale, dont la philosophie de Feuerbach n'est que la plus récente expression. Le défaut capital de cet ancien matérialisme — jusqu'à Feuerbach inclusivement — est (thèse 1) qu'il n'a vu dans la réalité sensible qu'un objet de connaissance, et non une source d'activité. Aussi, l'idéalisme s'est-il surtout attaché, par opposition au matérialisme, à cette face active des choses, mais sans sortir de l'abstraction, puisque l'idéalisme ne connaît pas naturellement l'activité réelle et sensible comme telle. Feuerbach veut des objets sensibles, réellement distincts des objets pensés ; mais il ne considère pas l'activité humaine même comme une activité objective. Aussi ne reconnaît-il dans l'*Essence du christianisme* le caractère vraiment humain qu'à l'attitude théorique, tandis que l'activité pratique n'est considérée et fixée que sous sa forme basse, juive. Aussi Feuerbach ne saisit-il pas la portée de l'activité révolutionnaire, de l'activité pratique et critique. Cette première thèse nous indique, semble-t-il, comment le matérialisme historique s'est précisé dans la pensée de Marx. Il admet d'une part, avec tout le matérialisme antérieur et avec Feuerbach, qu'à nos représentations des choses correspondent des objets réels et distincts hors de nous ; il regrette d'autre part que le matérialisme ait laissé à l'idéalisme le soin d'apprécier l'importance des forces actives. Ce sont donc ces forces actives qu'il faut, selon Marx, enlever à l'idéalisme pour les réintégrer dans le système matérialiste; mais il faudra naturellement rendre à ces forces actives le caractère réel et sensible que l'idéalisme n'a pu leur reconnaître. L'idée de Marx est donc la suivante : de même qu'à nos représentations correspondent des objets réels hors de nous, de même à notre activité phénoménale correspond une activité réelle hors de nous, une activité des choses; en ce sens, l'humanité ne participe pas seulement à l'absolu par la connaissance théorique, mais encore par l'activité pratique; et toute l'activité humaine acquiert ainsi une dignité, une noblesse qui lui permet d'aller de pair avec la théorie : l'activité révolutionnaire a désormais une portée métaphysique.

Arrivé à ce point, Marx se heurte naturellement aux précautions de la critique; il a admis l'existence de choses en soi, dont notre théorie est la traduction humaine; il ne lui est pas possible d'éluder l'objection ordinaire : qu'est-ce qui vous garantit la fidélité de la traduction? qu'est-ce qui prouve que la pensée humaine vous donne une vérité objective? C'est à cette objection que Marx répond dans la deuxième thèse. La question qui se pose n'est pas, selon lui, une question théorique, mais une question pratique. « C'est dans la pratique que l'homme doit prouver la vérité, c'est-à-dire la réalité et la puissance, l'immanence (*Diesseitigkeit*, terme employé par Feuerbach comme antithèse de l'au-delà) de sa pensée. Toute querelle sur la réalité ou l'irréalité d'une pensée qui s'isole de la pratique est une vaine dispute scolastique. » Pour répondre à l'objection, Marx a donc fait un nouveau pas dans la voie du matérialisme historique. L'essence des choses est à ses yeux l'activité : la pensée humaine ne peut saisir que les lois de cette activité, et la seule manière que nous ayons de prouver que notre pensée a atteint la vérité, c'est de montrer que cette pensée nous procure le moyen d'intervenir avec efficacité dans la pratique ; si nous avons la puissance d'agir, de collaborer à l'œuvre qu'élabore l'activité des choses, c'est donc que la pensée nous a donné le secret de la réalité. Pour démontrer qu'on a la bonne clef, il n'y a pas à discuter, il n'y a qu'à ouvrir[1].

Mais cette conception nouvelle de l'activité universelle et de l'activité humaine oblige Marx à une critique plus décisive de l'ancien matérialisme (thèse 3). Cet ancien matérialisme ne tenait pas compte de l'activité universelle : le monde, l'humanité même, était une matière à laquelle l'élite des hommes — les phi-

---

[1]. Feuerbach aussi estimait que le problème de l'existence du monde extérieur n'était pas purement théorique : « Le défaut fondamental de l'idéalisme est de poser et de résoudre la question de l'objectivité ou de la subjectivité, de la réalité ou de l'irréalité du monde en ne tenant compte que de la théorie, tandis que le monde n'est à l'origine et de prime abord objet de l'intelligence que parce qu'il est objet du vouloir, objet du vouloir-être et du vouloir-avoir. Combien plus juste est à cet égard la manière de voir de l'homme religieux, qui déduit la réalité et l'objectivité du monde non de l'intelligence, mais de l'amour de Dieu. » (Cf. Feuerbach, *Werke*, X, p. 189, cité par Woltmann, *Der historische Materialismus*, Dusseldorff, 1900.) Fidèle à cette tradition religieuse, Kant a résolu le problème théorique par la considération de la pratique ; le devoir était pour lui le point de repère fixe qui le préservait de l'erreur.

losophes — donnait la forme convenable. La théorie matérialiste qui considérait l'homme comme un produit du milieu et de l'éducation limitait en apparence le rôle de l'initiative humaine; en réalité, telle qu'on la présentait, elle assurait la toute-puissance à ceux qui transformaient le milieu et se chargeaient de l'éducation. Elle tendait ainsi à diviser la société en deux classes, dont l'une dominerait l'autre (p. ex. chez Robert Owen). Cette théorie aboutit en pratique à une aristocratie; selon Marx, elle est donc fausse. Elle oublie, en effet, que les réformateurs de la société sont eux-mêmes formés par un milieu déterminé, et que les éducateurs reçoivent eux-mêmes une éducation définie. Pour qu'un progrès démocratique soit possible, il faut donc que le milieu et l'activité humaine se transforment en même temps; cette coïncidence n'est concevable que si l'on admet une tendance révolutionnaire commune à l'activité universelle et à l'activité humaine.

Or, quelle est actuellement la tendance de l'activité humaine? Feuerbach nous l'apprend (thèse 4) : il s'agit de réintégrer ici-bas tout ce que la religion avait projeté au ciel, dans l'au-delà. A cette tendance de l'activité humaine doit correspondre, d'après la thèse précédente, une activité hors de nous, et si Feuerbach ne s'en est pas aperçu, c'est que sa critique a été insuffisante. Son défaut — celui de tout le matérialisme ancien — est de ne pas creuser assez profondément. Il est parti du fait de l'aliénation religieuse, du dédoublement du monde en un monde religieux, représenté, et un monde réel. Feuerbach n'a pas vu que, ce travail une fois achevé, l'essentiel reste à faire. Il s'agit, en effet, d'expliquer le dédoublement lui-même, qui a détaché les éléments religieux du monde réel et les a fixés dans les nuages où ils ont paru appartenir à un royaume indépendant. Remarquons ici que Feuerbach avait bien cherché à expliquer ce dédoublement; il en a même donné plusieurs explications. Dans l'*Essence du christianisme* il avait montré qu'il y avait en nous des facultés essentielles, volonté, raison, amour, qui nous paraissent des forces supérieures; nous faisons en nous-mêmes un départ entre ce qui paraît dominer et ce qui paraît soumis; et nous divinisons le haut de notre être, notre essence. Dans l'*Essence de la religion*, Feuerbach expose que l'homme se heurte dans la nature à des forces favorables ou défavorables qui le dépassent; c'est la conscience de ce secours extérieur ou de cette hostilité qui crée le dualisme religieux. Finalement, Feuerbach paraît s'être arrêté à une solution mixte : le dédoublement serait dû à la projection sur le monde extérieur de l'âme humaine, et cette projection elle-même aurait pour cause le désir qui tend toujours à la possession de ce qui est au-delà de l'atteinte actuelle. Marx ne connaît, en 1845, que la première de ces explications, celle de l'*Essence du christianisme*, la moins bonne peut-être; mais eût-il connu les autres, il n'en eût pas sans doute plus tenu compte que de la première. Les explications de Feuerbach sont, en effet, psychologiques, subjectives. Or, ce que veut Marx c'est précisément une explication objective, c'est-à-dire cherchant les causes dans les objets réels et extérieurs. Il veut que le dédoublement de l'homme ait son origine dans la réalité extérieure; il veut que l'aliénation religieuse et la réintégration positive ne soient que l'expression phénoménale, la traduction dans la conscience d'une déchirure et d'une réparation dans le monde réel; bref, sous l'antithèse feuerbachienne, Marx découvre une contradiction hégélienne. Il reste alors une double œuvre à accomplir : il faut premièrement, définir cette contradiction théoriquement, et deuxièmement, la supprimer en pratique. Soit l'exemple de la Sainte Famille. Selon Feuerbach, elle est faite à l'image de la famille terrestre; selon Marx, il ne suffit pas de dévoiler ainsi le mystère, il faut trouver dans la famille terrestre la contradiction profonde et réelle qui a permis l'illusion : c'est l'œuvre de la critique. Il faut ensuite transformer pratiquement la famille de manière à détruire le principe même de l'aliénation religieuse.

Marx essaie donc de faire une synthèse des doctrines de Hegel et de Feuerbach. Feuerbach (thèse 5) ne s'est pas contenté de la pensée abstraite; il a voulu faire appel à l'intuition sensible, à la réalité; en ce sens il a raison contre Hegel; mais Hegel avait conçu l'Idée comme une Activité; Feuerbach a eu le tort de ne pas concevoir la réalité sensible qu'il substituait à l'Idée comme une activité pratique; notre activité humaine n'a plus dès lors aucune portée, puisqu'il n'y a plus d'activité universelle à laquelle nous puissions participer.

Feuerbach, en supprimant l'activité que Hegel avait donné à l'Idée, n'a pas seulement enlevé à l'activité humaine sa portée métaphysique, objective; il n'a laissé à l'essence humaine elle-même qu'une valeur subjective (thèse 6). Qu'est-ce, en effet, que cette essence humaine que Feuerbach a retrouvée, en analysant l'Être divin qu'adorent les religions? n'existe-t-elle que dans les consciences individuelles? Marx ne se contente pas de cette essence psychologique, de cette abstraction; il cherche comme toujours la réalité extérieure correspondante : la réalité de l'essence humaine est selon lui la société. C'est en ce sens qu'on peut dire de Marx qu'il a dégagé de l'humanisme de Feuerbach le socialisme. L'essence réelle de l'homme est donc, selon Marx, l'ensemble des relations sociales. Feuerbach n'a pas fait la critique de cette essence réelle. Aussi est-il forcé : 1° de faire abstraction de l'évolution historique, de définir le sentiment religieux comme un sentiment fixe et indépendant, et de supposer un individu dont l'humanité serait subjective, abstraite, puisque cet individu, même considéré isolément, participerait encore à l'humanité; 2° de concevoir l'essence humaine comme une espèce (*Gattung*), c'est-à-dire comme une qualité générale inférieure aux individus, muette, qui ne lierait les hommes que par des liens naturels.

Marx, au contraire, ayant défini l'humanité par la société, peut en suivre l'évolution historique; il peut (thèse 7) étudier les causes sociales dont le sentiment religieux est l'effet; il replace l'individu, que Feuerbach avait isolé par abstraction pour l'analyser, au sein de la société à laquelle il appartient. Les individus ne sont plus liés seulement par des liens naturels, mais par des liens sociaux déterminés.

Ce nouveau matérialisme a sur l'ancien un double avantage. Au point de vue théorique (thèse 8), la considération de la vie sociale permet de résoudre des problèmes dont l'obscurité entraîne les hommes au mysticisme. Nous savons, en effet, d'après la thèse 2, que la pratique seule donne la certitude à l'homme; or, la vie sociale est essentiellement pratique; c'est dans la vie sociale qu'on peut atteindre et saisir l'action simultanée de l'homme et des choses.

Au point de vue pratique, le matérialisme ancien (thèse 9), le matérialisme contemplatif, qui ne saisit pas dans le monde sensible l'activité pratique, n'a pu s'élever au-dessus de la considération des individus isolés dans la vie civile. Nous savons, en effet, d'après les thèses 6 et 7, que même Feuerbach n'a su lier les hommes entre eux que par les liens naturels; ces liens sont les mêmes que ceux qui unissent entre eux les animaux d'une même espèce; or, la société civile est précisément la société où les hommes ont entre eux les mêmes rapports que les animaux, la société où règne la guerre de tous contre tous : le matérialisme ancien n'a donc pu s'élever au-dessus de la considération d'une société bestiale.

Le matérialisme nouveau au contraire conçoit une société humaine (thèse 10), une humanité socialisée, puisque, selon ses principes, la société est l'essence de l'humanité. Il sait qu'il y a dans la société actuelle une déchirure, un dédoublement, une contradiction, mais il sait que cette déchirure sera réparée, que ce dédoublement aboutira à l'unité, que cette contradiction sera résolue. L'idéal sera réalisé, non seulement subjectivement par la réintégration dans les hommes de leur essence, comme le pensait Feuerbach, mais encore objectivement par la transformation humaine de la société, ou par la socialisation de l'humanité.

C'est à cette révolution qu'il convient de collaborer par la critique théorique et par l'activité pratique : les philosophes (thèse 11) n'ont fait jusqu'ici que donner du monde diverses interprétations : l'important est de le transformer.

Il semble bien que ces onze courtes thèses impliquent tout un système métaphysique. Marx voulait dans le domaine de la connaissance une certitude absolue, et dans la pratique il tenait au caractère objectif de son action ; il prétendait collaborer à l'œuvre même de l'univers. Le matérialisme scientifique est l'idéalisme religieux retourné : la révélation des lois naturelles nous permet d'aplanir les voies aux desseins qui se réalisent dans les choses, comme la révélation des lois religieuses nous initiait aux intentions de la Providence et nous associait au Très-Haut. Dans les deux cas, la société humaine est la cause finale du tout. La lutte de classes est l'expression matérialiste de la guerre du bon et du mauvais principe ; elle a toujours existé depuis la chute — la ruine du communisme primitif — et elle durera jusqu'au jugement dernier — c'est-à-dire jusqu'à la Révolution. Il serait facile d'appliquer ainsi à Marx la méthode de critique qu'il a appliquée à Bruno Bauer dans la *Sainte Famille ;* il serait peut-être juste de défendre par ce moyen l'œuvre de Feuerbach, qui a enseigné à Marx le procédé. Mais il suffit d'indiquer la possibilité d'une pareille interprétation du marxisme pour comprendre les réserves que Proudhon fit à cette date, bien qu'il ne connût pas les thèses, quand Marx lui demanda sa collaboration. Proudhon[1] craint un nouveau dogmatisme. Il rappelle que Luther commit la faute de fonder une théologie nouvelle après avoir ruiné l'ancienne ; il ne veut pas créer de nouvelles difficultés aux hommes en proclamant une religion nouvelle : il ne veut pas non plus de révolution sanglante.

Marx répondit à cette lettre et au livre de Proudhon (*Système des contradictions économiques* ou *Philosophie de la misère*) par une œuvre nouvelle : la *Misère de la philosophie*. Cette œuvre est une critique savante des théories économiques ; mais elle ne réfute pas les deux objections de Proudhon. La révolution y apparaît toujours menaçante, comme une bataille sanglante et inévitable, et d'autre part le système nouveau y est toujours présenté comme la traduction même du mouvement historique. Marx a repris à son compte la formule hégélienne : le réel seul est rationnel ; mais cette formule, au lieu de sanctifier le passé, sanctifie chez lui la Révolution immanente. La société future n'est pas justifiée comme plus humaine, plus harmonieuse que la société présente : il faut y tendre parce qu'elle est le résultat fatal de l'action des forces actuelles ; la science seule nous dicte notre conduite ; le droit n'est plus que l'expression du fait dans les consciences. C'est cet abandon de l'idéal moral et cette apologie de la nécessité qui caractérisent à première vue ce qu'on

---

1. Lettre de Lyon, 17 mai 1846.

appelle depuis Marx le passage du socialisme utopique au socialisme scientifique. Mais le socialisme marxiste avait sur le socialisme utopique deux avantages. D'abord il obligeait ses adhérents à une étude assez approfondie du mouvement social et des conditions économiques, et leur donnait ainsi, en dépit des formules trop simples qu'il leur propose, une connaissance assez exacte du réel ; d'autre part il rapprochait et confondait l'idée socialiste et le mouvement ouvrier [1].

[1]. Cf. Jean Jaurès, *Etudes socialistes*. Introduction, p. XLII : « C'est le mérite décisif de Marx, le seul peut-être qui résiste pleinement à l'épreuve de la critique et aux atteintes profondes du temps, d'avoir rapproché et confondu l'idée socialiste et le mouvement ouvrier. Dans le premier tiers du dix-neuvième siècle, la force ouvrière s'exerçait, se déployait, luttait contre la puissance écrasante du capital : mais elle n'avait pas conscience du terme où elle tendait ; elle ne savait pas que dans la forme communiste de la propriété était l'achèvement de son effort, l'accomplissement de sa tendance. Et d'autre part le socialisme ne savait point que, dans le mouvement de la classe ouvrière, était sa réalisation vivante, sa force concrète et historique. La gloire de Marx est d'avoir été le plus net, le plus puissant de ceux qui mirent fin à ce qu'il y avait d'empirisme dans le mouvement ouvrier, à ce qu'il y avait d'utopisme dans la pensée socialiste. Par une application souveraine de la méthode hégélienne il unifia l'idée et le fait, la pensée et l'histoire. Il mit l'idée dans le mouvement et le mouvement dans l'idée, la pensée socialiste dans la vie prolétarienne, la vie prolétarienne dans la pensée socialiste. Désormais, le socialisme et le prolétariat sont inséparables : le socialisme ne réalisera toute son idée que par la victoire du prolétariat, et le prolétariat ne réalisera tout son être que par la victoire du socialisme. »

IV.

Le socialisme utopique n'était plus défendu vers 1845 que par les communistes feuerbachiens, restés fidèles en somme aux idées que Marx et Engels avaient soutenues dans les *Annales franco-allemandes*. C'est à la critique des théories de ces communistes retardataires que Marx et Engels avaient consacré le deuxième volume de leur *Idéologie allemande*[1]. C'était une autocritique indirecte : Grün, Hess et les autres représentaient en face de Marx et d'Engels le passé avec lequel ceux-ci voulaient rompre. Les « vrais » socialistes persistaient, en effet, à vouloir réaliser une société où l'essence humaine ne serait plus aliénée, où l'espèce aurait triomphé de l'individu et où l'amour aurait vaincu l'égoïsme. Ils considéraient toujours l'économie politique comme la théologie terrestre, qui enlève à l'homme sa valeur pour l'incorporer aux biens; l'argent était à leurs yeux un dieu. Bref, ils croyaient, comme Marx et Engels l'avaient cru un moment, qu'il suffisait d'appliquer par analogie aux faits sociaux les termes que Feuerbach avait appliqués aux faits religieux pour obtenir par un simple jeu de formules, par un calcul de rapports et de proportions, par une sorte de généralisation algébrique, la solution de

---

[1]. Un chapitre de cette *Idéologie*, la critique de Grün, a paru dans le *Westphälische Dampfboot* (août-sept. 1847) et a été réédité dans la *Neue Zeit* (XVIII, 1, 1895, 1).

tous les problèmes. Le danger d'un pareil procédé était évident; les vrais socialistes étaient portés à négliger les faits politiques, économiques et sociaux pour s'en tenir à la proclamation du droit et au développement de principes philosophiques. Grün, par exemple, déclarait que le socialisme n'était que l'application de la pensée suivante de Feuerbach : « La solitude limite et borne, la communauté donne la liberté et ouvre l'infini. » En partant de là, on fait, selon Grün, œuvre plus décisive et plus radicale qu'en mettant sur le tapis le salaire du travail, la concurrence, l'insuffisance des constitutions : la réalisation de l'homme libère *ipso facto* le travailleur[1]. Comme il était difficile néanmoins de parler des transformations futures sans tenir compte du réel, les vrais socialistes empruntaient aux théoriciens français des renseignements sur les faits économiques : Grün, par exemple, prenait dans les œuvres de Proudhon ce qu'il trouvait à sa convenance et donnait en échange à l'auteur des leçons de métaphysique allemande; Lüning s'inspirait des projets de Louis Blanc sur l'association libre pour essayer de réaliser le principe fondamental du vrai socialisme, le principe de l'amour. Tandis que Marx et Engels, qui attribuaient aux faits une portée métaphysique, en étudiaient les lois avec conscience, les vrais socialistes ne voyaient dans les faits que des phénomènes accidentels et éphémères, et ils ne les citaient souvent que pour fixer les idées, pour illustrer d'un exemple leurs

---

1. Cf. Koigen, les *Origines philosophiques du socialisme*, pp. 216-217.

théorèmes ou leurs rêveries, et pour joindre une figure à leurs combinaisons de termes. Ce défaut n'était pas incurable; si Marx et Engels estimaient que leurs collaborateurs ne connaissaient pas assez les faits, il n'y avait qu'à les renseigner par des ouvrages comme celui d'Engels sur la *Situation des travailleurs anglais,* qui fut écrit précisément dans cette intention; les revues et les journaux aussi pouvaient être instructifs; le titre même du « *Miroir de la société*[1] », fondé par Engels et Hess, était significatif : le prospectus promettait qu'on s'occuperait surtout de la situation de la classe ouvrière; la revue se donnait comme l'organe des classes pauvres du peuple et prétendait faire connaître l'état de la société contemporaine. La censure elle-même, qui comme Méphistophélès fait parfois le bien en voulant faire le mal, obligeait les vrais socialistes à parler des faits, puisqu'elle défendait les hardiesses théoriques; le *Miroir de la société* contenait, en effet, des articles très documentés sur la misère du prolétariat européen. Les vrais socialistes ne se refusaient pas d'ailleurs à étudier les faits, et il ne faut pas toujours prendre à la lettre les tirades emphatiques de Grün, même quand il s'accuse d'ignorance : Koigen et Andler ont remarqué que les vrais socialistes ont, avant Marx et Engels, attiré l'attention sur des lois importantes du mouvement économique. Il n'était donc pas nécessaire de rompre avec ces théoriciens dès le début; au contraire, le meilleur

---

1. Revue mensuelle; parut chez J. Bädeker, à Elberfeld, le 1er juillet 1845. Cf. Mehring, II, 349-350.

moyen de les instruire était de s'assurer leur collaboration. Engels semble avoir essayé cette tactique : il organisa à Elberfeld des conférences où il parla lui-même du protectionnisme et du libre-échange, et où il laissa Hess définir l'idée du communisme comme l'application à la société de la loi vitale de l'amour. Le texte de ces conférences parut dans les *Annales rhénanes*[1], à côté d'un article de Hess sur l'essence de l'argent qui rappelle les plus mauvais passages de l'ancien article de Marx sur la question juive. De même, bien qu'il jugeât sans doute détestable le premier volume du *Deutsches Bürgerbuch*, où Grün commentait en phrases grandiloquentes les formules de Feuerbach, Engels collabora au second volume[2] par un article où son intention d'instruire ses collaborateurs apparaît nettement. Il déclare que les Allemands sont en train de tout gâter par leur manie d'appliquer au communisme les formules de la philosophie allemande, par leur orgueil ridicule de pédants qui s'imaginent déjà avoir triomphé des systèmes anglais et français, au moment où ils viennent d'en recevoir la première nouvelle. Il ne suffit pas pour réfuter Fourier, Saint-Simon et Owen, d'avoir mis le nez dans la philosophie de l'histoire de Hegel et d'avoir feuilleté Feuerbach et Stein. Ce que les Français et les Anglais ont dit il y a dix, vingt ou même quarante ans — ce qu'ils ont dit très bien, très clairement, dans une très

1. Les *Annales rhénanes* parurent à Darmstadt, chez Leske, mai 1845.
2. *Deutsches Bürgerbuch*, 2e volume, chez Henri Hoff, à Mannheim.

belle langue — les Allemands l'ont appris par bribes depuis l'année dernière et ils l'ont accommodé à la sauce hégélienne[1]. » Engels leur offre un petit chapitre de Fourier. Sans doute Fourier a parlé de la transformation de la mer en limonade et du mariage des planètes; mais il est encore préférable de croire à ces histoires que de croire au royaume absolu des esprits, où il n'y a pas de limonade du tout, et au mariage des catégories éternelles : le Français, quand il déraisonne, a l'avantage d'être gai. Le chapitre reproduit par Engels est tiré du premier cahier de la *Phalange* (1845) : il n'y a pas un seul socialiste ou communiste allemand — à l'exception de Weitling — qui ait écrit une page qui puisse se comparer tant soit peu à ce brouillon de Fourier. Que les savants allemands prennent des leçons chez le commis-marchand français; qu'ils cessent de faire des embarras avec leur objectivité, leur socialisme vrai et leur sérénité absolue. Sans doute, cette manière d'envoyer les Allemands à l'école était quelque peu brutale; mais Engels n'avait pas fait d'exception pour lui-même : on pouvait s'entendre. Marx et Engels préparaient d'ailleurs une bibliothèque socialiste qui devait abréger les années d'études. La rupture, semble-t-il, eût pu être évitée, si les divergences théoriques n'avaient eu pour conséquence des désaccords graves dans l'action.

Engels, de bonne heure, reprocha aux vrais socialistes leur mépris de la démocratie politique. Ici encore, Marx et Engels avaient d'abord commis la même

---

1. Mehring, II, 407.

faute que les vrais socialistes : le jugement que Marx porte sur la Révolution de 1789 dans les articles des *Annales franco-allemandes* le prouve. Dans la *Sainte Famille* encore, Marx faisait peu de cas de l'émancipation politique. « Ce n'est pas, dit-il[1], l'État qui maintient unis les atomes de la société civile : ils sont rattachés les uns aux autres parce qu'ils ne sont des atomes qu'en apparence, dans le ciel de leur imagination, — parce qu'ils sont en réalité des êtres profondément différents des atomes, à savoir des hommes égoïstes et non des égoïstes divins. Seule, la superstition politique s'imagine encore aujourd'hui que la vie civile a besoin d'être maintenue par le lien de l'État, tandis qu'en réalité c'est au contraire l'État dont l'unité est assurée par le lien de la vie civile. » Bref, c'est le besoin que les égoïstes ont les uns des autres qui les réunit en État. L'illusion tragique qui a perdu les terroristes et Napoléon Ier lui-même fut de croire qu'on pouvait subordonner la vie civile à l'état politique, et considérer l'État comme une fin en soi[2]. D'autre part, Marx, à cette date, ne voyait dans la Révolution française qu'une révolution bourgeoise : les intérêts bourgeois ont triomphé « de la plume de Marat, de la guillotine des terroristes, de l'épée de Napoléon comme du crucifix des Bourbons légitimes ». L'idéal révolutionnaire n'a été qu'une illusion, le « ton » de l'époque, selon le mot de Fourier; les idées sont les fleurs dont les intérêts se servent pour enguirlander

---

1. Cf. Mehring, *Nachlass, Sainte Famille*, p. 227.
2. Mehring, *Nachlass, Sainte Famille*, pp. 229-231.

leur berceau. Marx exprime ici le désenchantement où se laissa aller sa génération quand elle vit l'époque héroïque aboutir au régime bourgeois : la Déclaration des Droits de l'homme parut alors, par une ironie amère, consacrer un état social où les prolétaires participaient moins que jamais à la vie humaine. Les écrivains communistes et socialistes estimèrent que le progrès n'était qu'une phrase ; Marx renvoie à ce sujet à Fourier. Il est resté dans toute l'œuvre de Marx un peu de cette aigreur et de ce pessimisme : si la Révolution française elle-même n'a été qu'une exploitation, ne croyons plus qu'à l'intérêt. L'égoïsme des classes possédantes au dix-neuvième siècle a failli ainsi ternir l'éclat de la grande œuvre bourgeoise du dix-huitième siècle et contaminer à son origine l'œuvre prolétarienne qui sera l'achèvement de la Révolution[1].

Il y avait pourtant déjà un passage de la *Sainte Famille* où Marx paraissait admettre une filiation directe entre la Révolution politique et la Révolution sociale. « Le mouvement révolutionnaire qui commença en 1789 dans le Cercle social, qui eut au milieu de sa trajectoire pour représentants principaux Leclerc et Roux, et qui succomba enfin pour un instant avec la conjuration de Babeuf, avait produit l'idée communiste que l'ami de Babeuf, Buonarotti, introduisit de nouveau en France après la révolution de 1830. Cette idée, logiquement développée, est l'idée du nouveau régime » ; et plus loin : « L'histoire vivante de la Révolution française, qui a son origine en 1789, n'a pas

---

1. Cf. Mehring, *Nachlass*, II, pp. 182, 185.

encore trouvé son terme dans cette année 1830, où un de ses éléments, enrichi maintenant de la conscience de sa portée sociale, a remporté la victoire[1]. » C'est cette idée qu'Engels développa, le 22 septembre 1845, quand on fêta à Londres l'anniversaire de la fondation de la République de 1792. Il proteste contre la thèse des vrais socialistes, qui soutenaient que les nations et la République française ne regardaient pas le socialisme. La fraternité des nations, telle que cherchent à l'établir partout les partis politiques extrêmes qui luttent contre le vieil égoïsme national et l'hypocrite cosmopolitisme des libres-échangistes, vaut plus, selon Engels, que toutes les théories allemandes sur le vrai socialisme. La fraternité des nations sous le drapeau de la démocratie moderne, telle qu'elle s'est dégagée de la Révolution française et développée dans le communisme français et le chartisme anglais, montrent que les masses et leurs représentants savent mieux l'heure qu'il est que les théoriciens allemands. La Révolution française n'a pas été un mouvement purement politique; rappelons-nous les insurrections causées par la disette, l'importance qu'avait dès 1789 l'approvisionnement de la capitale, le maximum, les lois contre l'accaparement, la devise des armées révolutionnaires : Guerre aux palais, paix aux chaumières; le témoignage de la *Carmagnole*, qui demande pour le républicain, outre le fer et le plomb, le pain; cent autres détails suffiraient à prouver — sans parler d'un examen approfondi des faits — que la démocratie

---

1. Cf. *ibid.*, pp. 225-231.

n'était pas, en 1789, une organisation purement politique. La Constitution de 1793 et le terrorisme émanaient du parti qui s'appuyait sur le prolétariat soulevé; la chute de Robespierre marque le triomphe de la bourgeoisie sur le prolétariat; la conjuration de Babeuf prétendait déduire les conséquences sociales du principe démocratique de l'égalité. La Révolution française était donc, en un sens, un mouvement social; et il apparaît de plus en plus qu'une démocratie purement politique est impossible : tout le mouvement contemporain n'est que le deuxième acte de la Révolution et prépare le dénouement du drame qui a commencé à Paris en 1789 et a aujourd'hui l'Europe pour théâtre. Le prolétariat, qui veut l'émancipation sociale et la fraternité internationale, est l'héritier de la Révolution française[1].

Mais les vrais socialistes continuaient à ne voir dans la Révolution française qu'un mouvement politique et bourgeois; aussi n'avaient-ils aucune sympathie pour le libéralisme allemand. Toutes les institutions politiques, dit Hess dans le *Miroir de la société*, ne sauraient améliorer le moins du monde la situation de la classe ouvrière. A quoi bon faire de l'Allemagne une seconde Angleterre? Développer l'industrie, n'est-ce pas augmenter la faim et la misère, n'est-ce pas rendre les riches plus riches et les pauvres plus pauvres? A quoi bon encore un mouvement politique, comparable au mouvement français? N'y a-t-il pas en

---

1. Cf. Mehring, *Nachlass*, II, 408. — A la fête des Nations, il y avait des ouvriers anglais, français, allemands, italiens, espagnols, polonais et suisses.

Allemagne un mouvement religieux? L'athéisme allemand joue le même rôle que le communisme français, puisque religion et politique se tiennent : l'autorité religieuse et l'autorité politique sont solidaires ; renverser l'une, c'est ruiner l'autre. Ainsi Hess s'imaginait que la philosophie de Feuerbach, vulgarisée par un groupe de publicistes, suffirait à accomplir en Allemagne l'œuvre des révolutions françaises. Grün, de même, rejetait les réformes bourgeoises : à quoi bon des satisfactions partielles, quand il suffit de réaliser l'essence de l'homme pour obtenir tout ce que l'on souhaite? Le mouvement politique peut-il supprimer la pauvreté, émanciper les prolétaires et les femmes? Il ne peut émanciper que l'attribut de l'homme, le travail; il ne peut libérer l'âme. A quoi bon recommencer une expérience déjà tentée par d'autres et qui n'a réussi nulle part? — Engels et Marx se rendaient compte peu à peu qu'un pareil langage était dangereux. Hess déjà servait la royauté absolue et la noblesse féodale quand il écrivait dans le *Miroir de la société* que la forme du gouvernement n'avait pas d'importance : n'y a-t-il pas autant de misère dans les pays démocratiques de l'Europe occidentale que dans l'Europe orientale soumise au pouvoir aristocratique? Le roi de Prusse a-t-il montré moins de compassion que la Chambre des députés de France[1]? Les faits d'une part, et d'autre part la considération des vraies causes, des causes dernières de la misère, nous ont tel-

---

1. Il s'agit de l'attitude de Frédéric-Guillaume IV au lendemain de l'émeute des tisserands de Silésie.

lement convaincus du contraire, que nous avons pour tous les efforts de politique libérale non seulement de l'indifférence, mais du dégoût. Hess allait jusqu'à dire que la misère physique et morale des classes laborieuses atteignait tout son développement dans les pays les plus libres, et s'épanouissait d'autant mieux que l'industrie était plus florissante. On vit mieux encore tout le parti que la réaction pouvait tirer de déclarations semblables quand il fut question de donner à la Prusse une Constitution. Grün protesta contre ce projet : « Si le prolétariat de Silésie était conscient et si à cette conscience correspondait un droit, il faudrait que ce prolétariat pétitionne contre la Constitution. Le prolétariat n'a ni conscience ni droit : nous agissons donc en son nom, nous protestons. Qui d'ailleurs demande une Constitution en Prusse? les libéraux? Mais est-ce que cette poignée de propriétaires et le groupe des écrivains qui tournent autour d'eux représentent le peuple? Non. Est-ce que le peuple réclame une Constitution? Pas même en rêve. » Sans doute ces hommes étaient sincères, et leur conduite personnelle jusqu'à leur mort les défend contre le reproche que leur a adressé Marx dans le *Manifeste communiste*. Non, ils n'étaient pas les complices de la réaction; mais s'ils l'avaient été, qu'auraient-ils pu dire de plus perfide? Sur le champ de bataille, une tactique qui fait le jeu de l'ennemi ressemble, à s'y méprendre, à une trahison.

Marx était d'autant plus porté à juger sévèrement le socialisme vrai qu'il ne distinguait pas au fond les intentions et les résultats. En vertu du matérialisme économique, il suffit, pour apprécier une théorie, de savoir quel mouvement elle traduit, quelle conscience de classe elle exprime. Ou le socialisme vrai ne répond à rien, et alors il n'est qu'une littérature « émasculée », ou il défend les intérêts de la petite bourgeoisie, et alors il est réactionnaire : dans le *Manifeste communiste*, Marx admet successivement les deux hypothèses. Il y en aurait eu une troisième possible, si le prolétariat était resté fidèle au vrai socialisme; mais dans ce cas, le système de Marx s'écroulait tout entier. Si le prolétariat ne se convertissait pas au marxisme, ce n'était pas seulement l'influence personnelle de Marx qui était ruinée, sa théorie même était réfutée par les faits. La science d'un mouvement historique n'est pas seulement inefficace, elle est vaine et fausse si elle ne se confond pas avec la conscience de la classe qui se soulève; l'âme du socialisme matérialiste ne pouvait errer longtemps en peine de son corps. C'était donc entre le socialisme vrai et le socialisme marxiste une question de vie et de mort : c'est ce qui explique l'âpreté de Marx dans la lutte. Il s'agissait surtout de convertir la *Fédération des Justes*. Marx et Engels adressèrent à cette Fédération une série de circulaires imprimées ou lithographiées : la circulaire contre Hermann Kriege nous permet de nous rendre compte de ce que voulaient Marx et Engels. Kriege était un disciple de Feuerbach, communiste enthousiaste, sur qui Marx et Engels avaient fondé d'abord de grandes espérances; après un assez long séjour à Bruxelles et à Londres, Kriege avait émigré en Amérique et avait lancé à New-York un journal, le *Tribun du peuple*, qu'il donnait comme une suite de l'ancien organe de Babeuf. Kriege y prêchait le communisme en faisant appel aux sentiments du cœur : la société humaine devait être la plus sacrée des œuvres de l'amour. Kriege ne voyait dans le mouvement historique de la révolution prolétarienne qu'une des phases de la lutte de l'amour contre la haine égoïste. Il s'adressait donc à l'esprit de sacrifice des bourgeois, à la bonne volonté de leurs dames ou de leurs fiancées ; il leur promettait de ne pas leur faire du mal, de ne pas détruire les sentiments intimes de la vie de famille ni le charme du *home*, de laisser même à l'usurier ce qu'il avait volé jusqu'à ce jour ; il priait en revanche les riches, les sommait même de ne pas trahir la cause de l'amour. Les projets économiques de Kriege témoignaient de la même naïveté : dans un article adressé aux femmes, Kriege exposait que la ville de New-York devait donner aux malheureux les 52,000 acres de terrain de Long-Island, pour se débarrasser ainsi à jamais de tout paupérisme, de toute misère et de tout crime. Dans leur circulaire, Marx et Engels se prononcent avec la dernière énergie contre cette puérilité pompeuse et compromettante, contre ce sentimentalisme faux et démoralisant : ils dressent contre Kriege un réquisitoire impitoyable. Il y a cinq chefs d'accusation : 1° la théorie de l'amour ; 2° les projets économiques ; 3° les fanfaronnades métaphysiques ; 4° les balivernes religieuses ; 5° l'attitude personnelle de Kriege. Marx s'est acharné à dépouiller les articles du *Tribun du peuple*, à en extraire les phrases caractéristiques ou malheureuses, à les démembrer, à les dépecer parfois mot pour mot. Il a relevé, dans le n° 13 par exemple, trente-cinq fois le terme « Amour », et il critique chaque emploi rigoureusement, avec une ironie brutale et un peu grossière. Toutes les locutions métaphysiques empruntées à Feuerbach (l'humanité, l'espèce « *Gattung* », l'esprit créateur de la communauté, etc.); toutes les images bibliques ou mythologiques qui donnaient au style de Kriege une teinte religieuse (le royaume de l'amour, l'esprit saint, les prêtresses de l'amour, la rédemption sociale, l'agneau de Dieu qui porte les péchés du monde, le Prométhée enchaîné, etc.), sont relevées avec soin. Finalement Kriege nous est représenté comme un prophète ami de l'humanité, apôtre de l'amour, qui se croit l'émissaire d'un club secret d'Esséniens communistes, et qui a raison de signer : un « fou ». La circulaire contre Kriege est une *Sainte Famille* plus courte, mais aussi dure que le pamphlet contre Bruno Bauer. C'est qu'aux yeux de Marx il n'y avait aucune conciliation possible entre le communisme de Kriege et le sien. Kriege était un communiste religieux de l'école de Lamennais et de Börne : Marx n'avait pas la moindre sympathie pour ces « rêveurs catholicisants » qui confondaient le communisme et la communion. Kriege espérait triompher de la bourgeoisie par l'amour et le sacrifice; il demandait à tous de se dévouer pour l'humanité; Marx ne croyait qu'à la victoire de la force dans la lutte des intérêts matériels et comptait sur la révolte des égoïsmes. Kriege présentait le communisme comme l'accomplissement de la société chrétienne; Marx estimait que c'était là une hypocrisie, puisqu'il s'agissait de détruire tout l'état actuel. Marx l'emporta. Les rédacteurs du *Westphälisches Dampfboot* qui publièrent la circulaire contre Kriege avaient eux-mêmes persévéré longtemps dans le vrai socialisme et ne dissimulaient pas que le réquisitoire les atteignait directement : ils auraient souhaité sans doute plus de modération dans les polémiques à l'intérieur du parti ; mais ils se soumirent à l'autorité de Marx. Ils expliquèrent, en présentant la circulaire à leurs lecteurs, qu'il fallait renoncer à attendre le salut de l'amour chrétien : dix-huit siècles en ont démontré l'impuissance. Seule « la nécessité de fer » donne l'énergie nécessaire pour agir efficacement et pour guérir les maux sociaux. Peu à peu les vrais socialistes, Lüning, Hess, capitulaient ; au printemps de 1847, Moll apportait à Engels et à Marx les offres de paix de la *Fédération des Justes*. Le matérialisme historique triomphait : le *Manifeste communiste* fut à la fois la définition d'une doctrine et l'affirmation d'une force.

V.

Marx et Engels semblent avoir gardé rancune à leur maître Feuerbach d'avoir eu aussi pour disciples les vrais socialistes : ils en parlèrent de moins en moins ; et tandis qu'au début ils louaient surtout Feuerbach d'avoir brisé le système de Hegel, ils lui reprochèrent surtout maintenant de n'avoir pas sauvé les richesses qui y étaient renfermées. Le matérialisme historique ne perdit, sans doute, jamais la marque de son origine feuerbachionne ; il expliqua toujours la conscience par l'être. La formule même la plus rigoureuse de la théorie matérialiste, celle qui définit la conscience humaine comme un miroir des faits économiques, vient de l'*Essence du christianisme*. De même que, selon Feuerbach, Dieu est l'image de l'homme, de même, selon Marx, les idées, les sentiments et les volontés des hommes sont les reflets de leurs conditions d'existence, et les mouvements religieux et littéraires, philosophiques et politiques ne font que dessiner les mouvements profonds des faits économiques, comme le brouillard au-dessus de la vallée indique la direction du cours d'eau. De même que l'histoire des dieux n'était, selon Feuerbach, que la répétition céleste du progrès des hommes sur terre, de même toute l'histoire humaine n'est, selon Marx, qu'une doublure de l'histoire de la production. Il est donc permis de dire que Marx et Engels ne cessèrent jamais d'obéir à la tendance décisive de la philosophie de Feuerbach ; mais précisément, plus ils avançaient dans la voie où cette tendance les avaient engagés, plus ils s'écartaient du chemin que Feuerbach lui-même continuait à suivre ; plus ils creusaient pour découvrir l'infrastructure de la société humaine, plus ils perdaient de vue la zone supérieure où Feuerbach se plaisait à étudier le jeu de nos rêves les plus ambitieux et les illusions de nos désirs les plus ardents. Dès 1846, ce qui passionne Feuerbach n'intéresse plus les disciples qui, trois ans auparavant, avaient célébré le caractère révolutionnaire de son œuvre. Engels, dans une lettre écrite de Paris, parle d'un travail de Feuerbach en ces termes : « A part quelques fines remarques, c'est toujours la même histoire. Au début, où il s'occupe exclusivement de la religion de la nature, il est bien forcé de rester davantage sur le terrain des faits; mais plus loin la confusion commence. Il n'est de nouveau question que d'essence, d'humanité[1], etc. » A partir de la Révolution de 1848, Marx et Engels ne s'occupèrent plus de Feuerbach.

Ce n'est que vers 1885 que l'attention d'Engels fut attirée de nouveau sur les théories philosophiques qui lui avaient donné quarante ans auparavant l'idéal de sa jeunesse. Il y avait vers 1885, dit-il, une sorte de renaissance de la philosophie classique allemande à l'étranger, particulièrement en Angleterre et en Scandinavie; en Allemagne même, on commençait à être rassasié des « salades éclectiques ». Engels estima que, dans ces circonstances, une courte exposition de la genèse du système marxiste s'imposait. Il voulait montrer comment sa doctrine, née de la philosophie hégélienne, s'était séparée d'elle. Il lui paraissait juste aussi de reconnaître pleinement l'influence que Feuerbach surtout avait eue sur Marx et sur lui-même pendant leur période d'effervescence juvénile, de « *Sturm et Drang* »; c'était là une dette d'honneur dont il voulait s'acquitter.

Il saisit donc l'occasion que lui offrit la rédaction de la *Neue Zeit*, quand elle lui demanda un article sur la thèse de Starcke. L'article parut dans la revue, dans le quatrième et cinquième cahier de l'année 1886. En 1888, on l'imprima à part sous forme de brochure

---

1. Cf. Mehring, *Nachlass*, II, 347.

en y joignant les onze thèses de Marx sur Feuerbach, qui constituent, selon Engels, un document inappréciable, parce que « le germe génial de la nouvelle conception de l'univers » y apparaissait pour la première fois. L'article même d'Engels porte sur les mêmes points que les thèses de Marx; il s'agit toujours d'opposer au matérialisme ancien, dont Feuerbach fut le dernier représentant, le matérialisme moderne ou scientifique fondé par Marx; mais il y a entre les jugements de Marx en 1845 et ceux d'Engels en 1885 des différences sensibles. Engels se réclame maintenant beaucoup plus de la **philosophie hégélienne** que de la doctrine de Feuerbach. En 1844, dans *la Sainte Famille,* la philosophie de Hegel était considérée comme une restauration de la philosophie française du dix-septième siècle, et Feuerbach était le nouveau Bayle qui avait ruiné cette métaphysique théologique pour fonder une philosophie révolutionnaire analogue à la philosophie du dix-huitième siècle; en 1845, dans les thèses, Marx reprochait déjà à Feuerbach de n'avoir pas vu la face active de l'idéalisme : maintenant, ce n'est plus Feuerbach, c'est Hegel qu'Engels compare aux philosophes du dix-huitième siècle. Sans doute, Engels reconnaît qu'il est paradoxal de chercher une analogie entre les écrivains français, exilés ou enfermés à la Bastille, et le philosophe officiel de la royauté prussienne; et il s'étonne lui-même de découvrir que les professeurs des Universités allemandes ont dissimulé sous leurs périodes obscures et ennuyeuses la Révolution : ni les gouvernements, ni l'opposition libérale ne s'en étaient doutés. Seul, en 1833, un homme l'avait vu : il est vrai qu'il s'appelait Henri Heine. Et Engels entreprend de nous démontrer que le caractère conservateur chez Hegel est relatif, tandis que son caractère révolutionnaire est absolu. Quand Hegel déclare : « Tout ce qui réel est rationnel », cela veut dire, ou en tout cas on peut vouloir que cela dise : « Tout ce qui est, mérite de périr ». Cette philosophie n'admet rien de définitif, de sacré; la vérité est soumise à la même loi du devenir ininterrompu qui régit la réalité mouvante, réalité dont la vérité n'est que l'expression toujours changeante. Si tout cela n'est pas aussi net chez Hegel qu'on le souhaiterait, c'est d'une part parce que Hegel, bourgeois allemand de naissance, resta toujours, comme Gœthe lui-même, quelque peu philistin. Mais ces petits détails n'empêchent pas que Hegel n'ait été, comme Gœthe, un Zeus olympien dans son domaine. Il y a dans les profondeurs de son système des trésors dont on n'a pas encore estimé la valeur. Hegel marque d'ailleurs le terme de toute philosophie : sa méthode ruine tous les systèmes, — y compris le sien, — rejette toute vérité absolue et nous enseigne à coordonner par une pensée dialectique les vérités relatives. Le rôle de la gauche hégélienne, de Strauss à Bruno Bauer et Feuerbach, se borna à décomposer la philosophie du maître en ses éléments et à restaurer le matérialisme du dix-huitième siècle.

Les philosophes, selon Engels, se divisent en deux camps : il y a d'un côté les idéalistes, de l'autre les matérialistes. Les uns admettent que Dieu a créé le monde, que l'esprit a posé la nature, que la pensée est antérieure à l'être ; les autres voient tout en sens inverse. Le criticisme des néo-kantiens et de l'école agnostique qui, en Angleterre, se réclame de Hume, n'est, selon Engels, qu'un matérialisme honteux : la pratique, l'expérience, l'industrie suffisent à triompher de ces scrupules sur la valeur de la connaissance. Du moment que nous pouvons reproduire un phénomène naturel et exploiter à nos fins les lois du réel, c'en est fini de toute chose en soi insaisissable. Les substances chimiques qui constituent le corps des plantes et des animaux furent des choses en soi, tant que la chimie organique ne sut pas en faire la synthèse; la substance colorante de la racine de garance, l'alizarine, est devenue une « chose pour nous », depuis que nous savons la tirer du goudron de houille. Le système de Copernic fut une hypothèse, tant que Galle n'eut pas trouvé au ciel la planète dont Leverrier avait calculé la position, en fonction des données fournies par cette hypothèse. Il n'y a donc à s'occuper que de l'idéalisme et du matérialisme. Feuerbach est-il idéaliste ou matérialiste? Engels expose que Feuerbach, d'abord idéaliste, a été amené, par sa critique de la religion et de la métaphysique hégélienne, à professer le matérialisme; l'idée de la préexistence des catégories logiques lui apparut comme le résidu de la foi en un créateur extérieur et antérieur au monde. Dès lors, le monde matériel est pour lui la seule réalité : notre conscience et notre pensée, pour suprasensibles qu'elles paraissent, sont le produit d'un organe matériel, corporel, le cerveau. C'est là naturellement la pure doctrine matérialiste. Comment donc se fait-il que Feuerbach ait tenu à se distinguer des matérialistes? Le texte est formel : « Le matérialisme est pour moi le fondement de l'édifice, mais non ce qu'il est pour le physiologiste, le naturaliste au sens étroit du mot, par exemple pour Moleschott, — ce qu'il est d'ailleurs nécessairement pour eux, étant donnés leur point de vue et leur profession, — l'édifice lui-même. En arrière (*rückwärts*), je suis absolument d'accord avec les matérialistes, mais non en avant. » Faut-il supposer pour expliquer ce texte que Feuerbach ait reculé devant le mot, le nom du matérialisme, qu'il n'a pas pu triompher du préjugé ordinaire des philosophes, bref qu'il fut un matérialiste honteux? Engels l'a écrit[1], mais il ne convient pas sans doute de trop insister sur cette phrase où il reproche un manque de courage à celui qui lui donna l'exemple de la hardiesse. Quand on lit attentivement la brochure d'Engels, on s'aperçoit que l'auteur a été fort embarrassé pour mettre de l'ordre dans ce qu'il avait à dire; malgré la rigueur apparente du plan, il y a des digressions et des raccords factices. La phrase si injuste envers Feuerbach n'est là, semble-t-il, que pour servir de transition : la maladresse, qui veut se donner une allure légère, devient vite blessante. Engels paraît, d'ailleurs, avoir senti qu'il était allé trop loin : il ne tarde pas à faire des excuses à Feuerbach sur le dos de Starcke. Starcke s'était cru obligé de se porter garant des bonnes intentions de Feuerbach; il avait essayé de prouver que ses hérésies réalistes ou matérialistes

---

1. Cf. Engels, *Ludwig Feuerbach*, p. 18.

n'avaient porté aucun préjudice à son orthodoxie idéaliste. « Feuerbach est idéaliste, dit-il, il croit au progrès de l'humanité (p. 19) ; le fondement, le soubassement de l'édifice demeure l'idéalisme malgré tout. Le réalisme n'est pour nous rien de plus qu'une précaution contre les erreurs où nous pouvons nous égarer quand nous suivons les voies de l'idéalisme. La compassion, l'amour et l'enthousiasme pour la vérité et le droit ne sont-ils pas des puissances idéales (p. VIII) »? Engels n'a pas de peine à triompher de cette bonne volonté un peu naïve, et il démontre facilement qu'il ne faut pas confondre premièrement la doctrine idéaliste et l'idéal moral, deuxièmement le spiritualisme et l'étude des faits psychologiques, troisièmement le matérialisme et l'égoïsme vulgaire ; et il conclut que Starke a fait une concession impardonnable, quoique peut-être inconsciente, aux préjugés cléricaux, bourgeois et universitaires. La violence même des termes dont se sert Engels dans ce passage nous autorise à considérer tout ce développement comme une rétractation indirecte du reproche adressé par l'auteur à Feuerbach.

Engels a cherché d'ailleurs à donner une explication sérieuse des réserves que le philosophe avait formulées expressément. Il considère que Feuerbach, misérablement exilé dans un village allemand, n'a connu le matérialisme que sous la forme où le colportaient vers 1850 Büchner, Vogt et Moleschott : c'était, sous la trivialité neuve du style, les idées défraîchies du dix-huitième siècle qu'on offrait au public. Feuerbach a eu raison de ne pas vouloir de ce matérialisme de qualité inférieure ; mais il a eu tort de rendre la vraie doctrine responsable de pareilles contrefaçons. Le matérialisme du dix-neuvième siècle a en effet, selon Engels, cette supériorité sur le matérialisme du dix-huitième siècle d'être évolutionniste, aussi bien dans le domaine de la nature que dans le domaine de l'histoire. Le matérialisme du dix-huitième siècle était mécaniste : la chimie n'existait encore que sous sa forme puérile, phlogistique ; la biologie naissait à peine ; aussi, le dix-huitième siècle, suivant l'exemple de Descartes, ne voyait dans l'homme, comme dans l'animal, qu'une machine. La nature tout entière paraissait se mouvoir sans fin dans le même cercle : il ne faut pas s'en étonner, puisque, malgré les théories de Kant sur la genèse du système solaire, malgré les progrès de la géologie, de l'embryologie, de la physiologie animale et végétale, malgré Goethe et Lamarck, malgré sa propre méthode, Hegel déploie encore, dans l'espace et non dans le temps, les formes variées de la nature. La conception de l'histoire humaine aussi était métaphysique et antidialectique : la lutte contre le Moyen-âge empêchait ici les théoriciens d'avoir l'impartialité nécessaire pour suivre le progrès historique sous ses interruptions apparentes : on ne voyait que mille ans de barbarie ; on ne remarquait pas l'expansion de la civilisation européenne, la formation des grandes nations modernes, les énormes progrès techniques du quatorzième et du quinzième siècle. Les découvertes du dix-neuvième siècle ont projeté partout une lumière nouvelle : l'étude des cellules de l'organisme et des transformations de l'énergie, les théories darwiniennes ont assuré le triomphe de l'idée d'évolution dans les sciences naturelles. Il était réservé au génie de Marx de ruiner la conception fixiste dans les sciences historiques (morales, politiques et sociales)[1]. Reprenant la dialectique hégélienne, mais la retournant dans le sens matérialiste, Marx vit partout des progrès au lieu de choses, et n'accorda plus aux antithèses de vrai et de faux, de bien et de mal, d'identique et de différent, de nécessaire et d'accidentel qu'une valeur relative : il chercha dès lors à découvrir les lois générales du mouvement social, et trouva que le progrès de toutes les idéologies était déterminé par le progrès économique. En vertu de ce principe même, la nouvelle philosophie s'est adressée de préférence à la classe opprimée : le prolétariat allemand est l'héritier de la philosophie classique allemande; le mouvement philosophique se confond désormais avec le mouvement ouvrier. Bref, Engels considère maintenant que le caractère particulier du matérialisme au dix-neuvième siècle est d'avoir proclamé que l'histoire naturelle et l'histoire humaine obéissaient toutes deux à une même loi d'évolution continue. Marx a été le Darwin des sciences historiques. Feuerbach n'a pu connaître ni le transformisme darwiniste ni le matérialisme marxiste, ou du moins il n'a pu en saisir toute

---

1. Engels note que le matérialisme dialectique fut découvert une deuxième fois, indépendamment de Marx et même de Hegel, par un ouvrier allemand, Joseph Dietzgen. Cf. « l'*Essence du travail cérébral*, par un ouvrier manuel », Hambourg, Meissner. Cf. étude de Cornélie Huygens dans *Neue Zeit*, 1903, 5.

la portée, et comme d'autre part il sentait l'insuffisance du matérialisme ancien, il est resté idéaliste. Il faut en rendre responsable avant tout l'état de l'Allemagne, qui obligea Feuerbach à dépérir misérablement dans son trou, tandis que les chaires de philosophie étaient occupées par des éclectiques qui coupaient les cheveux en quatre.

Il est certain que Feuerbach a souffert gravement de la misère allemande; il s'en plaint lui-même dans ses lettres[1]. Le ton résigné de ce laborieux ouvrier, qui regrette de ne pouvoir achever son œuvre parce que les outils lui manquent, est profondément douloureux. Feuerbach portait dans sa tête le plan d'une histoire comparée des religions; il concevait même une histoire générale de la civilisation humaine : mais il eût fallu, pour mener ces œuvres à bonne fin, entreprendre des voyages, acheter de nouveaux livres, et les créanciers saisissaient Brückberg. Le travailleur, qui avait pensé à émigrer comme les autres en Amérique pour chercher fortune, était réduit à terminer sa vieillesse à Rechenberg, où il n'avait ni les matériaux ni le minimum d'aisance nécessaire pour faire quoi que ce soit. Il semble pourtant exagéré de prétendre que Feuerbach n'a pas connu les théories évolutionnistes. On pourrait remarquer d'abord qu'Engels est bien sévère pour Büchner Vogt et Moleschott, et qu'il y a eu entre le matérialisme de ces naturalistes et le matérialisme marxiste plus d'un point de contact; peut-être même ne furent-ils que des frères ennemis. Il semble

---

1. Cf. p. ex. Grün, II, 13, lettre à Schibich.

bien que Moleschott au moins fut un savant consciencieux, qui a précisément préparé les esprits à accueillir les théories transformistes. Quoi qu'il en soit, il ne faut pas oublier que Feuerbach ignore Büchner et Vogt et qu'il fut le maître, non l'élève, de Moleschott. Feuerbach parle de l'évolution avant d'avoir connu ceux qui « travaillèrent » dans le matérialisme à partir de 1850. Dès 1845, dans l'*Essence de la religion*, il dit : « La terre n'a pas toujours été ce qu'elle est à présent ; elle n'est parvenue à son état actuel que par une série d'évolutions et de révolutions ; la géologie nous apprend qu'à ces différents degrés de l'évolution correspondaient différentes espèces animales et végétales »[1], et il essaie, non pas sans doute de résoudre en quelques mots le grave problème de l'origine de la vie organique, mais au moins de prouver indirectement que la vie ne peut avoir d'autre origine que la nature. En particulier, l'identité des phénomènes inorganiques et organiques lui paraît un argument décisif. La vie est née d'un coup de génie de la nature. Feuerbach admet si peu le mécanisme qu'il oppose nature et machine. « Il faut avant tout démontrer à l'enfant, comme à l'homme non cultivé, qu'il y a une différence entre l'art et la vie. Les peuples non cultivés considèrent les œuvres d'art comme des êtres vivants, les peuples de civilisation théiste considèrent au contraire les êtres vivants comme une œuvre d'art et le monde comme une machine. Il faut leur montrer sur des exemples comment le vaisseau se distingue d'un pois-

---

1. Cf. *Werke*, I, 426 et note p. 428.

son, la poupée d'un homme, la montre d'un organisme animal ou vivant. Puis il faut passer à la naissance[1]... » Enfin il y a, dans le traité de morale publié par Grün après la mort du philosophe, une citation tirée de l'ouvrage de Darwin sur les variations des plantes et des animaux qui prouve que Feuerbach a lu le livre du savant anglais au moment où il commençait à peine à pénétrer en Allemagne[2]. L'explication d'Engels n'est donc pas valable en ce qui concerne les idées de Feuerbach sur la nature.

Que faut-il penser, d'autre part, de la philosophie de l'histoire qu'Engels attribue à Feuerbach? Ici encore Engels s'appuie exclusivement sur une citation de Starcke : « Les périodes de l'humanité ne se distinguent que par des changements religieux. » Engels déclare que cette proposition est absolument fausse. Il n'y eu, selon lui, coïncidence entre un tournant de l'histoire et une conversion religieuse que dans trois cas : à l'apparition du bouddhisme, du christianisme et de l'islam. Si du treizième au dix-septième siècle la bourgeoisie a donné à son émancipation une couleur religieuse, c'est parce que la théologie était la seule idéologie du Moyen-âge. La Révolution française n'a fait appel qu'à des idées juridiques et politiques et ne s'est occupée de la religion que lorsque la religion lui barrait la route : la tentative de Robespierre a échoué misérablement. — Il y aurait fort à dire sur toutes ces affirmations si graves qu'Engels énonce avec assu-

---

1. Cf. *Werke*, VIII, p. 105.
2. Cf. Grün, II, 259.

rance, comme si la vérité en était évidente. Les religions primitives, qui, selon Engels, n'ont pas montré une grande résistance, ont eu peut-être, sur les débuts de la civilisation, une influence décisive. Il est en tout cas curieux de constater qu'une hypothèse absolument fausse se vérifie dans trois cas aussi illustres que ceux du bouddhisme, du christianisme et de l'islam, et il ne suffit pas, pour expliquer cette triple coïncidence, de déclarer que ces religions qui ont conquis le monde ont eu une origine plus ou moins artificielle. On ne voit pas non plus pourquoi la religion chrétienne convenait exactement à l'état économique, politique et mental de l'empire romain en décadence, et on voit encore moins, si on admet cette harmonie préétablie, pourquoi les barbares ont adopté une religion si bien faite pour d'autres[1]. On peut contester, en outre, que les Renaissances et les Réformes, du douzième au dix-septième siècle, n'aient été que des phases du mouvement bourgeois ; il semble, enfin, qu'il ne faut pas traiter trop à la légère « le suprême effort de l'âme de Robespierre[2] », l'enthousiasme de la Convention et du peuple ; et c'est une question de savoir si non seulement la Révolution de 1789, mais encore toutes celles du dix-neuvième siècle n'ont pas eu quelque tendance religieuse. Quoi qu'il en soit, il est certain qu'Engels a donné à la phrase qu'il cite un sens trop étroit quand il prétend que Feuerbach a voulu faire de l'histoire des luttes de classes un appendice de l'histoire de l'Église.

1. Cf. Barth, *La Philosophie de l'histoire de Hegel et des hégéliens jusqu'à Marx et Hartmann.*
2. Cf. Aulard, *Le Culte de la Raison et de l'Être suprême.*

Feuerbach entendait surtout opposer la puissance de la religion et la faiblesse des théories abstraites ; pour qu'un mouvement gagne en profondeur, il faut, selon le philosophe, qu'il pénètre dans le cœur de l'homme ; il faut qu'il intéresse non seulement ses idées, mais ses sentiments et ses désirs, son amour et son égoïsme intime, bref sa religion. Si Engels s'était donné la peine de bien comprendre la pensée de Feuerbach, il eût pu facilement la concilier avec sa propre conception des choses. Feuerbach n'a-t-il pas dit dès 1848[1] : « Qu'on jette donc un regard sur l'histoire : Où commence dans l'histoire une nouvelle époque ? A chaque point où, contre l'égoïsme exclusif d'une nation ou d'une caste, une masse ou une majorité opprimée fait valoir son égoïsme bien légitime, où des classes d'hommes ou des nations entières sortent de l'ombre où elles vivent, prolétariennes et méprisées, triomphent de la vanité arrogante d'une minorité patricienne et surgissent à la lumière de la gloire historique. C'est ainsi que l'égoïsme de la majorité actuellement opprimée de l'humanité doit avoir et aura sa légitime satisfaction : une nouvelle époque historique commencera ainsi. Ce n'est pas la noblesse de la culture, de l'esprit qui doit être abolie : oh non ! il faut seulement qu'il n'y ait plus une oligarchie et une plèbe. Tous doivent — au moins en droit — recevoir la culture. De même, ce n'est pas la propriété qui doit être abolie : oh non ! il faut seulement qu'il n'y ait pas un petit groupe de propriétaires ne laissant rien aux au-

---

1. Cf. *Werke*, VIII, p. 398.

tres ; tous doivent avoir part à la propriété. » Il n'y a pas entre cette citation de Feuerbach et celle qu'Engels a relevée dans Starcke la moindre contradiction : ce sont deux expressions de la même idée. La religion n'est pas, en effet, selon Feuerbach, une vaine contemplation : être, vivre et vouloir vivre, voilà à ses yeux le fondement de la religion. « Ce n'est pas l'idéalisme, non, c'est le matérialisme qui est l'origine des dieux. Seul l'être soumis à la loi de la pesanteur divinise la légèreté éthérienne, seul le terrestre divinise le céleste, le matériel divinise l'immatériel, et le besogneux divinise la satisfaction. Seule la faim transforme le blé en Demeter ; seule la soif voit dans la source la nymphe et dans le vin Bacchus. Quand on veut connaître la nature même des dieux grecs, il ne faut pas se laisser étourdir par le magnifique spectacle que le dieu du tonnerre met en scène : il faut voir l'utilité terrestre de l'orage. Que le Zeus olympien de Phidias ne nous cache pas le meunier Zeus ; qu'Apollon, le coryphée des muses, ne nous voile pas l'Apollon de la charbucle ; que le nectar éthérien des dieux ne nous fasse pas oublier la gorge altérée de la terre implorant du ciel la pluie. Ne perdons pas de vue que les dieux n'ont pas paru sur terre pour fournir dans les glyptothèques et les musées une matière à l'admiration des esthéticiens ou pour offrir un objet à la pensée des philosophes, mais pour apaiser la faim, pour éteindre la soif, bref pour remédier à la misère humaine... *Ubi enim utilitas, ibi pietas*[1]... » Enfin, de

---

1. Cf. *Werke*, IX, *Théogonie*, III, 147. — Cf. aussi, p. 278 ;

même que dans sa morale Feuerbach tire argument des variations des plantes et des animaux de Darwin, de même il y renvoie au *Capital* de Marx qu'il appelle « un ouvrage riche en faits incontestables des plus intéressants mais des plus horribles [1] ». Il semble donc bien qu'Engels s'est prononcé un peu à la légère quand il a cru pouvoir conclure, de deux citations de Feuerbach, que le philosophe n'avait pas connu le matérialisme transformiste sous sa double forme (évolutionniste et historique); il a toujours vu, au contraire, l'évolution dans la nature et le progrès dans l'humanité.

La critique qu'Engels fait de la morale de Feuerbach prouve qu'il ne connaissait pas bien les dernières œuvres du philosophe. Il reproche à Feuerbach d'avoir voulu fonder une religion nouvelle, la religion de l'amour, et il déclare qu'il est vain de vouloir édifier une vraie religion sur une conception essentiellement matérialiste de la nature : autant vaudrait, dit-il, chercher la pierre philosophale en s'appuyant sur la chimie moderne. L'erreur de Feuerbach vient, selon Engels, de ce que le philosophe n'a étudié sérieusement que le christianisme et n'a connu ainsi que l'homme abstrait. On pourrait dire inversement que si Engels n'a connu que l'humanisme religieux de Feuerbach c'est qu'il n'a étudié sérieusement que l'*Essence du christianisme*. Dans une lettre à Duboc, du 6 avril 1861, Feuerbach réfutait pour la deuxième fois

« Frédéric le Grand disait des lois contre le vol qu'on voyait bien qu'elles étaient faites par les riches... »
1. Cf. Grün, II, 285.

l'objection qu'Engels devait renouveler vingt-cinq ans plus tard, mais à laquelle Feuerbach avait déjà répondu seize ans auparavant : « Il est vraiment singulier que l'auteur[1] n'ait dégagé mon idée de l'espèce, l'objet de sa critique, que de l'*Essence du christianisme;* comme si cet ouvrage réalisait l'Idée même de mon activité philosophique ; comme si je n'avais pas précisément dans les œuvres suivantes critiqué avec le plus grand soin et presque dans le détail les définitions que j'avais données d'abord ; comme si je n'avais pas modifié, individualisé ma conception de l'espèce humaine à tel point que les philosophes spéculatifs de l'école m'ont fait justement le reproche opposé, à savoir d'avoir aboli entièrement toute idée générale pour ne laisser debout que l'individu. Que répondre à une critique qui, en 1860, ne fait que répéter ce que, dès 1844, l'Unique (Stirner) avait objecté au Feuerbach de 1841 sans tenir compte de ce que celui-ci a dit plus tard sur le même sujet. » Or, en 1885, Engels s'imagine encore que Feuerbach en est toujours à l'homme abstrait et qu'il limite le désir de bonheur par l'amour ; il prétend que le philosophe n'a pas vu que certaines conditions matérielles d'existence sont nécessaires au progrès moral et que, dans la société actuelle, la majorité actuelle est privée de tout droit au bonheur ; bien plus, il va jusqu'à dire que, selon la morale de Feuerbach, la Bourse est le plus haut temple de la vertu, pour peu qu'on y spécule avantageusement ; en d'au-

---

1. Cf. Grün, II, 127. Il s'agit de l'auteur du *Journal d'un matérialiste* que Duboc avait envoyé à Feuerbach.

tres termes, la morale de Feuerbach aurait le double défaut d'être d'une part faite sur mesure pour la société capitaliste, et d'autre part de prétendre à l'universalité. Il paraît déjà difficile de concilier avec cette interprétation de la morale de Feuerbach certaines citations qu'Engels lui-même reproduit d'après Starcke; par exemple, le philosophe a dit : « Dans un palais, on a d'autres idées que dans une chaumière. Où la faim et la misère ne laissent pas de matière au corps, il n'y a pas non plus dans la tête, dans l'esprit et dans le cœur de matière pour la morale. » Mais Engels affirme que Feuerbach a eu rarement de ces lueurs et qu'il n'a pas réussi à saisir l'homme dans sa réalité vivante. Il semble que, d'après Engels, Feuerbach aurait dû chercher à définir le rôle historique du mal moral qui est, selon Hegel, le ressort du progrès; il aurait dû surtout s'en tenir au matérialisme économique de Marx. Il est curieux de constater qu'Engels n'attache pas une grande importance à la morale; à part la science des lois de la nature et des lois historiques, il ne laisse subsister qu'une discipline : la logique et dialectique, ou théorie des lois mêmes de la pensée. On est surpris malgré tout de voir Engels condamner la morale eudémoniste et reproduire les arguments de Kant que Feuerbach s'était attaché à réfuter dans sa *Théogonie*[1]. Comment, en tout cas, a-t-il pu écrire qu'une morale qui affirme le droit de tous les individus humains au bonheur était une morale bourgeoise ? Feuerbach avait pourtant déclaré que son indi-

1. *Werke*, IX, pp. 66-74.

vidualisme conduisait en pratique au socialisme[1], et il insistait sur ce point que le bien n'est pas réalisable sans bien-être. « La morale qui n'a affaire qu'à des concepts peut faire dépendre le bonheur de la vertu, mais la vie, où ce ne sont pas les termes abstraits, mais des êtres sensibles, ayant des besoins et des désirs, qui décident, fait dépendre inversement la vertu du bonheur[2] : la vertu qui n'a pas sa source dans le bonheur n'est qu'hypocrisie. Si donc vous voulez rendre les hommes meilleurs, rendez-les avant tout plus heureux; si ceci est impossible, renoncez aussi à cela. » C'est précisément la morale qui établit entre le devoir et le bonheur une opposition tranchée, c'est cette morale austère qui est, selon Feuerbach, une morale de luxe. « N'est-il pas vrai que pour les hommes qui forment la majorité du genre humain le pain, objet de leur désir de bonheur, est en même temps et inséparablement l'objet de leur devoir, de leur activité civile et morale? Direz-vous pour cela que ces hommes sont immoraux ? Dans ce cas la morale n'est l'affaire que des gens aisés et bien pourvus, dont le bien-être est d'ores et déjà assuré, dont le bonheur est satisfait, et qui ont par suite assez de loisir pour distinguer la morale du désir de bonheur et pour en faire l'objet exclusif de leur pensée[3]. » La morale de Feuerbach exige au contraire une transformation de la société :

---

1. Cf. *Werke*, VIII, p. 460. Il rejette, il est vrai, le socialisme français de l'époque qui, selon lui, risquait d'abolir la liberté, expression plus abstraite de l'individualité.
2. Cf. *Werke*, IX, 391.
3. Cf. *Werke*, IX, *Théogonie*, p. 75.

« La vertu a besoin, aussi bien que le corps, de nourriture, de vêtement, de lumière, d'air et d'espace. Où les hommes sont entassés, comme par exemple dans les fabriques anglaises et les habitations ouvrières, si du moins on peut appeler habitations ces étables à cochons, où ils n'ont pas même la quantité d'oxygène nécessaire, — c'est ici que Feuerbach renvoie à Marx, — la morale n'a pas le champ libre, la vertu n'est que le monopole de Messieurs les propriétaires des fabriques, les capitalistes [1]. » — « Si vous voulez donner accès à la morale, écartez avant tout les obstacles matériels qui barrent la route. » Feuerbach a un tel souci des conditions matérielles et sociales de la morale qu'il reproche à Kant d'avoir écrit une morale universelle, valable non seulement pour tous les hommes, mais encore pour tous les êtres raisonnables possibles. « Que n'a-t-il plutôt, au lieu de s'adresser à des professeurs de philosophie, — c'est uniquement ceux-ci qui sont les êtres raisonnables étrangers à l'humanité, — que n'a-t-il plutôt pensé aux journaliers et scieurs de bois, aux paysans et manouvriers ! A quels principes bien différents il eût abouti ! Comme les hommes se donnent du mal pour vivre ! comme toute leur activité tend exclusivement à trouver la nourriture ! comme ils sont heureux quand ils ont seulement de quoi manger pour eux et leur famille et de quoi se vêtir ! A quel point pour eux l'hétéronomie n'est-elle pas l'autonomie ! et l'empirisme la loi de leur morale ! »

Si donc on définit le matérialisme comme la théorie

---

1. Grün, II, 285 sqq.

qui prétend expliquer le supérieur par l'inférieur, il est difficile de soutenir, comme l'a fait Engels, que Feuerbach a été infidèle à ses principes matérialistes; partout, dans sa philosophie de la nature comme dans sa philosophie de l'histoire ou dans sa morale, il a cherché à découvrir les conditions des phénomènes et à suivre le mouvement naturel des faits. La méthode même que Feuerbach a opposée au dogmatisme, et qu'il appelait génétique, suppose que tout se transforme : à la théologie fixiste qui discutait de l'essence et des attributs de la divinité, le philosophe a substitué la théogonie, qui remontait à l'origine même du sentiment religieux. Toute sa tâche a consisté à montrer que les dieux naissent, vivent et meurent avec les besoins et les désirs humains auxquels ils donnent satisfaction. Quand, dans l'épilogue qui termine le dixième volume de ses œuvres complètes, le philosophe veut exprimer une dernière fois l'idée directrice qui l'a guidé dans ses efforts, il rappelle la phrase où Schelling soutient contre Jacobi que la pensée doit se conformer au mouvement de la nature. « Il n'y a pour la pensée et la recherche qu'une démarche saine, naturelle et par conséquent féconde, c'est de partir des concepts obscurs pour arriver aux clairs, des ténèbres pour arriver à la lumière, etc. *Non fumum ex fulgore, sed ex fumo dare lucem*, voilà la manière du véritable artiste. » Ce n'est pas sur le principe même de l'évolution naturelle et sociale que Feuerbach et Marx (ou Engels) étaient en désaccord : peut-être même Feuerbach eût-il admis l'importance décisive dans l'histoire du facteur économique; il eût sans doute demandé simplement[1] qu'on veuille bien reconnaître — comme Engels d'ailleurs semble l'avoir fait vers la fin de sa vie[2] — qu'il y a entre tous les facteurs de la vie sociale action ou réaction réciproque. Mais il y a dans l'interprétation marxiste de l'évolution historique une conception qui, sans doute, n'eût jamais satisfait Feuerbach : c'est précisément cette conception du « dédoublement » qui vient en droite ligne d'une idée fausse de l'*Essence du christianisme*. D'après cette conception, le facteur économique n'est pas seulement le facteur dominant ou prépondérant, mais encore le seul facteur vraiment réel, puisque toutes les idéologies ne sont que la doublure des forces productives. Cette conception correspond, dans le matérialisme historique, à la conception de la conscience épiphénomène dans le matérialisme psychophysique[3] et ne fait que donner aux équivoques et aux difficultés de cette dernière théorie plus d'ampleur apparente. Elle oblige d'ailleurs à admettre un progrès nécessaire, donc unique, constant, unilinéaire et rectiligne de l'histoire. Or, dès 1845, Feuerbach avait fait ses réserves en présence d'une représentation trop simple de l'évolution naturelle[4] : il ne croit pas qu'il y ait eu une gradation véritable des espèces animales, en ce

1. Cf. l'introduction de ses Œuvres complètes.
2. Cf. les citations de Woltmann (*Der historische Materialismus*) et la lettre d'Engels de 1894 publiée dans le *Socialistische Akademiker*, octobre 1895. Il y a pourtant là une équivoque. Ou les concessions d'Engels ne sont qu'apparentes, ou elles ruinent sa philosophie de l'histoire.
3. Cf. Bergson, *Matière et mémoire*.
4. Cf. *Werke*, I, 428 note.

sens qu'il n'y aurait eu à de certaines époques que des escargots, des moules ou autres animaux inférieurs, que des poissons, que des amphibies. Une hypothèse de ce genre ne lui paraissait plus soutenable au moins pour les périodes postérieures aux formations psammitiques, puisqu'on prétendait avoir découvert des os et des dents de mammifères terriens dans les couches de houille. A plus forte raison n'eût-il pas admis une régularité logique ou mathématique dans les démarches de l'humanité. La critique qu'il fit de la conception hégélienne du progrès paraît valable *mutatis mutandis* contre la conception marxiste; celle-ci n'est d'ailleurs que l'adaptation matérialiste de la dialectique idéaliste de l'auteur de la *Phénoménologie*. Feuerbach eût sans doute critiqué dans le système nouveau, comme il l'avait fait dans l'ancien, l'optimisme et cette tendance à exagérer les différences entre les époques qui l'avait déterminé à appeler la philosophie de l'histoire de Hegel une philosophie « articulée ou entomologique[1] ». Quant à la phrase d'où Engels est parti pour reprocher à Feuerbach de n'avoir pas connu l'idée de l'évolution, elle ne vise pas le matérialisme historique, au sens où l'entendait Marx, mais le matérialisme des physiologistes.

1. Cf. *Werke*, II, 185 sq.

CHAPITRE IV.

Influence de Feuerbach sur Stirner.

Parmi les disciples de Feuerbach, Stirner se distingue par son respect exclusif de l'individu. Sa situation au milieu des humanistes, communistes et matérialistes allemands, rappelle celle de Jean-Jacques Rousseau au milieu des encyclopédistes du dix-huitième siècle. D'une part, il continue le romantisme dans le sens où le héros des *Confessions* l'avait préparé; et, d'autre part, il justifie à l'avance toutes les révolutions en fondant, comme l'auteur du *Contrat social*, toute organisation sur le droit absolu de chaque personne humaine.

« Je ne fais mon affaire de rien », *Ich hab' Mein' Sach' auf Nichts gestellt*, telle est la première proposition et la conclusion dernière du livre : *l'Unique et sa propriété*. « On veut que je prenne parti pour le Bien, pour Dieu, pour l'Humanité, la Vérité, la Justice; puis, pour mon Peuple, mon Prince, ma Patrie; enfin, pour l'Esprit lui-même et mille autre choses. Il n'y a que mon affaire à moi qui ne doit jamais être mon affaire. Honte à l'égoïste qui ne pense qu'à lui. »

Or, Dieu est un égoïste parfait qui ne sert aucune cause supérieure; l'humanité exploite les peuples et les individus qu'elle jette sur le fumier de l'histoire;

le peuple fleurit sur le sol qu'ont fumé les cadavres des patriotes; le sultan ne laisse vivre que soi et les siens. Ces exemples brillants m'enseignent ce que j'ai à faire : je serai pour moi Dieu, Humanité, Peuple et Sultan ; je suis le créateur unique et inépuisable qui tire tout de soi, qui n'admet ni Bien ni Mal et ne connaît rien au-dessus de soi.

Considérons le plus récent des êtres suprêmes, celui que viennent de découvrir Feuerbach et Bruno Bauer: l'Homme. Nous verrons que cette révélation n'annonce pas une ère nouvelle; ce n'est qu'un des derniers incidents de la période théologique. Stirner distingue, en effet, trois âges dans la vie de l'homme : l'enfant ne s'attache qu'aux choses; le jeune homme sacrifie tout à l'esprit; l'homme mûr n'est ni réaliste, ni idéaliste, mais égoïste. D'une manière analogue, on peut dire que l'antiquité a été l'enfance de l'humanité; le christianisme en est la jeunesse; le chrétien s'humilie devant l'Esprit, s'anéantit devant Dieu. Le dernier des théologiens insurgés, Feuerbach, est désespérément chrétien[1]. Sans doute il ramène Dieu de l'au-delà dans l'en-deçà; il réintègre notre essence en nous; mais c'est là un détail secondaire : qu'il reste au-dessus de nous ou qu'il descende en nous, qu'il soit notre voisin de l'étage céleste ou l'hôte de notre terrestre logis, Dieu demeure pour nous un étranger.

Nous continuons à voir partout des esprits; nous sommes tous des « possédés »; l'univers est un spectre

---

1. Cf. Stirner, *Der Einzige und sein Eigentum*. Ed. Reclam, pp. 42-43.

énigmatique; nous sommes des âmes en peine; nous cherchons notre salut. Or, il n'y a de salut, de vérité sainte, ou d'objet sacré, que pour le naïf qui s'incline devant ce qui lui est supérieur et qui s'imagine ainsi servir une cause avec désintéressement, sans s'apercevoir que l'égoïsme maudit assiste toujours au sacrifice. Ainsi, il importe peu de savoir quel Être suprême l'emportera : Chiites ou sunnites, brahmanes ou bouddhistes, chrétiens réformés ou athées humanitaires, tous sont des croyants, tous ont un idéal, autrement dit une idée fixe. La société d'Holbach est aussi fanatique que celle de Jésus. La loi morale, que Proudhon (*De la création de l'ordre*, etc., p. 36) déclare éternelle et absolue, est aussi intangible que le dogme religieux. Feuerbach propose de retourner les propositions admises avant lui; au lieu de dire : Dieu est l'amour; nous dirons : l'amour est divin; mais que nous laissions à Dieu la dignité du sujet ou que nous donnions au prédicat la qualité divine, nous serons toujours esclaves de la hiérarchie; la piété et la moralité ne sont que deux formes de la religion. Toute moralité qui n'est pas égoïste n'est que légalité. La conscience est le gendarme que tout Prussien porte dans son cœur[1].

Notre époque hésite entre la morale qu'elle n'a plus la force de servir, et l'égoïsme qu'elle n'ose pas encore manifester : elle se débat dans l'hypocrisie, dans l'opposition respectueuse, dans le libéralisme servile; Nous n'admettons plus l'ascétisme, mais nous pré-

---

1. Cf. Stirner, *Der Einzige und sein Eigentum*, pp. 60-61 et 72-73.

chons encore la chasteté; nous blâmons la soumission à la tyrannie, mais nous recommandons la résignation. Nous sommes toujours des fous qui suivent leur principe, ou si l'on préfère des sages qui obéissent aux maximes du catéchisme. Le christianisme nous a délivrés du despotisme de la nature; mais l'esprit est toujours notre Seigneur absolu. On continue à nous inculquer des sentiments et des idées qui nous dominent, et que nous traduisons en systèmes et en œuvres d'art : Klopstock, par exemple, a dépensé les forces de son âge mûr à rhabiller ses jouets d'enfance et nous a donné ainsi la *Messiade*. Quand l'éducation par le fouet ou par tout autre procédé d'intimidation, nous a dressés à répéter comme des perroquets ce qu'on veut nous faire dire, on nous déclare majeurs. Nous ne sommes plus, sans doute, fétichistes comme les nègres; mais nous n'avons pas encore dépassé la barbarie mongole : nous nous bornons à l'améliorer et à la réformer, ce qui est une manière de la continuer et de la conserver.

Nous faisons des tours de jongleur sur la corde immobile de l'objectif; nous travaillons au service de l'immuable ou de l'éternel. La plus haute des corvées chinoises que nous nous imposons est la tâche scientifique; le plus solide des liens féodaux est la loi morale. On prétend que moralité est synonyme d'autonomie; en réalité, « l'autonomie morale » implique contradiction; c'est une forme bâtarde et hybride, née d'un compromis, comme la philosophie orthodoxe, la monarchie constitutionnelle, l'Etat chrétien, la liberté restreinte dont le héros enchaîné est le symbole. Le vrai Caucasien s'affranchira de l'idéalisme mongol (ou chrétien), comme il s'est affranchi du réalisme nègre (ou païen), il sera égoïste[1] sans peur et sans dévotion Il rejettera tout cléricalisme qui fait d'une idée une fin et de l'homme un moyen : l'enthousiasme de Robespierre lui-même et de Saint-Just n'est qu'un fanatisme d'enragés. Et Proudhon qui, en proclamant que la propriété est un vol, a cru ainsi la condamner, n'est qu'un philanthrope victime d'une abstraction. Comment se fait-il donc que, malgré toutes les révolutions, le peuple a toujours été dupe? N'est-ce pas parce que le prolétaire lui-même admet toujours une hiérarchie ne fût-ce qu'en lui même, puisqu'il subordonne une partie de lui-même à l'autre, son intérêt égoïste à son intérêt idéal : il a ainsi le prêtre en lui-même. La réforme n'a pas comme le prétend Bruno Bauer dans les *Anekdota*, séparé la religion de l'art, de la science et de la politique; elle a au contraire introduit la religion partout : pour le protestant tout est affaire de conscience. La conscience est la police secrète qui surveille les rebellions intérieures. Le catholique se bornait à obéir au prêtre; le trafic des indulgences et la casuistique des jésuites permettait de satisfaire les sens : il suffisait d'y mettre le prix; le protestant est rigoriste et sombre. Le mariage était profane; l'église catholique se bornait à y ajouter le sacrement; le protestantisme y a vu une liaison sacrée en soi. Le prince avait jadis besoin de la bénédiction du pape; aujourd'hui toute majesté est sacrée par elle-même. Tout ce qui

---

1. Cf. Stirner, *Der Einzige und sein Eigentum*, pp. 86-89.

est naturel est maintenant divin. Feuerbach lui-même n'a-t-il pas écrit, en protestant libéral qu'il est : « Est sacrée et te soit sacrée l'amitié, sacrée la propriété, sacré le mariage, sacré le bien de chaque homme, mais sacré en soi et pour soi[1]. » Ainsi pour un catholique rien n'est sacré, mais tout peut être sanctifié (par exemple le régicide par l'intention); les protestants furent forcés ou de condamner ce qu'ils ne pouvaient considérer comme sacré (les puritains calvinistes rejetèrent la danse, le théâtre, etc.), ou de tout justifier : pour Hegel, un vrai luthérien, tout le réel est rationnel.

L'antiquité a cherché à s'élever au-dessus de la nature; elle a ainsi préparé le christianisme, qui a affirmé la vanité du monde; mais quand l'âme ne fut plus troublée par les coups de l'extérieur, elle continua à être bouleversée par les agitations intérieures; au choc mécanique succéda ainsi comme une tension chimique[2]. En profanant et en méprisant le monde, l'égoïsme de l'homme remporta sa première victoire et s'assura sa première propriété; mais il demeura soumis à l'esprit, à Dieu, dont il essaie en vain de se débarrasser depuis deux mille ans. Humanité ou Idée absolue, Concept hégélien ou Principe libéral, le Dogme pèse de plus en plus sur nous et nous interdit le sacrilège qui nous affranchirait de la misère et de la servitude.

Le libéralisme contemporain est encore une forme

---

1. Cf. Feuerbach, *Essence du christianisme*, p. 408.
2. Cf. Stirner, *Der Einsige und sein Eigentum*, p. 112.

du christianisme : le libéralisme politique subordonne l'individu égoïste à l'Etat humain, la vie privée à la vie publique; l'idéal est d'être un bon citoyen. Depuis que la nation souveraine a hérité des pouvoirs de la royauté absolue, la monarchie a atteint son apogée. Entre le despote et ses esclaves tous égaux il n'y a plus de corps intermédiaires, plus d'ordres, de corporations : la Révolution française a été en politique ce que la Réforme a été en religion[1] : chaque citoyen communique directement avec l'État, comme chaque protestant est en relation immédiate avec Dieu. Plus d'indulgence particulière : à chacun selon son mérite, selon ses services; les hommes se croient libres quand ils ont la liberté de servir. Les poètes et les philosophes de la bourgeoisie, Gœthe et Hegel, ont exprimé cet idéal quand ils ont célébré la dépendance du sujet à l'égard de l'objet, l'obéissance au monde objectif. La raison règne, la personne succombe. Le salut de l'État sanctifie sous le nom d'exécution l'assassinat. Le bourgeois libéral ne proteste que contre l'arbitraire de l'ordonnance personnelle; il admet la tyrannie de la censure, des lois sur la presse; dès la naissance, tous appartiennent à l'État qui ne souffre pas l'infanticide et qui impose le baptême. Le loyalisme est la force et la faiblesse de la bourgeoisie : le prince doit respecter la charte, mais tout sujet doit la respecter comme lui. La morale de la bourgeoisie est tout entière dirigée contre l'individu; elle craint le chevalier d'industrie,

---

1. Louis Blanc (*Histoire de dix ans*, I, p. 138) dit de l'époque de la Restauration : « Le protestantisme devint le fond des idées et des mœurs. »

la courtisane, le voleur, l'assassin, le joueur, l'homme sans fortune et sans position, l'insouciant, bref tous les vagabonds, les instables, les inquiets, les variables, les prolétaires. Le bourgeois, sans doute, n'est pas un conservateur absolu, comme le noble qui ne connaît que les droits héréditaires; mais il n'est pas non plus un travailleur acharné, c'est l'homme du juste milieu : un peu de naissance, un peu de travail; le capital qu'on acquiert par l'héritage, mais qu'on accroît en le faisant fructifier, est le symbole de sa vertu. En fait, l'État bourgeois ne protège que le capital; le travail est exploité. Or, les travailleurs ont entre les mains une puissance énorme : ils n'auraient qu'à se croiser les bras et à considérer comme leur bien les produits de leur travail pour que cesse leur esclavage; le libéralisme politique a en effet pour condition la servitude du travail [1].

Le libéralisme social veut réformer le libéralisme politique en tirant de son principe une conséquence nouvelle. Le libéralisme politique disait : Nul n'a le droit d'ordonner : l'État est souverain; le libéralisme social ajoute : Nul n'a le droit de posséder : la société seule est propriétaire. L'égalité des citoyens n'est pas réelle tant qu'il y a des riches et des pauvres.

La révolution politique n'avait laissé debout qu'un seigneur, l'État, au-dessus de la masse des vilains; la Révolution sociale ne laissera qu'un propriétaire; nous serons tous des vagabonds sans feu ni lieu, tous des prolétaires, tous des ouvriers. La bourgeoisie a ruiné

---

[1]. Cf. Stirner, *Der Einzige und sein Eigentum*, p. 138.

le christianisme et tué la résignation pour prêcher l'évangile de la jouissance matérielle; elle a montré que ceux-là sont bienheureux qui sont riches; le prolétariat commence à comprendre la religion nouvelle. Au règne des faveurs princières, de l'arbitraire, de la cour, la bourgeoisie a substitué la loi; à la chasse au bonheur, au jeu de hasard bourgeois, à la concurrence, le prolétariat veut substituer l'organisation. Le libéralisme social a donc raison contre le libéralisme bourgeois. Il ne suffit pas de dire : Chaque citoyen a le droit d'arriver aux honneurs, à la richesse, etc., il faut encore donner à chacun les moyens indispensables. Mais, d'autre part, le libéralisme social n'admet pas encore la liberté : il parle toujours de devoirs sacrés envers la société[1]; la société est un nouvel Être suprême.

Le libéralisme humain fait au libéralisme social les mêmes reproches que celui-ci adressait au libéralisme politique. Comme le bourgeois exploitait l'État, l'ouvrier exploitera la société pour ses fins égoïstes. Il imposera à tous sa morale; il blâmera les paresseux, ceux qui ne sont pas des piocheurs, des bêtes de somme, et pourtant il ne travaillera que par intérêt individuel, pour manger, boire, pour avoir du loisir; il ne se préoccupera pas de savoir si ce loisir est sacrifié à un caprice égoïste ou consacré à une œuvre désintéressée et vraiment humaine. Le libéralisme humain est donc encore plus logique que le libéralisme

---

1. Proudhon, *Création de l'ordre*, s'écrie par exemple, p. 414: « En industrie comme en science, la publication d'une invention est le premier et le *plus sacré des devoirs*.

social : il réduit à sa plus juste expression tout ce qui est privé, particulier; il fait la plus large part à ce qui est public, général. Le libéralisme politique a fondé le pouvoir collectif; le libéralisme social veut fonder la propriété collective; le libéralisme humain veut fonder l'opinion collective. Ainsi le fanatisme libéral gagne sans cesse du terrain; on veut que nous soyons non seulement de bons citoyens, des travailleurs actifs, mais encore de vrais hommes, des hommes conscients[1]. Selon Bruno Bauer, l'homme ne doit pas travailler pour avoir du loisir : il doit aimer le travail pour le travail, le travail de l'esprit sans repos qui tend à former toute matière, le travail désintéressé pour l'humanité. Or, premièrement, tout travail, si utile qu'il soit à autrui, est égoïste à l'origine; deuxièmement, toute œuvre n'exprime que l'individualité de l'auteur. Bruno Bauer croit qu'aucun individu ne peut s'élever au-dessus de l'humanité; c'est le contraire qui est vrai : l'humanité n'est qu'un attribut de l'individu. Je suis homme comme Schiller était souabe, Kant prussien et Gustave-Adolphe myope; ce sont les grands individus qui donnent à l'humanité sa valeur, comme Frédéric le Grand a communiqué un peu de sa gloire à ses béquilles.

Le libéralisme humain est incontestablement la forme la plus parfaite du socialisme et la conséquence dernière du principe chrétien : il tend à tuer l'égoïsme, à ruiner tout ce qui est exclusif. Stirner, au contraire, rejette tout ce qui est commun, tout ce qui sacrifie

---

1. Cf. Stirner, *Der Einzige und sein Eigentum*, p. 155.

« l'unique » à l'organisation. Il n'admet pas cet idéal qui groupe les individus en troupeau où l'on compte par têtes, douze têtes faisant une douzaine, quelques milliers un peuple, et quelques millions l'humanité. Il retourne la doctrine de Bruno Bauer. L'humanité tend à s'incarner en Moi : c'est donc qu'elle n'est rien sans Moi. On ne veut pas me laisser quoi que ce soit de particulier ; par exemple, je ne dois être ni juif ni chrétien, mais homme : eh bien ! je ne suis ni juif, ni chrétien, ni homme : je suis Unique. Tout caractère général est une abstraction : ma chair n'est pas la chair des autres ; mon esprit n'est pas l'esprit des autres. On m'a enlevé mes privilèges, mes propriétés, mes particularités : il ne me reste que Moi seul et c'est assez. Au libéralisme s'oppose l'égoïste, comme à Dieu le diable : ni l'Etat, ni la société, ni l'humanité ne sauraient le dompter[1]. Le juif comme le chrétien, l'absolutiste comme le communiste, la critique comme la masse fait la guerre à l'égoïsme. Tout en préparant l'avènement de l'égoïsme, le libéralisme est à double tranchant : il nous débarrasse des seigneurs, du souci du lendemain, des préjugés religieux ; mais il nous soumet à l'État, il nous impose le travail, il nous assujettit à l'humanité. Il remplace un au-delà par l'autre, un Être suprême, un Dieu par l'autre : il aliène toujours notre Moi[2].

1. Stirner, *Der Einzige und sein Eigentum*, p. 165.
2. Dans le huitième cahier de l'*Allgemeine Litteraturzeitung*, Bruno Bauer tâche de se dépasser lui-même : il oppose plus nettement encore l'humanité aux Eglises et aux Etats ; il pousse si loin la crainte de tout dogme, de toute vérité établie

Stirner veut supprimer toute aliénation du Moi. Au début de l'ère moderne se dressait l'Homme-Dieu, l'*Aufklärung* a triomphé de Dieu ; elle a laissé régner l'Homme ; elle a balayé l'au-delà hors de nous ; il reste à prendre d'assaut le ciel intérieur, l'au-delà en nous. La liberté n'est qu'un bien négatif ; elle ne fait que nous débarrasser du mal ; il faut y joindre la puissance positive, la maîtrise véritable ; il faut s'élever au-dessus de la conscience comme au-dessus de Dieu, se mettre au-dessus des devoirs comme au-dessus des lois. Le Moi est le commencement, le milieu et la fin [1].

Pendant des siècles vous avez été des égoïstes hypocrites, ou des égoïstes endormis ; vous vous êtes dupés, torturés vous-mêmes. Soyez franchement, ouvertement des égoïstes. Cherchez à vous emparer du monde dans la mesure de vos forces et selon vos moyens. On avance plus avec une poignée de force qu'avec une sachée de droit. Octroyez-vous à vous-même la liberté, n'attendez pas l'émancipation : un affranchi n'est qu'un chien qui traîne toujours un bout de sa chaîne. Le christianisme a donné à l'égoïsme une mauvaise

---

qu'il raillerait volontiers sa propre doctrine. Il veut que la pensée soit toujours en mouvement, que l'esprit soit dans un continuel progrès. Stirner ne veut être ni le champion des dogmes, ni le champion de la critique. L'Unique ne veut être possédé ni par le Dogme stable ni par l'Esprit mobile : la Pensée n'est pas sacrée pour lui. Il ne demande pas au gouvernement, comme le fait la critique, de respecter ses idées ; n'en déplaise aux prêtres de la pensée, la lutte des égoïsmes saura seule mettre un peu de clarté dans les problèmes contemporains.

1. Cf. Stirner, *Der Einzige und sein Eigentum*, p. 192.

réputation ; mais au fond personne ne croit au désintéressement : pourquoi les libéraux comme Welcker tiennent-ils à ce que les juges soient indépendants de l'administration, s'ils estiment que les juges sont désintéressés ? Ce n'est pas Toi-même que le libéral voit en Toi, mais l'Espèce humaine : il ne tient pas compte de la réalité concrète, mais de l'Idée abstraite, de l'individu, mais du genre. Feuerbach croit qu'il suffit d'humaniser le divin, mais l'humanité n'est qu'un de mes attributs. Je suis homme comme je suis animal, européen, berlinois, etc. Il est aussi impossible de me réduire à n'être qu'homme qu'il a été impossible au christianisme de me réduire à n'être qu'esprit. Marx, dans les *Annales franco-allemandes*, veut que je sois réellement un être social (*ein wirkliches Gattungswesen*) ; il fonde ainsi une religion humaine qui n'est que la dernière métamorphose de la religion chrétienne. Cette religion rendra à l'État les mêmes services que la piété rend à la famille : elle maintiendra le respect des liens sacrés qui unissent les membres de la communauté ; elle maintiendra aussi la moralité. Si je ne vois, en effet, en Toi, comme en Moi, que l'homme, je prendrai soin de Toi comme de Moi : deux individus, égaux à l'homme, sont égaux entre eux [1]. L'État sera ainsi la nouvelle église. Si, au contraire, au lieu d'insister sur mon titre d'homme, je mets l'accent sur Moi, je ruinerai l'État, et il sera impossible de m'imposer une tâche, un devoir, une mission. Je suis homme, comme la terre est étoile. Je n'ai pas plus

---

1. Cf. Stirner, *Der Einzige und sein Eigentum*, p. 209.

pour mission d'être un homme véritable, que la terre n'a pour mission d'être une vraie étoile. Quand je parle de Moi, il ne s'agit pas du Moi absolu de Fichte, mais du Moi éphémère que je suis. Or, pour ce Moi, l'humanité où l'espèce de Feuerbach n'est qu'un idéal, une abstraction. Je n'ai pas à réaliser l'idée générale d'homme. Je suis mon espèce, je suis sans norme, sans loi, sans modèle; je ne dois pas me soumettre au dressage de la tradition, de la religion, des lois, de l'État; rien ne m'est sacré; je n'admets ni droits de l'homme, ni relations humaines, ni morale humaine; je ne connais que Moi et Ma Puissance.

Je ne reconnais pas à un étranger, sultan, censeur, juge ou tribunal, le droit de juger. Si j'ai raison, cela ne regarde que moi; aux autres de dire s'ils sont d'accord avec moi, ou de briser ma volonté. Le droit est un concept religieux : l'égalité des droits, telle que l'a proclamée la Révolution, n'est que l'égalité des frères, des enfants de Dieu, des chrétiens, bref, c'est un autre mot pour dire fraternité. En réalité il n'y a pas de droit en dehors de la puissance; la force prime le droit, et à bon droit. On parle de droit naturel; la nature ne donne pas plus à l'homme le droit d'avoir sa part de bien être dans la société qu'elle ne donne le droit au prince impérial de monter sur le trône. Les communistes parlent du droit que le travail donne à la jouissance, comme les Juifs parlaient du droit que la vertu donne au bonheur; en réalité, on a le droit de jouir de ce qu'on prend : si on se laisse ravir le fruit de son travail, on n'a que ce qu'on mérite. Le tigre qui m'attaque en a le droit, et si je le tue, j'en ai aussi le droit[1]. Les enfants ont le droit de vivre, si on les laisse vivre ; sinon, comme c'était le cas à Sparte, ils ne l'ont pas. Dans un État, le droit n'est que le droit du pouvoir. La séparation du législatif et du judiciaire n'est qu'une illusion vaine ; le juge applique mécaniquement la loi : il est la machine du législateur. Les parlements français de l'ancien régime, qui voulaient examiner les lois avant de les appliquer, prétendaient n'être que leurs propres machines. La peine que subit un condamné, il l'a méritée, puisqu'il n'a pas pu triompher de notre droit, qui n'est autre que notre pouvoir.

La loi est un ordre qu'une volonté étrangère me donne. Tout État est despotique, que le Despote soit un individu, une majorité ou même une totalité. Imaginons le cas où il y aurait unanimité des votes pour faire une loi : je n'en serais pas moins lié à ma volition d'un jour ; ma volonté serait figée ; le Créateur serait enchaîné par sa créature. Je pourrais vous conseiller de ne pas faire de lois qui limiteraient mon évolution, mon activité créatrice : mais je ne vous conseille rien : si une loi me gêne, je n'ai qu'à ne pas la respecter. Des gens bien intentionnés souhaitent que la loi exprime la volonté populaire : mais si la volonté populaire défendait le blasphème, devrais-je cesser de léser la majesté divine ? Chaque Moi est en réalité un criminel, un ennemi du peuple et de l'État[2]. Aussi le peuple tient-il tout individu hardi en suspicion : le

---

1. Cf. Stirner, *Der Einzige und sein Eigentum*, p. 223.
2. *Ibid.*, p. 233.

peuple a l'âme policière ; il met les justes au-dessus des pécheurs ». On damne au nom de la loi, du peuple souverain, comme on damnait au nom de Dieu. Mais Moi je ne reconnais d'autre législateur que Moi.

Les libéraux opposent au privilège l'égalité des droits, mais cette égalité n'est qu'un fantôme : le droit est toujours une faveur, qu'on le mérite ou non par ses services. Il y aura toujours entre deux individus des différences : pourquoi les tiers n'en tiendraient-ils pas compte ? A ce don gracieux du juge qu'on appelle « droit, l'Égoïste oppose sa puissance qu'il ne tient que de lui.

Or, aucune société ne peut satisfaire l'égoïste : toute société est personnifiée; toute personne morale impose le respect. Famille, Nation ou Humanité, tout groupement naturel ou artificiel nous enserre de liens religieux : le peuple libre d'Athènes créa l'ostracisme et empoisonna le plus sincère des penseurs. Mais aussi pourquoi Socrate n'a-t-il pas écouté l'ami qui lui conseillait de fuir ? pourquoi se soumit-il au jugement d'autrui après s'être jugé digne du prytanée[1] ? La société tue l'individu ou l'individu tue la société ; l'inquisition exterminera les hérétiques, tant que l'Égoïste n'aura pas enterré la tyrannie. Il y a conflit par exemple entre la piété familiale et la passion individuelle (cf. Roméo et Juliette); il y a lutte entre l'État qui me dresse et ma libre croissance. Il ne faut pas que la tolérance nous fasse illusion. Au Moyen-âge l'Église tolérait plusieurs États dans son sein; depuis

---

1. Cf. Stirner, *Der Einzige und sein Eigentum*, p. 250.

la Réforme, l'État tolère plusieurs Églises sous une
couronne. Mais le tribunal a toujours pour but de forcer les gens à la justice, l'école de forcer les gens à
recevoir une éducation déterminée : on ne tolère que les
jeux innocents. L'État a pour premier devoir d'assurer
sa conservation, de fortifier son unité : l'individu n'y
sera jamais indépendant. Or, toute dépendance est un
lien religieux. E. Bauer se prononce contre la royauté,
qui doit son pouvoir au hasard, à la naissance, bref à
la nature, non à la volonté populaire : pour Moi tout
peuple est une force naturelle, un ennemi que je suis
forcé de vaincre. Tout peuple a d'ailleurs une tête, un
chef. Weitling admet une organisation harmonieuse
et Proudhon déclare qu'une société pour ainsi dire
acéphale ne peut vivre[1]. Et que m'importe la distinction entre la *vox principis* et la *vox populi*, si je dois
toujours écouter la *vox Dei ?* Les nationaux allemands
qui se serrent la main avec un frisson sacré, sont
encore victimes d'une illusion religieuse : ils sont
pieux; ils croient qu'un peuple est une personne, un
Moi. Or, le peuple n'est pas plus un Moi que le groupe
des onze planètes n'est un Moi. On a voulu longtemps
nous faire croire que nous étions citoyens du ciel; on
veut de nouveau faire de nous des animaux politiques.
On parle du bonheur du peuple, et pendant ce temps
nous sommes malheureux[2]. Nauwerk entreprend de
nous démontrer que c'est un devoir sacré de prendre
part à la vie publique : l'État, dit-il, a besoin de tous

1. Proudhon, *Création de l'ordre*, p. 485.
2. Stirner, *Der Einzige und sein Eigentum,*, p. 271.

les siens ; mais Moi je ne me préoccupe pas des besoins de l'État, je lui dis : Ote-toi de là. On nous chante l'éloge du parti ; on veut que chacun prenne parti : or, un parti n'est qu'un État dans l'État ; chaque parti exige une discipline, une union ; et les partis qui proclament à grands cris qu'une opposition est nécessaire dans un État n'admettent pas d'opposants dans leur sein. Chaque parti est une société fondée sur une idée fixe : aucun parti ne met son principe en doute, aucun n'admet l'impartialité. Le christianisme, par exemple, est un parti, et les chrétiens, jusqu'aux hégéliens et aux communistes, se sont efforcés de justifier la vérité essentielle du christianisme. Le parti exige la fidélité, condamne l'apostasie ; même ceux qui font du prosélytisme n'ont pas confiance en ceux qui se convertissent. Chaque parti a besoin d'une profession de foi, d'un *Credo*. Mais l'égoïste ne se considère pas comme lié par un parti : il y adhère ou en sort librement ; le parti n'est pour lui qu'une partie.

Tous nos partis politiques maintiennent un idéal religieux, qu'ils proposent à tous les hommes. Tous insistent sur les liens qui unissent les individus, liens du sang, liens nationaux, liens humains. L'égoïste ne respecte aucun lien, aucune organisation. Il considère, par exemple, toute propriété comme lui appartenant. Les libéraux s'efforcent de donner à chacun une parcelle de terrain pour assurer à chacun la liberté. Or, la grande propriété absorbe les petites, et les hommes libres deviennent des journaliers. Cette organisation de la propriété mérite donc les attaques de Proudhon et des communistes ; mais ceux-ci se donnent beaucoup de mal pour trouver la solution du problème. On n'avait qu'à dire : Il y a des choses qui appartiennent à quelques individus; nous allons les revendiquer, ou les conquérir. Prenons-les. Associons-nous pour cette partie de chasse, ou, si on préfère, pour ce vol. Pourquoi Proudhon nous raconte-t-il que la société a des droits éminents et imprescriptibles? Les communistes attribuent ainsi à la société les anciens droits impériaux ou régaliens. Or seul l'individu a la *potestas*, comme il a seul la *proprietas*; il a seul l'*imperium*, comme il a seul le *dominium*[1]. Pourquoi Proudhon nous dit-il que la propriété c'est le vol? Laissons de côté la question de savoir si le vol est coupable, et demandons-nous seulement si tout vol ne suppose pas déjà une propriété antérieure. Prendre de l'eau à la mer ne s'appelle pas voler. Si on admet la phrase de Proudhon, on est donc obligé de considérer tout comme étant la propriété de tous : c'est la solution de Weitling. A vrai dire, la propriété n'est pas un fait, c'est une grâce du droit, une fiction, si on la distingue de la possession : le contrat de propriété ne fait qu'enregistrer la possession obtenue et maintenue par la force, comme la paix consacre le résultat de la guerre. Quand les Germains envahirent l'empire romain, ils furent les propriétaires de cet empire. Ne serait-il pas ridicule de soutenir que les Romains sont toujours les vrais propriétaires? Tant que l'Etat a la force, il est donc le seul propriétaire : tout individu n'est que son bénéficiaire, son vassal, son homme-lige.

---

1. Cf. Stirner, *Der Einzige und sein Eigentum*, p. 292.

Dans les confiscations, les amendes, les expropriations, les saisies d'armes, le droit de l'État reparaît. Il apparaît aussi quand l'État intervient pour régler les conflits économiques : l'État, le nouveau Christ, est le médiateur. L'État a une tendance à fixer les salaires, comme à réglementer les pensées de l'individu. Entre l'État et moi, c'est l'égoïsme, la force qui décidera, et non l'amour, la miséricorde, la charité ou la justice. Le socialisme proteste avec raison contre l'oppression des propriétaires individuels; mais il donne à la communauté, à l'État nouveau qu'il veut fonder, une puissance plus oppressive encore; l'égoïsme n'attend pas son salut de cette nouvelle servitude : il dit « Prends »; perds le respect de la propriété et tu ne seras plus pauvre, comme tu as cessé d'être esclave quand tu as perdu le respect du Seigneur; va te chercher ce qui te manque : vois comment Napoléon s'y est pris pour avoir le continent et les Français pour avoir Alger[1]. La question sociale ne sera résolue que par la guerre.

Dans la société bourgeoise, les citoyens sont égaux théoriquement, en ce sens qu'ils peuvent concourir librement entre eux, tandis qu'ils ne sont vis-à-vis de l'État que de simples individus. Au règne des privilèges a succédé le règne des patentes. Mais la patente suppose encore un privilège, celui de la fortune, par exemple, si je veux être fabricant, celui du diplôme, si je veux enseigner. Il y a donc en réalité concurrence non entre les individus libres et égaux, mais entre des biens concédés par faveur et inégalement

---

1. Cf. Stirner, *Der Einzige und sein Eigentum*, p. 303.

répartis[1] : la concurrence n'est que la chasse à l'argent ou aux positions; l'égalité naturelle s'efface devant le hasard des héritages. Aussi les communistes veulent-ils supprimer la propriété héréditaire et y substituer la propriété acquise par le travail; mais la société des travailleurs ne sera-t-elle pas forcée d'entretenir les invalides, les enfants, les vieillards, bref tous ceux qui sont incapables de travailler? Il faut donc admettre qu'il y a droit de propriété sans travail. A vrai dire, notre propriété s'étend jusqu'où s'étend notre puissance. Or, l'organisation du travail ne pourra concerner que les travaux que tout individu peut faire, par exemple l'abatage, le labour; les travaux supérieurs sont égoïstes de leur nature : qui peut suppléer Raphaël dans l'exécution de ses peintures? Sans doute, il y a avantage à organiser les travaux inférieurs (Stirner les appelle les travaux « humains » parce que tout « homme » en est capable), pour que ces travaux inférieurs ne nous fassent pas perdre notre temps, comme c'est le cas aujourd'hui, et en ce sens le communisme aura de bons résultats et enrayera les progrès du matérialisme; il nous laissera du loisir. Mais il n'ose pas avouer que ce loisir permettra à l'égoïste de se réjouir de soi, quand il aura fait sa part de travail humain. On commence à comprendre que la richesse ne vaut pas le mal qu'on se donne et qu'il n'est pas nécessaire d'être un homme extraordinaire pour être ministre; on espère donc qu'il

---

1. Stirner observe que les bourses aux lycées et universités ont été fondées à une époque où le principe de la concurrence n'était pas encore souverain.

sera facile d'arranger d'une façon plus économique le labeur social. Ceux qui se tuent à l'ouvrage pour avoir des pommes de terre trouvent que ceux qui mangent des huîtres ne les payent pas assez cher : ils veulent une revision des prix ; mais ils ne se rendent pas encore compte que c'est la valeur du Moi qui commence à se manifester ; or, si le Moi a une valeur unique, il est impossible de le taxer. De même la société pourra bien satisfaire les besoins généraux, humains ; Toi seul pourra procurer satisfaction à tes désirs particuliers, singuliers. S'il est facile de s'entendre pour la fourniture du pain, de la viande, du vin, c'est précisément parce que chaque égoïsme y est intéressé ; il suffira aux égoïstes de perdre le respect du territoire étranger pour le conquérir.

L'égoïsme ne s'oppose pas dans certains cas au sacrifice : je puis sacrifier ma vie, ma liberté pour un autre, si son bonheur fait mon bonheur et ma joie. Bien plus, la sympathie ou la compassion découlent de l'égoïsme : c'est parce que je ne peux pas supporter la ride que le souci creuse sur le front aimé, que je fais tout pour l'effacer ; mais au fond ce n'est que mon souci à moi que je tiens à chasser. Mon amour pour l'objet est antérieur au droit qu'a l'objet sur moi. Je n'admets pas le devoir que l'on prétend m'imposer. Je suis libre d'aimer tel objet qui me plaît et de ne pas aimer l'Église, le peuple, la patrie, la famille, qui se disent autorisés à exiger de moi le dévoûment absolu et à m'accaparer[1]. Il y a une grande différence entre

---

1. Cf. Stirner, *Der Einzige und sein Eigentum*, p. 342.

l'amour égoïste et l'amour désintéressé, mystique ou romantique. L'amour devient une folie, quand il a sur nous un pouvoir fatal; il est romantique, quand il implique une obligation morale, c'est-à-dire quand l'objet me devient sacré, quand je suis lié à lui par devoir, conscience, serment, quand j'admets qu'il est aimable en soi, antérieurement à mon sentiment et indépendamment de lui. Si on érige l'amour en principe, comme le fait Feuerbach, on a beau dire qu'il est divin, tandis que la haine est diabolique : la servitude est la même dans les deux cas. L'amour égoïste n'est ni divin ni diabolique; il ne se soucie même pas de la raison. Feuerbach ne veut pas que l'amour soit limité par la foi, mais il entend qu'il se règle lui-même par la raison[1]; mais il serait aussi ridicule de refuser le nom d'amour à un sentiment contraire aux croyances ou à la raison, que de dire : des larmes déraisonnables ou impies ne sont pas des larmes véritables. Pour l'égoïste, l'objet de l'amour n'est que l'aliment de sa passion : l'objet n'aurait pour l'égoïste aucune valeur s'il ne servait pas à cette sorte de nourriture; il n'a dans le cas le plus favorable qu'une valeur d'usage. Je suis égoïste : je n'écris pas par amour de l'humanité; si je savais qu'en semant mes pensées je récolterais les guerres les plus sanglantes, je les jetterais quand même au vent. Si je m'occupais de votre bonheur, je ferais peut-être comme l'Eglise qui interdit la lecture de la Bible, ou comme les gouvernements chrétiens, qui mettent en garde contre les mauvais livres;

---

1. Feuerbach, *Wesen des Christentums*, p. 394.

mais je n'écris pas plus pour l'amour de vous que pour l'amour de la vérité. Je chante comme chante l'oiseau sur la branche. Je m'adresse à vous parce que j'ai besoin d'oreilles. Je ne vous dois rien comme vous ne me devez rien. Nous nous exploitons mutuellement [1].

Par l'éducation morale qu'on essaie de nous donner, on nous dresse contre notre intérêt. On nous dit par exemple de ne jamais mentir; or, s'il est souvent prudent de dire la vérité, pour inspirer confiance, il peut arriver, d'autre part, qu'on soit amené à mentir par les circonstances. Un espion doit-il dire la vérité à l'ennemi? un révolutionnaire à la police? dois-je indiquer à ceux qui poursuivent mon ami le chemin qu'il a pris? Fichte conseille dans ce cas de ne pas répondre; mais il ne suffit pas de ne pas répondre si l'on veut sauver son ami; il faut engager ceux qui le poursuivent sur une fausse piste; il faut avoir le courage héroïque du mensonge; il faut, en cas de légitime défense, savoir ne pas hésiter : mentir, prêter un faux serment au besoin [2].

Jusqu'ici les hommes ont agi par amour; agissons par égoïsme. Jusqu'ici, ils ont vécu enchaînés, liés, groupés en société; affranchissons-nous de cette servitude naturelle; faisons comme l'enfant qui se détache de plus en plus de sa mère. Sans doute nous pourrons encore entrer dans une association, mais il y a entre la société naturelle (*Gesellschaft*) et l'association des

---

1. Stirner, *Der Einzige und sein Eigentum*, p. 347.
2. *Ibid.*, p. 355.

égoïstes (*Verein*) des différences essentielles. La société est autoritaire; elle me domine; j'en suis le sujet humble, résigné, plein d'abnégation; elle m'impose un *Credo;* elle cherche à déformer mon individualité. L'association est mon œuvre, ma créature; elle n'est pas sacrée pour moi; je me sens au-dessus d'elle, je ne lui ai pas vendu mon âme; elle limite sans doute aussi ma liberté en un sens, mais elle respecte ma personne. On pourrait croire que la société future que le communisme veut fonder est une association d'égoïstes, puisqu'il veut assurer le bien-être de tous; mais, en réalité, c'est encore une société d'ancien régime. Écoutez, en effet, comment Weitling en justifie l'avènement : il met en balance l'intérêt de la minorité et celui de la majorité, et il invite les privilégiés à renoncer à leurs privilèges dans l'intérêt général; s'il voulait fonder une association d'égoïstes, c'est aux misérables qu'il ferait appel. Renonçons aux rêves de communisme : l'égalité n'est qu'une illusion du langage; nous ne sommes égaux qu'en tant qu'hommes, mais l'humanité n'est qu'une idée générale, un nom. Nous sommes en réalité sans commune mesure : nous sommes inexprimables. Notre association ne sera maintenue ni par un lien naturel ni par un lien spirituel. Il n'y aura ni unité de sang ni unité de foi; ce ne sera pas une famille, une tribu, une nation, pas même la nation humaine dont parlait Anacharsis Cloots; ce ne sera pas non plus une communauté, ni une église[1]. Tu n'as pas envers l'association

---

1. Cf. Stirner, *Der Einzige und sein Eigentum*, p. 365.

de devoirs sociaux ; tu l'exploites tant que tu peux, tu en sors quand tu ne peux plus l'exploiter. L'association n'est que ton outil ou l'épée qui aiguise la force naturelle. Sur la porte de notre temps n'est plus gravée l'ancienne devise apollinienne : « Connais-toi toi-même » ; il y est inscrit : « Fais-toi valoir. » Il ne s'agit plus, comme à l'époque de la Révolution française, de choisir une Constitution. Le Christ, qui tua le paganisme, ne fut pas un révolutionnaire, un démagogue, un libéral : il fut un révolté. De même, ce ne sera pas une révolution politique ou sociale qui tuera le christianisme, ce sera une révolte (*Empörung*[1]). Je suis un révolté en ce sens que je ne reconnais aucune puissance au-dessus de Moi. Je considère toute force comme un moyen à mon service : je me sers du chien de chasse contre le gibier, je le tue s'il m'attaque. Mes relations avec le monde se réduisent à ceci, que je l'exploite pour en jouir.

Les hommes ont toujours eu jusqu'ici le souci de la vie ; vie terrestre ou vie éternelle, la vie était le but qu'ils cherchaient à atteindre, la richesse qu'ils tâchaient d'acquérir. Moi je ne me soucie que de jouir de la vie ; je pars de la vie et je la dépense. On a assez vécu d'espérance, on a assez rêvé d'un avenir meilleur, d'un dimanche heureux ; on a eu assez soif d'idéal, on s'est assez sacrifié pour un au-delà plus ou moins lointain, on s'est attelé à un nombre suffisant de tâches. On a cru assez longtemps qu'on n'avait pas le droit de

---

1. Pour éviter un procès, Stirner déclare expressément qu'il prend ce mot dans son sens étymologique (soulèvement) et non dans le sens plus étroit que vise le Code pénal.

disposer de sa vie, qu'il fallait la conserver avec soin et s'interdire le suicide : on a bâti sur ce préjugé assez de tragédies morales. Rejetons tout ce romantisme. Un homme n'a pas de mission; chacun fait ce qu'il peut. Il y a entre les individus de l'espèce humaine, comme entre les individus de toute espèce animale, des différences profondes, que l'éducation ou le dressage ne parvient pas à effacer. Un homme n'a pas autre chose à faire que ce qu'il fait, à savoir : vivre, jouir et déployer la force dont il dispose. La fleur aspire les sèves de la terre, l'air, la lumière du soleil, autant qu'elle peut; l'oiseau attrape des scarabées et chante tant que le cœur lui en dit : il suffit à la rose de vivre pour être une vraie rose; il suffit au rossignol de vivre pour être un vrai rossignol; tant que l'homme vit, il est vraiment un homme. Je n'attends donc pas l'âge d'or pour me procurer les satisfactions que je désire : à défaut du libre passage à la douane, par exemple, il y a provisoirement la contrebande. Je ne me partage pas en deux moitiés pour sacrifier l'une en donnant la chasse à l'autre; je me prends Moi et les hommes, non comme nous devrions être, mais comme nous sommes : aussi bien ne pouvons-nous être davantage. La possibilité, en tant qu'elle s'écarte de la réalité, n'est qu'une vaine construction de la pensée; possible ne veut pas dire autre chose que concevable. Le malheur est que les croyants ont toujours voulu imposer à autrui leurs conceptions : si tous les hommes étaient pieux, raisonnables, justes, humains, etc.! d'où la haine contre les séparatistes et les hérétiques, d'où les tentatives de dressage. Sans doute ce dressage, cette éducation ne m'a pas été inutile; elle m'a rendu maître de la nature en moi et hors de moi; mais je veux davantage : je veux être maître de l'idéal comme de la nature. Je suis plus qu'esprit ou que chair[1]. Je ne connais aucun juge au-dessus de Moi, aucun devoir.

Tout objet varie selon le sujet qui l'envisage. La Bible est une amulette pour ceux qui lui attribuent une vertu magique; c'est un jouet pour l'enfant qui la déchire; c'est le Verbe de Dieu pour le croyant; c'est une chose sans valeur pour l'Inca qui la met à l'oreille et la jette parce qu'elle reste muette. On y trouve ce qu'on y cherche : Hegel y trouve des idées. Les objets dépendent donc du sujet. Feuerbach nous donne bien le conseil de les considérer sans prévention, comme si l'enfant qui fait de la Bible un jouet avait un préjugé ou un parti pris. Tout jugement, qu'on le veuille ou non, n'est qu'une créature de la volonté du juge; les attributs des objets ne sont que mes créatures; j'ai droit de vie et de mort sur eux; il ne faut pas qu'ils me dépassent, qu'ils deviennent stables, intangibles, éternels, sacrés; j'ai le droit d'être hérétique jusqu'au bout et dans toute la force du terme. Feuerbach insiste, dans les *Principes de la Philosophie de l'avenir*, sur l'Être; mais l'Être est encore une abstraction comme le Moi. Il n'y a que « Je suis » qui ne soit pas une abstraction.

Hegel condamne toute opinion particulière et ne connaît que la pensée absolue : or la pensée absolue n'est

---

1. Cf. Stirner, *Der Einzige und sein Eigentum*, p. 389.

que mon opinion ingrate et rebelle, qui oublie son origine. Je reprends mon bien[1], je puis le changer et l'anéantir. Feuerbach oppose l'Être à la Pensée absolue; mais l'Être n'est que ma sensation, comme la pensée n'est que mon opinion : la sensation est aussi variable que l'opinion. Feuerbach a réhabilité la sensibilité, mais il a enrichi le matérialisme de sa nouvelle philosophie des dépouilles de l'idéalisme, de la philosophie absolue. L'esprit sans pain ne fait pas vivre; mais la sensibilité sans pensée n'est pas tout. Être ne prouve rien du tout : la pierre sur la route est, et ma représentation de la pierre est aussi; seulement, la pierre et ma représentation n'occupent pas le même point de l'espace.

Les privilégiés n'admettent pas la liberté de conscience; les pensées qui ne viennent pas de Dieu, du pape, de l'Eglise sont illégitimes : la vérité est révélée et fixe. Les patentés sont tolérants; la vérité n'est pas donnée, chacun peut la conquérir; ce n'est plus un fief, mais un idéal. Dans le premier cas, quelques privilégiés étaient les serviteurs élus de Dieu; dans le deuxième cas, tous sont libres de servir l'idéal. On n'honore plus Dieu, mais la Vérité. Moi je ne veux travailler ni pour le règne de Dieu, ni pour le règne de la Vérité : je veux régner. S'imagine-t-on d'ailleurs que la liberté de conscience peut exister réellement dans un État, dans une société? La liberté de l'enseignement n'est qu'une concession de l'État. Quand le clergé n'est pas d'accord avec l'État, il s'exclut de la

---

1. Stirner, *Der Einzige und sein Eigentum*, p. 398, joue sur les mots *das Meinige*, le mien, et *die Meinung*, l'opinion.

concurrence. (Cf. la France[1].) Or, en limitant la liberté d'enseignement par son contrôle, l'Etat borne la liberté de conscience, parce que les gens, en règle générale, pensent ce que leurs maîtres ont pensé. Ecoutez ce que dit le ministre Guizot à la Chambre des pairs, le 25 avril 1844 : « La grande difficulté de notre époque est la direction et la domination de l'esprit. Autrefois, c'était l'Eglise qui s'acquittait de cette mission; aujourd'hui elle n'y suffit plus. C'est à l'Université qu'il faut demander ce grand service, et elle n'y faillira pas. Nous, le gouvernement, avons le droit de la soutenir dans cette tâche. La Charte veut la liberté de pensée et la liberté de conscience. » Ainsi c'est pour mieux assurer la liberté de pensée et la liberté de conscience que le ministre demande « la direction et la domination de l'esprit ». Le catholicisme exigeait la soumission à l'Eglise, le protestantisme la soumission à la Bible; Ruge, dans les *Anekdota*, exige la soumission à la raison : il y a toujours une autorité sacrée. La vraie liberté d'enseignement est celle qui me permet de me manifester sans entrave.

Je m'affranchis des vérités comme le chrétien s'affranchit des choses de ce monde : des vérités ne sont que des vanités, des mots. Le travail de la pensée est un exercice comme un autre; on cessera aussi peu de penser que de sentir; mais la puissance des pensées et des idées, la domination des théories et des principes, la souveraineté de l'esprit, bref, la hiérarchie durera aussi longtemps que les curés (*Pfaffen*), c'est-à-dire les

---

1. Cf. Stirner, *Der Einzige und sein Eigentum*, p. 403.

théologiens, les philosophes, les hommes d'Etat, les bourgeois, les libéraux, les maîtres d'école, les domestiques, les parents, les enfants, les époux, Proudhon, George Sand, Bluntschli, etc., etc., auront la parole tant qu'on croira et qu'on pensera à des principes, ne fût-ce que pour les critiquer[1]. La pensée n'est que ma propriété, la vérité n'existe que dans ta tête. Tant que tu crois à la vérité, tu ne crois pas à Toi et tu es un serviteur, un homme religieux. Pour Moi la vérité n'est qu'un aliment pour ma tête pensante, la pomme de terre pour mon estomac digérant, l'ami pour mon cœur aimant. La vérité continue sans doute à exister, comme les choses de ce monde continuent à exister, bien que le chrétien en ait prouvé le néant; mais elle est vaine, parce qu'elle n'a pas de valeur en soi. La vérité est une créature. La vérité est pour moi un outil comme une machine. Chaque temps a eu sa vérité, son idée fixe : l'homme est aujourd'hui le dogme à la mode. Moi, je ne m'occupe pas de savoir si ce que je fais ou ce que je pense est chrétien, humain ou libéral : je change d'idée ou de conduite à mon gré. L'esprit comme le monde n'est pour moi qu'une matière; je ne recule devant aucune idée, aucun acte, si diabolique soit-il : saint Boniface a-t-il hésité à abattre le chêne sacré des païens? Je suis au-dessus de tout, au-dessus de l'humain et de l'égoïste, du bien et du mal. Je sors du cercle enchanté où nous enferme toujours le christianisme. Je suis Unique.

Toute l'antiquité a désiré la purification, tout le

---

1. Cf. Stirner, *Der Einzige und sein Eigentum*, p. 409.

christianisme a désiré l'incarnation ; mais il est aussi impossible de réaliser l'idée que d'idéaliser le réel. L'unique n'a cure de l'histoire du monde : il vit sans souci. Si je ne craignais d'être mal entendu et d'être accusé de prêcher l'état de nature, je rappellerais les trois tziganes de Lenau. Ce qu'on dit de Dieu vaut pour moi ; les noms ne me nomment pas, les concepts ne me définissent pas ; je suis inépuisable, parfait, unique ; je suis éphémère et mortel, mais c'est moi le Créateur, le principe et la fin ; j'ai le droit de dire : Je n'ai fait mon affaire de rien.

Il n'y a pas dans le livre de Stirner une suite rigoureuse ; l'auteur critique en effet des théories contemporaines qui se modifiaient sans cesse sous ses yeux, et il était obligé, pour rectifier certains de ses jugements, d'intercaler parfois de nouveaux développements dans son ouvrage et d'en voiler le plan primitif. C'est ainsi qu'il a dû ajouter une note (*Nachtrag*) à la première partie, quand Bruno Bauer tourna le dos à la critique théologique pour proclamer l'avènement de la critique absolue dans la *Gazette littéraire universelle*. Il y a cependant dans *l'Unique et sa propriété* une thèse unique et constante, quel que soit l'objet de la critique ; et il y a un adversaire que cette critique vise de préférence aux autres : la thèse est que toute connaissance et toute morale est relative au sujet individuel et égoïste ; l'adversaire préféré est l'humanisme[1].

---

1. Cf. Max Stirner's, *Kleinere Schriften und seine Entgegnungen*, etc., éd. par J.-H. Mackay, Berlin, 1898. Schuster et Loeffler, p. 180.

Stirner procède ainsi de Feuerbach à la fois par voie de conséquence logique et par voie d'opposition. L'*Essence du christianisme*, en effet, impliquait une théorie de la connaissance et une théorie de la conduite assez analogues aux théories de la critique kantienne; la connaissance était définie comme relative à l'espèce humaine; la morale humaine était posée comme absolue et divine. Or, d'une part, Stirner poussait à bout l'idéalisme feuerbachien; en appliquant à l'individu ce que Feuerbach dit de l'espèce, il aboutit ainsi à considérer tout sujet comme indéfinissable, comme inépuisable, comme supérieur à ses attributs par son infinie originalité créatrice et sa singularité; il est conduit aussi à nier toute métaphysique rationnelle et toute science, l'Idée n'étant qu'opinion et l'Être (Nature ou Chose en soi, Ame ou Vie) n'étant donné pour chacun que dans la sensation. D'autre part, Stirner fait à l'humanisme les mêmes objections que Feuerbach avait faites au déisme chrétien : nous sommes toujours partagés en deux moitiés, dont l'une est divine ou angélique, l'autre diabolique ou animale. Que l'on dise Dieu ou Essence humaine et guenille ou vie inhumaine, grâce ou amour et péché ou égoïsme, le dualisme demeure et l'en-deçà est toujours sacrifié à l'au-delà. Stirner est amené ainsi à nier tout objet en dehors ou au-dessus de nous, toute dépendance naturelle ou humaine, tout lien social, toute fidélité, toute morale. L'Unique est inexprimable et il est souverain; il est, à chaque instant, maître de lui comme de l'univers, car aucun idéal, aucun contrat, aucune idée fixe, aucune parole donnée, aucune action ni aucune passion ne l'enchaînent ni le possèdent. C'est ici, d'une part, la conséquence extrême du christianisme : à Dieu a succédé, avec Jésus, l'Homme-Dieu; de cet Homme-Dieu, le mysticisme, le protestantisme et la philosophie (Luther, Kant, Feuerbach) ont peu à peu dégagé la religion de l'humanité; allant plus loin encore dans la voie de l'immanence, Stirner réintègre la divinité dans l'individu humain. « Nous sommes tous parfaits », dit-il.

On pourrait objecter que Stirner n'admet pas seulement la perfection de l'individu humain, mais la perfection de tout ce qui vit, animal ou plante; et il serait facile de répondre qu'ici encore Stirner est dans la tradition du luthéranisme et du panthéisme, qui sont logiquement forcés de considérer toute créature comme sacrée par sa descendance du Créateur; mais, à vrai dire, de même que le christianisme se préoccupe presque exclusivement du salut des âmes humaines, de même que le panthéisme se préoccupe surtout de rattacher à Dieu les idées humaines et les actes humains, de même Stirner a souci d'abord des sujets humains; il est bien en ce sens dans la ligne de la foi.

Mais sa thèse est, d'autre part, la négation radicale du christianisme qui, comme toute religion, tend à subordonner l'individu au Tout et qui, d'accord sur ce point avec toute science et toute morale, prescrit à l'homme de reconnaître sa dépendance pour gagner la liberté. C'est une affirmation de vie indomptable, la manifestation d'une énergie qui ne se laisse arrêter par aucun obstacle, aucune superstition, aucun scrupule, aucune considération; c'est en même temps l'expression d'un mépris profond et absolu de la vie qui ne daigne pas la régler et rit de la perdre. Dans un de ses articles [1] de la *Gazette rhénane*, Stirner reproduit en l'approuvant l'explication que donne Rosenkranz du goût des Germains pour la boisson; l'intempérance provient d'un excédent de forces; le Germain lutte avec la nature, et boire a pour lui un charme plein d'horreur. Il y a toujours en lui l'âme du roi de mer Regnar Lodbroki, qui, rongé par les serpents, chantait ses actions avec ce refrain : « Je mourrai en riant. » Le Germain aime la tentation démoniaque. Stirner ajoute, d'après Tacite, que le Germain aime à jouer comme il aime à boire; c'est pour lui une guerre, une aventure, un danger qu'il recherche pour le plaisir de le braver. De même, quand il veut donner dans son livre une idée de la vie de l'Unique, il rappelle les trois tziganes de Lenau qui vivent à leur guise la vie qu'ils méprisent. Il y a beaucoup de cette témérité barbare et de cet humour pessimiste dans le livre de Stirner, comme dans plus d'une œuvre du romantisme allemand.

L'originalité de Stirner est précisément d'avoir vu que l'exubérance naturelle du barbare et la foi pieuse du chrétien supposaient toutes deux un acte de rébellion. Saint Boniface abattant à coups de cognée le chêne sacré a dû imposer le respect aux Germains; ils ont dû admirer l'allure superbe ($ὕβρις$) de cette provocation, de cette déclaration de guerre. Stirner va plus

---

[1]. Paru dans le supplément n° 207, le 26 juillet 1842, reproduit par J.-H. Mackay. — C'est une annonce des *Königsberger Skizzen* de Rosenkranz.

loin que l'apôtre de la Germanie ; il veut déraciner aussi le Dieu qui est dans les âmes ; en lui, le christianisme et le paganisme se sont tués l'un l'autre pour ne laisser debout que le Moi, supérieur à l'esprit comme à la nature. Stirner semble avoir été mis sur la voie de cet individualisme outrancier par son expérience de l'enseignement. Son premier article, en effet, a pour titre « le faux principe de notre éducation ou l'humanisme et le réalisme[1] ». Il n'admet ni l'éducation classique, qui a été faite pour assurer la domination d'une aristocratie et qui a surtout le souci de la forme ; ni l'éducation moderne, démocratique et pratique, mais trop esclave de la matière ; il n'aime ni les dandys ni les industriels. L'éducation classique lui paraît convenir au Moyen-Âge ; l'éducation moderne à ce qu'il appelle la période de la réforme ou l'époque de la science et de la philosophie. Il ne s'agit plus maintenant de former des clercs, des savants ou des penseurs ; il faut laisser les volontés, les personnalités se manifester librement. Stirner a été frappé de voir que les vanités, la recherche de l'argent et des fonctions, la platitude servile et l'hypocrisie du courtisan se conciliaient aussi bien avec l'élégance de la culture classique qu'avec la somme des connaissances modernes ; et il croit que tout le mal vient de ce que notre

1. Cet article parut dans les suppléments des quatre numéros 100, 102, 104 et 109 des 10, 12, 14 et 19 avril 1842 de la *Gazette rhénane* (Rheinische Zeitung). J.-H. Mackay l'a réimprimé dans le premier cahier de la sixième année de la *Nouvelle Revue allemande* (Neue Deutsche Rundschau, Freie Bühne) à Berlin, janvier 1895, et dans son recueil des *Kleinere Schriften* de Stirner, pp. 11-30.

pédagogie exige avant tout la soumission. Il y a le dressage formel et le dressage matériel, la ménagerie classique et la ménagerie moderne; mais, de part et d'autre, il n'y a que des cages où les dompteurs habituent les enfants sauvages à l'obéissance passive. Stirner voudrait qu'on respecte l'esprit d'opposition et ce bon fonds naturel qu'on étouffe chez les enfants dits mal élevés; qu'on ne cherche pas à imposer des principes, mais à faire surgir des volontés, des personnes libres. Ici encore, Stirner rappelle l'auteur de l'*Emile;* et il n'y a pas seulement rencontre sur quelques points : l'inspiration profonde est la même. Stirner, comme Jean-Jacques Rousseau, rejette tous les procédés catholiques de notre éducation extérieure et superficielle; en vrai protestant, il met la foi intime au-dessus des œuvres et poussant jusqu'au paradoxe cette tendance, il considère toute influence étrangère à l'individualité même, toute discipline qui fait appel à l'imitation, c'est-à-dire toute éducation, comme immorale, en ce sens qu'elle déforme la personne de l'enfant.

Ce « personnalisme » pédagogique se traduit en philosophie par un subjectivisme (ou idéalisme) qui exclut tout souci de l'objet. Selon Stirner, en effet, la philosophie se distingue de la religion et de l'art en ce qu'elle ne reconnaît ni ne crée aucun objet et ne respire que la liberté. « Au philosophe, Dieu est aussi indifférent qu'une pierre[1] ». Quand le philosophe s'occupe de Dieu, ce n'est pas pour le vénérer, mais pour l'exploiter, pour y découvrir une étincelle de raison.

---

1. Cf. Stirner, *Kleinere Schriften*, p. 45.

L'instinct qui a poussé Neander à maudire le dieu des philosophes ne l'a pas trompé. Stirner interprète ainsi la philosophie hégélienne, à peu près comme Bruno Bauer : membres tous deux du « Club des libres » à Berlin, ils voyaient dans la philosophie la justification de l'indépendance, et luttaient tous deux contre les préjugés et les idées fixes. Mais tandis que Bruno Bauer insistait surtout sur la liberté de la pensée, sur la critique qui analyse et démolit sans cesse les dogmes, Stirner tenait surtout à la liberté morale qui s'affranchit de toute loi : pour Bruno Bauer, la Pensée demeurait sans cesse maîtresse de ses idées; pour Stirner, la Volonté disposait à tout instant de ses volitions. D'autre part, Stirner, à l'exemple de Feuerbach, sortit de la métaphysique hégélienne : il ne vit dans la volonté, comme dans la pensée, que des attributs humains; son désaccord avec Feuerbach provenait de ce que Feuerbach considérait ces attributs comme les attributs de l'espèce humaine, tandis que Stirner n'admettait pas de prédicats en dehors du sujet individuel.

L'ouvrage de Stirner frappa vivement Feuerbach, de même qu'il inquiéta un moment la sainte-famille de Bruno Bauer et le groupe des socialistes (Ruge-Marx-Engels) : tous crurent devoir y répondre. La critique de Marx vient seulement d'être publiée[1]. Mais

---

1. Cf. Mehring, *Nachlass*, II, p. 346. Cette critique devait figurer dans le premier volume de l'*Idéologie allemande*. Mehring cite à ce sujet la lettre suivante de Weydemeyer, qui avait reçu le manuscrit et devait assurer l'impression en Westphalie (la lettre est du 30 avril 1846 et elle est adressée

les critiques que rédigèrent Szeliga, au nom des par-
à Karl Marx). « Tu prétends qu'il est superflu de critiquer
Stirner ; c'est une opinion qu'ont déjà soutenue contre moi
plusieurs camarades et j'ai discuté longuement à ce sujet, particulièrement avec Bürgers. Par contre, je suis de plus en plus
convaincu de la nécessité de cette critique. La domination de
l'Idée est encore solidement ancrée dans les esprits, en particulier dans l'esprit des communistes eux-mêmes, quoique l'ab-
surdité n'apparaisse pas aussi nettement que dans l'œuvre de
Stirner. La manie des catégories et des systèmes se retrouve
encore, même dans des œuvres sérieuses, où la construction
est mieux voilée et dissimulée. J'ai lu ici une bonne partie de
l'Unique, — je veux dire de ton Unique à toi, — avec Louise,
à qui il plaît beaucoup. » (Louise était la fiancée de Weydemeyer ; elle était liée d'amitié avec Marx et sa femme.) — Bernstein a publié dans les *Dokumente des Socialismus* d'importants extraits du chapitre de Marx-Engels sur Stirner : « *le saint
Max* ». Le manuscrit qu'Engels confia par testament aux bons
soins de Bebel et de Bernstein est écrit de sa main, sauf une ving-
taine de pages qui sont de l'écriture de Moses Hess. Marx y a fait
quelques corrections dans le texte ou en marge. Moses Hess
avait peut-être quelque peu collaboré à ce travail ; mais l'essentiel est évidemment dû à la collaboration de Marx et d'Engels :
ils emploient contre Stirner les mêmes procédés qu'ils avaient
déjà mis en œuvre contre Bruno Bauer dans la *Sainte-
Famille*. Ce n'est qu'une longue, très longue parodie, où, il
faut bien le dire, les auteurs montrent plus de pédantisme que
d'esprit, et même, peut-être, de bonne foi. Ils reprochent surtout à Stirner d'avoir conservé la philosophie idéaliste de
l'histoire et d'ignorer les conditions matérielles de la vie. Ils
critiquent pied à pied, en abusant des guillemets et en jouant
un peu sur les mots cités, ce que Stirner dit de la philosophie
grecque, du christianisme et de la hiérarchie, et des théories
contemporaines. Ce qui fait l'intérêt de ce travail, c'est qu'il
forme transition entre la *Sainte-Famille* et le pamphlet contre
Proudhon ; il permet de mieux suivre l'évolution des idées chez
Marx et chez Engels ; on y voit notamment comment ce qu'ils
savaient ou croyaient savoir de la France et de l'Angleterre
a contribué à les détourner de l'idéalisme allemand pour les
acheminer vers le matérialisme historique.

tisans de B. Bauer, Hess, au nom du communisme, et Feuerbach, en son nom personnel, ont paru [1] assez tôt pour que Stirner ait pu répliquer à leurs objections. La polémique entre Stirner et Feuerbach nous montre qu'il y avait entre eux un double malentendu. Stirner

[1]. J.-M. Mackay donne à ce sujet les renseignements suivants : Feuerbach publia ses brefs aphorismes — sans les signer — dans le deuxième volume de la *Revue trimestrielle* de Wigand, pages 193-205, sous le titre : « *De l'Essence du christianisme par rapport à l'Unique et sa propriété* ». Il inséra cet article, sans y rien changer, dans le premier volume de ses Œuvres complètes (*Commentaires et compléments de l'essence du christianisme*); il y mit la note suivante : « Je remarque, à propos de ce titre, que, pas plus ici qu'ailleurs, je n'ai en vue ni ne défends la lettre de mon ouvrage. J'ai à l'égard de mon ouvrage une attitude nettement critique; je n'ai affaire qu'à son objet, son essence, son esprit. Je laisse aux *enfants* de Dieu ou du diable le soin de s'occuper de la lettre ».

La brochure de Moses Hess a pour titre : *Les Derniers philosophes*, et parut également en 1845 chez C.-W. Leske, à Darmstadt. Elle a vingt-huit petites pages et est précédée d'une courte introduction.

Szeliga fit paraître sa critique assez étendue sur l'*Unique et sa propriété* en 1845, dans le cahier de mars des *Norddeutsche Blätter für Kritik, Litteratur und Unterhaltung* dont il y eut une seconde édition, sous le titre : *Contributions à la campagne de la critique, Norddeutsche Blätter pour 1844 et 1845*, avec des articles de Bruno et Edgar Bauer, A. Fränkel, L. Köppen, Szeliga et autres, chez A. Riess, à Berlin. L'article de Szeliga est l'article de tête du neuvième cahier du deuxième volume.

Les critiques de Szeliga et de Hess sont à peu près introuvables; mais Stirner dans ses répliques en donne des citations littérales. Ces répliques parurent dans la *Revue trimestrielle* de Wigand, pp. 137-104, avec la signature M. St., et ont été réimprimées par J.-H. Mackay dans les *Kleinere Schriften* de Stirner, pp. 111-166.

attachait trop d'importance aux termes métaphysiques que Feuerbach avait conservés dans l'*Essence du christianisme*; il n'avait pas remarqué que Feuerbach se débarrassait peu à peu de ces termes; au lieu de louer l'effort du philosophe pour briser ses chaînes, il le blâmait d'en garder la cicatrice. Mais il faut dire d'autre part que le progrès des idées chez Feuerbach était lent et que Stirner a du moins contribué à l'accélérer. De son côté, Feuerbach fut tenté de retourner contre Stirner le reproche de dévotion; il a cherché à montrer qu'il y avait encore chez l'auteur de l'*Unique* des traces de polythéisme ou de supranaturalisme chrétien : bref, qu'il était encore, lui aussi, victime d'idées fixes ou de préjugés cléricaux. Si l'on écarte les objections qui de part et d'autre ne portent que sur la lettre, il reste que Stirner et Feuerbach s'accordent à nier le réalisme des idées (platoniciennes ou hégéliennes, par exemple) et l'absolutisme des lois morales (au sens de Kant, par exemple); mais tandis que Stirner s'en tient au nominalisme, à l'immoralisme et à l'anarchisme, Feuerbach veut laisser aux idées générales, aux règles de conduite et aux sentiments communs (de famille, de nation, par exemple) la part qui leur revient. Même quand, vers la fin de sa vie, Feuerbach insiste surtout sur l'égoïsme, il ne prend pas ce mot dans l'acception où le prenait l'Unique : pour Stirner, l'égoïsme est l'affirmation du Moi incomparable et souverain; pour Feuerbach, l'égoïsme est l'affirmation de la volonté de vivre.

CHAPITRE V.

Les vulgarisateurs : I. Karl Heinzen; II. Wilhelm Marr; — III. Ewerbeck.

I. Heinzen.

Tandis que Marx et Stirner partaient de l'humanisme de Feuerbach pour arriver au socialisme et à l'anarchisme, d'autres disciples du philosophe essayaient de rester à égale distance du communisme et de l'individualisme, tout en insistant sur les droits et les devoirs de l'état démocratique. C'était à peu près la position qu'avait prise déjà Arnold Ruge; mais tandis que celui-ci n'hésitait pas à se rapprocher des sectes religieuses les plus libérales, par exemple des Amis de la lumière et des néo-catholiques allemands, les « athées » comme Heinzen n'admettaient aucune conciliation entre les partisans et les adversaires de la foi : « Que les hésitants se décident à se débarrasser complètement de l'ancien costume. Il n'y aura bientôt plus que deux partis : celui des curés et des despotes, et celui des hommes libres[1]. » Ce sont ces disciples qui ont vulgarisé la doctrine de Feuerbach; ils ont exprimé dans une langue facile à comprendre les conclu-

---

1. Cf. *Erst reine Luft, dann reinen Boden*. Berne, 1848, Jenni fils; Introd., p. iv.

sions où avait abouti la pensée philosophique, et ils ont invité le peuple à en tirer les conséquences pratiques en morale et en politique.

C'est surtout dans les *Lettres d'un athée à un dévot* que Heinzen développe ses idées sur la religion. Qu'est-ce que ce Dieu, demande-t-il, qui a besoin d'être protégé par vous et par votre police? Ce n'est pas vous qui êtes la créature de Dieu, c'est Dieu qui est votre créature. Je ne peux pas croire à Dieu : vos preuves supposent la foi et défendent le doute; je n'admets pas de création *ex nihilo;* je crois que le monde seul existe de toute éternité et se transforme sans cesse. Pour que Dieu créât le monde, il faudrait qu'il ait en lui toute la matière du monde. Dire Dieu *et* le monde, c'est faire un pléonasme. L'évolution du monde aboutit à l'esprit conscient qui se manifeste dans l'espèce humaine : l'humanité n'a pas d'autre objet suprême de connaissance que soi-même et n'a pas d'autre but pratique que son déploiement, son bonheur.

Le panthéisme n'est d'une part qu'une des formes de la foi en un Dieu omniprésent, mais a d'autre part pour conséquence logique l'athéisme[1]. C'est un athéisme honteux. On divinise le monde pour ruiner par un détour l'absolutisme divin; autant vaudrait anoblir tous les citoyens pour supprimer les privilèges de la noblesse. Je rejette le panthéisme parce qu'il implique toujours une subordination de l'humanité à un être extérieur; je prends, faute de mieux, l'épithète

---

1. Cf. *Lettres d'un athée à un dévot* dans l'Opposition, p. 8. Mannheim, H. Hoff, 1846.

d'athée, bien que je regrette d'exprimer par une négation ce que je veux affirmer, et de traduire « vivant » par « non mort ».

Niant Dieu, je suis forcé de nier, non seulement toute révélation, mais encore toute immortalité individuelle. L'immortalité de l'âme de Monsieur ou de Madame X... ne serait que la dissolution de leur individualité ; mais il n'y a pas, à vrai dire, d'âme, de vie sans matière, comme il n'y a pas de parfum sans fleur. Exigerez-vous la résurrection des roses ?

Vous me demandez quel profit il y a à perdre ainsi tout ce que nous avions de bon, Dieu, la religion, la vie meilleure ? Je réponds que nous avons tout à gagner, si nous savons nous débarrasser de ces illusions.

I. L'humanité cesse de vivre, comme elle a vécu jusqu'ici, à la grâce de Dieu, sans autre droit que celui de dire merci en se sacrifiant ; elle cesse de considérer le malheur comme un devoir. Les hommes chercheront solidairement le bonheur ; l'amour, prêché par le christianisme, se développera réellement, mais n'aura plus pour objet un être qui ne pourrait agréer ce sentiment s'il existait.

II. L'homme n'a plus de devoirs qu'envers son prochain ; on n'aura plus de prétexte pour ne pas rendre à son voisin ce qu'on lui doit. Les despotes ou les clergés ne pourront plus invoquer des raisons supérieures pour nous refuser notre droit.

III. Il n'y a plus d'autre mal que l'égoïsme dégénéré : l'art de trouver du mal dans les choses nécessaires et naturelles disparaît ; l'existence n'est plus un péché originel.

IV. Les pécheurs seront ceux qui dégradent les hommes en s'en servant comme de moyens pour leurs fins égoïstes. Ruiner la foi, c'est condamner tous les oppresseurs et les Jésuites. Toute lutte contre le despotisme temporel et spirituel est vaine si on ne s'attaque pas à la racine.

Vous craignez que je ne perde la paix intérieure; ne vous mettez pas en peine : je suis moins déchiré depuis que je ne suis plus tiraillé entre la foi et la raison; je suis moins inquiet depuis que je ne crains plus l'arbitraire. Sans doute, tant que les hommes ne vivront pas entre eux en parfaite harmonie, le penseur aura à subir de rudes épreuves; mais il n'a pas la lâcheté de ceux qui redoutent plus encore les ennuis terrestres que les peines éternelles. Ne vous imaginez pas non plus que l'égoïsme déchaîné ne respectera plus rien : le droit fondé sur l'égoïsme de chacun sera plus efficace que l'amour vague qu'on nous a prêché jusqu'ici. La conscience éclairée par la raison et fortifiée par l'honneur vaut mieux que la peur.

En renonçant à la théologie, l'humanité n'assurera pas seulement son bonheur; elle élargira le domaine de ses connaissances et de son action sur la nature. L'homme ne voit plus dans le monde qu'une demeure qu'il peut arranger à son gré. Sans doute, il y aura encore bien des catastrophes; il faut se résigner à l'inévitable, qu'on soit croyant ou non; mais que peut-il nous arriver de pire que la mort? Or, l'homme qui sait vivre saura mourir :

Si fractus illabitur orbis, impavidum ferient ruinæ.

Heinzen admet donc, sans réserve, l'humanisme des feuerbachiens, mais il ne veut pas se rallier au communisme révolutionnaire. Il estime que l'état démocratique pourra fort bien conduire l'homme à son but. L'avenir est à la république. Il déplore le fanatisme des apôtres du nouvel évangile, qui se refusent à toute alliance avec les partis politiques ; il leur reproche de traiter de haut non seulement les grands hommes comme Hegel, mais ceux mêmes qui leur ont fourni leurs idées principales, comme le Français Fourier, qui est un de leurs deux maîtres (l'autre est Feuerbach)[1] ; ils sont injustes envers Ruge, qui a plus de mérite à lui seul qu'eux tous ensemble ; ils prétendent avoir le monopole du bonheur humain. Sans doute, ils ont raison de signaler les misères sociales et de vouloir limiter l'égoïsme par l'altruisme ; il y a peut-être dans leurs projets plus d'une idée pratique, mais il y a aussi de graves illusions. La société, même humanisée, n'est pas le but : ce n'est qu'un moyen pour satisfaire l'intérêt de chacun. La société est une abstraction ; il n'y a que des individus. Les communistes ne considèrent que la forêt ; ils ne voient pas les arbres.

D'autre part, il n'est pas loyal de prétendre qu'on va fonder le « royaume de l'amour ». L'égoïsme est nécessaire, on ne le détruira pas. On peut en combattre les excès au moyen de la morale, du droit, de l'organisation politique ; mais on s'expose à recommencer l'effort stérile du christianisme si l'on veut déraciner l'égoïsme pour ne laisser croître que l'amour. Pour

---

1. Cf. *Opposition*, p. 46.

Stirner, au contraire, l'égoïsme est l'adversaire de la
société; c'est tomber dans l'excès opposé, mais du
moins « l'Unique » est plus près de la réalité que ceux
qui rêvent d'une société où on n'aurait rien à faire
qu'à s'embrasser et à se saluer en se disant : « Bonjour, cher frère, au nom de l'humanité » (*Geliebtes
Gattungswesen*).

Ce n'est pas une raison non plus parce que le prolétariat est aujourd'hui deshérité pour mépriser les autres
citoyens. L'esprit de l'humanité se serait-il retiré dans
les poches vides? et faut-il avoir le pantalon déchiré
pour participer aux Droits de l'homme? Où est la
limite entre bourgeois et prolétaires? où sera-t-elle,
surtout quand chaque citoyen, préservé de la misère
par l'État, aura les mêmes droits politiques et les
mêmes facilités pour se développer entièrement? Les
prolétaires se sont sacrifiés pour les idées révolutionnaires; ils exigent aujourd'hui qu'on n'oublie pas les
besoins de l'estomac; ils ont raison, mais qu'ils ne
croient pas réaliser le paradis sur terre. Il n'y a pas
de terme au progrès; l'humanité ne s'arrêtera pas
dans l'éden des communistes pour y jouir.

Mais ce que Heinzen, comme Ruge, reproche surtout aux communistes, c'est leur mépris pour l'organisation politique, l'Etat. Ils veulent remplacer le gouvernement des hommes par l'administration des choses, mais la fabrique n'est-elle pas aussi un Etat?
N'y aura-t-il plus de police dans la société future, plus
de milice, plus de pouvoir central? Qui est-ce qui empêchera la Russie de faire de la Prusse une province
russe? Direz-vous que la révolution sociale sera inter-

nationale ? C'est une raison de plus pour supposer dans la société future une forte organisation. Comment réglera-t-on les échanges, distribuera-t-on les biens, répartira-t-on le travail ? On aura beau transformer la terre en une vaste caserne, la concurrence ne mourra pas plus que l'égoïsme. Sans doute, l'État doit jouer un rôle dans les affaires sociales; il a des devoirs à remplir. Il faut qu'il soit : 1° le seul propriétaire foncier; 2° qu'il se fasse industriel pour perfectionner l'industrie, éviter les crises, assurer de l'ouvrage aux sans-travail; 3° qu'il maintienne un minimum et un maximum de fortune par l'impôt progressif, la suppression de l'héritage; 4° qu'il procure à chacun les moyens de travail indispensables et l'éducation gratuite, et qu'il encourage les associations; bref, qu'il soit vraiment démocratique.

Heinzen se défend de vouloir faire le jeu de la bourgeoisie; il croit seulement que la tactique des communistes est mauvaise, et il estime que l'aristocratie d'argent est encore moins dangereuse que le despotisme brutal.

II. W. MARR.

W. Marr lutta en Suisse contre le communisme évangélique des disciples de Weitling. A Zurich, il avait connu l'auteur des *Garanties de l'harmonie et de la liberté*, et il avoue avait été séduit par ses théories; mais il affirme que, même à l'époque où il commettait ce péché de jeunesse, le ton religieux de l'*Évangile d'un pauvre pécheur* le choquait déjà. Il considérait comme dangereux et faux d'exploiter le Nouveau Testament dans le sens du communisme : le christianisme a nié la terre au profit du ciel; il faut s'en tenir à la philosophie moderne[1].

Quand Weitling fut jeté en prison (juin 1843), Marr quitta Zurich pour Lausanne. Au temps de la monarchie de juillet, la Suisse française était pleine de réfugiés de toute origine qui formaient des sociétés plus ou moins secrètes. Les premiers adhérents de ces sociétés n'avaient pas d'idée bien nette : ils conspiraient, parlaient de tuer les tyrans et d'organiser des colonnes révolutionnaires, et se choisissaient des noms héroïques dans l'antiquité gréco-romaine. Leurs chefs furent expulsés en 1836, sur la demande de la France. Mais de nouvelles sociétés se formèrent. A Genève, les ouvriers fondèrent un club où l'on chantait les poésies de Harro Harring et de Fein, et où l'on lisait la *Volkshalle*, de Wirt; d'autre part, un disciple de Weitling, Auguste Becker, et l'organiste Weitzel fondèrent un club « pour l'éducation et l'instruction des ouvriers ». D'après un paragraphe des statuts, la politique devait être exclue du club; mais elle y pénétra bientôt, et y accentua les divisions entre les partisans de Becker et ceux de Weitzel, entre les ouvriers « qualifiés » (horlogers, orfèvres) et les hommes en blouse, entre les Allemands et les Suisses. A partir de 1843 surtout, les réfugiés et les prolétaires allemands formèrent deux camps : d'une part, les communistes qui

---

1. Cf. Marr, *La jeune Allemagne en Suisse*, pp. 43-47. Leipzig, Jurany, 1846.

avaient à leur tête Augusto Becker et Simon Schmidt ; d'autre part, les jeunes Allemands dirigés par Herrmann Döleke et Julius Standau. Les communistes se recrutaient surtout parmi les tailleurs ; les jeunes Allemands, parmi les menuisiers et les serruriers. Marr entreprit de convertir les jeunes Allemands à la doctrine de Feuerbach : il fit lire à Döleke l'*Essence du christianisme* qu'il avait toujours sur lui en voyage, et lui expliqua que sa mission était de proclamer la religion de l'avenir[1] ; la religion de l'avenir, c'est-à-dire l'homme, l'homme considéré comme Être suprême, comme la plus réelle des réalités.

Marr, après avoir défini son *credo* en quelques lignes confuses, où se mêlent d'une façon bizarre les formules de Feuerbach (idée de l'humanité, nécessité), aboutit à cette conclusion, qu'il faut vouloir la démocratie avec toutes ses conséquences. Il prend position ainsi, d'une part, contre les chauvins, les ci-devant partisans de la *Burschenschaft*, qui veulent conserver le Dieu qui « fit croître le fer » pour tuer les tyrans ; et, d'autre part, contre les communistes. La réaction allemande favorisa cette propagande : en 1843, on n'entendait parler que de censure et d'interdictions ; les noms de Feuerbach, Bauer, Ruge revenaient sans cesse dans les articles de journaux : la curiosité des ouvriers fut ainsi éveillée et Marr put faire à Lausanne une conférence sur *la Religion de l'avenir*[2] ; il

---

1. Cf. Marr. *La jeune Allemagne en Suisse*, p. 131 et suiv.
2. Dans cet ouvrage, Friedrich Feuerbach vulgarisait les idées de son frère Ludwig.

y eut une discussion contradictoire : un auditeur déclara que s'il n'y avait pas de Dieu, il ne restait plus qu'à jouir dans cette vie; un autre répliqua qu'il fallait supprimer la servitude et la misère.

Marr prétend que les communistes, inquiets de sa propagande, essayèrent de le calomnier : on insinua que c'était un espion autrichien; on demanda de quoi il vivait. Sur le conseil de Döleke, Marr ne se laissa pas troubler et continua son œuvre. Il parlait en public (par exemple à la fête des ouvriers allemands de Nyon), causait des heures avec les ouvriers dans les ateliers, essayait de diriger leurs lectures; il leur conseillait de lire d'abord le drame de Harro Harring, *Les Jeunes filles allemandes;* puis, des épisodes de l'*Histoire de dix ans,* de Louis Blanc; enfin, pour conclure, *La Religion de l'avenir*. Deux fois par semaine il faisait des conférences sur l'histoire de la Révolution française; il expliquait « ce premier chapitre de l'histoire de l'humanité » et n'oubliait jamais de dire du mal de Robespierre qui avait reconnu « l'Être suprême »; il réussit à arracher les ouvriers de Morges au parti communiste, malgré les efforts de Délarageaz, et, en février 1844, il constata avec fierté qu'il y avait vingt et une sections affiliées à la « jeune Allemagne » de la Suisse française.

Pour accroître encore son action, il essaya d'obtenir des secours pécuniaires des libéraux allemands : mais il vit bientôt qu'il n'y fallait pas compter. Il résuma alors l'ouvrage de Friedrich Feuerbach sur *la Religion de l'avenir;* sa brochure, éditée à 1,500 exemplaires, fut épuisée en trois semaines : le bénéfice de cette vente lui permit de fonder plus tard ses *Feuilles du temps présent* (*Blätter der Gegenwart*). Marr donna à la Société secrète une organisation nouvelle; il rendit les conditions d'admission plus rigoureuses, institua des rites terrifiants pour le jour de la réception, confia à Döleke la direction de la section du Jura (Chaux-de-Fonds, Fleurières, Saint-Imer), à Standau celle de la section du Plateau (Berne, Fribourg, Burgdorf, Mondon, etc.). H...mann devait travailler la section de Zurich, très chauvine à cette date. Marr se réservait la section du Léman. Il refusa d'abord d'entrer en pourparlers avec Auguste Becker et les communistes, parce qu'il avait, dit-il, cent preuves de leur esprit sectaire et de leur fanatisme clérical; les communistes Suisses n'ont-ils pas eu l'audace de célébrer les mérites du prophète Albrecht[1]? puis, quand les communistes firent une proposition ferme d'alliance, il exigea la fusion complète. Son attitude, à en juger d'après son récit, ne paraît pas avoir été absolument loyale; quoi qu'il en soit, l'union ne put se faire. L'intervention d'un chevalier d'industrie, comme le pseudo-docteur Kuhlmann qui réussit à surprendre la bonne foi d'Auguste Becker et à exploiter les ouvriers, ne put naturellement qu'aggraver les dissentiments. Le *Vorwärts* prit parti contre Marr pour Becker, et Marr dut cesser sa collaboration à cet organe.

---

[1]. Le prophète Albrecht était un vieux démagogue qui avait été condamné à six ans de prison. Durant sa détention, on ne lui laissa lire que la Bible; le malheureux devint fou : il confondit le Gotthard et le Sinaï et fit descendre le roi de Prusse de Saül. Il édita chez Jenni, à Berne, des brochures où il invoquait Guillaume Tell contre les prêtres de Baal.

Il fonda alors avec Döleke les *Blätter der Gegenwart für soziales Leben;* il y déclarait prendre parti exclusivement pour l'homme contre tout ce qui est extra-humain, supra-humain ou inhumain. Dans les premiers numéros, il attaque l'Etat et l'Eglise; puis, s'enhardit peu à peu jusqu'à prêcher l'athéisme. Dans sa critique de la société, il s'inspira surtout de Proudhon. Le journal pénétra dans tous les clubs ouvriers (sauf celui de Zurich, qui reprocha à Marr de n'être pas patriote). Marr triomphait. La révolution de février 1845, qui amena un changement de gouvernement dans le canton de Vaud, contribua encore à lui donner confiance; il avait joué un rôle dans l'émeute et comptait sur l'appui de Druey, l'ancien président de la section suisse de la jeune Europe, qui arrivait au pouvoir. Marr avait été en relations avec lui, quand il avait eu à défendre les intérêts des ouvriers ferblantiers contre la coalition des patrons. Druey lui aurait alors avoué qu'il était « jeune-hégélien lui aussi ». Il semble pourtant que Druey avait conseillé à Marr de ne pas trop intervenir dans les affaires de Suisse, car Marr entreprit aussitôt après la révolution un voyage en Allemagne pour y organiser la propagande; il rendit visite à quelques chefs libéraux, vit la foire à Leipzig, lia au retour conversation avec des contrebandiers et revint admirer la nature en Suisse. Il s'arrêta à Zurich où il rencontra, chez Fröbel, Ruge, Heinzen, Freiligrat et l'éditeur Otto Wigand, et rentra à Lausanne.

La presse conservatrice, pour créer des ennuis au nouveau gouvernement radical, commençait justement à attaquer les athées et les communistes. Marr fut bientôt la « bête noire » de Lausanne ; cela le contrariait parce que les belles dames tournaient la tête, quand elles le rencontraient. Il engagea une vive polémique dans les journaux ; mais en même temps il prenait ses précautions, se retirait des clubs, et détruisait des papiers. Aussi fut-il surpris de recevoir, en juillet 1845, l'ordre du préfet qui lui enjoignait de quitter les rivages du Léman. Le conseil d'Etat l'expulsait « parce qu'en proclamant hautement l'athéisme, il était devenu un scandale pour le pays » ; « son action parmi les ouvriers allemands » était également blâmée. Le gouvernement radical avait-il cru nécessaire de faire cette concession à ses adversaires ? Druey et Delarageaz avaient-ils sacrifié les jeunes Allemands pour sauver leurs amis les communistes[1] ? Quoi qu'il en soit, Marr, malgré toutes ses protestations et toutes ses démarches, — il n'hésita pas à invoquer l'appui des conservateurs contre les radicaux, — dut quitter Lausanne. « On renvoie Helvétius, dit l'*Indépendant*, et on garde Cabet. » Exilé de la république suisse, Marr vint chercher « un asile dans sa patrie ». Les papiers de la jeune Allemagne furent saisis. Döleke et Standau réussirent à s'échapper et partirent pour l'Algérie. Marr renonça, à vingt-sept ans, à son rêve de l'humanité : il jugea « que le monde était une grande maison de fous et qu'il ne fallait penser qu'à son moi égoïste[2] ».

---

1. A Neufchâtel, au contraire, on toléra les jeunes Allemands et on expulsa les communistes : les deux groupes s'accusèrent mutuellement de dénonciation.

2. Conclusion de son livre : *La jeune Allemagne en Suisse*.

III. H. Ewerbeck.

Le docteur Hermann Ewerbeck, né à Dantzig, en Prusse, citoyen français, fut un de ces Allemands qui, à l'exemple de Heine, s'efforcèrent de rapprocher la France et l'Allemagne en faisant connaître aux Allemands la politique française et aux Français la philosophie allemande. Il fit paraître à Leipzig, chez Twietmeyer, *Die Reise nach Ikarien*, traduction allemande du voyage en Icarie de Cabet et à Paris, chez Ladrange et Garnier frères, *Qu'est-ce que la religion?* et *Qu'est-ce que la Bible?* où il résumait les idées de Feuerbach et de la gauche hégélienne.

Dans la préface de son livre *L'Allemagne et les Allemands*, dédié au peuple français, Ewerbeck nous explique pourquoi il importe de révéler aux Français les études des philosophes allemands sur l'essence de la religion : « La France, État politique *avant* tout, traitant la religion comme institution politique, ne faisant que bien peu de cas de l'essence de la religion, de la religiosité intérieure de chaque individu. L'Allemagne, état politique *après* tout, traitant la religion non seulement comme Église, mais surtout comme objet d'études, de méditation et de réflexion pour chacun. La France, unitaire et dominant du haut de son siège législatif, a pu proclamer la religion catholique religion de la majorité de ses habitants; les protestants et les juifs y étant en si petit nombre qu'ils sont presque imperceptibles. L'Allemagne, composée d'une foule bigarrée d'États, collés les uns aux autres, chacun s'obstinant à posséder un gouvernement à part, un budget à part, une législation à part, une administration à part, aucun n'a de religion de la majorité ; l'Eglise catholique et l'Eglise protestante y sont égales, sinon tout à fait en nombre, au moins en puissance et en considération. En France, la religion protestante a jadis été exterminée par le glaive de la religion catholique. En Allemagne, ces deux religions se sont livré bien des batailles sanglantes pendant plus d'un siècle ; elles ont fini par se reconnaître réciproquement et subsister côte à côte. Après avoir noyé dans des flots de sang français la religion protestante, la France fut pourtant obligée de recourir au vrai principe protestant du Libre Examen ; de là naquit le mouvement des philosophes, qui engendra la révolution de 1789.

« L'Allemagne, ayant conservé les deux religions antagonistes, fut obligée d'approfondir de plus en plus l'essence de la religion en général. De là naquit le mouvement philosophique qui produisit non pas une révolution politique et sociale, mais la suprême émancipation de l'esprit, en créant la nouvelle philosophie allemande. Celle-ci, à son tour, conduira l'humanité à la dernière et à la plus décisive de toutes les révolutions politiques et sociales. Les Allemands ont déjà, il y a quatorze siècles, régénéré le monde par la conquête territoriale ; ils l'ont encore régénéré il y a trois siècles par la Réforme de Luther [1]. »

Ewerbeck estime donc que la nouvelle philosophie allemande régénérera une troisième fois le monde. Un

---

1. Cf. *L'Allemagne et les Allemands*, pp. 5-6.

des principaux ouvriers de cette régénération est le
« philosophe bavarois Louis de Feuerbach ». Dans son
admirable ouvrage l'*Essence du christianisme*, Feuerbach a démontré en effet que « toute la science humaine ne peut franchir les limites de l'horizon humain,
c'est-à-dire que la vertu, le crime, l'amour, la haine,
la joie, l'ennui, etc., restent nécessairement enfermés
dans le giron du genre humain, et que les dogmes de
toutes les religions et les idées de toutes les métaphysiques dans l'antiquité, dans le Moyen-Âge et dans l'époque moderne doivent nécessairement être interprétés
d'une manière humaine; en agissant autrement, vous
tomberez inévitablement soit dans les hallucinations
soit dans la fourberie, en d'autres termes, plus précis
encore, vous aurez alors à choisir entre crétins et gredins[1] ».

Ewerbeck, qui écrivait au lendemain de la victoire
des puissances du passé sur la Révolution de 1848, est
bien obligé de reconnaître que l'œuvre de la régénération de l'humanité et de l'alliance des peuples n'a pas
encore sonné ; mais il ne veut point se laisser aller au
désespoir. Il cite l'éloge que Hegel a fait de la Révolution française, et il déclare avoir la conviction sincère
qu'avant la fin de notre siècle la révolution allemande
se montrera au monde étonné dans des proportions
encore plus grandioses et plus brillantes. Il se considère comme une sentinelle avancée de la vraie démocratie allemande, et il tend fraternellement la main à
la démocratie française[2].

1. Cf. *L'Allemagne et les Allemands*, pp. 585-586.
2. Cf. *Ibid.*, p. 10 et pp. 667-669.

CHAPITRE VI.

Moleschott. — Le matérialisme physiologique.

Moleschott connut dès sa jeunesse l'œuvre de Feuerbach. Son père et un de ses maîtres l'avaient préparé à bien comprendre l'*Essence du christianisme*. Son père était un libre-penseur, fils lui-même d'un pharmacien hollandais, catholique fervent, que ses amis les prêtres avaient délaissé dans la mauvaise fortune et qui n'avait été secouru que par des protestants. Frappé sans doute de ce fait, il s'était fait inscrire comme étudiant au cours de l'humaniste Wyttenbach, à qui on attribuait cette phrase : « *Christus erat magnus homo, sed Socrates quanto major.* » C'est sans doute un écho de ce cours que le père de Moleschott, devenu médecin, laissa entendre un soir au sein de sa famille, quand l'enfant exprimait à ses parents ses doutes en matière de religion. La mère, croyante sincère, s'était bornée à dire : « Crois ce que tu pourras, pourvu que tu sois un brave garçon. » Mais le père ajouta : « Aucun homme qui pense ne croit plus aujourd'hui que le Christ ait été le fils de Dieu. » Moleschott nous dit[1] qu'il trem-

---

1. Cf. *Lebenserinnerungen für meine Freunde*, 2ᵉ édit. Giessen-Roth.

bla comme une feuille ; mais le doute l'envahit de plus en plus ; et le vieillard, écrivant ses Mémoires, se revoyait sur la place de l'Eglise, à Clève, montant et descendant, la sueur au front et sentant la lumière se faire en lui. A l'examen d'instruction religieuse, l'enfant devait développer l'idée de l'espérance chrétienne : il parla plus de l'amour que de la foi. A l'oral, on lui demanda d'appuyer ses idées de citations tirées de la Bible ; mais un pasteur libéral, quelque peu indigné de voir demander des textes à un catholique qui suivait le cours d'instruction religieuse avec les protestants, fit observer que le jeune Moleschott s'était plus pénétré de l'esprit que de la lettre de la révélation.

Le maître qui mit Moleschott au courant de la philosophie allemande s'appelait Moritz Fleischer. Le savant nous a raconté dans ses souvenirs l'impression profonde que fit sur lui ce professeur de lettres, qui trouvait parfois des idées hégéliennes dans Cicéron, mais qui n'en était pas moins un bon humaniste et un excellent éducateur. Sur le conseil de Fleischer, Moleschott essaya de s'orienter d'abord dans la philosophie de Hégel. C'est à cette étude préparatoire qu'il doit, nous dit-il, de n'avoir jamais oublié, même dans ses travaux les plus spéciaux, de rattacher les questions particulières de la science aux problèmes généraux de la philosophie. Comme tous les jeunes hégéliens de l'époque, Moleschott voulut naturellement se rendre à Berlin pour écouter le philosophe lui-même ; il dut se contenter d'aller à Heidelberg, où il espérait du moins entendre le cours de Moritz Carrière sur le nouvel évangile prêché en Prusse; mais Carrière lui-même était considéré comme dangereux. Moleschott étudia donc surtout la philosophie en dehors de l'Université; le soir, chez le D' Berg, il s'efforçait de comprendre la *Phénoménologie de l'esprit*. Il lisait assidûment les *Annales* de Ruge. Il traduisait en hollandais les *Feuilles pacifiques* de Strauss et l'article de Vischer sur « le D' Strauss et les Wurtembergeois »; mais il ne put pas trouver d'éditeur (1843). Il rendit visite, à cette occasion, à Strauss et à Vischer; il passa une bonne soirée chez Christian Märklin, un disciple de Feuerbach, qui se retira de la communauté chrétienne bien avant que son ami Strauss — qui devait être son biographe — n'eût rompu avec son ancienne foi. D'autre part, le cours de physiologie de Henlé préparait l'esprit de Moleschott à comprendre la philosophie nouvelle. Henlé, nous dit-il, accomplissait dans le domaine de la médecine l'œuvre que Ferdinand Baur, Strauss et Feuerbach accomplissaient dans le domaine de la théologie. Dans la maison de Ch. Kapp, l'adversaire de Shelling, chez qui il fréquentait, Moleschott dut entendre parler de l'*Essence du christianisme*. De retour en Hollande, à Utrecht, il discuta avec son ami Donders de la liberté, de Spinoza et de Feuerbach. C'est à Utrecht qu'il reçut la visite de son ancien maître Moritz Fleischer, qui lui recommanda avec beaucoup d'insistance l'*Essence du christianisme*, et qu'il revit son père, qui étudiait précisément le même ouvrage.

Quand il revint à Heidelberg en qualité de privat-docent, Moleschott retrouva son ami Hettner; c'était leur enthousiasme commun pour Feuerbach qui les avait rapprochés. « Il étudiait l'esthétique et moi les sciences naturelles; nous avions conscience d'être rattachés à une racine commune, la science universelle, la philosophie. Dès le début, nous étions profondément pénétrés de cette idée, que nous nous complétions par les objets de notre étude principale, de même que nous nous rencontrions par la direction de notre pensée[1]. » Survient la Révolution de 1848 : elle fit sur Moleschott une impression si profonde que Gœthe même ne l'intéressait plus; ses auteurs préférés sont, de plus en plus, Forster et Feuerbach. « Feuerbach m'avait déjà occupé considérablement avant cette date; mais l'étude de son *Essence du christianisme* fermenta seulement maintenant en moi. Aujourd'hui que je relis avec empressement ce livre, je m'aperçois que l'influence puissante qu'il a exercée sur moi n'a donné tout son effet que beaucoup plus tard : je n'en ai pas eu d'abord nettement conscience. J'ai nommé l'*Essence du christianisme* parce que Feuerbach est Ludwig Feuerbach précisément parce qu'il a écrit ce livre[2]. » A Heidelberg, Moleschott rencontra Feuerbach dans la maison de Kapp. La première fois qu'il le vit, le philosophe n'était pas précisément d'humeur causeuse, et le disciple avait trop le respect de l'homme qui avait anéanti le vieux monde et qui avait annoncé au milieu du dix-neuvième siècle une ère nouvelle pour

1. Cf. *Lebenserinnerungen*, p. 169
2. Cf. *Ibid.*, pp. 172-181.

l'importuner de son enthousiasme. Mais un soir Moleschott eut l'occasion de se faire remarquer par Feuerbach. L'étudiant Hirsch présentait au philosophe des objections tirées de la physiologie. C'était, selon Moleschott, au cours d'anthropologie de Henlé qu'il les avait apprises. Henlé, en effet, contestait la loi que les matérialistes prétendaient induire de leurs connaissances positives; il niait que la fonction comme la forme fussent déterminées par le mélange. Moleschott montra que les faits cités par le contradicteur du philosophe étaient mal interprétés. Le lendemain, Feuerbach dit à Jeanne Kapp qu'il désirait revoir souvent le jeune savant. Malheureusement, Moleschott fut forcé, peu de jours après, de partir en voyage. Cette séparation nous aura du moins valu une intéressante correspondance entre le philosophe et le savant.

Dans les premières lettres de Moleschott à Feuerbach, on sent encore l'ardeur du néophyte. Le 30 mars 1850, Moleschott annonce à Feuerbach qu'il lui envoie sa *Théorie des aliments pour le peuple*. Et il déclare : « Je suis assez sincère pour vous exprimer l'espoir que vous reconnaîtrez dans mon travail une des fleurs où s'épanouit votre principe qui a porté dans toute la science moderne une sève nouvelle... La critique négative, qui s'est si puissamment frayé la voie dans votre *L'essence du christianisme*, ne sera universellement admise que le jour où les dogmes vieillis seront remplacés par un savoir positif qui,

---

1. Cf. Grün, II, 60-61.

comme tout vrai savoir, aura le double avantage d'assurer à l'homme la liberté et de donner satisfaction aux exigences de son cœur. J'espère avoir fourni par mon exposé une petite contribution à cette œuvre, et je le considère comme un premier essai d'anthropologie... » La *Théorie des aliments* était conçue dans un sens matérialiste et socialiste; elle répondait donc aux idées exposées par Feuerbach dans ses *Conférences sur l'Essence de la religion*. La conclusion de l'ouvrage permet de croire que Moleschott s'est inspiré autant de ces conférences que de l'*Essence du christianisme*. La religion, en effet, n'y est pas définie comme l'amour humain, mais comme le sentiment de notre dépendance naturelle. « Si les aliments et les boissons fournissent la matière qui s'analyse et se meut en nous, qui en nous pense et sent, la nature et les hommes exercent sur nos sens une influence si constante que la matière de notre corps ne connaît pas une seconde de repos. C'est dans un éternel mouvement que se pressent les sentiments et les pensées, la volonté et les actions. Et s'il est vrai qu'il n'y a pas d'activité qui ne s'exerce sur une matière, si tout effet se fait sentir de la matière à la matière, il ne faut pas oublier pourtant que l'impression sensible de la parole et des sons que nous ne pouvons saisir, de la lumière et des couleurs que nous ne pouvons toucher de la main, n'est pas moins profonde, est même, chez beaucoup d'hommes, incontestablement plus profonde que les modifications que provoque inévitablement en nous la nourriture. Il convient au sage de reconnaître cette dépendance, et la vraie piété consiste dans le sentiment joyeux des liens qui nous rattachent au grand Tout. C'est avec raison que Schleiermacher a vu dans le sentiment de dépendance de l'individu la vraie essence de toute religion. »

Feuerbach écrivit sur l'ouvrage de Moleschott un article qu'il intitula « *Les sciences naturelles et la Révolution*[1] ». Le philosophe y raillait la réaction prussienne, qui avait soin d'interdire les théories religieuses, morales et politiques contraires à ses principes, mais qui négligeait d'entraver le développement des sciences naturelles. C'était, selon lui, faire preuve d'un spiritualisme bien aveugle que de prétendre dominer les pensées et les sentiments, tout en laissant à chacun l'usage de ses cinq sens; et la police était bien naïve de fouiller les corbeilles à papier, au lieu de perquisitionner dans les herbiers, les collections et les musées. L'intelligence bornée des gouvernants[2] se fie à l'apparence inoffensive. A première vue, en effet, il semble qu'il n'y ait pas le moindre rapport entre les puissances de la matière et les phrases de nos ministres et de nos députés : mais ce n'est là qu'une illusion. Le naturaliste sait que la nature est toujours en progrès, que tout ce qui est vieilli meurt et ne sert qu'à féconder l'avenir de ses débris : nos thaumaturges réactionnaires pourraient apprendre de la nature qu'il est impossible de retourner au passé ou de ramener les

---

1. L'article parut dans les *Blätter für literarische Unterhaltung*, n° 268, le 8 novembre 1850; il est reproduit dans Grün, II, pp. 72-101.
2. Riposte au mot fameux d'un ministre prussien sur « l'intelligence bornée des sujets ».

hommes à l'enfance. Le naturaliste sait que rien n'est isolé dans la nature, et il ne comprend pas le particularisme des trente-huit nations allemandes. Le naturaliste est démocrate, socialiste même et communiste, car la nature ne sait rien de ces fictions du droit qui permettent à l'homme de restreindre l'existence de son prochain : l'air appartient à tous et la nature n'a pas créé les êtres pour qu'ils meurent de faim. La nature ne fait pas de différence entre la noblesse et la canaille, car elle ignore les privilèges de naissance. Le naturaliste est donc bien plus dangereux que le philosophe. Il suffit d'ailleurs, pour réfuter un philosophe révolutionnaire, d'un professeur de philosophie qui ne comprenne pas le sens des phrases ou qui le fausse. Cordorcet déjà disait dans son éloge de Mariotte : « Toutes les fois qu'un homme de génie propose des vérités nouvelles, il n'a pour partisans que ses égaux et quelques jeunes gens élevés loin des préjugés des écoles publiques; le reste ne l'entend point, ou l'entend mal, le persécute ou le tourne en ridicule. » Mais si la toile d'araignée des systèmes philosophiques est facile à déchirer, les faits sur lesquels s'appuie le naturaliste demeurent. C'est le naturaliste qui supprime les miracles : le premier révolutionnaire des temps modernes fut Copernic; c'est lui qui a tout mis sens dessus dessous dans le monde et qui a profané le ciel; depuis lui, la foi n'a plus assez de pouvoir pour arrêter le mouvement universel : la terre est une planète et rien n'est plus fixe. Les savants modernes, comme Moleschott, sont aussi de dangereux révolutionnaires. Je commence ma dénonciation par la philosophie et je vous révèle que l'âme immatérielle, les idées innées, notre ressemblance avec Dieu, tout est mis en question par la nouvelle théorie qui fait de la nourriture la seule substance. Ἐν καὶ πᾶν. Manger ou être mangé, voilà la question. Manger, c'est l'être; être mangé, c'est le non-être. Le *Principium essendi* est aussi le *Principium cognoscendi* : sans phosphore, pas de pensée. Je passe à la politique et je vous signale que la nature nous ordonne de manger des aliments azotés, tandis que l'état social l'interdit à la majorité d'entre nous; vous savez que le peuple se bourre de pommes de terre, quand il en a; or, la proportion d'albumine et de corps gras qui s'y trouve n'est pas du tout la même que celle de notre sang. Bref, ce n'est plus à la prière, c'est à la science que nous demanderons bientôt notre nourriture quotidienne.

Les adversaires du matérialisme s'emparèrent d'un mot de cet article « l'homme est ce qu'il mange[1] », pour en triompher trop facilement et pour accuser le savant et le philosophe de prêcher non seulement l'hérésie mais l'immoralité. Feuerbach releva le défi et prit le mot « ailé » qu'on lui reprochait pour texte d'un travail philologique sur le sens du sacrifice[2], et Moleschott répliqua : « Qu'importe si des savants ou des ignorants confondent les matérialistes et les serviteurs de Mammon? Ne sait-on pas que les vrais adorateurs de Mammon ont l'habitude de faire parade de leur idéalisme[3]? » Les lettres que Moleschott écrivit à Feuer-

---

1. Jeu de mots : *der Mensch ist, was er isst.*
2. Cf. *Werke,* dixième volume.
3. Cf. *Lebenserinnerungen,* p. 211.

bach pour le remercier de son article permettent de mieux préciser l'influence que les idées du philosophe exercèrent sur le savant [1]. Moleschott loue Feuerbach d'avoir rejeté toute spéculation et tout dogme, en proclamant qu'il n'y a pas d'autres idées que les lois naturelles : la science naturelle est l'incarnation humaine de la philosophie; la nature est le nouveau royaume des idées. La science naturelle comprend l'esthétique, puisque la vraie œuvre d'art obéit aux mêmes lois de nécessité interne que tout phénomène naturel : elle comprend aussi la plus haute et la plus pure morale. Elle ne crée pas seulement l'homme libre, l'homme moral, mais l'homme beau : elle a pour fruit la parfaite καλοκαγαθία. La loi naturelle est à la fois Idée, motif moral et condition suprême de la beauté. Bref, la science naturelle est pour Moleschott la religion nouvelle; et il ne faut pas s'étonner de voir le savant parler du matérialisme à peu près dans les termes où Schleiermacher parlait du christianisme : « Le matérialisme que nous professons est une pensée, non un plaisir, — un sentiment de dépendance, non un orgueil, — une soumission patiente à la nécessité naturelle, non un débordement génial de raison absolue — une dévotion, non une clameur de triomphe lancée par les trompettes de la grâce [2]... »

Dans la « *Circulation de la vie* [3] », Moleschott se

---

1. Cf. Grün, II, 63.
2. Cf. *Lebenserinnerungen*, p. 222.
3. Der *Kreislauf des Lebens*. Physiologische Antworten auf Liebigs chemische Briefe. Mayence, 1re édition, 1852, pp. 438-439, cité dans *Lebenserinnerungen*, p. 221.

sert aussi d'expressions religieuses pour exprimer des idées matérialistes et des faits scientifiques : « Est-ce bas de crier à l'ouvrier, qui gagne sa vie à la sueur de son front et n'a souvent pas d'autre pensée, qu'avec le pain il acquiert la matière des mouvements les plus nobles dont soient capables des créatures sur terre? Est-ce bas de transfigurer chaque repas en une cène, où nous transformons la matière sans pensée en hommes pensants, où par suite nous goûtons réellement la chair et le sang de l'esprit, pour propager l'esprit dans toutes les parties du monde et dans tous les temps par les enfants de nos enfants? » De même il ne considère pas seulement la crémation des morts comme une opération avantageuse, mais comme une cérémonie poétique et un devoir sacré[1]. En insistant sur le caractère religieux de son matérialisme, Moleschott restait fidèle à la tradition allemande : il se réclamait de Schleiermacher et de Feuerbach comme les médecins du seizième siècle se réclamaient de Luther. Dans une de ses dernières œuvres[2] Feuerbach proteste contre la théorie de ceux qui prétendent rattacher le matéria-

---

1. C'est sans doute ce caractère religieux des travaux scientifiques de Moleschott qui a séduit Ernest Renan. Le 29 avril 1887, à propos de la cinquième édition de la *Circulation de la vie*, l'auteur des *Origines du christianisme* écrivait au savant allemand : « Monsieur et ami, que je suis heureux et fier de tenir de vous ces deux beaux volumes, pleins d'une si haute philosophie! Je les lis avec bonheur; nul mieux que vous n'a vu la réalité de la vie et n'a compris la poésie de cette réalité. Je vous remercie bien sincèrement. Je mets votre livre dans la partie choisie de ma bibliothèque. Croyez à mes sentiments les plus élevés d'amitié et de dévouement. »

2. Cf. *Werke*, X, chap. VII et VIII, pp. 115-130.

lisme allemand au *Système de la nature* ou aux idées de La Mettrie. Le matérialisme allemand a d'après lui une origine religieuse : il commence avec la Réforme, il est le fruit de l'amour paternel que, selon les réformateurs, Dieu a pour les hommes. C'est ainsi que le prédicateur et docteur en théologie Paulus Eberus, qu'on appelait le répertoire de Philippe, parce que Mélanchton ne prenait aucune décision sans lui demander conseil, dit dans un sermon que Dieu ne peut pas voir souffrir ses enfants. Le protestantisme a humanisé l'amour que le catholicisme avait divinisé dans le mystère de la Trinité : ce qui dans le catholicisme était une image théologique et un sacrement est devenu dans le protestantisme une vérité anthropologique, une réalité vivante. Aussi, le protestantisme, au lieu de recommander le célibat et de chérir la maladie, a-t-il introduit le mariage des prêtres et prêché la santé aux fidèles. L'amour, en effet, qui n'est pas simplement une phrase ecclésiastique ou spiritualiste, qui ne se confond pas avec l'acte pur des scolastiques du Moyen-âge ou de notre temps, l'amour vrai ne saurait se désintéresser des souffrances réelles, matérielles de l'humanité. L'amour théologique torture, brûle au besoin le corps vivant pour sauver l'âme des flammes de l'enfer; mais celui qui aime réellement soigne tendrement le corps de l'objet aimé, et pour l'amour de cet objet, son propre corps. Le Dieu qui prend à cœur non seulement le salut de l'âme mais encore notre bien-être et notre vie corporelle, celui qui n'est pas présent dans l'hostie du prêtre, mais dans notre corps naturel, celui qui non seulement s'incarna jadis, mais qui s'unit encore aujourd'hui à notre sang et à notre chair, celui qui se rend réellement dans notre cœur et dans notre cerveau pour allumer dans le cerveau la lumière de la connaissance et dans le cœur l'ardeur des bons sentiments, ce Dieu-là est le père du matérialisme. Il y a dans la destinée du fils de Luther un symbole de cette généalogie du matérialisme. Paul Luther fut, en effet, médecin et parla de l'activité psychologique *tanquam de solius cerebri actionibus*. Feuerbach, qui aimait à s'appeler Luther II, ne s'étonna donc pas de voir ses fils spirituels, les médecins et les savants comme Moleschott, restaurer le matérialisme allemand et voir dans la science l'héritière de la religion.

Outre sa philosophie matérialiste et le culte de la science, Moleschott dut à Feuerbach l'idée directrice de ses recherches : l'idée de l'anthropologie. Il serait, en effet, inexact de croire que Moleschott n'ait vu dans l'homme que la matière et dans la science que la physiologie. Il cite en approuvant sans réserve[1] le passage de Feuerbach où le philosophe déclare que ni le matérialisme, ni l'idéalisme, ni la physiologie, ni la psychologie ne sauraient donner la vérité entière. Il est faux de dire que c'est l'âme qui pense et qui sent. Car l'âme n'est que la fonction phénoménale de penser, de sentir et de vouloir, qu'on a personnifiée, considérée comme un être ou une substance, et il est faux d'autre part de dire que c'est le cerveau qui pense et qui sent, car le cerveau est une abstraction physiologique, un

---

1. Cf. *Lebenserinnerungen*, p. 222.

organe détaché du tout, séparé du crâne, du visage, du corps et fixé à part comme s'il existait isolément. Or, le cerveau n'est organe de pensée que tant qu'il est uni à une tête et à un corps humain [1]. Moleschott ne veut pas opposer le matérialisme au spiritualisme, ni même le monisme au dualisme; il ne ramène pas l'esprit à la matière, mais il n'admet pas qu'on conçoive l'esprit comme isolé de toute matière; et cherchant ici encore un terme religieux pour exprimer son idée, il forge sur le modèle de « Trinité » le mot « binité » (*Zweieinigkeit*), qui doit, dans son intention, affirmer l'union de l'esprit et de la matière sans nier qu'ils ne soient distincts en un sens. Aussi Moleschott considérait-il l'histoire de l'esprit humain comme aussi importante, sinon plus, que l'histoire naturelle. Le 19 mars 1854 il écrivait à Feuerbach [2] : « Ce qui me manque le plus, c'est une histoire comparée des religions et des philosophies, qui ne s'enfermerait pas dans les frontières de notre civilisation, mais embrasserait l'évolution de toutes les races. Un tel travail est devenu absolument nécessaire, depuis que, grâce à vous, notre siècle est arrivé à la pleine conscience de l'idée anthro-

---

1. Le terme propre est par suite, selon Feuerbach « organisme », car le spiritualiste conséquent nie que la pensée ait besoin d'un organe, tandis que la science naturelle ne connaît pas d'activité sans organe. Cf. aussi Grün, II, 307 : « Matérialisme est une épithète absolument impropre qui entraîne des représentations fausses : elle ne peut se justifier que dans la mesure où il est permis d'opposer à l'immatérialité de la pensée, de l'âme, la matérialité de l'âme. Mais il n'existe pour nous qu'une vie organique, qu'une activité organique, une pensée organique. »

2. Cf. Grün, II, p. 67.

pologique. Si seulement nous avions eu beaucoup de voyageurs comme Georges Forster, capables de saisir avec autant de profondeur que d'impartialité le caractère humain qui se manifeste d'une manière si concrète même dans les représentations les plus banales, il ne manquerait pas ensuite de regards dessillés par vous pour apercevoir dans ces matériaux bruts l'évolution puissante et pourtant si simple dans son progrès, dont nous ne pouvons avoir que le pressentiment. L'anthropologie, me semble-t-il, ne pourra pas se constituer définitivement tant que l'histoire comparée des religions, la linguistique comparée, l'éthique comparée, ne nous auront pas affranchis des préjugés étroits qui nous empêchent de voir que l'humanité au delà du Gange, de l'Egypte et de l'Océan Atlantique est digne elle aussi de figurer dans l'histoire. Mais il faudra, sans doute, encore cent Forster et cent Röth pour arriver à ce résultat. » Aussi à l'Université de Heidelberg, Moleschott ne se contentait-il pas d'étudier dans son laboratoire l'influence de la lumière sur l'élimination de l'acide carbonique par le corps des animaux ou de préparer ses cours de physiologie expérimentale : il travaillait avec soin à ses conférences d'anthropologie qu'il faisait devant les étudiants de toutes les Facultés. Il s'y dévouait avec abnégation, nous dit-il, parce qu'il considéra toujours l'anthropologie, dont son père avait éveillé l'idée en lui, et dont L. Feuerbach avait précisé le but, comme l'œuvre de sa vie tout entière. C'est en vue de l'anthropologie qu'il s'occupait des sciences et de la pratique médicale, c'est pour elle qu'il étudiait la théorie de la vie, c'est en elle qu'il trouvait sa philosophie. Il n'a pas, comme Faust, étudié « la philosophie, la jurisprudence, la médecine et malheureusement aussi la théologie »; c'est à l'anthropologie qu'il se consacra, à l'anthropologie seule, sans théologie ni téléologie, mais avec religion : car il considérait l'homme comme un être indépendant de la nature sans doute, mais ayant le devoir de s'élever à un degré assez élevé de civilisation pour joindre à l'admiration de cette nature qui l'englobe le désir et l'art de la dominer. C'est parce qu'il avait cette préoccupation constante de l'anthropologie que Moleschott fut un des rares disciples de Feuerbach qui virent l'importance de la *Théogonie* et qui restèrent jusqu'à la fin fidèles aux idées du maître [1].

Feuerbach, de son côté, avait conscience de travailler à la même œuvre que son disciple Moleschott. Il dit dans une lettre à Bäuerlé [2] : « La différence entre mon athéisme et son matérialisme se réduit à la différence entre le temps et l'espace, entre l'histoire humaine et l'histoire naturelle. L'anatomie, la physiologie, la médecine, la chimie, ne savent rien de Dieu, de l'âme, etc., nous n'en connaissons l'existence que par l'histoire. L'homme est pour moi comme pour eux un être naturel, issu de la nature; mais je prends pour objet principal de mon étude les êtres de pensée et d'imagination nés de l'homme et qui sont considérés dans l'opinion et la tradition des hommes comme des

---

1. Cf. Grün, II, p. 69, lettre du 27 mai 1858, et *Lebenserinnerungen*, pp. 249-251.
2. Cf. Grün, II, 188.

êtres réels »; et il ajoute en *post-scriptum*, le 21 octobre 1867 : « Il n'y a qu'une vérité, c'est la vie infiniment riche et variée de la nature et de l'humanité. Tous les systèmes philosophiques, quels qu'ils soient, sont des cellules qui emprisonnent l'esprit. La pensée même de ces cachots, même quand on n'y est pas enfermé, serre le cœur et blesse profondément, surtout quand on a vécu, comme je l'ai fait cette année, dans la grande, dans la magnifique nature des Alpes[1]. » Feuerbach n'a protesté contre les prétentions des naturalistes que lorsqu'ils ont voulu tout réduire à la physiologie; il ne faudrait pas oublier, dit-il, que l'histoire du genre humain fait partie de l'histoire naturelle. L'homme n'a été jusqu'ici qu'un accessoire, qu'un accident dans la philosophie. Même la science naturelle n'a pas laissé à l'homme la place qui lui revient; et en ce sens elle a besoin, elle aussi, d'une cure, ou du moins d'un complément. C'est de l'homme qu'il faut partir, pour essayer de juger le procès pendant entre le matérialisme et le spiritualisme. Il s'agit en dernière instance, non de la divisibilité ou de l'indivisibilité de la matière, mais de la divisibilité ou de l'indivisibilité de l'homme; non de l'existence ou de la non-existence de Dieu, mais de l'existence ou de la non-existence de l'homme; non de l'éternité ou du caractère temporel de la matière, mais de l'éternité ou du caractère temporel de l'homme; non de la matière répandue hors de l'homme dans les cieux et sur terre,

1. Chez son ami Conrad Deubler. Cf. Grün, II, 332 : *Une idylle philosophique.* — Ailleurs Feuerbach appelle tout système philosophique un particularisme (Grün II, p. 312).

mais de la matière comprimée dans la boîte cranienne
de l'homme. La tête de l'homme est à la fois la cause
et la fin de ce procès. Quand nous aurons résolu le
problème de la matière cérébrale et de son activité,
nous aurons bientôt fait de résoudre le problème de la
matière en général. Enfin, l'anatomie ne nous dit que
la vérité morte : la science a besoin d'être complétée
par la vie. Vivre, sentir, penser est quelque chose
d'absolument original, de génial, d'impossible à copier
ou à remplacer, qui ne peut être connu que par soi-
même. Sans doute, il ne faut pas nous décourager
parce que nous ne savons à peu près rien de précis
actuellement sur le cerveau et sur les rapports de la
pensée et du cerveau : ce n'est vraiment pas étonnant[1]. Pendant des milliers d'années, les hommes
n'ont cherché qu'à séparer l'âme du corps pour s'assurer une autre vie après celle-ci; pendant des siècles,
sans se soucier de connaître la matière, sans même
permettre l'anatomie du corps humain, ils se sont
efforcés de distinguer l'esprit de la matière. Aujour-
d'hui encore, cette distinction est un dogme religieux,
dont la négation est blâmée par le clergé, qui trouve
dans l'âme immatérielle une source de revenus matériels, et par la philosophie officielle, qui obéit plus ou
moins consciemment à l'autorité de ce clergé. Quand
un jour les hommes auront dépensé autant de temps,
de ressources et d'esprit pour étudier l'union de l'âme
et du corps qu'ils en ont dépensé jusqu'ici pour prouver la distinction du corps et de l'âme, ils trouveront

1. Cf. *Werke*, X, pp. 129-130 et 163-164.

certainement le rapport de la pensée au cerveau. Mais même alors, même quand la science aura défini ce rapport, il n'en restera pas moins indéfinissable en un sens, de même que le rapport de l'œil au cerveau demeure indéfinissable, malgré toutes les études scientifiques sur les organes de la vue ; indéfinissable du moins en ce qu'il est donné immédiatement dans la vision, aussi bien pour le plus grand des physiologues que pour le dernier des ignorants. C'est précisément ce caractère indéfinissable des données immédiates qui distingue la vie de la science. Ainsi Feuerbach n'a été, à vrai dire, ni idéaliste ni matérialiste ; il avait pris position dès 1845 en dehors et au-dessus des deux systèmes. Dans la conclusion de sa réplique à Stirner, qui lui reprochait d'avoir revêtu le matérialisme des dépouilles de l'idéalisme, il disait : « Pour Feuerbach, Dieu, l'âme, le moi ne sont que des abstractions ; mais le corps, la matière aussi ne sont que des abstractions. Il n'y a de vrai que la réalité. As-tu jamais senti ou vu un corps, une matière ? Non, tu n'as jamais vu et senti que des êtres et des objets parfaitement déterminés, concrets, individuels, ni corps ni âmes, ni esprits ni corps. Mais si Feuerbach n'est ni matérialiste ni idéaliste, il est encore moins identiste au sens de la philosophie de l'identité absolue, qui unit les deux abstractions et les confond dans une troisième [1]. »

[1] Cf. *Werke*, I, p. 358.

CHAPITRE VII.

Hermann Hettner.

Comme Moleschott, son ami Hettner s'était, dès la première heure, converti à la doctrine de Feuerbach. Il avait pris position, en 1844, dans la polémique engagée entre les partisans de la philosophie nouvelle et les disciples de Schelling en publiant, dans la *Revue trimestrielle* de Wigand, l'article intitulé : *Pour juger L. Feuerbach*[1].

Hettner constate d'abord que les cris de triomphe qui avaient annoncé naguère au monde étonné qu'en Hegel était achevée et parfaite, une fois pour toutes, la Philosophie entière, ont cessé peu à peu de se faire entendre. La bataille engagée à propos des œuvres de Strauss et de Richter avait ébranlé la théologie hégélienne, puis le système même du maître avait été battu en brèche, et de nouvelles tendances s'étaient manifestées. Et Hettner se demande quelle est la philosophie qu'il convient de considérer comme l'héritière légitime

---

1. Reproduit dans Hettners *Kleine Schriften*, 1884. Braunschweig, Vieweg, pp. 145-163.

de la doctrine hégélienne. N'est-ce pas celle qui est la conséquence logique du principe posé par Hegel ? Or, Hegel était parti de cette idée que la création n'était pas un acte arbitraire de Dieu, mais sa manifestation nécessaire. Dieu (ou la Raison, l'Idée absolue) se pose d'abord dans l'éternité, puis s'extériorise dans la nature pour rentrer enfin en lui-même dans l'Esprit conscient. La philosophie, selon Hegel, est la représentation totale de l'Idée ; la Logique est la définition de l'Être isolé, préalable au monde ; la Philosophie de la Nature décrit son voyage au sein de l'univers, et la Philosophie de l'Esprit assiste à son retour dans l'Infini et la Conscience ; la philosophie de Hegel est donc l'expression absolue de l'Absolu. Mais ce principe de l'Absolu n'implique-t-il pas contradiction et ne nous force-t-il pas à le dépasser ? Si l'Être n'existe vraiment qu'en s'incarnant dans la nature et l'humanité, ne faut-il pas dire que la nature et l'humanité sont seuls réels et vrais ? Dans le système de Hegel, le fini nie l'infini, puis l'infini nie le fini : il y a là une contradiction interne, et l'acte décisif de Feuerbach est de l'avoir dénoncée. Feuerbach a donné ainsi à la transcendance le coup de grâce et fondé la vraie philosophie humaine. C'est le devoir de l'histoire de réaliser cette doctrine dans la vie et dans la science. Ce n'est pas un hasard si on a commencé par analyser la religion et particulièrement le christianisme ; ne fallait-il pas d'abord ruiner la forme la plus nette de la « raison impure » ?

Mais il ne faut pas s'étonner, d'autre part, de voir les théologiens et leurs alliés se défendre avec violence.

Constantin Frantz [1], par exemple, dans le deuxième cahier de ses *Études spéculatives*, reproche à l'auteur de l'*Essence du christianisme* son athéisme. Frantz estime, en effet, que la conscience humaine ou, d'une manière plus générale, la conscience universelle suppose des puissances transcendantes qui en sont, par une sorte de création continue, le principe, le centre et la fin. Hettner, après avoir blâmé Frantz d'avoir employé contre Feuerbach des épithètes qui ne servent qu'à rendre son adversaire suspect aux yeux de la masse dévote, constate que Frantz et Feuerbach s'accordent à critiquer la contrad...ion inhérente au système de Hegel : il n'y a pas entre la pensée et l'être réconciliation véritable; la pensée absorbe l'être. Feuerbach avait insisté sur ce point, en 1839, dans le cahier de septembre des *Annales de Halle;* aussi Hettner, sans vouloir se prononcer sur la question de savoir si Frantz ne s'est pas inspiré de cette critique, lui reproche d'avoir fait preuve d'une vanité mesquine en passant sous silence l'article de Feuerbach. Quoi qu'il en soit, le point de départ est le même; mais tandis que Feuerbach conclut qu'un nouveau progrès s'impose,

---

1. Sur Constantin Frantz, Bolin donne les renseignements suivants : né le 12 septembre 1817, près de Halberstadt, fils d'un prédicateur de campagne, étudiant à Halle et à Berlin, attaché au ministère des affaires étrangères, agent consulaire en Espagne jusque vers 1855; fit des voyages; se retira, en 1873, à Blasewitz, près de Dresde. — Hettner connaît de cet auteur les ouvrages suivants : *Philosophie des mathématiques,* — *Principes du vrai et réel idéalisme absolu,* — *Études spéculatives,* en deux cahiers, le deuxième est intitulé : *De l'athéisme, en me référant particulièrement à L. Feuerbach.*

Frantz croit devoir retourner en arrière : Feuerbach estime qu'il ne faut pas écouter seulement la raison, mais aussi son adversaire, l'expérience des sens ; Frantz revient à l'intuition intellectuelle de Schelling. Feuerbach admet l'éternité de la matière ; Frantz démontre la création.

Dans ce premier article, la pensée de Hettner n'est pas encore très claire ; sans doute, ses objections contre le supranaturalisme de Frantz et sa métaphysique du Verbe sont décisives, et s'il est permis de penser que les termes un peu vifs dont il se sert, lui aussi, n'ajoutent rien à l'élégance de sa démonstration, il est juste de dire qu'il n'enlèvent rien non plus à la rigueur de ses preuves. Mais il y a vraiment un peu de désinvolture et de lourdeur à la fois dans sa manière de résoudre toutes les difficultés par l'opposition de l'espèce (*Gattung*) et de l'individu : « *Cogitans sum omnes homines ;* en pensant sainement et en agissant moralement, je suis l'humanité » ; mais l'individu n'est pas toujours adéquat à l'espèce : de là vient théoriquement l'erreur, pratiquement le mal..., et voilà pourquoi nous nous débattons dans l'ignorance et la misère !

Mais dans le second article, dirigé *contre l'esthétique spéculative*[1], Hettner est plus à son aise, il connaît mieux le terrain. Hettner constate que l'esthétique de Hegel, malgré l'effort remarquable de l'auteur pour être complet et malgré la complaisance qu'il a mise à étudier certains détails, est, de l'aveu de tous, bien infé-

---

1. Paru, dans la *Revue trimestrielle* de Wigand, en 1845, reproduit dans les *Kleinere Schriften*, pp. 164-208.

rieure à ses autres œuvres : les traités de Vischer et de Ruge sur le comique et le sublime ont été écrits précisément pour combler une lacune du système, et Vischer vient encore de faire une nouvelle tentative pour donner à l'esthétique hégélienne plus de rigueur et de précision (*Neue Gliederung der Aesthetik*, dans les *Annales contemporaines* (*Jahrbücher der Gegenwart*), déc. 1843, reproduit dans les *Kritische Gänge*, t. II, pp. 343-398).

C'est le principe même de l'esthétique spéculative que Hettner met en cause en s'appuyant sur la critique que Feuerbach a faite du système hégélien. Vischer définit le beau, le sublime et le comique, et il construit, *a priori*, toute l'histoire de l'art oriental, antique, romantique et moderne, en se servant des termes subjectif et objectif qu'il fait se fuir ou se chercher dans l'espace et le temps selon toutes les règles de la méthode. Dans le sublime, par exemple, l'objet paraît se jouer du sujet, tandis que dans le comique le sujet se joue de l'objet. Dans la nature, la beauté est inconsciente, mais objective; dans l'imagination, la beauté est subjective, mais consciente; dans l'œuvre d'art, à la fois matérielle et spirituelle, l'harmonie est réalisée.

Pour mieux comprendre cette théorie, il faut, selon Hettner, remonter à Winckelmann, bien que Hegel (*Esthétique*, première partie, p. 81) ne parle pas de cette influence. Winckelmann fut le premier qui développa le parallèle entre la beauté naturelle et la beauté artistique; Kant et les kantiens, particulièrement Fernow, n'ont guère fait qu'une apologie de l'esthétique de Winckelmann. La philosophie hégélienne, partant de ce principe que le réel et l'idéal sont identiques, a dû expliquer pourquoi la beauté naturelle est inférieure à la beauté de l'art; mais elle n'a pas contesté le dogme. Or, l'idéalisme de Winckelmann n'est lui-même qu'un héritage provenant des Carache et des maniéristes italiens; sans doute, il serait injuste de rabaisser l'esthétique philosophique au niveau de cette théorie ancienne condamnée par l'expérience; mais ce serait, d'autre part, se faire illusion que de nier les suites fâcheuses d'une origine suspecte. Il y a dans l'esthétique spéculative un mélange d'erreurs anciennes et d'idées modernes : ce que Feuerbach dit de la philosophie en général, à savoir que tout y est, mais que tout y est voilé par les nuages de la théologie, vaut pour la théorie de l'art en particulier.

On y sent toujours le mépris hautain de la nature; le salut est dans la forme idéale, contre nature; le contenu est indifférent. L'œuvre d'art est indépendante de la vie et de l'histoire; l'art est une fuite hors de ce monde. Le panthéisme hégélien ne parvient pas à éliminer cet ascétisme; il a beau dire que l'art fait abstraction de ce qui, dans la nature, est rebelle à l'idée, accidentel, pour réaliser une œuvre où l'Idée rayonne à travers la matière transparente : l'équivoque subsiste. On prétend toujours idéaliser, purifier, transfigurer la réalité par une sorte de condensation. C'est, en un sens, trop accorder à la nature; c'est, en un autre, lui accorder trop peu; il ne suffit pas de réunir dans un caléidoscope des vues de la nature pour avoir une œuvre d'art; il n'est pas vrai, d'autre part, que l'art triomphe de la nature : l'art n'a jamais la fraîcheur et la plénitude de la vie. C'est en ce sens que Gœthe disait que toutes les formes de l'art, même la plus sincère, ont quelque chose de faux. Quelle Vénus vaut une belle fille, quelle peinture de paysage vaut le golfe de Naples? Ne demandons pas à l'art de faire concurrence à la nature.

En esthétique comme ailleurs, le mépris de la nature ne peut entraîner que la mort. Si l'on admet que l'art est un effort de l'esprit pour se dégager de la réalité objective, on commencera par ranger les arts par ordre de mérite : des arts muets et massifs — c'est ainsi que Vischer appelle les beaux-arts — on s'élèvera aux arts légers et ailés de la parole. A un bout, on aura l'architecture, qui ne fait que frayer une clairière dans la forêt naturelle; à l'autre la poésie, qui se meut presque librement dans le ciel. Mais n'y a-t-il pas moyen de s'élancer plus haut encore? Au-dessus de la poésie n'y a-t-il pas la prose? L'art n'est que le degré le plus bas du royaume de l'esprit; il ne peut perdre le contact de l'ennemi, c'est-à-dire du sensible. Au-dessus de l'art n'y a-t-il pas la philosophie? Et n'est-ce pas Kant qui déclarait dans son *Anthropologie* que toute poésie depuis Homère ne prouvait que l'impuissance à saisir la pensée pure? Si l'art a pour mission de vaincre la nature, son triomphe suprême sera de se vaincre lui-même; l'émancipation définitive de cet art ascétique sera le suicide.

Le système de Hegel sacrifie ainsi l'art à la philosophie, comme il a sacrifié la religion. C'est toujours la même erreur fondamentale qui consiste à n'admettre que le général et à condamner comme déraisonnable tout ce qui est rebelle aux noms communs. Gabler (*Propéd. phil.*, p. 140) s'appuie, par exemple, sur les descriptions pittoresques, où l'auteur déclare souvent ne pouvoir exprimer ce qu'il a vu, pour condamner ces phénomènes trop barbares pour être traduits en langue humaine! Mais la question est précisément de savoir si l'art ne dit pas ce que nos mots ne sauraient dire. Tous les arguments de Feuerbach contre le réalisme des idées portent contre cette théorie de l'esthétique spéculative.

L'esthétique nouvelle sera d'abord une psychologie de l'imagination créatrice; puis elle étudiera les trois séries de moyens d'expression dont disposent les beaux-arts, la poésie et la musique. Elle attachera une importance particulière à la nature des matériaux que l'artiste met en œuvre. L'esthétique elle aussi a trop méprisé jusqu'ici les conditions du travail. Sur ce point encore, Hegel avait été trop idéaliste en un sens, trop matérialiste en un autre. Tantôt il s'en tient à des renseignements superficiels, tantôt il établit des rapports trop étroits entre certains caractères extérieurs et l'essence. Il ne commet pas seulement des erreurs historiques comme, par exemple, quand il parle de l'absence de couleur dans l'art antique, mais encore il se livre à des généralisations bien aventureuses comme, par exemple, quand il identifie l'architecture et l'idéal symbolique, la sculpture et l'idéal antique, la peinture et l'idéal romantique; il va jusqu'à dire que seul le christianisme, religion spirituelle et subjective, a pu avoir une peinture; il ne tient pas assez compte des progrès techniques. L'influence de la matière sur la forme de l'œuvre d'art se fait sentir partout : le bronze exige un autre traitement que le marbre ; chaque instrument de musique impose une adaptation spéciale ; la poésie est déterminée par la langue que parle le poète : elle est intraduisible. C'est parce que l'esthétique spéculative méconnaît le rôle des moyens d'expression qu'elle est amenée à considérer la poésie comme l'art absolu ; elle s'imagine que la poésie dispose de tous les effets propres aux autres arts, « qu'elle offre à la vue intérieure des édifices, des statues, des tableaux ; à l'ouïe intérieure des sons... » et qu'elle est ainsi comme une synthèse de tous les autres arts. Mais est-il donc indifférent que ce soit ma vue intérieure qui contemple un paysage ou un monument, ou que ce soient mes yeux réels ? Un drame lu vaut-il un drame joué ? Un lied se passe-t-il de musique ? La véritable synthèse des arts, bien loin d'être leur représentation fictive et abstraite, n'est-elle pas leur collaboration effective, leur association harmonieuse ?

Au vain formalisme de l'esthétique spéculative il convient donc, d'une part, de substituer l'étude des conditions matérielles de chaque art, la recherche des lois fondamentales ; il importe, d'autre part, d'insister sur l'histoire de l'art. Sans doute, ni Hegel, ni Vischer n'ont pu laisser de côté les considérations historiques ; Hegel a distingué l'idéal symbolique, l'idéal classique, l'idéal romantique ; Vischer, l'idéal antique, l'idéal romantique, l'idéal moderne ; tous deux ont montré qu'ils connaissaient l'évolution concrète, mais tous deux ont prétendu construire la philosophie de l'histoire. Or, qu'est-ce qu'on entend par philosophie de l'histoire? Serait-ce un sommaire, un court résumé des faits? ou un dessin préexistant du mouvement, un canevas imposé d'avance au va-et-vient des hommes et à la broderie des événements? Y a-t-il une philosophie de l'histoire extérieure, antérieure ou supérieure à l'histoire elle-même? Nous retrouvons ici l'antinomie qui est au fond de l'esthétique spéculative comme de toute la philosophie métaphysique. On veut donner à une série d'abstractions une existence réelle et distincte, dont jouit seule la vie concrète.

Ainsi Hettner avait vu dès 1845 que la philosophie de Feuerbach était dirigée surtout contre la spéculation romantique; il ne faut donc pas s'étonner de le retrouver, en 1848, à Heidelberg, auditeur enthousiaste des conférences du maître sur l'essence de la religion. Hettner rédigea un compte rendu de ces conférences pour un journal libéral. Il avait fait lui-même peu auparavant des conférences sur Spinoza[1] qui ne pouvaient que préparer les esprits à bien comprendre le philosophe modeste et solitaire qui rappelait par son attitude et ses idées le sage auteur du traité *théologico-politique*. Les œuvres capitales de Hettner, l'*Ecole romantique*, et l'*Histoire de la littérature au dix-*

---

1. Stern, dans son livre sur Hettner (Leipzig, 1885), dit que les conférences de Hettner et celles de Feuerbach eurent lieu en même temps; mais Bolin fait observer que Gottfried Keller parle des conférences de Hettner dès l'automne de 1848, tandis que Feuerbach ne prit la parole à l'hôtel de ville de Heidelberg que le 2 décembre.

huitième siècle, sont aussi feuerbachiennes d'inspiration. L'*Ecole romantique,* publiée au moment où la réaction victorieuse s'efforçait de restaurer le passé, était une critique de cet art maladif qui avait commencé par mépriser toute réalité matérielle, tout objet, tout contenu même pour se livrer à tous les caprices de la forme, à tous les dérèglements de l'imagination, à tous les égarements du sentiment : par une logique inexorable, les romantiques, qui avaient cru ou du moins prétendu donner ainsi à l'homme la liberté absolue d'un dieu, avaient fini dans la pire des servitudes religieuses et politiques. La *Littérature du dix-huitième siècle,* au contraire, cherchait à renouer la tradition des idées libérales, à suivre le progrès des philosophies qui, comme celle de Spinoza et de Feuerbach, commençaient par respecter la nécessité naturelle et préparaient ainsi la vraie liberté humaine. Sans doute, le nom de Feuerbach ne paraît pas dans cet ouvrage, mais nous savons par une lettre de Hettner[1] qu'il a été amené à entreprendre son ouvrage à la suite d'entretiens philosophiques avec son ami Moleschott, feuerbachien enthousiaste comme lui : les penseurs anglais, les encyclopédistes français et les philosophes de l'Aufklärung allemande étaient à leurs yeux des ancêtres spirituels. Bolin remarque avec raison que dans son *Histoire de la littérature,* Hettner juge Spinoza, Bayle, Leibniz comme l'avait fait Feuerbach. On pourrait ajouter qu'on sent presque à chaque page la préoccupation apologétique. Par exem-

---

1. Bolin, p. 259, d'après Stern, p. 160.

ple, lorsque, dans son premier volume de son *Histoire du dix-huitième siècle en Allemagne* (tome III de l'ouvrage complet), Hettner parle de l'absolutisme des princes (p. 4), il a soin de dire que le caractère passif du chrétien a contribué à le fortifier; quand il explique l'influence de Descartes, il insiste comme l'avait fait Feuerbach sur le contraste entre la vie du philosophe catholique qui va en pèlerinage et son œuvre qui a frayé la route royale des athées « *regia athœorum via* » (p. 39). Il blâme Leibniz non seulement d'avoir oublié le chemin de l'induction et d'avoir renié la foi aux cinq sens, mais encore d'avoir restauré le règne des causes finales, d'avoir inventé cette deuxième édition de la scolastique qu'on appelle la théologie spéculative, et d'être allé de concession en concession jusqu'à justifier dans sa théodicée l'existence personnelle du diable (pp. 132-140). En vrai feuerbachien, il est heureux de noter que Frédéric II, malgré son déisme, ne croyait pas à l'immortalité de l'âme, et il cite à ce sujet (t. IV, p. 12) les vers mêmes que le maître avait loués. Mais c'est surtout dans les chapitres sur Kant que l'interprétation feuerbachienne apparaît nettement. Hettner laisse entendre que la critique de la raison pratique n'a guère qu'une valeur exotérique, et que les postulats étaient exigés par les circonstances en Prusse; non seulement il rappelle l'anecdote du dîner où Kant aurait avoué à Laharpe qu'il n'y avait évidemment pas de quoi être fier de l'immortalité de l'âme, mais il essaie de montrer que la doctrine fondamentale de Kant affirme le respect de l'expérience. Selon Hettner, Kant condamne toute spéculation métaphysique *a priori*, tout idéalisme analogue à celui de Fichte; il ne faut pas se laisser induire en erreur par les quelques concepts généraux que Kant a cru devoir maintenir, en théorie comme en pratique, soit pour échapper aux paradoxes de Hume, soit pour enrayer le dérèglement des mœurs; l'acte décisif du philosophe de Königsberg est d'avoir renié toute ontologie. Quand Hettner dit (t. VI, p. 36) : « Celui qui prend à l'homme l'au delà doit le fixer d'autant plus solidement dans l'en-deçà », et « s'il n'y a pas de science du suprasensible, il n'y a qu'une science de la nature et de l'homme », il est peut-être permis de se demander s'il parle de l'auteur des *Fondements de la métaphysique des mœurs* ou de l'auteur de l'*Essence de la religion;* et puisque c'est de Kant qu'il s'agit, il est permis de dire que Hettner a jugé le grand philosophe de l'Aufklärung comme l'a jugé Auguste Comte : il y a vu le précurseur du positivisme.

Les œuvres de Hettner ne sont pas seulement feuerbachiennes par leur tendances philosophiques, elles le sont aussi par leur méthode. Hettner y a donné des exemples de la critique expérimentale qu'il avait dans ses premiers articles opposée à la critique spéculative. Il s'est constamment préoccupé de rattacher l'histoire générale de la civilisation et de montrer comment les idées de l'Aufklärung se sont modifiées selon les événements et les circonstances en Angleterre, en France et en Allemagne[1].

1. Cf. p. ex. : Pour l'Angleterre le chapitre sur la victoire du constitutionalisme, t. I, pp. 131-147. — Pour la France, le chapitre sur Louis XIV, sa grandeur et sa décadence, t. II, pp. 3-

Hettner n'a jamais cru que la critique pût faire abstraction du milieu où naissent les idées et où croissent les œuvres d'art. Il ne se borne pas, par exemple, à constater la décadence de la littérature allemande au dix-neuvième siècle; il en rend responsable le régime que la Restauration fait peser sur l'Europe. « Un air pur et un ciel serein ! et les jeunes semences germeront joyeusement ! » Les maîtres de la tragédie grecque ont fait leurs chefs-d'œuvre au siècle de Périclès; Shakespeare a vu la monarchie triompher sous la reine Elisabeth; Lope de Vega et Calderon ont été témoins de la gloire de l'Espagne; Corneille et Racine ont célébré l'époque de Louis XIV, où la France est sortie du Moyen-âge pour entrer dans l'ère moderne; Gœthe et Schiller sont les heureux héritiers de l'Aufklärung victorieuse. « O fous à double vue, qui insultez nos poètes mais tolérez une police du théâtre... Hypocrites, qui vous plaignez de la décadence de l'art et de la poésie, mais qui poursuivez systématiquement tous ceux qui veulent un régime libre, condition nécessaire de la vie saine de l'art ! Le plus simple des paysans vous fait honte : il n'attend de nobles fruits que d'un sol noble[1]. »

L'influence de Feuerbach a sans doute contribué aussi à fortifier chez Hettner le goût de la nécessité objective. Hettner, comme son ami Gottfried Keller,

24; le chapitre sur la décadence morale de la noblesse et la croissance de la bourgeoisie, pp. 66-83, et la conclusion sur les rapports de la littérature et de la Révolution française, pp. 593-595. — Pour l'Allemagne, le chapitre sur la guerre de Sept Ans et le despotisme éclairé, t. II, pp. 160-177.

1. *Le drame moderne*. Braunschweig, Vieweg, 1852, pp. 9-11.

considère que le romantisme est le règne de l'arbitraire subjectif (*Willkür*), et c'est en ce sens qu'il reproche à Gœthe et à Schiller d'avoir été romantiques. Schiller particulièrement est devenu de plus en plus subjectif avec l'âge. Il se laisse guider partout par des théories esthétiques qui l'obligent à imiter les caractères extérieurs des œuvres anciennes, et il s'affranchit toujours davantage du joug de l'histoire. Cette faiblesse « idéaliste » du grand poète a eu des effets funestes au dix-neuvième siècle. Robert Prutz s'est permis de mettre dans la bouche de Maurice de Saxe ou de Charles de Bourbon des tirades révolutionnaires; Hebbel prête aux figures de l'Ancien Testament, à sa Judith, par exemple, le caractère d'une héroïne de George Sand; d'autres veulent nous ramener aux pièces teutoniques ou bibliques de Klopstock. Mais Hettner espère qu'il se produira dans la littérature le même progrès qui a fait abandonner en peinture le vain idéalisme pour revenir au culte de la nature vivante[1]; il voit dans le réalisme une nécessité pour les peuples modernes, « car le monde moderne ne connaît pas d'autres dieux que les lois de la nature et de la vie humaine[2]. » Hettner s'est efforcé, dans son œuvre critique, de montrer d'une part les liens qui rattachent l'art à la vie, et d'autre part de préparer l'avènement d'une littérature vraiment moderne : il a continué ainsi dans son domaine l'œuvre entreprise par Feuerbach.

1. Hettner, *Die romantische Schule* et *das moderne Drama*, pp. 56-57.
2. *Das moderne Drama*, p. 157.

CHAPITRE VIII.

Herwegh.

C'est probablement vers l'automne de l'année 1840 que Herwegh lut pour la première fois une œuvre de Feuerbach. En effet, on ne trouve pas encore la trace de l'influence du philosophe sur le poète dans les articles de critique littéraire écrits par Herwegh en 1839 et 1840, tandis que cette influence apparaît nettement dans les sonnets composés à l'automne de l'année 1840.
Sans doute, dans les articles de critique, Herwegh exprime souvent des idées analogues à celles qu'exprimait Feuerbach à la même date; il insiste, par exemple, sur le progrès toujours nécessaire des idées en dépit de la prétendue révélation hégélienne, « car Dieu seul, dit-il, est la mesure de toutes choses [1]. » Il estime que la Révolution de Juillet a ruiné d'avance toute tentative de restauration conservatrice, en prouvant que l'esprit universel ne se laisse pas arrêter dans sa marche [2]. Il se rapproche particulièrement du philosophe quand il proteste contre les théories qui veulent établir un lien indissoluble entre le christia-

---

1. Cf. *Kritische Aufsätze* des années 1839 et 1840, édités à Belle-Vue, près Constance, en 1845, p. 88.
2. *Ibid.*, p. 128.

nisme et la liberté; il dit, à propos d'un article de F.-A. Maerker, intitulé *Hegel et la liberté chrétienne :* « Liberté chrétienne! Il est vrai que le christianisme prêche la liberté; mais l'idée de liberté existait avant qu'il y eût un christianisme. La Liberté est la Liberté : elle n'est ni turque, ni païenne, ni chrétienne. La liberté n'a qu'une foi : la foi en elle-même. J'ai pour Lamennais le plus grand respect, et j'en ai plus d'une fois témoigné dans ces feuilles. Je ne puis pourtant approuver sans réserve sa manière de tirer de l'Evangile les principes démocratiques, ni son radicalisme évangélique. En procédant de la sorte, il a accordé à ses adversaires et aux nôtres le droit de citer, de leur côté, la Bible à l'appui de leur cause. Lamennais a écrit une dogmatique supérieure à tout ce que pourra écrire un théologien. Mais qui nous garantit que l'aristocratie ne saura pas exploiter, pour arriver à ses fins, les doctrines de l'Evangile si on admet cette méthode de large interprétation? M. Maerker n'est d'ailleurs que l'introducteur et le traducteur d'un discours académique que Hegel a prononcé en latin en l'an 1830, lors du troisième centenaire de la Confession d'Augsbourg.

« La liberté n'a pas besoin d'être chrétienne; nous n'avons pas le droit d'y renoncer, même si elle était païenne. Brutus était certainement un homme aussi libre que Hegel et ses disciples. Ramenez tout à la religion, si vous voulez, mais faites exception du moins pour la liberté. Celle-ci ne dépend que d'elle-même. Nous avons fait un bon pas en avant depuis 1830, et M. Maerker n'aurait pas eu besoin de se donner la peine de faire imprimer ce discours[1]. » Mais il n'y a là sans doute qu'une rencontre; quand Herwegh, en effet, cite les hégéliens, dont il estime l'indépendance, il nomme Rosenkranz, Strauss, Vischer, Hotho, Ruge. Il ne fait pas mention de Feuerbach[2].

Il résulte au contraire de la première lettre de Feuerbach à Herwegh (23 septembre 1842, de Brückberg, réponse à la lettre du 3 septembre 1842, où le poète demandait au philosophe de collaborer au *Deutsche Bote* à partir du mois d'octobre) que le maître avait immédiatement reconnu sa pensée dans les sonnets du disciple. Feuerbach dit en effet qu'il a découpé dans un journal un de ces sonnets « pour s'assurer la propriété juridique de ce qui était son bien spirituel. » Il s'agit sans doute du sonnet XXIII[3].

> Sois béni de moi, pieux peuple des anciens,
> Qui appelait bienheureux les élus du malheur,
> Et considérait toute maison frappée par la foudre
> Comme consacrée à Zeus!
>
> Tu sentais bien que la puissance mystérieuse du ciel
> Ne se révélait qu'à ceux qu'elle frappe,
> Et que la vérité, pour luire de tout son éclat,
> Doit fendre le cœur comme l'éclair fend la nuée!
>
> O parlez, n'est-ce pas le plus souvent l'heure du malheur
> Qui vous a élevé jusqu'à l'éternité
> Et vous a révélé en sonnant le Verbe du ciel?

---

1. Cf. *Kritische Aufsätze*, pp. 79-80.
2. *Ibid.*, p. 97.
3. Cf. *Poésies d'un vivant*, p. 113.

Ce n'est pas la paix, c'est la tempête qui nous soulève ;
Les joies suprêmes sont tissées sur un fond sombre,
Tout comme les étoiles de l'éther.

C'est aussi l'influence des *Pensées sur la mort et l'Immortalité* qu'on retrouve dans les beaux sonnets XVIII et XIX :

XVIII.

Vive la mort, amis ; oui, vive la mort !
J'ai dans les profondeurs de la nuit attisé la flamme
D'un chant ardent en l'honneur du plus fidèle ami de la terre.
Ce sont les morts que je veux exalter, et la mort !

Nous ne sommes que des enfants qui nous sommes détachés
Avec répugnance, comme les gouttes se détachent de la mer,
Et que la mort ramène à la maison
Pour les rendre avec amour au Tout.

L'anéantissement vous paraît une pilule amère ?
Pourtant si l'élément n'exigeait pas ce tribut,
La mort serait notre propre volonté.

La mort rend la vie pleine et entière ;
Il faut d'abord que le cœur s'arrête dans notre poitrine,
S'il doit battre dans la poitrine de l'humanité[1].

XIX.

Le manteau d'hermine jeté sur les épaules,
La tête enivrée bien au-dessus de moi dans le bleu,
Les Alpes — comme elles regardent avec fierté,
Comme si elles savaient qu'elles portent le ciel !

---

1. *Poésies d'un vivant*, p. 108.

Pareils aux messagers d'amour aux ailes légères,
Les torrents d'argent se hâtent dans la nuit et l'horreur :
Ils courent porter à l'Océan des saluts riches de désirs
De la part des hautes dames!

Les troupeaux sonnent leurs cloches et les aigles volent
C'est un bruit éternel, un éternel jaillissement,
Comme si la vie était intarissable ici!

Se peut-il imaginer un spectacle plus beau?
Et pourtant j'ai passé le plus beau sous silence :
Le cimetière pieux et tranquille qui est au milieu!

Dans les *Xénies* qui parurent dans le second recueil des *Poésie d'un vivant*, en 1843, le poète rend ouvertement hommage au philosophe :

Comme le glaive tranchant du penseur
Doit pénétrer dans vos âmes de lièvres!
Ecoutez donc : « Ce que nous avons de mieux ne vaut pas
Qu'on le garde éternellement.
Ce que la nature a créé une fois
Elle peut le créer une deuxième. »
Mais sa hardiesse demeure vaine,
Chaque ver de terre veut devenir un papillon.

Il est possible que l'idée même d'écrire des Xénies soit venue à Herwegh à la lecture des *Xénies* de Feuerbach : en acceptant de collaborer au *Deutsche Bote*, le philosophe avait précisément offert au poète de remanier à cette intention les Xénies théologico-satiriques, parues, dit-il, douze ans trop tôt[1]. Les *Xénies* de Herwegh, en tout cas, ont la même allure

1. Cf. lettre de Bruckberg, 23 sept. 1842.

que celles de Feuerbach et attaquent les mêmes ennemis : elles s'en prennent à tous ceux qui tentent de restaurer le Moyen-Âge et d'arrêter le mouvement moderne. Que notre devise soit : « *E pur si muove* », dit par exemple Herwegh dans la Xénie intitulée : *Ça ira*[1]. « Oui, elle tourne quand même, et rien n'y fera, ni la bière bavaroise, ni le christianisme prussien. » Mais, à vrai dire, Herwegh eût pu, même sans connaître une ligne de Feuerbach, écrire la plupart de ces distiques cinglants ou de ces couplets alertes qui convenaient si bien à sa nature; il eût pu lancer ces appels claironnants :

> Arrachez les croix de la terre,
> Il faut qu'elles donnent des épées.

Il eût pu chanter le vin du Rhin ou le trompette mourant, célébrer Ufnau et Sainte-Hélène, et enguirlander de roses les épées; bref, Herwegh, qui professait pour Béranger une admiration sans bornes, eût pu être le Béranger allemand sans avoir lu un philosophe. Mais il semble précisément qu'il y a parfois chez Herwegh comme un accent de gravité religieuse qu'on ne trouve pas chez Béranger et que l'auteur des *Poésies d'un vivant* doit sans doute à l'auteur des *Pensées sur la mort et l'immortalité*. On sent que Herwegh a fait son choix entre cette vie et l'autre; son désir instinctif de liberté et ses aspirations démocratiques exigent plus impérieusement des satisfactions, depuis qu'à la servitude et la misère terrestres ne s'oppose plus la

---

1. *Poésies d'un vivant*, p. 241.

béatitude de l'au-delà. Quelle amertume dans ces strophes du pauvre Jacques[1] :

> Les liards qu'on lui jeta dans le sable
> Par la portière de carrosses flamboyants,
> C'est tout ce que de la patrie
> Le pauvre homme a eu de bien.
>
> Justement ceux qui lui ont vanté le ciel
> Aimaient doublement la terre ;
> On paye ses dettes envers le peuple
> Par des traites sur les étoiles[2].

La poésie vivante et agissante, la poésie qui prend parti, telle que la rêvait Herwegh, acquiert une portée toute nouvelle s'il est vrai qu'il n'y a d'idéal qu'ici-bas. A l'art romantique, l'art révolutionnaire s'oppose désormais comme à la philosophie de l'au-delà s'oppose la philosophie de l'avenir, le respect de la vie humaine et de la nature. En face de Schelling rentré en grâce se dressait Feuerbach ; en face des peintres néo-chrétiens que Frédéric-Guillaume IV appelait de Munich à Berlin, se lève le poète :

> Pour ton pinceau sacré reçois la palme de l'au-delà !
> Mais la muse te refuse la couronne de l'en-deçà,   [servile,
> Car tu as craché à la figure de la déesse, tu as, dans un esprit
> Rabaissé au rang de satellite son astre qui ne doit sa lumière
>   [qu'à lui-même[3].

Herwegh déclare à ces artistes qui veulent sacrifier

---

1. *Poésies d'un vivant*, p. 254.
2. Cf. les vers à propos de l'incendie de Hambourg et la cathédrale de Cologne : « Ne bâtissez pas d'églises, tant que les pauvres n'ont pas de cabanes. »
3. *Poésies d'un vivant*, p. 240.

la vie et la beauté terrestre à l'esprit, que la vie et la beauté l'emporteront sur leur idéal ascétique. Toutes les figures supra-célestes, aux corps et aux plis transfigurés, les madones transparentes tissées du parfum de l'éther et du bleu des fleurs, qui ne marchent que sur des lis et des roses, tout cela s'évanouira dévotement.

Mais ne gémissez pas, chers artistes. Vous n'avez qu'à abandonner les hauteurs froides; la terre est toujours féconde. Incarnez de nouveau Dieu dans le monde. Il est bien rare que la beauté vienne s'ajouter à la sainteté; mais ce qui est beau demeurera toujours sacré. Herwegh en veut à cet art voué au culte du passé; il ne peut s'empêcher, dans son second recueil, d'adresser « à nos artistes quand même encore deux sonnets[1] »; il dit à propos d'un tableau de Cornelius :

La vie contemporaine est la madone des poètes
La *Mater dolorosa* qui doit enfanter
Le Sauveur. Aussi respecte l'époque où tu vis,
Tu ne peux rien représenter de plus haut qu'elle.

Si ton époque a perdu l'envie de prier,
Tu ne la corrigeras pas.
Pourquoi toujours jeter les regards en arrière,
Et te mettre en retard quand ton siècle marche?

Je ne fais pas grand cas de toute cette race rayonnante
Et de ton ciel tout entier,
Bien que tu aies fait au poète la grande politesse de l'y mettre.

On comprend qu'à partir du moment où il connut

---

[1]. *Poésies d'un vivant*, p. 104.

Feuerbach, Herwegh ne cessa plus d'être en communion d'idées avec le philosophe; il lut sans doute l'*Essence du christianisme* dès que parut cette œuvre décisive; il y est fait allusion, en effet, dans l'article qu'écrivit Herwegh pour critiquer les poésies de Duller, le *Prince de l'amour* (1842)[1]. Herwegh déclare : « Il y a trop souvent conflit entre l'amour et la foi, comme notre Feuerbach l'a démontré si magistralement dans son *Essence du christianisme* »; et plus loin, à propos d'une poésie de Duller sur ce thème : Il n'y aura plus bientôt ni juifs ni chrétiens, mais seulement des hommes : « Duller ne se rapproche-t-il pas ici malgré lui de Feuerbach? » Ainsi, Herwegh admet les deux antithèses fondamentales de l'*Essence du christianisme* : l'antithèse de l'amour et de la foi et l'antithèse de Dieu et de l'homme. La philosophie de Feuerbach remplace, dès lors, aux yeux de Herwegh, la philosophie de Hegel. Maintenant que nous ne sommes plus des enfants, nous ne voulons plus aller à l'école du maître de Berlin : mais nous ne voulons pas non plus retourner à l'église avec Schelling. Dans les notes de ses carnets de poche, Herwegh définit toujours ainsi les rapports entre les trois philosophes : les termes seuls changent, et les métaphores. Il dit par exemple : Hegel est un cadavre (sur le champ de bataille), Feuerbach passe par-dessus pour avancer; Schelling passe par-dessus pour fuir; au premier seul il sera pardonné.

1. Cette critique était peut-être destinée à l'*Europa* de Lewald. Le texte cité m'a été communiqué d'après le manuscrit par M. Fleury, avec l'autorisation de M. Marcel Herwegh.

Ce fut d'abord l'humanisme que Herwegh admira surtout dans la philosophie de Feuerbach : il y vit une religion nouvelle qui le décida à renoncer à la foi ancienne. Il refuse dorénavant les consolations du christianisme : « Nous n'avons pas le droit de les accepter, s'il s'agit de maux que nous pouvons guérir; et si les maux sont sans remèdes, la religion n'y peut rien. Il n'est pas juste non plus de considérer la religion comme un soutien de la faiblesse humaine : elle n'est que la trique, qui, après nous avoir brisé bras et jambes, est devenue notre béquille. » Herwegh estime que toutes les tentatives de restauration du christianisme ne pourront qu'en accélérer la chute, parce que les misérables et les opprimés finiront par s'apercevoir que les conservateurs ne protègent la religion que par intérêt. L'homme arrivera à se connaître lui-même; il ne suffit pas de dire que Dieu s'est fait homme; il n'a jamais été autre chose. Pourvu que le peuple cesse de vénérer Dieu pour honorer l'homme : nous aurions gagné! L'opposition irréductible du christianisme et de l'humanisme préoccupa particulièrement Herwegh au moment de son voyage à Rome. Cette Rome « qui n'avait plus que de la cendre sans feu, la grande urne du monde, célèbre par ses morts », fortifia en lui le désir d'une vie véritablement humaine. Il rêva d'une société où le peuple aurait cessé d'espérer le ciel, mais serait libre et fier : « Que le peuple renonce au ciel ou à la liberté. Les deux à la fois, c'est vraiment trop demander; ou faut-il laisser au peuple l'espoir d'une servitude future pour qu'il puisse supporter la liberté présente ? » En ce sens, il est permis de dire que la liberté fut pour Herwegh un idéal religieux; et c'est parce qu'il avait cet idéal religieux qu'il ne voulut jamais laisser de côté, comme on le lui conseillait, la question religieuse dans ses poésies politiques. D'autres poètes, comme Hoffmann de Fallersleben, demandaient la liberté au nom du ciel, la liberté par la grâce de Dieu; Herwegh protestait contre cette humilité : la royauté absolue et la tyrannie céleste étaient, à ses yeux, solidaires; la question sociale était une question religieuse. Par là, Herwegh se montrait le disciple fidèle de Feuerbach; dès leur première entrevue (à Heidelberg, en 1845), le philosophe et le poète se comprirent. Feuerbach dit dans une lettre qu'il a trouvé en Herwegh une âme parente : « C'est un communiste; je dois dire qu'il n'admet pas l'orthodoxie, le culte de la lettre, l'absolutisme de certains communistes, puisque, malheureusement, les différences de la nature humaine se font déjà sentir dans ce domaine; le spectacle de cette variété est souvent réjouissant, mais par contre il est parfois triste. » De son côté, Herwegh écrit à sa femme : « Bien que Feuerbach ait l'air d'un lieutenant bavarois [1], c'est un homme qui a une grande énergie et qui m'est tout à fait sympathique; il ne se fait pas d'illusions sur l'étroitesse et le manque de goût de Ruge et de Marx. » Tandis que les socialistes comme Marx oublièrent de bonne heure ce qu'ils devaient à Feuerbach, — qu'ils traitaient même de

---

1. L'habit vert, le gilet bariolé et la cravate flamboyante de Feuerbach offraient des couleurs un peu vives au goût délicat de Mme Herwegh.

« bourgeois » à ce que raconte Bakounine[1], — Herwegh demeura toujours fidèle au maître; il l'invita d'abord à venir à Paris, puis à Zürich (lettre du 3 décembre 1851). « Viens en Suisse; Wagner le désire au plus haut degré. Depuis que mon ami Bakounine est mort, je ne connais personne qui ait une nature réellement révolutionnaire, dans le sens des sentiments comme dans le sens de l'intelligence, que toi et Wagner. »

Quand Feuerbach, après avoir défini l'essence du christianisme, prit pour objet de son analyse les religions de la nature, Herwegh se mit à étudier les sciences naturelles. De son côté, Feuerbach s'intéresse aux poésies politiques et aux satires de Herwegh; il fait par exemple, le 29 juillet 1859, l'éloge de la poésie « *Zum eidgenössischen Schützenfest in Zürich* ». — Le 23 février 1863, à propos de la poésie « *Herr Wilhelm* » (au sujet du conflit entre le roi et les libéraux prussiens; cf. *Poésies nouvelles*, p. 105), Feuerbach écrit : « Je considère la satire comme la seule expression opportune (*zeitgemäss*) de la poésie. » Le philosophe enviait même le poète, qui avait assez de loisir et de talent pour s'adonner d'une part à des études scientifiques, et pour publier d'autre part de vivantes poésies à propos de tous les événements de politique intérieure ou extérieure; mais il ne se laisse pas séduire; car il veut rester fidèle jusqu'à la mort à la tâche qu'il s'est imposée : « C'est le rôle des Germains, écrit-il à

---

1. Cf. lettres de et à Georges Herwegh, éditées par Marcel Herwegh; « *1848* », 2ᵉ édition, Münich, Langen, 1898, p. 12; lettre de Bakounine à G. Herwegh.

Herwegh, d'étudier les éléments impondérables de l'histoire : les Français, au contraire, sont épris de tout ce qui est pondérable et tirent les conséquences avant qu'elles ne soient mûres. Je veux, dans mon domaine, rester fidèle au devoir des Germains; je ne veux pas me reposer tant que mon objet ne sera pas épuisé. » Feuerbach était heureux du moins de respirer parfois, dans le coin où il se renfermait, le parfum des libres poésies de Herwegh.

Rien ne montre mieux à quel point le philosophe et le poète étaient en communion d'idées que leur accord parfait sur toutes les questions d'esthétique. On trouve, par exemple, dans les *Prolégomènes* de l'ouvrage *sur le style* de G. Semper un parallèle entre la manière de juger l'artiste et les conceptions de l'esthétique spéculative qui est emprunté à une lettre de Herwegh. Comme l'avait déjà fait Hettner, en s'appuyant sur les principes de la philosophie de l'avenir, Herwegh reproche à l'esthétique spéculative de sacrifier la forme concrète à l'idée abstraite, la vie à la mort. Il compare l'esthétique spéculative à la philosophie de la nature de Schelling, et conclut que l'esthétique spéculative fera place à l'esthétique expérimentale comme la construction *a priori* de la nature a fait place aux recherches exactes. De même les notes des carnets de Herwegh montrent qu'il admettait, comme son ami Wagner, la définition que Feuerbach avait donnée de la « nécessité »; il dit par exemple : « Le talent flatte et chante ce qui plaît; le génie obéit à la nécessité (*er Muss*), mais il est par là le représentant de milliers. » Herwegh se sert même de cette distinction pour opposer l'œuvre géniale de Feuerbach à l'œuvre des théologiens souabes, à qui il n'accorde que du talent.

Quand le philosophe mourut, le 13 septembre 1872, le poète adressa « à son Ludwig Feuerbach » ce suprême adieu [1] :

« A travers le ciel et l'enfer tu t'es frayé
Un chemin comme jadis le grand Dante.
On parla longtemps de comédie divine,
Jusqu'au jour où ton regard y reconnut la comédie humaine. »

De son côté, Mme Emma Herwegh, annonçant à une amie, le 15 septembre 1872, la mort de Feuerbach, exprima en termes graves le respect profond qu'inspirait cette âme pure à ceux qui la connaissaient. Les quatre vers du poète mériteraient d'être gravés sur la tombe du philosophe; et il n'y a pas d'oraison funèbre qui vaille la simple lettre qu'a consacrée à la mémoire de son illustre ami une noble femme [2].

1. Cf. *Neue Gedichte*, p. 266.
2. Qu'il nous soit permis d'exprimer ici à M. Marcel Herwegh nos remerciements pour la bienveillance qu'il nous a témoignée en nous permettant de consulter des documents précieux. M. Fleury, professeur au lycée de Clermond-Ferrand, nous a fourni au sujet de ces documents plusieurs indications utiles : nous l'en remercions sincèrement.

CHAPITRE IX.

Richard Wagner.

Les partisans, comme les adversaires de Wagner, ont reconnu qu'il était très important, pour comprendre ses théories sur l'art, de déterminer l'influence que Feuerbach a exercée sur lui; mais ils n'ont pas étudié cette influence avec une impartialité suffisante. Les admirateurs ou les critiques ne se sont pas contentés de faire entrer en ligne de compte, comme le remarque M. Lichtenberger[1], leurs sympathies personnelles pour le christianisme ou le paganisme, pour l'optimisme ou le pessimisme, et d'autres éléments subjectifs qui n'ont rien à voir dans la question; ils se sont imaginé naïvement que l'originalité, la valeur même de Wagner devait varier en raison inverse de l'influence qu'il a pu subir; et ils ont été portés, en conséquence, à exagérer ou à diminuer la durée et la profondeur de cette influence selon qu'ils appartenaient à l'un ou à l'autre camp. C'est ainsi que les wagnériens considèrent le feuerbachianisme de Wagner comme un malentendu passager et une erreur superficielle. M. Chamberlain va jusqu'à dire que si

---

1. Cf. *R. Wagner, poète et penseur*, de M. Lichtenberger. Paris, Alcan.

Wagner avait connu le *Monde comme volonté et comme représentation* dès 1844, il eût été schopenhauérien dix ans plus tôt. Or, il ne peut apporter à l'appui de cette hypothèse invérifiable, pour ne pas dire invraisemblable, que l'autorité de son sentiment particulier. Les antiwagnériens, au contraire, insistent sur la conversion de l'auteur de *Lohengrin* aux idées de l'*Essence du christianisme* pour pouvoir ensuite reprocher à l'auteur de *Parsifal* d'être retombé au pied de la croix. C'est ainsi que Nietzsche, dans les pamphlets écrits après sa rupture avec son ancien maître, accuse Wagner d'avoir trahi ses idées de 1850 pour se soumettre à la servitude romaine. Les wagnériens se donnent beaucoup de mal pour nier les variations de Wagner, tandis que les antiwagnériens s'efforcent de contester l'unité de sa pensée, comme si la vie même d'un esprit n'était pas un compromis perpétuellement renouvelé entre ses tendances originales et les forces qui agissent sur lui. C'est vraiment faire de Wagner une idole morte que de vouloir ériger son Moi en substance immuable; mais c'est, d'autre part, dissoudre son individualité que de la réduire aux modes successifs par lesquels elle s'est manifestée extérieurement. Wagner lui-même n'eût pas admis sans doute qu'on lui attribuât une continuité rigide et une constance inerte comme la tradition dogmatique dont les catholiques se prétendent les héritiers et les conservateurs inflexibles; mais il n'eût pas aimé non plus qu'on lui contestât sa fidélité à son âme, sous prétexte qu'on l'avait vu de côté et d'autre chercher sincèrement son chemin dans la vie. Dans la

Communication à mes amis[1], il a, en effet, insisté sur la nécessité de tenir compte, pour expliquer son évolution, de la durée. C'est, dit-il, la critique « monumentale », qui confond dans une même masse les phases séparées dans le temps et bien distinctes ; ce n'est pas la critique saine du cœur sympathique. De même qu'il serait pénible à un homme qui aurait vraiment le sens de la musique d'entendre mêler dans l'exécution Bach et Beethoven, de même il lui répugnait de voir les critiques appliquer ses théories sur l'art aux œuvres qu'il avait conçues avant d'avoir conscience de l'esthétique nouvelle. S'il déclare, par exemple, aujourd'hui que le principe chrétien est hostile à l'art et stérile, ce n'est pas une raison pour condamner les drames antérieurs, qui étaient en un sens inspirés de l'esprit chrétien. Il y a sans doute entre ses sentiments antérieurs et ses opinions actuelles des différences essentielles, mais il y a aussi passage graduel d'un point de vue à l'autre. C'est précisément ce progrès qu'il s'agit d'expliquer. Il ne s'agit pas d'établir une identité fausse entre les conceptions anciennes et les conceptions actuelles : ce serait voiler une des faces de son œuvre ; mais il ne s'agit pas non plus d'opposer un aspect à l'autre. Wagner veut être aimé tout entier par ses amis.

Il convient donc de rechercher ici sans parti pris, et en suivant simplement l'ordre historique, ce que Wagner a connu de l'œuvre de Feuerbach et ce qui l'a séduit d'abord dans cette œuvre ; puis, de définir

---

1. Cf. *Werke*, IV, p. 244.

avec précision les idées feuerbachiennes que Wagner a admises dans ses écrits sur l'art, et les thèmes feuerbachiens qu'il a développés dans ses drames ; enfin, de démêler ce qui a subsisté de cette influence dans les œuvres composées par Wagner, quand la philosophie de Schopenhauer eut remplacé dans ses préoccupations la philosophie de Feuerbach.

Les wagnériens considèrent comme démontré que Wagner n'a connu avant le milieu de l'année 1850 que le troisième volume des œuvres de Feuerbach. M. Chamberlain[1] s'appuie, pour le prouver, sur un passage d'une lettre de Wagner à l'éditeur Wigand, du 4 août 1849. Dans cette lettre, qui accompagnait l'envoi du manuscrit de *l'Art et la Révolution*, Wagner se plaint de ce qu'« il lui a été impossible jusqu'à ce jour de se procurer autre chose des œuvres de Feuerbach que le troisième volume, contenant les *Pensées sur la mort et l'immortalité*. » Cette lettre est inédite ; mais il n'y a pas de raison de mettre en doute le témoignage de M. Chamberlain, qui cite d'après l'autographe, en possession de M. le D*r* Potpischnegg. Nous savons, d'autre part, par la correspondance de Wagner et d'Uhlig, qu'en juin 1850 Wagner n'avait toujours pas entre les mains les œuvres de Feuerbach ; il eût souhaité que l'éditeur Wigand les lui fît parvenir directement ; mais Wigand semble avoir conseillé à Wagner de se les faire donner par l'auteur. Or, à cette date, *l'Œuvre d'art de l'avenir* se vendait déjà

---

1. Cf. Chamberlain, *Richard Wagner*, p. 148 de la petite édition française.

en librairie. Et M. Chamberlain conclut : « Nous savons donc de source absolument certaine qu'au moment où Wagner écrivait ses premiers ouvrages « révolutionnaires » et qu'il dédiait à Feuerbach l'*Œuvre d'art de l'avenir*, il ne connaissait rien de ce philosophe que l'œuvre de jeunesse mentionnée plus haut. » M. Chamberlain ajoute en note : « Ce fait qu'on avait jusqu'à présent ignoré a, selon moi, une importance que l'on ne saurait méconnaître. En effet, on a cru ou voulu prétendre que Wagner était absolument sous l'influence de la pensée de Feuerbach. » M. Lichtenberger adopte également cette argumentation : « Wagner a écrit *Jésus de Nazareth*, esquissé l'*Anneau du Nibelung*, composé *Art et Révolution*, et l'*Œuvre d'art de l'avenir* sans avoir lu les œuvres essentielles du philosophe pour lequel il professait une si grande admiration. » La citation ne paraît pourtant pas aussi décisive qu'ont pu le croire MM. Chamberlain et Lichtenberger. Wagner y dit, en effet, qu'à Zurich (il y a *hier* dans le texte) il n'a pu se procurer que le troisième volume des œuvres de Feuerbach; cela ne prouve pas qu'avant son exil même, à Dresde, par exemple, il n'ait pas connu d'autres œuvres du philosophe. Il serait bien extraordinaire qu'il n'ait pas eu quelque notion de l'*Essence du christianisme*, puisque, de l'aveu même de M. Chamberlain, il faut un grand effort d'imagination pour se figurer la gloire dont jouissait Feuerbach à l'époque des révolutions allemandes. Il semble bien difficile aussi d'admettre que Röckel, Bakounine ou Herwegh n'aient pas, dans leurs conversations avec Wagner, conseillé à leur ami de lire les œuvres du philosophe qui leur paraissait avoir donné la vraie formule de la doctrine révolutionnaire. Quand Wagner envoya à Röckel, dans sa prison, les *Conférences* de Feuerbach sur *l'Essence de la religion*, il lui dit que cette œuvre n'est pas aussi célèbre que l'*Essence du christianisme* ou les *Pensées sur la mort et l'immortalité*. Peut-être y a-t-il là une allusion; il se pourrait que ce fût précisément Röckel qui ait fait connaître à Wagner ces deux œuvres capitales; Wagner s'excuserait alors de ne pouvoir rendre exactement à son ami le service qu'il en avait reçu. On peut supposer de même que le poète Herwegh, qui en 1854 apporta à Wagner le *Monde comme volonté et comme représentation* parce qu'il y trouvait des idées analogues à celles du *Crépuscule des dieux*, avait aussi, quelques années auparavant, fait lire à son ami les œuvres de Feuerbach. En ce cas, Herwegh aurait déterminé les deux conversions philosophiques de Wagner. Tout cela, à vrai dire, n'est qu'hypothèse; mais cela suffit à montrer que le doute reste possible sur ce point. Il est établi qu'à Zurich Wagner n'a eu entre les mains, avant le milieu de l'année 1850, que le troisième volume; mais nous n'avons aucune donnée sur ce qu'il a eu entre les mains avant l'exil. Il paraît bien résulter du texte de *Jésus de Nazareth* que l'auteur avait sous les yeux les *Pensées sur la mort et l'immortalité*, qui sont dans le troisième volume; mais nous ne savons pas si le troisième volume lu par Wagner à Dresde est le même livre que celui qu'il lisait à Zurich. Cela paraît bien invraisemblable. Or, si le troisième volume de Dresde et le troisième volume de Zurich sont deux exemplaires différents, ce serait, il faut l'avouer, un hasard bien singulier que Wagner n'ait réussi à se procurer dans chacune de ces deux villes qu'un seul volume de Feuerbach, et qu'il soit tombé les deux fois sur le troisième volume, moins connu certainement et moins répandu que le septième, qui contient l'*Essence du christianisme*. En tout cas, c'est aller un peu vite que de prétendre parler ici, comme le fait M. Chamberlain, de certitude absolue.

Si nous admettions d'ailleurs le fait comme établi, que prouverait-il? Bien moins qu'on ne le dit. L'action d'un philosophe comme Feuerbach sur un artiste comme Wagner se mesurerait-elle par hasard au nombre des volumes lus? Peut-on comparer une influence morale au débit d'un fleuve et donner une évaluation quantitative des idées et des sentiments qu'un esprit est censé déverser dans un autre? Ne suffit-il pas parfois d'un mot pour décider d'une orientation dans la vie mentale? Wagner a-t-il attendu, en 1854, d'avoir lu toutes les œuvres de Schopenhauer pour donner son adhésion au pessimisme; ne lui a-t-il pas suffi de connaître *Le Monde comme volonté et comme représentation* pour se déclarer converti? Qu'est-ce qui prouve que la lecture du troisième volume de Feuerbach n'a pas été aussi, en 1848 ou en 1850, une révélation? Souvenons-nous que Feuerbach a précisément soutenu que sa philosophie toute entière était implicitement contenue dans sa première œuvre, et qu'un lecteur perspicace y découvrirait toutes les conséquences que l'auteur en a tirées ultérieurement. Le don d'intuition, si remarquable chez Wagner, lui aurait-il fait défaut ici? N'oublions pas non plus que le troisième volume ne contenait pas seulement « l'œuvre de jeunesse » de 1830; il y avait aussi les Aphorismes de 1834, et *l'Immortalité considérée au point de vue de l'anthropologie* de 1846. Il n'est pas prouvé sans doute que Wagner ait lu tout le volume; mais il est possible qu'il l'ait lu. Et il suffit d'ailleurs de le parcourir pour avoir une idée de la philosophie de Feuerbach et de l'évolution de sa pensée. Bref, il paraît vain de vouloir délimiter trop rigoureusement par des frontières extérieures l'action que Feuerbach a pu exercer sur Wagner. Le plus sûr est de comparer les deux œuvres et de noter les ressemblances caractéristiques.

La première œuvre de Wagner où apparaisse nettement une doctrine feuerbachienne est le drame inachevé intitulé *Jésus de Nazareth*. On y reconnaît d'abord l'influence des *Pensées sur la Mort et sur l'Immortalité*. Pour Wagner comme pour Feuerbach, l'homme participe à l'immortalité en s'unissant au Dieu immanent par l'amour. Dieu est le Grand Être humain dont tous les hommes sont les membres. « De même que le corps a des membres nombreux et variés, dont chacun a sa fonction, son utilité et son caractère particulier, bien qu'ensemble ils ne forment qu'un seul corps, de même tous les hommes sont les membres d'un seul Dieu. Mais Dieu est le Père et le Fils, il s'engendre sans cesse à nouveau; dans le Père était le Fils, et dans le Fils est le Père; comme nous sommes les membres d'un corps unique qui est Dieu et dont le souffle est l'amour éternel, nous ne mourrons jamais, de même que le corps, c'est-à-dire Dieu, ne meurt jamais puisqu'il est le Père et le Fils, c'est-à-dire la réalisation constante de l'amour éternel lui-même[1]... » Pour Wagner comme pour Feuerbach, l'au-delà est en nous : « Le royaume du ciel n'est pas en dehors, mais en nous ; c'est pourquoi ceux-là sont heureux qui suivent mon commandement, et ils ont le royaume du ciel. » — « Quand cela sera-t-il ? » (Jésus). Il ne vous convient pas de le savoir, mais il vous convient de faire effort pour qu'en tout temps vous participiez au royaume du ciel, qui est éternel... Ceux-là participent tous à Dieu dans l'immortalité qui le reconnaissent ; or, reconnaître Dieu, c'est le servir, autrement dit aimer son prochain comme soi-même. » Par une conséquence logique, Wagner, comme Feuerbach, estime que la mort n'est rien, puisque ce n'est qu'un épanouissement dans l'amour. Wagner dit textuellement : la mort est absorbée par l'amour ; la mort est un acte de sacrifice, qui trouve immédiatement sa récompense, puisqu'elle est à la fois un dévoûment moral et une béatitude métaphysique ; en sortant de cette vie, on entre par là même dans la vie divine : « Par un sacrifice du sang des taureaux et des boucs, le grand prêtre pénétrait une fois tous les ans dans le Très Saint du Temple, fait pourtant par la main des hommes ; moi, c'est par le sacrifice de mon propre sang que j'entre une fois pour tous les temps dans le Saint des Saints du Temple créé par les mains de Dieu ; mais le Temple

---

1. Cf. *Jésus de Nazareth*, p. 39.

de Dieu est l'humanité[1]. » Pour Wagner comme pour Feuerbach, la mort est la communion définitive de l'individu, le confluent de la vie individuelle et de la vie collective, l'anéantissement suprême de l'égoïsme, le plus haut sacrifice et l'acte parfait de l'amour. La mort physique n'est que l'exécution d'une volonté morale : la nature ne fait que ratifier notre désir de communication entière. Sur ces points, l'influence de la première œuvre de Feuerbach est évidente et personne ne l'a contestée.

Mais il est fort possible qu'une autre œuvre du philosophe ait inspiré l'artiste. Les idées que Wagner se proposait de développer dans son drame sont, en effet, très voisines des théories de l'*Essence du christianisme*. Pour Wagner comme pour Feuerbach, le Nouveau Testament est l'apothéose de l'homme triomphant de la nature et brisant toute loi extérieure par l'amour. Wagner nous montre Jésus réfléchissant à sa naissance : il sait qu'il est l'héritier de la race de David, il pourrait donc être le roi d'Israël; mais il cherche la racine même de son arbre généalogique et il découvre que son ancêtre est Adam, le fils de Dieu. Cette origine ne lui garantit-elle pas un pouvoir décisif sur la nature? Il est tenté de faire des miracles; mais il se demande : Où donc réside la force de faire des miracles si ce n'est au fond de l'homme même? Oui, la force miraculeuse n'est que la connaissance de soi devant Dieu qui se révèle dans l'homme[2].

---

1. Cf. *Jésus de Nazareth*, pp. 43-50.
2. Cf. *Jésus de Nazareth*, p. 24.

N'est-ce pas là une illustration dramatique des chapitres de l'*Essence du christianisme* sur le sens de la création dans le judaïsme et sur le mystère du miracle? De même la théorie de Feuerbach sur l'immanence du Dieu chrétien et sur le sens des sacrements se retrouve dans ces mots que Wagner met dans la bouche de Jésus : « Vous ne me comprenez pas, car je suis encore en dehors de vous; c'est pourquoi je vous donne ma chair et mon sang, pour que vous le mangiez et vous le buviez, afin que je puisse demeurer au-dedans de vous. » La conception de la Trinité est identique chez Wagner et chez Feuerbach; en particulier, ils se refusent tous deux à voir dans le Saint-Esprit autre chose que l'union indissoluble du Père et du Fils[1]. Feuerbach dit « la troisième personne de la Trinité n'exprime pas autre chose que l'amour réciproque des deux personnes divines; c'est l'unité du Père et du Fils, l'idée de communauté qui, par un contresens remarquable, est posée comme un être particulier, comme une personne; le Saint-Esprit ne doit son existence personnelle qu'à un nom. Les plus anciens des Pères de l'Église identifiaient encore, comme on sait, le Saint-Esprit et le Fils. Plus tard encore, la personnalité dogmatique du Saint-Esprit manque de consistance. C'est l'amour de Dieu pour soi et les hommes, et réciproquement l'amour de l'homme pour Dieu et pour soi. C'est donc l'identité de Dieu et de l'homme personnifiée, objectivée par la religion. Mais

---

1. Cf. Feuerbach, VII, *Essence du christianisme*, p. 99; Wagner, *Jésus de Nazareth*, p. 27.

pour nous, cette unité est déjà dans le Père, plus encore dans le Fils. » Wagner dit : « Dieu est le Père et le Fils et le Saint-Esprit, car le Père engendre le Fils à travers tous les temps, et, réciproquement, le Fils engendre le Père du Fils en toute éternité : c'est la vie et l'amour, c'est le Saint-Esprit. »

Bien plus, l'idée directrice de *Jésus de Nazareth* eût sans doute été la même que celle de l'*Essence du christianisme*. Il s'agit de part et d'autre de montrer que dans la religion l'amour doit triompher de l'égoïsme, l'esprit de la lettre, la vie de la mort, la foi agissante et libre de la soumission à la loi. Sans doute, l'intention de Wagner n'est pas absolument la même que celle de Feuerbach : tandis que Feuerbach, en 1840, cherchant à s'affranchir des traditions théologiques et à fonder une philosophie nouvelle, opposait dans une série d'antithèses la croyance et la communion intime, le désir de béatitude et le désintéressement moral, l'étroitesse de l'Église et la large fraternité humaine, Wagner, en 1848, tenait surtout à la liberté de l'amour, aux droits de l'inspiration et à l'indépendance de l'activité ; aussi s'efforçait-il surtout de briser par l'anarchie naturelle de la sincérité et le caractère révolutionnaire du sentiment immédiat les obligations du serment, les liens du mariage et les lois de la propriété héréditaire ; mais la direction générale dans les deux œuvres est la même : dans les deux cas, on entreprend une réforme religieuse ; on s'efforce de remonter au principe interne, d'éliminer toute contrainte du passé et d'effacer toute limitation du présent en faisant appel à l'essence infinie, toujours neuve et féconde. Que l'on compare, par exemple, le vingt-deuxième chapitre de Feuerbach sur « la contradiction dans la révélation de Dieu » au passage de Wagner sur le caractère ambigu de la loi que l'auteur se proposait de développer longuement (*sehr auszuführen*)[1]. Feuerbach explique que l'homme religieux a intercalé entre sa réalité individuelle et son essence générale un être de liaison, un médiateur; mais ce médiateur a bientôt séparé l'homme de son idéal au lieu de l'en rapprocher; le trait d'union est devenu une barrière, le *vinculum substantiale* est devenu un obstacle. Il conclut naturellement qu'il faut renverser cet obstacle pour réintégrer l'essence dans l'homme. Wagner dit d'une manière analogue : « La loi tient lieu de la généralité, est donc entre moi et le général. Or, mon épanouissement fécond au sein du général est devenu une absorption dans la loi, c'est-à dire un enrichissement de la mort, car la loi chasse la vie : la loi est le manque d'amour, et même dans le cas où la loi serait la loi de l'amour, je ne ferais pas, en m'y soumettant, acte d'amour, car l'amour est autonome et ne se soumet à aucune loi. La réconciliation du monde ne peut donc être réalisée que par la suppression de la loi, qui détourne l'individu du libre sacrifice de son moi à la généralité et qui l'en maintient séparé... car il est notre paix, celui qui a fait de deux (de Dieu et de l'homme, c'est-à-dire du général et de l'individuel) une unité et qui a arraché la haie

---

1. Cf. Feuerbach, VII, pp. 307 sqq., et Wagner, *Jésus de Nazareth*, p. 67.

qui était entre les deux, — à savoir la loi, qui était dressée en commandements — afin que de deux il créât un seul homme nouveau en lui même (c'est-à-dire l'individu qui se retrouve avec conscience au sein du général)... » Il paraît difficile de contester ici le parallélisme : ce que Feuerbach appelle *Gattung*, Wagner l'appelle *Allgemeinheit*; l'idéal pour tous les deux est l'adhésion à l'essence commune de l'humanité, et l'œuvre urgente pour l'un comme pour l'autre est de détruire tous les substituts qui cachent plus qu'ils ne manifestent et trahissent plus qu'ils ne représentent le vrai Dieu. Cependant, on peut à la rigueur estimer qu'il y a sur tous ces points rencontre et non influence : on peut dire que Wagner n'a sans doute pas connu à cette date l'*Essence du christianisme*, et que s'il est arrivé aux mêmes conclusions que Feuerbach, c'est qu'il s'était lui aussi pénétré des vrais enseignements de l'Evangile; c'est peut-être parce qu'il a bu avec la même ardeur aux mêmes sources qu'il a eu la même sensation religieuse. Mais si l'on admet cette thèse, on reconnaît par là-même qu'il y avait parenté entre l'âme de Feuerbach et celle de Wagner avant toute filiation directe des idées et des sentiments; on accorde qu'en 1848 Wagner se représentait l'essence du christianisme telle que Feuerbach l'avait définie en 1840.

Quoi qu'il en soit, que Wagner ait connu ou non en 1848 un autre volume de Feuerbach que le troisième, il est à peu près certain qu'à partir de 1849 il a connu les œuvres essentielles du philosophe. Comment, en effet, expliquerait-on, si on admet l'hypothèse contraire, les lignes suivantes d'une lettre de Wagner à Karl Ritter, datée du 21 novembre 1849? « Feuerbach finit pourtant par s'absorber dans l'homme, et c'est en cela qu'il est si important, particulièrement par opposition à la philosophie absolue, qui tend à absorber l'homme dans le philosophe. » Dans *les Pensées sur la mort et l'immortalité*, Feuerbach, en effet, est encore métaphysicien panthéiste, et il considère encore que l'homme doit tendre à s'absorber dans son essence. Dira-t-on qu'ici Wagner s'est inspiré des *Aphorismes* du troisième volume sur l'écrivain et l'homme? Mais Feuerbach y sacrifie encore dans une certaine mesure l'homme à l'écrivain; il compare, par exemple, l'incarnation de l'écrivain dans l'homme à l'incarnation de Dieu en Jésus crucifié : « L'écrivain n'est-il qu'une qualité, qu'un accident, une modification superficielle de l'essence ou de la substance de l'homme? N'est-il qu'une créature subordonnée de l'homme ou lui est-il coessentiel? L'unité mystique, l'*unio essentialis* est ici la vérité. L'écrivain est le fils inné de l'homme, d'une seule et même essence que lui. En tant qu'homme, l'écrivain est un *Miserere Domine*, un *Ecce homo* cloué sur la croix de la vie, emprisonné dans l'étroit cachot d'un temps et d'un lieu déterminé, et son activité ne peut s'exercer que sur un petit cercle d'hommes; mais dans le ciel de ses intuitions spirituelles, dans le fluide éthéré et le medium de son œuvre, il est le fils de Dieu omniprésent et tout-puissant[1]. » Ce n'est que dans la conclu-

---

[1]. Cf. Feuerbach, *Werke*, III, p. 243.

sion que Feuerbach a recours à l'amour et à la femme pour établir plus de familiarité humaine dans les relations entre l'écrivain et l'homme. D'ailleurs, il n'est question dans les *Aphorismes* que de l'écrivain, tandis que Wagner parle du philosophe, de la philosophie absolue. Il semble donc bien plus naturel de rapprocher la phrase de Wagner de cette thèse de Feuerbach : « De même que le monarque absolu disait : l'État c'est moi, et que le Dieu absolu eût pu dire : l'Être c'est moi, de même le philosophe absolu disait ou du moins pensait de soi, en tant que penseur naturellement, non en tant qu'homme : la vérité c'est moi. Le philosophe humain dit par contre : je suis même dans la pensée, même en tant que philosophe homme avec les hommes[1]. » Il semble bien difficile de ne pas admettre que la phrase de Wagner est directement inspirée par la thèse de Feuerbach : le sens est le même et les termes importants sont conservés. Or, la thèse de Feuerbach se trouve dans le deuxième volume de ses œuvres, dans les *Principes de la philosophie de l'avenir*. Le rapprochement ne s'impose-t-il pas dès lors entre cette *Philosophie de l'avenir* que Wagner connaissait en 1849, et l'*Œuvre d'art de l'avenir*, qu'il écrivait la même année et dédiait précisément à Feuerbach ?

Wagner reconnaît lui-même, dans l'*Introduction* au troisième et au quatrième volume de ses œuvres complètes, l'influence de Feuerbach. « A cette époque, je

---

1. Cf. Feuerbach, II, p. 345 : *Principes de la philosophie de l'avenir*, § 61.

lisais plusieurs œuvres de Feuerbach qui m'intéressaient vivement. Je lui empruntai différentes formules que j'appliquai à des représentations artistiques, auxquelles elles ne pouvaient pas toujours correspondre exactement. En ceci, je me laissai guider sans réflexion critique par un écrivain ingénieux qui me paraissait se rapprocher des sentiments que j'avais alors, particulièrement en ce qu'il donnait congé à la philosophie (en qui il croyait avoir retrouvé uniquement la théologie déguisée) et inclinait à une conception de l'essence humaine, dans laquelle je croyais reconnaître distinctement mon idéal de l'homme artiste. De là résulta une certaine confusion passionnée, qui se manifesta par la précipitation et l'imprécision dans l'emploi des schèmes philosophiques. » Et Wagner cite parmi les formules qu'il a empruntées à Feuerbach et qui peuvent prêter à confusion les termes d'« arbitraire » (*Willkür*) et de « nécessité » (*Unwillkür*), de « sensibilité » (*Sinnlichkeit*) et de « communisme », qui se trouvent dans *l'Œuvre d'art de l'avenir*. Or, ces termes que Wagner déclare avoir empruntés à plusieurs œuvres de Feuerbach ne sont pas définis dans le troisième volume, tandis qu'ils reviennent fréquemment dans le second, en particulier dans les *Principes de la philosophie de l'avenir*. C'est dans cet ouvrage que Feuerbach parle de l'arbitraire sans bornes de la spéculation et qu'il oppose l'arbitraire théologique à la pensée qui se conforme aux lois de la réalité[1]. Il dit : « On n'a pas le droit

---

1. Cf. pp. 306, 321, 334 et § 45, dans *Werke*, II.

de penser les choses autrement qu'elles ne se présentent dans la réalité. Ce qui est séparé dans la réalité ne doit pas non plus être identique dans la pensée. » « Le droit que s'arroge la pensée, l'Idée, — le monde intellectuel des néo-platoniciens, — de violer par une exception les lois de la réalité n'est qu'un privilège d'arbitraire théologique. Les lois de la réalité sont aussi les lois de la pensée. » De même, c'est dans les *Principes* que Feuerbach insiste sur la réalité du sensible. Il affirme que le réel dans sa réalité ou en tant que réel est le réel comme objet du sens, est le sensible. Vérité, réalité, sensibilité sont identiques. Seul un être sensible est un être vrai, réel... Il identifie d'une part le sensible et le nécessaire, d'autre part l'objet de la pensée pure et l'arbitraire. C'est la sensibilité qui nous montre les liens qui unissent les choses. Toutes les questions d'action et de réaction étaient insolubles pour la philosophie abstraite. Après avoir isolé les substances, les atomes, le moi, Dieu, le corps et l'âme, elle ne pouvait plus rattacher les êtres entre eux que par une liaison artificielle, arbitraire. La nécessité de la liaison n'est que dans le sensible, dont elle avait fait abstraction [1].... C'est au début de ses *Thèses provisoires pour la réforme de la philosophie* que Feuerbach donne congé à la philosophie spéculative en disant : « Le secret de la théologie est l'anthropologie; mais le secret de la philosophie spéculative est la théologie. » Enfin, c'est dans les *Principes* que Feuerbach définit sa conception de l'essence

---

1. Cf. *Werke*, II, *Principes de la philosophie de l'avenir*, § 32.

humaine. La nouvelle philosophie fait de l'homme et de la nature, en tant qu'elle est la base de l'homme, l'objet unique, universel, suprême de la philosophie. L'art, la religion, la philosophie ou la science ne sont que des manifestations ou des révélations de la vraie nature de l'homme. N'est homme, homme parfait, vraiment homme, que celui qui a un sens esthétique ou artistique, religieux ou moral, philosophique ou scientifique. N'est homme d'une manière générale que celui qui n'exclut de soi rien d'essentiellement humain, *Homo sum, humani nihil a me alienum puto.* Cette proposition prise dans son acception la plus générale et la plus haute est la devise du nouveau philosophe[1].

D'ailleurs, au moment où Wagner écrivait l'*Œuvre d'art de l'avenir*, il ne se bornait pas à emprunter à Feuerbach ces quelques formules, comme il l'a dit après sa conversion à la philosophie de Schopenhauer; il acceptait en réalité les principes posés par Feuerbach et il essayait d'en déduire les conséquences qui en résultaient pour l'art : il ne voulait pas employer, à défaut de mieux, des termes feuerbachiens qui convenaient plus ou moins à ses représentations personnelles; il prétendait continuer l'œuvre entreprise par le philosophe. Il est facile de dire, comme l'a dit Wagner, qu'il suffit, pour traduire son *Œuvre d'art de l'avenir* en schopenhauerien, de remplacer le terme feuerbachien de « nécessité » par le terme de « volonté » (*Unwillkür* par *Wille*) et de substituer à l'« arbitraire » (*Willkür*) la « volonté de l'entende-

---

1. Cf. *Werke*, II, *Principes de la philosophie de l'avenir*, §§ 54 et 55.

ment » (*Verstandeswille*). C'est vrai, mais cela prouve simplement qu'il suffit de retourner le matérialisme pour retrouver l'idéalisme, et de supprimer un préfixe négatif pour obtenir une affirmation. Il n'est pas indispensable, pour s'en rendre compte, d'avoir demandé à Schopenhauer son opinion sur le sens du vouloir et d'avoir reçu de ce philosophe l'immense bienfait dont parle Wagner. L'artiste converti montre ici cette reconnaissance particulière aux néophytes, qui s'accroît d'ordinaire de toute l'ingratitude envers un passé qu'on voudrait modifier après coup. Quand il est question d'« arbitraire » dans l'*Œuvre d'art de l'avenir*, il faut entendre par là, selon la confession nouvelle, la volonté déterminée et dirigée par la réflexion, exposée par conséquent à l'erreur et à toutes les séductions de l'intérêt personnel, tandis que la nécessité n'est que la volonté pure, la conscience de la chose en soi dans l'homme, la force vraiment productive et infaillible : autant dire que l'humanité participe au règne du diable par la liberté individuelle et au règne de Dieu par la nécessité naturelle. Il importe, sans doute, de ne pas négliger ces explications, quand on cherche les transitions par où Wagner a pu passer de Feuerbach à Schopenhauer; mais quand on veut comprendre l'*Œuvre d'art de l'avenir*, il convient de respecter le texte original : ici non plus, la loi nouvelle ne doit pas avoir d'effet rétroactif. Wagner n'avait pas besoin vraiment de s'excuser d'avoir changé d'avis; en tout cas, il eût pu ne pas rejeter la faute, si faute il y a, sur l'usage populaire et sur la confusion créée par ceux qui ont employé substantivement un adjectif, car son texte est au moins aussi clair que son interprétation; il a même beaucoup de précision et de netteté, et l'allure de la démonstration est très ferme.

Wagner part de cette idée que l'art est à l'homme ce que l'homme est à la nature : il suffit de développer cette proposition pour voir sortir l'*Œuvre d'art de l'avenir* de la *Philosophie de l'avenir*, comme un corollaire découle d'un théorème. Wagner résout le problème de l'art comme les communistes feuerbachiens avaient résolu la question sociale; il cherche dans son domaine un rapport analogue à celui dont le maître a défini les termes et il applique la méthode de Feuerbach aux données nouvelles. Le philosophe nous apprend, par exemple, que la vie humaine naquit nécessairement de la nature, quand les conditions d'existence en furent réalisées; l'artiste en conclut que la vie humaine engendrera nécessairement l'œuvre d'art, quand les conditions d'une telle apparition se présenteront favorablement; l'homme a été un coup de génie de la vie naturelle, l'œuvre d'art sera un coup de génie de la vie humaine; cette deuxième création ne saurait, pas plus que la première, être un acte calculé, prémédité, arbitraire : il faut qu'elle émane d'un besoin réel, qu'elle soit nécessaire. La vie humaine n'est d'ailleurs vraiment réalisée qu'à partir du jour où l'homme a conscience de la nécessité interne de la nature, où il cesse de voir dans les phénomènes des actes isolés, des effets de volitions arbitraires, pour saisir les liens qui rattachent d'une part ces phénomènes entre eux et qui, d'autre part, rattachent à la nature l'homme lui-même; la vie humaine est le miroir conscient de la nécessité, de la vérité dans la nature; de même l'art doit être l'image fidèle et révélatrice de l'homme réel. Si donc l'homme réel n'existe que le jour où il conforme sa vie à la vraie nature humaine, au lieu de la modeler et de l'ordonner au moyen de lois arbitraires, l'art réel ne vivra que le jour où il cessera de se soumettre au caprice despotique de la mode pour ne chercher sa liberté que dans sa dépendance à l'égard de la vie. On voit que, pour exprimer dans le langage de Feuerbach ses sentiments sur l'art, il a suffi à Wagner de comparer à la domination de l'arbitraire théologique le règne de la mode. De même que par la révolution philosophique l'homme a affirmé qu'il conquerrait la liberté en obéissant aux lois du réel et non en cherchant à séduire des puissances imaginaires, de même l'artiste proclame qu'il ne s'élèvera au-dessus de l'humanité actuelle que par l'avènement d'un art plongeant ses racines dans la vie, au lieu de flatter les désirs superficiels de la société mondaine.

La théorie sur les rapports de la science et de l'art que Wagner développe dans le deuxième chapitre, est également empruntée à Feuerbach. Quand Feuerbach avait opposé aux métaphysiques abstraites la philosophie sensible, il avait déclaré que seule la certitude des sens est immédiate et échappe par conséquent au doute[1]. « N'est vrai et divin que ce qui n'a pas besoin de preuve, ce qui est immédiatement certain par soi,

---

1. Cf. Feuerbach, *Werke*, II, p. 325 sq., §§ 37 et 38.

c'est-à-dire le sensible. » Entraîné par sa polémique contre la logique de Hegel, Feuerbach avait un instant humilié la raison et exalté la connaissance immédiate : il s'était ainsi rapproché de Schelling et de Schopenhauer, dans la mesure où il s'écartait de Hegel : c'est précisément ce retour à la philosophie romantique qui devait séduire Wagner, puisque toute philosophie romantique fait de l'art la conscience et la révélation du divin. Feuerbach n'échappe pas à la règle; il dit en effet : « Tout est obtenu par médiation (*vermittelt*) selon la philosophie de Hegel, or n'est vrai que ce qui est immédiat. Une époque historique ne commence que le jour où ce qui n'était que pensé, obtenu par médiation, devient un objet de certitude immédiate et sensible, où ce qui n'était que pensée devient vérité. C'est la scolastique qui fait de la médiation une nécessité divine et une qualité essentielle de la vérité. La nécessité n'en est que relative; elle n'est nécessaire que dans le cas où on part d'une hypothèse fausse, où une vérité, une doctrine nouvelle s'oppose à une doctrine ancienne, encore admise et respectée. La vérité qui s'obtient par médiation (*die sich vermittelnde Wahrheit*) est la vérité encore entachée de son contraire : on commence par le contraire pour le supprimer ensuite. Or, si le contraire doit être supprimé, nié, pourquoi commencer par lui, au lieu de commencer tout de suite par sa négation. Un exemple : Dieu, en tant que Dieu, est un être abstrait : il se particularise, se détermine, se réalise dans le monde et dans l'homme; il est donc devenu concret et l'être abstrait se trouve nié. Mais pourquoi donc ne commençons-nous pas tout de suite par le concret? Pourquoi donc ce qui est certain par soi-même, ce qui s'affirme par soi ne serait-il pas supérieur à ce qui n'est certain que par la négation de son contraire? Qui donc peut voir dans la médiation une nécessité, une loi de la vérité? Celui-là seul qui n'est pas encore tout à fait en harmonie avec lui-même — bref, celui-là seul pour qui la vérité n'est encore que talent — n'intéresse qu'une faculté éminente sans doute, mais particulière, — au lieu d'être génie — intéressant l'homme tout entier. Le génie est un savoir immédiat et sensible. Ce que le talent n'a que dans la tête, le génie l'a dans le sang, autrement dit ce qui pour le talent n'est qu'objet de pensée, est pour le génie objet de sensibilité..... Le sens est l'organe de l'absolu. On dit que l'art représente la vérité dans le sensible; on devrait dire plus exactement : l'art représente la vérité du sensible. » Wagner pose, lui aussi, ce principe : N'est vrai et vivant que ce qui est sensible et obéit aux conditions de la sensibilité. De même que Feuerbach déclare juste et indispensable pour arriver à la vérité de ne pas écouter seulement la raison, mais l'autre son de cloche que donne la perception, Wagner estime que le triomphe suprême de la science consiste à humilier son orgueil et à reconnaître son adversaire, la sensibilité. Pour Wagner comme pour Feuerbach, l'expression la plus immédiate, par suite la plus sincère de la vérité et de la vie est donnée par l'œuvre d'art. Et, reprenant presque textuellement les paroles du philosophe, l'artiste déclare que là où il y a encore médiation et choix, l'œuvre de son activité n'est pas encore l'œuvre d'art, mais une œuvre encore entachée de recherche scientifique, c'est-à-dire encore contaminée d'arbitraire et d'erreur : seule l'œuvre d'art réelle, immédiate, sensible, est la rédemption de l'artiste, seule elle efface les dernières traces du travail arbitraire; elle libère la pensée dans la sensibilité, elle réconcilie la science et la vérité. Sans doute, Wagner déforme un peu la théorie de Feuerbach en l'accommodant à ses intentions personnelles; quand le philosophe dit que la pensée ne correspond pas exactement à la réalité, que la pensée ne peut représenter le réel « qu'en fractions, et non en nombres entiers », il entend par là que le domaine de la pensée est le général, tandis que le réel est essentiellement individuel : il trouve donc normal en un sens ce défaut de concordance. L'artiste déclare sans ambages que la science est essentiellement finie, tandis que la vie est infinie, comme l'erreur est finie et la vérité infinie. Mais s'il est vrai que l'artiste a jugé la raison beaucoup plus sévèrement que le philosophe, il n'en est pas moins certain que les thèses de Feuerbach impliquaient déjà une condamnation : Wagner a naturellement saisi la théorie de Feuerbach par le bout où elle lui donnait prise.

En développant cette opposition entre la raison et la conscience sensible du réel, Wagner est amené logiquement à humilier l'aristocratie dirigeante et à exalter le peuple infaillible. Le peuple a des besoins réels : son action est donc nécessaire, irrésistible, victorieuse et seule vraie[1]. Par cette théorie de la nécessité, enten-

---

1. Cf. Wagner, *Werke*, III, p. 366.

due au double sens de besoin impérieux et de satisfaction légitime ou géniale, Wagner se rapproche de la doctrine morale de Feuerbach. De même que Feuerbach avait fait appel au peuple pour renverser la morale dite désintéressée, la morale de luxe, qui exige des sacrifices sans nécessité et refuse les satisfactions normales de l'égoïsme pour prétendre à une félicité imaginaire, de même Wagner invoque contre l'art prétendu désintéressé de ceux qui ayant le superflu ne sauraient jamais être rassasiés, ceux qui ont vraiment faim et soif, ceux qui veulent manger du pain nourrissant et boire la douce eau pure de la nature. Le philosophe ne veut pas de morale qui aille contre l'inclination naturelle, d'acte qui se produise sans nécessité, par une sorte de jeu artificiel et vain; l'artiste ne veut pas d'œuvre d'art futile ou stérile : l'œuvre d'art doit être le baiser fraternel qui scellera l'alliance de la sainte nécessité et qui réconciliera les hommes dans le bonheur. Répondant à un besoin impérieux du peuple, l'œuvre d'art sera communiste par son origine et sa destination. De même que les socialistes ont opposé à l'égoïsme de la politique bourgeoise le communisme de la philosophie de Feuerbach, de même l'artiste oppose à l'art égoïste « cette catégorie souverainement honnie ». Dans sa préface au troisième et au quatrième volume (p. 5), Wagner reconnaît qu'il a emprunté aux œuvres de Feuerbach cette opposition de l'égoïsme et du communisme, et il déclare que s'il a évité ces termes dans *l'Art et la Révolution*, c'est qu'il destinait cet article à un journal politique de Paris : il redoutait une confusion de la part « de nos frères français qui sont souvent portés, il faut l'avouer, à interpréter d'une manière trop réaliste certaines idées ». On pourrait voir dans cette déclaration de Wagner une nouvelle preuve de ce fait que l'influence de Feuerbach a été profonde sur lui avant 1850 : si elle n'apparaît pas encore nettement dans *l'Art et la Révolution*, c'est que l'auteur a été obligé de se servir de périphrases. En tout cas, dans *l'Œuvre d'art de l'avenir*, les formules de Feuerbach sur le communisme sont fidèlement reproduites : « Pour la génération il faut le Moi et le Toi, l'épanouissement de l'égoïsme en communisme. » La fécondité débordante de la nature a créé l'homme ; la fécondité harmonieuse de l'humanité créera l'art très saint, l'art auguste, la satisfaction la plus pure, la satisfaction parfaite du plus noble et du plus vrai besoin de l'homme parfait, c'est-à-dire de l'homme qui est ce qu'il peut être d'après son essence, ce qu'il doit être, par conséquent ce qu'il sera.

Mais si Wagner admet avec *l'Essence du christianisme* que l'œuvre humaine doit être la réalisation consciente de l'essence de l'espèce, il admet aussi avec les *Principes de la philosophie de l'avenir* et avec *l'Essence de la religion* qu'il est nécessaire de rattacher l'essence humaine, l'esprit humain à l'homme réel et sensible, et par suite à l'existence réelle et sensible de la nature (chapitre V). Wagner s'emporte comme Feuerbach contre les métaphysiciens idéalistes, selon qui l'esprit aurait créé la nature et la pensée le réel. Si le philosophe est antérieur à l'homme, l'homme, le réel, la nature sont superflus, nuisibles même. Y a-t-il luxe plus vain que l'imparfait couronnant le parfait? Si l'on prend la fin pour le commencement, la satisfaction pour le besoin, il n'y a plus de faim réelle, mais seulement cette faim artificielle, obtenue par stimulation, dont l'expression est la mode. Le despotisme métaphysique de l'Esprit absolu aboutit aux mêmes conséquences que l'arbitraire théologique : il fait violence à la nature. Sans doute, la mode en art, comme la métaphysique en philosophie, ne peut puiser sa nourriture que dans la nature, de même que le luxe des classes privilégiées n'est alimenté que par le besoin naturel qui pousse les classes inférieures à chercher sa satisfaction au moyen du travail. La mode, dans ses floritures les plus artificielles, est forcée malgré tout d'imiter la nature, comme la métaphysique, dans ses arabesques les plus capricieuses, ne fait malgré tout que suivre en un sens la voie de la nature. Mais de part et d'autre il y a présomption, orgueil et tendance à déguiser la nature. Il y a opposition entre la mode et l'art véritable. L'œuvre d'art de l'avenir naîtra d'un retour à la nature : à la fois naturelle et humaine, l'œuvre d'art de l'avenir ne sera pas l'expression d'un caprice individuel ou d'une mode superficielle, mais elle répondra à un besoin commun : elle sera la représentation vivante de la religion; elle aura pour objet « l'homme en tant qu'espèce et dans ses rapports avec la nature toute entière ». Devant cet objet tout puissant se brisera l'orgueil de l'individu; celui-ci ne pourra plus vouloir que ce qui est commun à tous, le vrai, l'absolu; il s'épanouira dans l'amour; l'égoïste deviendra communiste; l'un deviendra Tous, l'homme deviendra Dieu, et l'art spécial deviendra l'Art. L'Art ne sera pas seulement communiste en ce sens que, né du peuple, il est fait pour l'humanité ; il doit encore réconcilier dans une unité harmonieuse tous les arts spéciaux. De même que l'essence humaine ne se réalise que par l'amour des hommes, de même l'Art ne sera vraiment libre que par l'union fraternelle des Muses.

Tout l'effort de Feuerbach avait consisté à réintégrer dans la nature l'esprit, à montrer l'idéal au sein même du réel ; de même, Wagner s'efforce de montrer que la vie humaine tend nécessairement à l'art. Nous pouvons collaborer à ce travail en aidant l'amour à dépasser l'égoïsme, qui en est le principe. Il y avait ainsi dans l'âme de Wagner deux tendances décisives : la nostalgie de la nature et l'aspiration à l'amour. Wagner avait trouvé dans l'œuvre de Feuerbach l'expression philosophique de ces deux tendances ; comment l'*Essence du christianisme* et l'*Essence de la religion* n'auraient-elles pas séduit l'artiste, qui voulait ériger l'autel de l'avenir, dans la vie comme dans l'art vivant, aux deux plus sublimes instituteurs de l'humanité : Jésus, qui souffrit pour l'humanité, et Apollon, qui l'éleva à sa joyeuse dignité[1]. Des deux forces qui agissent dans l'histoire de l'humanité[2], l'une, la force naturelle de la race, la force nationale, dont l'expression la plus harmonieuse fut l'art hellénique, était définie dans l'*Essence de la religion;* l'autre, la force humaine, dont l'expression la plus vivante dans le passé fut la religion chrétienne, n'était autre que l'ob-

---

1. Cf. Wagner, *Werke*, III, *Art et Révolution*, Conclusion, p. 41.
2. Cf. *Ibid.*, *Œuvre d'art de l'avenir*, chap. VI.

jet de l'*Essence du christianisme;* or, Wagner rêvait précisément de coordonner l'action de ces deux forces pour réaliser par une nouvelle religion populaire l'œuvre d'art de l'avenir. A la fois nature et Dieu, païen et chrétien, forme d'argile et harmonie musicale, fils de Prométhée et fils de Beethoven, l'artiste qui vivait en Wagner croyait avoir trouvé son frère dans l'Homme de Feuerbach.

Wagner se représentait d'ailleurs l'évolution de l'art comme parallèle à l'évolution de la religion, ou, pour mieux dire, il ne voyait dans l'évolution de la religion et dans celle de l'art que deux aspects de la même évolution humaine. Rien ne montre mieux à quel point la conception de l'artiste se rapproche de celle du philosophe que l'interprétation qu'ils donnent tous deux de la naissance et du triomphe de la religion chrétienne[1]. Tous deux considèrent le christianisme comme la résultante de l'hellénisme et du judaïsme : les Grecs comme les Juifs avaient ruiné la nature, les premiers en y introduisant l'arbitraire humain, les seconds en n'y voyant qu'un domaine à exploiter; le christianisme, qui sacrifia absolument la nature au désir égoïste de bonheur infini, ne fit que développer normalement des germes maladifs. Par une conséquence logique, Wagner considère avec Feuerbach que le naturalisme est une réaction salutaire contre cet idéalisme supranaturel; il estime que le succès de l'histoire naturelle est le seul fait contemporain qui puisse nous consoler et nous préserver de la folie et de l'im-

---

1. Cf. Wagner, *Œuvre d'art de l'avenir*, pp. 145, 162, 163.

puissance ; l'artiste se borne à citer de pair, avec cette science matérialiste, l'art réaliste de la peinture de paysage. Mais, de même que Feuerbach ne voulait voir dans les systèmes matérialistes que les fondations de l'édifice scientifique dont l'humanisme devait être le couronnement, de même Wagner ne demandait à la peinture de paysage que le fond de la scène où devait agir l'homme vivant : le drame humain reste l'œuvre d'art essentielle pour l'artiste, comme l'anthropologie reste la science essentielle pour le philosophe.

Aussi, quand Wagner veut définir l'action du drame de l'avenir, a-t-il tout naturellement recours à des formules empruntées à Feuerbach : est seule parfaitement vraie et évidemment nécessaire l'action à l'exécution de laquelle un homme a appliqué toute la force de son être, qui lui était si nécessaire et si inévitable qu'il a dû s'y dépenser tout entier. Mais nous n'en sommes absolument convaincus que si, en faisant valoir la force de son être, il a réellement, personnellement péri, s'il a réellement sacrifié son existence personnelle à la nécessité de son essence ; s'il témoigne devant nous de la vérité de son essence non seulement par son action, que nous pouvons, tant qu'il agit, considérer comme arbitraire, mais encore par le sacrifice de sa personnalité en faveur de cette action nécessaire. La dernière, la plus parfaite aliénation de son égoïsme personnel, la manifestation de son épanouissement complet au sein de l'universelle communauté, un homme ne nous l'offre que par sa mort, et il faut entendre par cette mort non la mort accidentelle, mais la mort nécessaire, que son action fait naître de la plénitude de son essence. La célébration d'une telle mort est la fête religieuse la plus digne de l'homme ; en nous dévoilant par cette mort singulière l'essence d'un homme individuel, elle nous révèle toute la plénitude du contenu de l'essence humaine. — Bref, le héros de la tragédie est communiste[1], et comme l'artiste doit lui aussi renoncer à toute intention égoïste pour se consacrer à l'œuvre commune, il ne se borne pas à représenter l'action morale du héros, il refait lui-même le sacrifice.

L'idée directrice de l'*Œuvre d'art de l'avenir* apparaît ainsi nettement : il y a harmonie entre la nécessité naturelle et la morale humaine, entre la vie réelle et l'idéal artistique. Les religions arbitraires, les métaphysiques abstraites, les institutions sociales, artificielles et égoïstes, ont troublé cette harmonie. Il convient de la restaurer ; alors sera possible l'œuvre d'art de l'avenir, œuvre communiste par sa source, la nécessité du peuple ; par son idéal, l'essence humaine ; par son moyen, l'union de tous les arts jusqu'ici séparés ; par ses interprètes, les artistes associés. Comme Wieland le Forgeron, le peuple, stimulé par la nécessité, saura se créer des ailes pour s'envoler vers l'idéal perdu.

A voir Wagner insister ainsi sur la nécessité qui donne naissance à l'art, on pourrait croire que pour lui l'art est surtout l'expression de notre dépendance à l'égard de la nature, et il y a, en effet, des passages de ses œuvres où il oppose, comme l'avait fait au dix-

---

1. Cf. Wagner, *Werke*, III, note, p. 166 : la comédie est la contre-partie de la tragédie ; l'égoïste y est confondu.

huitième siècle « Rousseau le musicien », la nature à la société humaine ; mais en réalité, Wagner, malgré ce retour à la nature, n'oublie pas que l'art est l'expression de la liberté humaine. De même que Feuerbach complète la définition que Schleiermacher avait donnée de la religion en joignant au sentiment de dépendance le désir de liberté, de même Wagner, tout en reconnaissant que l'art est une réconciliation avec la nature, explique dans *l'Art et le climat* que l'art aurait été impossible si l'homme ne s'était affranchi d'abord de la nature, au risque de se détourner d'elle à l'excès. Bien que la religion idéale doive être l'harmonie de l'homme et de la nature, le philosophe estimait que seule la grande rébellion des juifs et des chrétiens avait permis à l'humanité de pressentir cette paix souveraine ; de même, il a fallu d'abord, selon l'artiste, des privations, des souffrances et des luttes, pour que naisse l'art[1] ; et il a fallu ensuite que l'homme s'isole de la nature pendant des siècles pour que nous puissions concevoir l'art à la fois humain et naturel de l'avenir. L'homme a pris conscience de sa forme en la représentant dans la statue de marbre, qui n'est que la traduction en pierre du concept abstrait de cette pure forme humaine. L'art ne pouvait aller plus loin dans son indépendance à l'égard de la nature ; seule, une religion hostile à la nature a réussi à s'avancer encore dans cette voie ; elle a spiritualisé la statue de marbre qui, dans sa nudité splendide, représentait l'essence humaine et en a fait le Dieu invisible,

---

1. Cf. Wagner, *Werke*, III, p. 216.

complètement étranger à la nature. L'histoire ancienne nous montre ainsi l'homme émergeant de la nature et s'en dégageant peu à peu jusqu'à paraître s'en évader; l'histoire moderne nous fait assister à la réintégration de l'essence humaine dans les hommes réels, fils de la nature. Mais si l'humanité reprend contact avec la nature qui est la condition de son existence, de sa vie et de son travail, elle a aussi conscience désormais de la liberté que lui donne son essence et de la force que lui donne son union. Le médiateur entre l'humanité et la nature est l'amour, non l'amour révélé d'en-haut, l'amour enseigné et ordonné, comme l'amour chrétien, mais l'amour réel, qui n'est pas autre chose que la manifestation la plus active de la vie humaine, qui, partant de l'amour sexuel, s'élève, par l'amour de l'enfant, du frère et de l'ami, jusqu'à l'amour des hommes. L'amour est, par conséquent, le principe de tout art véritable, de toute beauté. Jusqu'ici la beauté n'a été pour nous qu'un concept abstrait, que nous n'avions même pas tiré de la vie réelle mais de l'art grec qu'on nous avait enseigné. Ce qui ne peut être éprouvé et senti que dans la joie et par l'aspiration de tous les sens était devenu, en esthétique, objet de spéculation; mais comme l'humanité ne cherche à présent sa rédemption que par la réalisation de Dieu dans la vérité sensible de l'espèce humaine, nous avons le droit d'espérer que l'esthétique métaphysique a fait elle aussi son temps, et qu'un sentiment de la beauté réellement éprouvé et vivant saura créer des œuvres dont nous n'avons pas encore le pressentiment. Il naîtra d'abord des œuvres d'art adaptées à chaque climat; mais au fur et à mesure que les hommes s'élèveront à la même hauteur humaine et s'uniront davantage par la fraternité, il y aura des œuvres d'art universellement humaines, que chaque homme pourra comprendre parce que le seul climat où elles seront nées sera l'essence réelle, non imaginaire, de l'espèce humaine.

Ainsi Wagner, à cette date, admet sans réserve l'humanisme de Feuerbach. Il se représente le beau comme le philosophe avait défini le vrai et le bien. De même que Feuerbach cherchait l'idéal dans l'essence de l'humanité réalisée par l'amour communiste et considérait l'accord des hommes comme le critérium de l'objectivité, de même Wagner déclare : « Ce que l'homme aime, il le trouve beau ; mais ce que des hommes forts et libres, réalisant dans la communauté de leur vie toute leur essence, aiment en commun, cela est réellement beau ; il n'y a pas d'autre mesure naturelle pour la beauté réelle, non imaginaire[1]. » Mais, à vrai dire, Wagner attachait peu d'importance à l'esthétique abstraite, de même que Feuerbach considérait les principes philosophiques comme secondaires ; seule, la religion de l'avenir pouvait, selon le philosophe, détruire la religion du passé ; seule, l'œuvre d'art de l'avenir triomphera, selon l'artiste, de l'œuvre d'art du passé. Or, l'œuvre d'art n'est que la traduction, la communication de l'idéal religieux. Dieu et les dieux sont les premières créations de la force poétique de l'homme ; en eux, l'homme se représente l'essence des phénomènes naturels comme dérivant d'une cause,

---

1. Cf. Wagner, *Werke*, III, p. 220.

mais il lui est impossible de concevoir cette cause autrement que comme une essence analogue à sa propre essence humaine. Cette essence humaine, d'abord érigée en Dieu, est l'objet de l'art. L'artiste se dit : « Ainsi tu es, ainsi tu sens et tu penses ; ainsi tu agirais si, affranchi de l'arbitraire contrainte des impressions extérieures, tu pouvais agir selon le choix de ton désir[1]. » L'œuvre d'art primitive, le mythe populaire, n'est ainsi que l'expression d'une conception commune de la vie, d'une religion, et l'œuvre d'art la plus harmonieuse du passé, la tragédie grecque, ne fut que la réalisation artistique du contenu et de l'esprit du mythe grec. De même, le roman du Moyen âge a puisé sa force dans les mythes de deux cycles, le cycle chrétien et le cycle germanique. L'œuvre d'art de l'avenir sera « la représentation dramatique du mythe justifié par la conscience humaine la plus claire et retrouvé au spectacle de la vie toujours présente[2] ».

Cette idée de la réhabilitation de l'esprit du mythe domine toute l'œuvre de Wagner, comme l'idée de la restitution de l'essence de la religion avait inspiré toute l'œuvre de Feuerbach. Dans *l'Opéra et le drame*, Wagner tire de cette idée directrice deux conséquences révolutionnaires : d'une part, la religion doit résorber l'état qui en est l'aliénation[3] ; d'autre part, l'art doit restaurer la synthèse primitive créée par le sentiment et l'imagination, puis ruinée par l'analyse de l'enten-

1. Cf. *Werke*, IV, *Oper und Drama*, pp. 31-33.
2. *Ibid.*, p. 88.
3. Les idées de Wagner se rapprochent, sur ce point, des idées de Marx et des communistes feuerbachiens.

dement. La révolution politique paraît à Wagner la condition préalable de la révolution artistique. Il faut d'abord anéantir l'État, construction arbitraire qui s'est substituée à la communauté primitive, et la Loi, contrat arbitraire qui s'est substitué à la coutume naturelle. Sans doute, si cette substitution a été possible, c'est qu'elle répondait aussi à un besoin naturel et humain, au besoin d'ordre et de repos, à la tendance conservatrice de l'individu et de la société, et cela est si vrai que toute protestation contre l'État et la Loi, au nom de la nature et de l'amour, a paru une rébellion égoïste et maudite. C'est ainsi que dans le mythe d'Œdipe, Créon, l'état personnifié, le représentant intelligent de la cité thébaine, condamne l'acte d'Antigone, dont le seul crime fut d'obéir à la voix du cœur, à la loi non écrite ; mais le fils de Créon montra par sa mort que l'amour et l'humanité étaient plus forts que l'instinct de conservation. Et Wagner invoque contre l'État le souvenir d'Antigone : « Sainte Antigone, laisse flotter ton drapeau, pour que sous ses plis nous trouvions, par l'anéantissement, la rédemption[1] ! » L'essence de l'État politique est l'arbitraire, tandis que l'essence de l'individualité libre est la nécessité. Notre tâche consiste à organiser la société en la fondant sur l'autonomie de l'individu, c'est-à-dire en ruinant l'État.

Cet anéantissement de l'État politique entraînera de profonds changements dans le domaine de l'art. Tant que l'État asservissait l'individu et ne lui laissait que la liberté de la pensée, c'est-à-dire une individualité

---

1. Cf. Wagner, *Werke*, IV, pp. 63-66.

abstraite, l'artiste ne pouvait s'adresser qu'à la pensée, non au sentiment. Le lyrisme primitif avait dû s'effacer devant la parole, comme la société primitive, naturelle et religieuse, s'était transformée en État politique; il ne convient pas d'employer la musique à exprimer ce qui ne peut se traduire que par la pensée et ne répond à aucun sentiment. Le drame de l'avenir marquera un retour au sentiment dans la mesure où nous quitterons l'individualité abstraite pour aboutir à l'individualité réelle. La chute de l'État fera tomber les préjugés qui prétendent barrer la route à la nécessité de l'action individuelle, c'est-à-dire l'habitude égoïste et la paresse cruelle. Alors, la vieillesse ne s'opposera plus, au nom d'une vaine expérience, aux instincts qui poussent la jeunesse à l'action; elle saura, au contraire, grâce à l'amour et à la sérénité, mieux justifier les actes de la jeunesse que la jeunesse elle-même; elle saura se les expliquer et s'en donner une représentation consciente [1]. L'artiste peut, dès sa jeunesse, acquérir la même habitude, en conquérant la sérénité qui rend juste envers les manifestations de la vie et permet d'en donner une image fidèle. La raison n'aura été que la justification du sentiment immédiat; l'artiste légitimera l'action en en montrant la nécessité et en s'adressant directement au sentiment. Il condensera la réalité pour la rendre plus facile à saisir; il reviendra ainsi au miracle. Mais le miracle de l'avenir ne saurait être le même que le miracle du dogme primitif: entre les deux il y a, en effet, l'expérience et la

---

1. Cf. Wagner, *Werke*, IV, p. 72.

connaissance de la nature. Le miracle dogmatique, judéo-chrétien, déchirait, en effet, la connexion des phénomènes naturels, pour humilier la nature devant la volonté divine. Il niait de parti pris toute liaison naturelle et logique; il exigeait la foi absolue. Émanant de la décision arbitraire d'une puissance surnaturelle et surhumaine, il soumettait à son joug la nature et l'homme. Quand la science permit de réagir contre cette tyrannie, on se laissa entraîner dans la révolte jusqu'à l'intolérance et on prétendit, au nom de la prose et de la raison, interdire tout miracle au poète. Après avoir renoncé à la vue toute subjective des choses, on voulut s'en tenir à une objectivité froide et égoïste. Mais l'artiste sent bien qu'il y a entre la nature et lui sympathie et action réciproque; il parle à la nature et elle lui répond; il l'aime et l'anoblit[1]. Le miracle de l'artiste ne déforme pas la réalité; il en est l'expression suprême. Ainsi Wagner considère que le mythe est au début et à la fin de l'histoire, comme le sentiment est à la fois antérieur et postérieur à la raison; le lyrisme est à l'origine et au terme de la poésie, la musique est le principe et l'épanouissement de la langue parlée. On peut dire que cette tendance à concilier dans une synthèse supérieure les facultés qui avaient successivement dominé l'humanité était un des traits les plus profonds du caractère personnel de Wagner. On peut soutenir, d'autre part, que tout le dix-neuvième siècle a marché dans ce sens; il paraît néanmoins permis d'affirmer que Feuerbach a donné

---

1. Cf. Wagner, *Werke*, IV, pp. 85-91.

à Wagner une conscience plus nette de la direction à suivre et lui a fourni plus d'un point de repère.

Cette influence a dû être d'autant plus décisive qu'elle s'est fait sentir au moment précis où Wagner commençait à réfléchir sur la nature de son œuvre et à se rendre clairement compte des tendances auxquelles il avait jusqu'alors obéi spontanément. L'artiste entrait dans sa période de maturité quand il a rencontré le philosophe; Feuerbach a été le guide de Wagner, à l'époque où celui-ci, atteignant vraiment sa majorité d'homme, se formait sa conception du monde, prétendait travailler d'après un plan préconçu, et aspirait à être maître de lui-même avant de chercher à imprimer au milieu où il vivait la marque de son esprit[1]. Après avoir, comme tout homme et tout artiste, d'abord agi et créé soit aveuglément et d'instinct, soit par habitude et par imitation, Wagner avait voulu, dans *Tannhäuser* et dans *Lohengrin*, exprimer des sentiments qu'il avait personnellement éprouvés, et modifier, d'après son expérience et selon son appréciation individuelle, les données de la légende; mais cet essai avait montré justement qu'il n'était pas encore sûr de sa marche. Il avait voulu, dans *Tannhäuser*, quitter le monde frivole et sensuel qui lui répugnait; son désir le poussait vers les hauteurs où il trouverait la pureté virginale, vers l'éther clair et sacré où il pourrait, oubliant la société moderne, éprouver ce frisson délicieux qui nous ravit, quand, au sommet des Alpes, entourés de la mer bleue

---

1. Cf. lettre à Liszt, 22 mai 1851, citée par Chamberlain. *R. Wagner*, édit. franç., p. 278.

de l'air, nous abaissons nos regards sur les montagnes et les vallées. Mais à peine eut-il goûté cette bienheureuse solitude qu'il aspira de nouveau à descendre des hauteurs, où brille un soleil froid ; *Lohengrin* se sentit attiré vers le cœur chaud de la terre : il souhaita d'être aimé et revint au milieu des hommes. Mais il ne trouva pas l'amour absolu qu'il demandait et dut retourner dans le désert de sa divinité[1]. Wagner oscille ainsi entre la solitude et la société ; il y a conflit en lui entre les exigences de l'artiste et les désirs de l'homme ; il hésite entre deux patries, la patrie chrétienne de l'au-delà et la patrie terrestre d'ici-bas. La conclusion de *Lohengrin* n'est pas plus satisfaisante que celle de *Tannhäuser;* il n'est pas étonnant vraiment que Wagner ait entrepris, sur le conseil d'un de ses amis (le Dr Franck), de modifier la fin de son œuvre : le chevalier au cygne aurait renoncé à sa nature supérieure pour rester auprès d'Elsa. Wagner, comme son ami, sentit pourtant que cette solution nouvelle était encore moins bonne que la solution traditionnelle ; c'était toujours, en effet, une des moitiés de son âme qu'on sacrifiait à l'autre, et le sacrifice paraissait plus douloureux cette fois parce qu'il n'était plus adouci par l'habitude de la légende. Mais il est clair que Wagner dut être tenté de chercher un dénouement moins déconcertant : il rêva une conciliation entre l'esprit et le cœur, une harmonie entre l'art et la vie ; et quand il crut avoir trouvé dans Feuerbach cette paix et cette

---

1. Cf. Wagner, *Werke*, III, *Communication à mes amis*, pp. 294-300.

sérénité, cette union du divin et de l'humain qu'il souhaitait, il a dû naturellement tendre à traduire dans ses drames l'idéal entrevu. C'est en ce sens que *l'Anneau du Nibelung* est, par son origine profonde, une œuvre issue de l'œuvre de Feuerbach : Siegfried, c'est l'homme-dieu, la personnification de la nature-amour, de la force pacifique; et la réintégration de l'or aliéné dans le Rhin, qui met fin au divorce du ciel et de la terre, est un symbole de cette restitution à l'humanité de son essence, qui doit assurer, selon le philosophe, le triomphe de l'amour sur l'égoïsme; le crépuscule des dieux est l'aurore de l'humanité de l'avenir, où ne régnera plus ni l'or ni le luxe, où les volontés ne seront plus liées par des contrats perfides, et où il n'y aura plus de lois assez dures pour forcer à l'hypocrisie : seul l'amour vivra dans la joie et la douleur. Il est absolument impossible d'alléguer ici l'influence de Schopenhauer, puisqu'on sait, comme le fait remarquer M. Chamberlain, que le plan primitif du poème actuel est de 1852 et que ce poème était imprimé déjà au commencement de 1853, tandis que Wagner entendit prononcer pour la première fois le nom de Schopenhauer pendant l'hiver de 1853 à 1854 et n'entreprit l'étude de ses œuvres qu'au printemps de cette dernière année. Même Wotan n'était pas conçu d'abord comme la personnification du désespoir et de la négation de vivre : toute sa conduite n'a pas de sens si on ne suppose pas constamment en lui le remords du passé et l'espoir en un avenir meilleur; c'est un père lié d'une part par des engagements qui ne lui permettent pas d'agir selon son sentiment du bien, mais qui souhaite à ses enfants le bonheur dans l'innocence et la liberté dont il n'a pu jouir lui-même : il meurt pour que vivent les fils de son désir. Sans doute ce n'est pas ainsi que Herwegh et Wille ont interprété *l'Anneau du Nibelung*, s'il est vrai qu'ils aient été frappés par l'analogie qui existait entre l'idée fondamentale du drame de Wagner et les doctrines de Schopenhauer; mais il ne faut pas s'étonner si les amis du poète, connaissant son découragement et sa soif de la mort, ont vu dans son œuvre le pessimisme qui peu à peu s'était emparé de son âme, mais qui n'y dominait pas encore quand il avait créé Siegfried. Wagner lui-même a cru, il est vrai, qu'il pouvait, sans être infidèle à l'idée de son drame, substituer au couplet final, où Brünnhilde annonçait le règne de l'amour, un couplet pessimiste, où l'héroïne déclarait fuir ce monde de vanité et fermer à jamais derrière elle les portes de l'éternel devenir; mais en traduisant ainsi, selon le mot de Nietzsche, son drame en schopenhauerien, Wagner a été victime d'une illusion constante chez lui : il a toujours interprété ses œuvres selon les sentiments qui l'animaient au moment où il les relisait. Comme, dans une tétralogie, la suite des idées est moins rigoureuse ou moins nette que dans un traité, comme les mythes ont un sens moins arrêté et un caractère plus souple que les idées abstraites, ce travail d'exégèse que l'auteur faisait continuellement sur ses œuvres lui paraissait plus facile avec *l'Anneau du Nibelung* qu'avec *l'Œuvre d'art de l'avenir*, par exemple; et il en concluait que ses drames exprimaient plus fidèlement sa philosophie que ses ouvrages théoriques : il ne faisait ainsi en réalité que transfigurer ses œuvres selon les variations de sa philosophie, de même que le peuple adapte au fur et à mesure de ses besoins un mythe ancien à des conceptions toujours changeantes[1]. La mort volontaire de Brünnhilde, d'abord conçue comme un dévouement héroïque à l'amour et à l'humanité, fut interprétée ainsi comme la négation du vouloir-vivre : il est exact, en effet, que le sacrifice de la vie et le suicide ne diffèrent que par le sens qu'on donne à l'acte suprême.

Il faut reconnaître cependant que, même à l'époque où Wagner subissait l'influence de Feuerbach, l'orientation des sentiments de l'artiste n'a pas été absolument la même que celle des idées du philosophe. Wagner a pu emprunter à Feuerbach les théories qui lui convenaient à une certaine date, il a pu les adopter, les développer dans ses traités, s'en inspirer même dans ses drames, il n'a pas pénétré profondément dans la pensée du philosophe; il n'a pas vu surtout combien cette pensée avait évolué de la métaphysique chrétienne ou panthéiste de la jeunesse au positivisme de l'âge mûr. Des traités de Feuerbach contre l'immortalité, il a retenu surtout l'idée du sens mystérieux de la mort; de la critique des systèmes de philosophie abstraite, il a gardé cette idée que la connaissance intuitive est supérieure au raisonnement. Il n'est pas étonnant dès lors qu'il soit retourné dans le do-

---

1. Un des exemples les plus caractéristiques de cette sorte d'interprétations a été fourni par le musicien Hans de Bülow, quand il dédia en 1892 la symphonie héroïque de Beethoven à Bismarck!

maine de la métaphysique. A cet égard, il est permis de dire, avec M. Chamberlain, que Feuerbach « a servi de pont entre Wagner et Schopenhauer ». Schopenhauer a expliqué lui-même la différence essentielle qui distingue sa philosophie du panthéisme hégélien : « Si j'ai de commun avec les panthéistes l'ἓν καὶ πᾶν, je ne partage pas leur πᾶν θεός... A la suite de la critique kantienne de toute théologie spéculative, presque tous les gens qui philosophaient en Allemagne se sont rejetés sur Spinoza : toute la série des essais manqués connus sous le nom de philosophie post-kantienne n'est que du spinozisme ajusté sans goût, enveloppé de mille discours incompréhensibles et défiguré de bien des manières encore. Aussi, après avoir montré le rapport de ma doctrine avec le panthéisme en général, ai-je l'intention d'en indiquer la relation avec le spinozisme en particulier. Elle est au spinozisme ce que le Nouveau Testament est à l'Ancien. Ce que l'Ancien Testament a de commun avec le Nouveau, c'est le même Dieu créateur. D'une façon analogue, chez moi comme chez Spinoza, le monde existe par lui-même, et grâce à son énergie intrinsèque. Mais chez Spinoza, sa *Substantia æterna*, l'essence intime du monde, qu'il intitule lui-même Dieu, n'est encore, par le caractère moral et par la valeur qu'il lui attribue, que Jéhovah, le Dieu créateur, qui s'applaudit de sa création et trouve que tout a tourné vers le mieux. Spinoza ne lui a rien enlevé que sa personnalité. Chez lui aussi, le monde avec tout son contenu est donc parfait et tel qu'il doit être : par là, l'homme n'a rien de plus à faire que *vivere, agere, suum Esse conservare...* Il doit simplement se réjouir de sa vie tant qu'elle dure, tout comme l'ordonne l'*Ecclésiaste*, IX, 7-10. Bref, c'est de l'optimisme; aussi la partie morale en est-elle faible, comme dans l'Ancien Testament, fausse même et en partie révoltante. Chez moi, au contraire, l'essence intime du monde n'est nullement Jéhovah, mais bien plutôt en quelque sorte le Sauveur crucifié, ou encore le larron crucifié, selon le parti pour lequel on se détermine; aussi ma morale s'accorde-t-elle toujours avec la morale chrétienne, et cela jusque dans les tendances les plus hautes de celle-ci, aussi bien qu'avec celle du brahmanisme et du bouddhisme, etc[1]... » Ce passage nous permet de mieux comprendre la nature des influences qu'a subies Wagner : son âme pieuse a refait en quelques années l'expérience humaine qui a duré des siècles dans l'histoire de la religion. En 1848, Wagner était soulevé par des illusions messianiques; il croyait que la révolution imminente allait fonder d'un jour à l'autre le royaume de Dieu sur la terre; Feuerbach, qui prêchait le communisme ici-bas, était son prophète. Après le lamentable échec de la Révolution allemande, Wagner, exilé, malheureux, perd tout espoir de voir le bien réalisé sur terre; alors, de même que les chrétiens ne comptèrent plus après le martyre de Jésus que sur l'autre vie pour y prendre la revanche due aux justes, Wagner s'écrie : « Ne considérons pas le monde

---

1. Cf. *Le Monde comme volonté et comme représentation*, trad. Burdeau, III, pp. 454-457; cité par Delbos, *Le Problème moral dans la philosophie de Spinoza*, p. 482.

autrement que pour le mépriser¹... » La philosophie de Schopenhauer est alors son Nouveau Testament. Mais il est impossible, à moins de mourir bientôt, de persévérer dans la négation de la volonté de vivre ; puisque, malgré tout, Wagner a continué de vivre comme l'humanité chrétienne avait fait avant lui, l'espoir en un avenir meilleur sur terre a de nouveau germé en lui ; il a cru à une régénération. Son origine, son éducation et certaines circonstances de sa vie, comme la lutte qu'il eut à mener contre le « judaïsme dans la musique » ou la faveur que lui témoigna le catholique roi de Bavière, l'ont déterminé à attendre cette régénération du « vrai christianisme germanique », et, vers la fin de sa vie, sa doctrine se rapprocha sur plusieurs points de celle du grand évangéliste du Nord qui appela lui aussi Schopenhauer « le plus génial de tous les hommes », je veux dire Tolstoï. Alors ceux des disciples de Wagner qui préfèrent, comme Nietzsche, Siegfried à Parsifal, purent se croire le droit de reprocher à Wagner d'avoir un peu trop oublié les leçons de la *Philosophie de l'avenir*, et il est bien certain que Feuerbach n'eût pas approuvé bien des passages de *la Religion et l'art*. Peut-être, cependant le philosophe eût-il pu en signer l'Introduction. « On pourrait dire que là où la religion devient artificielle, il est réservé à l'art d'en sauver l'essence... Tandis que le prêtre tient avant tout à faire passer les allégories religieuses pour des vérités de fait,

---

1. Cf. la lettre à Liszt, II, p. 43, citée par Lichtenberger, *R. Wagner, poète et penseur*, p. 309.

l'artiste ne s'en occupe pas du tout ; il donne ouvertement, librement son œuvre pour une œuvre de son invention[1]. » Feuerbach avait dit, en effet, à peu près dans les mêmes termes, dans ses *Conférences sur l'essence de la religion* : « ... la religion est poésie, oui ; mais il y a entre la poésie, entre l'art en général et la religion cette différence que l'art ne donne ses créations que pour ce qu'elles sont, pour des créations de l'art ; tandis que la religion donne ses êtres imaginaires pour des êtres réels. » Le passage même de Schiller, que Wagner a choisi comme texte, exprime une des idées que Feuerbach a, lui aussi, développées dans l'*Essence du christianisme* : c'est que la vérité philosophique est « virtuellement » contenue dans la religion chrétienne.

L'art allemand, comme la philosophie allemande, oscille entre l'hellénisme et le christianisme. Feuerbach avait d'une part repris l'œuvre des mystiques du Moyen-âge et de Luther ; il voyait d'autre part dans Homère la Bible de l'anthropologie. Wagner avait d'une part cherché à renouer la tradition musicale, qui par delà Beethoven et Bach, remonte jusqu'à Palestrina, et il s'était inspiré des sentiments les plus profonds du christianisme ; mais, d'autre part, il avait voulu jouer de nouveau devant le peuple le drame harmonieux qui avait, un jour de fête, fait paraître devant les citoyens d'Athènes la sainte Antigone. Au temps de la Révolution de 1848, l'artiste et le philo-

---

[1]. Cf. Wagner, *Werke*, X, p. 211, et Feuerbach, *Werke*, VIII, pp. 232-234.

sophe avaient eu nettement conscience qu'ils travaillaient à la même œuvre pour l'humanité de l'avenir ; puis, leurs destinées les avaient séparés et ils avaient cessé de se bien comprendre ; mais même quand ils se crurent des adversaires, ces deux Allemands du dix-neuvième siècle, protestants et humanistes, ouvriers de Réforme et de Renaissance, étaient encore des frères.

CHAPITRE X.

Influence de Feuerbach sur Gottfried Keller.

Comme Richard Wagner, Gottfried Keller a été initié à la philosophie de Feuerbach au moment où il atteignait sa majorité morale. Jusqu'à son séjour à Heidelberg, G. Keller avait sans doute eu une vie religieuse plus intense et plus originale que celle des enfants ou des jeunes gens de son âge; orphelin de père, il avait été élevé dans la religion par une mère humble dont la piété envers le suprême surintendant des vivres ressemblait à la dévotion que témoigne une vieille servante au maître qui la garde dans sa maison pour ne pas la laisser mourir de faim; et le petit vagabond curieux et rêveur, le jeune homme flâneur et méditatif que paraît avoir été Gottfried Keller n'a pas dû se contenter de cette foi de pauvre paysanne. Mais il semble bien d'autre part qu'il ne faut accepter que sous bénéfice d'inventaire tout ce que le romancier nous raconte des sentiments religieux, des crises de conscience et des scrupules de son héros *Henri le Vert*; comme le remarque M. Baldensperger[1], tous

---

1. Thèse, p. 31.

les détails des chapitres sur le *Mal de croire (Glaubensmühen)* sont « vraisemblablement antidatés en quelque sorte, retouchés en tous cas à la lumière de convictions plus nettement définies et plus conscientes, telles qu'on les retrouve chez Keller après 1849 ». Le premier document que nous ayons sur les opinions religieuses de Keller date de 1839 : nous savons qu'au moment du *Züri-Putsch*[1], G. Keller était partisan de Strauss. « Dans la nuit du 5 au 6 septembre, quelques mille paysans, conduits par le pasteur Bernh. Hirzel, marchèrent sur la ville. Keller était à Glattfelden, occupé à faire les foins avec son oncle, lorsque le tocsin retentit. Il jeta sa fourche et courut aussitôt, sans se donner le temps de manger, vers la lointaine capitale pour assister son gouvernement menacé. On lui conseilla de gagner Zürich par des sentiers et non par la grand'route, car en sa qualité de *Straussien* il eût pu être tué par les paysans[2]. » G. Keller paraît donc avoir vu dans le Züri-Putsch plutôt une querelle politique qu'un débat religieux ; radical en politique comme l'avait été son père, il était libéral en religion : c'était une question de parti plutôt qu'une affaire de conscience.

Mais quand le jeune Keller fut sorti de son milieu, quand il fut loin de son petit canton suisse que troublait sans cesse l'agitation politique, quand il se sentit seul et comme perdu dans la grande ville de Munich, il commença à se recueillir et à examiner sérieuse-

---

1. Émeute de paysans fanatisés contre le gouvernement de Zurich qui avait appelé Strauss.
2. Baechtold, I, 87. Baldensperger, thèse, p. 44.

ment les données du problème religieux. M. Baldensperger[1] observe « qu'il était trop dépourvu de mysticisme religieux et que ses rapports avec Dieu étaient décidément trop rationalistes pour que le milieu très catholique de Munich pût modifier en aucune façon les sentiments de ce protestant et déterminer en lui une crise, comme celle qu'avaient causée par exemple chez Hoffmann son séjour en Pologne, chez Tieck et chez Wackenroder, étudiants à Erlangen, leurs excursions à Nuremberg, et les impressions éprouvées à Bamberg », et il cite ce passage d'une lettre de Keller : « Je vais souvent à l'église, mais pas à notre temple : dans des églises catholiques, grecques ou à la synagogue israélite ; et là, pendant qu'ils s'occupent de leurs histoires, je me recueille à ma façon. J'éprouve continuellement le besoin de rester avec Dieu sur un pied d'intimité confiante ; et malgré tout, il m'est impossible d'écouter les prédications sèches et froides de nos porte-rabats réformés, et de remâcher leurs lieux communs réchauffés pour la millième fois, et qui conviennent si rarement à notre état actuel. » Keller a donc vu dans Munich moins la ville catholique que la capitale où vivent côte à côte plusieurs confessions religieuses, et ce spectacle a développé en lui un sentiment de tolérance assez analogue à celui de *Nathan le Sage*. Ce sentiment de tolérance est d'ailleurs le seul élément social de la religion de Keller : sa foi est strictement individuelle, elle s'isole volontairement de toute église, surtout de la sienne, parce que c'est

---

[1]. Thèse, p. 51. Baechtold, I, 164.

celle-ci qui risque le plus de limiter par la tradition son autonomie, et de déranger par les habitudes collectives sa conversation intime avec Dieu ; bref c'est parce qu'il pousse le protestantisme jusqu'au paradoxe, que ce protestant original se sépare des réformés ordinaires. Mais il a gardé malgré tout du protestantisme libéral les dogmes que la tolérance du dix-huitième siècle avait dégagés par abstraction du christianisme comparé aux religions voisines : Dieu, la liberté, l'immortalité. Dans les lettres à sa mère, G. Keller parle souvent de Dieu, et ce n'est pas uniquement pour la rassurer. Il ne lui cache pas l'intérêt qu'il porte au pasteur Tobler qui, à une fête de chanteurs, avait porté un toast à Strauss, mais il lui affirme qu'il prie souvent et avec ferveur ; il la conjure d'avoir confiance en Dieu qui exaucera ses souhaits [1] ; « crois bien que je pense chaque jour à Dieu et que j'ai confiance en lui, bien que je ne fasse pas tous les dimanches la promenade réglementaire à l'église, pour y dormir ». Quand il revint à Zurich, Keller était déiste. Il tomba au milieu des querelles des réfugiés allemands, qui se livraient une fois de plus à ces discussions âpres, perfides et haineuses entre exilés d'une même patrie qui semblent la parodie mesquine et la contrefaçon jalouse des tragiques guerres civiles ; il y avait deux camps en présence : les uns comme Follen, Schulze et Freiligrath représentaient la tradition de la *Burschenschaft*, qui voulait concilier la piété envers

---

1. Cf. lettres des 29 sept. 1841, 20 déc. 1841, 18 janv. 1842 ; Baechtold, I, 168-178.

Dieu et les idées libérales, et ils s'abstenaient de toute attaque violente contre les croyances de leurs compatriotes ; les autres comme Ruge, plus engagés dans la lutte européenne contre la réaction, étaient plus âpres et trouvaient comme une amère satisfaction à diriger leurs sarcasmes contre la foi et même contre les sentiments chauvins des bons Allemands ; Karl Heinzen, le plus grossier de tous les démagogues prussiens, selon Treitschke qui s'y connaissait, croyait prouver son radicalisme en injuriant tous ceux qui ne pensaient pas comme lui. Gottfried Keller se rangea du côté des partisans du bon Dieu, et Follen, l'empereur *in partibus*, lui adressa ce témoignage :

> Gottfried de Strasbourg fut le chantre de l'amour,
> Gottfried de Bouillon fut le champion de Dieu,
> Gottfried de Zurich, tâche d'être à ton tour.....
> Sois pour nous leur double sosie [1].

Il semble bien pourtant que Follen s'est trompé s'il a vu en G. Keller un champion fidèle de Dieu, un chevalier prêt à la croisade. Dès le 5 août 1843, à vingt-quatre ans, Keller écrivait [2] : « Le siècle me saisit de ses bras de fer. Il y a en moi une fermentation tumultueuse comme dans un volcan. Je me lance dans la lutte pour l'indépendance absolue et pour la liberté de l'esprit et des opinions religieuses » ; mais Keller n'admettait pas la polémique de Ruge et de Heinzen, qui blessait en lui deux sentiments profonds : le respect de la foi

---

1. Traduct. Baldensperger, p. 71.
2. Baechtold, I, 211.

et la piété patriotique. G. Keller, citoyen de la libre Suisse, n'a jamais connu cette amertume des exilés Allemands, que la patrie avait parfois traités en marâtre ; la sympathie pour sa race était profondément enracinée en lui ; son nationalisme pangermanique devait se manifester ouvertement en 1870, et il n'a pas craint dans une de ses légendes allégoriques de montrer la sainte Vierge triomphant des ennemis de la Germanie, le chevalier au coq, le Gaulois *Guhl* et le chevalier à la souris, le Slave *Maus*; il devait donc préférer ceux des Allemands qui modéraient l'expression de leurs rancunes. D'autre part, G. Keller ne pouvait admettre les railleries contre la foi chrétienne. « Je prétends qu'on doit traiter un objet si tendre et si beau que le christianisme avec amour, quand ce serait dix fois une erreur ; ce n'est pas que je veuille ménager les curés (Pfaffen) et les privilégiés, mais j'ai pitié du pauvre peuple dont le christianisme est jusqu'ici la seule richesse [1]. » G. Keller n'a pas pardonné à Heinzen les attaques violentes des *Lettres sur l'athéisme* et dans l'*Apothicaire de Chamonix*, il a réservé « au long Karl, au guillotineur théorique », un séjour rafraîchissant après la mort sur une pointe de glace au sommet du Mont-Blanc. Quand il écrivait sa poésie sur la *Pentecôte*, le poète sentait battre son cœur à l'idée de renoncer à une croyance vieille de deux mille ans. Il est donc permis de dire que G. Keller s'est montré dans sa période de Zurich plus croyant qu'il n'était en réalité, parce qu'il voulait pro-

---

1. Cf. Baechtold, I, 211 sqq.

tester contre la polémique irrespectueuse : c'était d'ailleurs un trait de son caractère de ne jamais abonder dans son propre sens.

Dans ses *Premières poésies* il adresse à Dieu de joyeuses prières [1]; il rêve un âge d'or où tous les peuples adoreront un seul Roi, un seul Pasteur; il proteste contre ceux qui vivent de l'os de l'athéisme, et si lui-même est tenté parfois d'écrire un lied sauvage et impie, il suffit qu'un papillon de nuit vienne voler autour de sa lumière pour qu'il résiste à cette tentation infernale. Il y a pourtant dans ces poésies plus de panthéisme que de déisme; le poète vénère surtout en Dieu le créateur, c'est-à-dire qu'il voit en Dieu l'esprit même de la nature. Il se recueille dans le calme de la nuit :

> Comme dans la sombre vallée terrestre
> Repose un silence insondable,
> Je me sens si léger à la fois
> Et si tranquille et bon que le monde.
>
> La dernière douleur, le dernier murmure moqueur
> Disparaît du fond du cœur;
> C'est comme si le vieux Dieu
> Me révélait enfin son nom.

Les étoiles lui promettent l'immortalité :

> Le soleil a beau nous avoir quittés
> Pour éclairer d'autres zones,
> Je sens ici les liens qui me rattachent
> Au Tout et à l'Un.

Mais cette immortalité n'est pas l'immortalité per

---

[1] *Poésies*, pp. 24, 17, 20.

sonnelle; c'est la vie inépuisable de la nature ou l'aspiration infinie de l'esprit :

> Ce n'est pas l'égoïsme ni la vanité
> Qui soulève vers l'au-delà le désir de mon cœur;
> Ce qui me fait lancer vers l'autre rive le pont téméraire,
> C'est à vrai dire l'orgueil qui me délivre de la poussière.
>
> Il est si étroit, le vert séjour terrestre,
> Tandis qu'est infini ce qui agite l'esprit !
> C'est donc bien peu de chose ce qu'espère votre cœur,
> Que vous êtes si rassasiés, si satisfaits ici-bas !
>
> Même quand un jour nous aurons conquis la liberté,
> Quand l'humanité s'épanouira comme une rose splendide,
> Que pénètrent jusqu'au fond du calice les rayons du soleil,
> L'aspiration demeurera, qui nous entraîne là-bas.
> Le chant du rossignol ne se perdra pas,
> Quant à sa musique se seront ouverts les boutons [1] !

Au fond, ce que Keller veut sauver de la religion, c'en est l'essence. C'est ce qu'exprime clairement le symbole de sa poésie sur la réforme [2] :

> Ils étaient enserrés dans la panse profonde de la Pyramide,
> Et serrés dans la main noircie par la mort d'une momie,
> Ces vieux grains de blé qu'on trouva un jour dans le caveau
> Où ils avaient sommeillé des milliers d'années.
>
> Pour faire une expérience, on prit cette rare aubaine
> Et l'on jeta les grains dans un terrain vivant.
> Or voici se lever la moisson dorée,
> Pour réjouir le cœur et les yeux du peuple.
>
> Ainsi renaît le fruit pour la lointaine postérité,
> Qui a dormi avec les aïeux au sein du tombeau :
> La mort est une résurrection sans fin.
>
> Qui pourrait nous empêcher d'arracher à nouveau
> A la main momifiée de l'Église ce qu'elle recèle,
> Le grain du Verbe, pour le semer librement ?

1. *Poésies*, p. 125.
2. *Poésies*, p. 109.

Il n'y avait donc, entre G. Keller et l'auteur de l'*Essence du Christianisme*, qu'un malentendu. Keller ne connaissait le philosophe que par certains de ses disciples, comme ce Marr dont il nous a donné le portrait dans ses *Lettres littéraires de Suisse*[1]. A en croire Keller, Marr ne travaillait à rien de moins qu'à la dissolution du vieux monde; en attendant la catastrophe finale, il vivait de l'argent de son père; il avait en poche l'*Essence du Christianisme* quand il se promenait au bord de l'eau avec des filles aux yeux noirs et il leur parlait, sans doute, de la négation de la foi. A ses moments perdus, il cherchait à adapter à l'usage des ouvriers les platitudes de la *Religion de l'avenir*. Ainsi les agitateurs feuerbachiens compromettaient le philosophe.

Mais, par un hasard heureux, Keller connut à Heidelberg le maître lui-même. Quand cet autodidacte, jadis injustement mis à la porte de son collège, se décida, aux approches de la trentaine, à suivre les cours d'une Université, il eut la chance non seulement d'y trouver des professeurs aussi remarquables que Henle ou Hettner, mais encore d'entendre parler dans la ville même où était l'Université un véritable philosophe. Il se convertit naturellement à sa doctrine. Les lettres de Keller nous permettent de suivre le progrès de ses idées; le 28 janvier 1849, il écrit à Baumgartner : « La chose la plus singulière qui me soit arrivée ici, c'est que moi qui, dans un compte rendu

---

1. Dans les *Blätter für literarische Unterhaltung*, 1847, nos 86 89; Baechtold, t. I, 457.

des œuvres de Ruge[1], attaquais un peu Feuerbach par dessus le marché, comme un imbécile que j'étais, moi qui, il n'y a pas longtemps, avais été assez grossier pour te chercher querelle à propos de lui, je me trouve presque tous les soirs dans la société de ce même Feuerbach; je bois de la bière avec lui et je suis suspendu à ses lèvres. Il a été invité, par des étudiants et des démocrates d'ici, à venir faire un cours cet hiver; il est venu et a environ cent auditeurs inscrits. Bien qu'il ne soit pas fait, à vrai dire, pour le professorat et que son débit soit pénible, maladroit, il n'en est pas moins extrêmement intéressant d'entendre cette personnalité de beaucoup la plus importante de la philosophie actuelle exposer elle-même sa philosophie de la religion. Je suis aussi un autre cours sur Spinoza et ses rapports à notre temps (où il est question en même temps d'histoire de la philosophie moderne) du Dr Hettner. C'est un cours très clair, pénétrant et intelligent, qui m'a excellemment préparé à Feuerbach lui-même. Ce qu'il adviendra de mes relations avec ce dernier, c'est ce que je ne me risque pas encore à définir avec précision ni même à conjecturer. Mais ce qui est certain, c'est que je ferai table rase (pour parler plus exactement, c'est déjà fait) de toutes mes représentations religieuses antérieures jusqu'à ce

---

1. Dans les *Blätter für literarische Unterhaltung*, 1848, n° 304, Keller, analysant les œuvres de Ruge, avait dit : « Ruge est si étonné de voir qu'un homme peut être un libéral dans les choses humaines, un républicain pur et énergique et croire pourtant aux balivernes comme Dieu et l'immortalité qu'il en devient grossier et trivial, comme son ami Feuerbach dans les *Épigrammes et Distiques* du 3e vol. de ses œuvres. »

que je me trouve au niveau de Feuerbach. Le monde est une république, dit-il, et ne supporte ni un Dieu absolu, ni le Dieu constitutionnel des rationalistes. Je ne puis pas, pour le moment, résister à cette révolte. Mon Dieu n'était plus depuis longtemps qu'une sorte de président ou de premier consul, qui n'était plus très considéré : j'ai été forcé de le déposer. Mais je ne puis pas jurer que mon monde ne se choisira pas de nouveau un beau matin quelque chef suprême de l'État. L'immortalité est sacrifiée du même coup. Si belle et si riche en sentiments que soit cette idée, tu n'as qu'à tourner la main dans le bon sens et le contraire est tout aussi saisissant et profond. Pour moi, du moins, c'étaient des heures de méditation solennelle, celles où je commençai à m'accoutumer à la pensée d'une mort véritable. Je puis t'assurer qu'on se ressaisit et qu'on n'en devient pas précisément pire qu'on n'était. Tout cela, mon cher Baumgartner, ne s'est pas fait dans la réalité aussi facilement que cela en a l'air dans ma lettre. J'ai défendu le terrain pied à pied. Au début, je faisais la critique des conférences de Feuerbach. Tout en reconnaissant l'acuité de ses pensées, j'établissais en regard la série parallèle de mes propres idées, et je croyais d'abord n'avoir qu'à pousser différemment tout le mécanisme de ces leviers et de ces ressorts pour adapter à mon usage sa machine entière. Mais à la cinquième ou sixième leçon, cette résistance tomba peu à peu, et mon esprit finit par travailler de son côté pour l'adversaire. Mes sourdes objections étaient consciencieusement mises sur le tapis par l'orateur lui-même, qui souvent les écartait comme moi-même dans mes pressentiments je l'avais fait plus ou moins. Mais je n'ai pas encore vu d'homme qui soit aussi dégagé que ce Feuerbach de toute poussière livresque et de toute présomption scolastique. La Nature, toujours la Nature, et encore la Nature : il étreint sa totalité de toutes les fibres de son être et ne s'en laisse arracher ni par Dieu ni par diable[1]... »

Le 8 février 1849, Keller écrit à Dössekel : « Enfin, Feuerbach est aussi venu à Heidelberg où, pour répondre à une invitation, il fait un cours public sur la philosophie de la religion. J'eus bientôt avec lui des relations personnelles; cette vaillante nature me séduisit et fit tomber mes préventions contre son système, et voilà comment, à mon retour à Zurich, je serai bien différent, en certaines choses, de ce que j'étais au départ. Je ne suis pas disposé à dresser par écrit, dès maintenant, une sorte de bilan, mais je tiens à dire ceci : s'il n'était pas absurde de traiter de déplorable et d'inadmissible le développement de son propre esprit, je me désolerais de n'avoir pas été initié, voici des années déjà, à des habitudes de pensée plus disciplinées et à une plus grande activité intellectuelle, et de n'avoir pas été préservé par là de bien des bavardages absurdes. » L'été et l'automne de 1849, Keller fréquenta chez Ch. Kapp, dont le domaine *zum Waldhorn* était comme une colonie feuerbachienne; Keller y rencontra plusieurs des disciples les plus éminents du

---

1. Je me suis permis d'emprunter la traduction de M. Baldensperger partout où mes citations se rencontraient avec les siennes. J'ai traduit les passages des lettres non cités dans la thèse de M. Baldensperger sur le texte de Baechtold.

maître, Hettner et Moleschott, par exemple, et il faisait le tour du jardin avec cette malheureuse Johanna Kapp, qui reçut tant d'hommages, mais dont la vie fut brisée par un amour auquel tout espoir était défendu : Feuerbach qu'elle aimait était marié. Keller, lui aussi, fit à Johanna Kapp une déclaration par lettre : elle lui accorda son amitié. Cette société de Heidelberg contribua, sans doute, à faire oublier à Keller le zèle chevaleresque qu'il avait montré au temps où il défendait le Dieu des Gottfried, et les événements qui suivirent la Révolution de 1848 ne purent que le décider chaque jour davantage à voir dans la philosophie de l'*Essence de la religion* la philosophie nouvelle. Rien ne marque mieux le changement qui s'était produit dans l'âme de Keller depuis son départ de Zurich que sa réponse à son ami Freiligrath, le 4 avril 1850 : « Où en sont mes relations avec le bon Dieu? Tout est rompu. Ludwig Feuerbach et les constitutionnels de Francfort, joints à quelques connaissances sommaires de physiologie, m'ont débarrassé de tous les rêves luxuriants. La monarchie rationnelle me répugne autant en religion qu'en politique. Ce que Follen dirait à ce sujet, je ne le sais pas encore, car je ne lui ai pas encore écrit, parce que depuis quelque temps il n'y a plus moyen de lui parler de ces choses-là. Il s'est, en effet, acheté, il y a deux ans, un vieux manoir en Thurgovie, qu'on appelle le Rocher de l'Amour; il y a des terribles basses-fosses, des tours, des nids de faucons, un pont et autres choses analogues; cinq cents arpents en dépendent, couverts en grande partie de bois et de marais; Follen s'efforce d'y nourrir cent cochons, trente vaches et environ vingt personnes... Des lettres pleines d'athéisme ne feraient pas son affaire... »

G. Keller avait donc trouvé son chemin de Damas; et il ne faut pas s'étonner si, dans le second recueil de ses poésies, l'auteur attaque l'immortalité avec la même ferveur qu'il avait montrée à la défendre. La brièveté même de la vie, qui lui paraissait autrefois la garantie de l'au-delà, le décide aujourd'hui à bannir l'idée de l'éternité. De même que Feuerbach voyait dans la concentration que la courte durée impose à nos efforts la condition même de notre succès, de même que le caractère irréparable de l'instant éphémère lui paraissait seul permettre l'ardeur singulière de tout amour humain, de même Keller compare les jours de printemps, les heures de béatitude qui coulent doucement dans nos âmes aux dernières gorgées d'un vin généreux; il faut bien se garder de les délayer, de les allonger en y mêlant la pensée d'une abondante éternité[1]. De même que la philosophie voit dans le renouveau perpétuel de la nature la cause de notre fin comme de notre origine, de même qu'il lit son arrêt de mort gravé sur chaque pierre et qu'il entend chaque souffle du vent et chaque murmure de la source lui dire à l'oreille un *Memento mori*, de même le poète se sent entraîné vers le dénoûment fatal par le rythme universel :

> Veille paisiblement dans la vallée,
> Lumière qui jamais ne t'éteins devant l'autel;

1. *Poésies*, II, 18.

Le sacristain chargé de t'entretenir
Lui aussi se couchera dans le cercueil !

Continue à bouillonner, rivière profonde !
Ta rumeur jamais ne s'arrêtera,
Et pourtant il faut que chacune de tes vagues
Aille enfin, malgré tout, s'anéantir dans la mer...

... Sortant des ténèbres de l'éther,
Des soleils d'or resplendissent comme des perles,
S'en viennent et disparaissent comme un songe,
Mais la source d'où ils jaillissent reste éternellement pleine.

Et toi, toi seul, mon pauvre cœur,
Toi seul tu prétends battre sans cesse
Et porter ta joie et ta peine
Sans fin à travers les cieux !

Le tourbillon renaît éternellement,
Sans nombre est la foule des choses,
Et nous n'avons pas le loisir
De nous attarder dans la mêlée.

Comme la poussière dans un rayon de soleil,
Tout s'en va tournoyant, réalités et formes.
Il n'y aura d'éternel, ne le comprends-tu pas,
O cœur inquiet, que ton repos.

De même que le philosophe voyait dans le désir de l'au-delà comme une infidélité envers la patrie terrestre, comme une désertion ou une trahison envers les autres êtres d'ici-bas, frères plus humbles dont nous devons partager le sort, de même le poète ne veut que vivre en harmonie avec le cours des saisons changeantes, passer avec les fleurs modestes et se contenter des beautés de ce canton de l'univers où il est né et où il mourra :

En des jours glacés d'hiver
Dans les ténèbres d'un temps pauvre d'espérance,
Je t'ai banni entièrement de mon esprit,
O vain mirage de l'immortalité.

A présent que flamboie le lumineux été,
Je m'aperçois combien j'ai eu raison ;
J'ai refait à mon cœur de nouvelles couronnes,
Tandis que dans la tombe gît mon illusion.

Je vogue sur le fleuve aux eaux claires
Et rafraîchis mes doigts au fil de l'onde.
Je lève les yeux au-dessus de moi, vers le dôme bleu,
Et ne cherche point de patrie meilleure.

A présent seulement, ô toi qui fleuris près de moi,
O lys, je comprends ton salut silencieux,
Je sais que, si claire que soit la flamme de vie,
Il me faudra comme toi disparaître.

On retrouve de même dans les poésies satiriques de Keller les procédés de polémique familiers à Feuerbach. Le philosophe avait montré que ceux-là sont souvent les partisans les plus acharnés de l'immortalité et réclament à grands cris une vie supplémentaire pour achever leur œuvre, qui perdent leur temps ici-bas. C'est le thème que Keller développe dans sa poésie sur le *Sermon ;* il nous montre un pasteur dans sa chaire : ses petits yeux clignotent de sommeil et brillent à peine à travers ses grasses paupières ; il parle de la vie éternelle, où, sans dormir, on continuera l'effort humain jusqu'à la perfection. Il tremble sur ses jambes et rêve de sauter d'une étoile à l'autre. Cependant ses auditeurs, petites vieilles aux cheveux gris, petits vieux aux crânes luisants, paraissent fatigués d'avoir vécu ; las de leur longue route sur terre, ils sont courbés en deux et, bercés par le sermon, ils sommeillent en hochant doucement la tête. Le sermon fini, ils se réveillent, sortent de l'église et vont s'asseoir sur les tombes du cimetière, où bientôt ils dormiront leur dernier sommeil : ils entrent ainsi insensiblement dans l'éternel repos. Le petit pasteur est un peu plus alerte, il est invité à dîner ce soir. Mais lui, qui à l'instant trouvait la vie si courte, ne sait que faire des trois longues heures qui le séparent de la table ; il fait le tour de son jardin, enlève une chenille, attrappe un papillon entre les roses et les œillets, et après avoir ainsi mérité l'éternité par son travail, il s'endort comme ses paroissiens.

L'Apothicaire de Chamonix peut être considéré aussi comme une apologie de l'athéisme de Feuerbach. Keller y raille en effet le déisme auquel Heine s'était, paraît-il, converti vers la fin de sa vie. Dans *Atta Troll*, Heine avait illustré à sa façon la théorie du philosophe sur l'anthropomorphisme religieux : son héros prêche la haine de l'athéisme, qui nie la souveraineté de l'Ours-Dieu. « Toute l'humanité est corrompue, dit le vieil Atta à son fils, le jeune chevalier à l'unique oreille; même les Allemands, nos cousins des temps primitifs, sont dégénérés : ils sont maintenant sans foi et sans Dieu. Enfant, mon enfant, prends bien garde à Feuerbach et à Bruno Bauer! Ne perds pas le respect du Créateur. N'oublie pas que là-haut, dans la tente étoilée, sur le trône doré, gouvernant le monde avec majesté, siège un colossal ours blanc. Immaculée et éclatante comme la neige est sa fourrure, sa tête a pour parure une couronne de diamants qui brille à travers les cieux. Sur sa face rayonne l'harmonie; on y lit les actes muets de la pensée; il n'a qu'à faire un geste du sceptre et les sphères résonnent et chantent.

A ses pieds sont assis pieusement les Saints des Ours, qui ont souffert en silence sur terre; dans les pattes, ils tiennent les palmes du martyre. Parfois, l'un se lève d'un bond, puis l'autre, comme réveillés par le Saint Esprit, et voilà qu'ils dansent la plus solennelle des danses sacrées — Haute danse — où le rayon de la grâce a rendu le talent superflu... Aurai-je un jour la béatitude, Troll indigne que je suis, de danser avec la palme devant le trône du seigneur? » Faut-il considérer la déclaration qui accompagne le *Romanzero* comme une rétractation de ses blasphèmes? Le poëte nous dit que son paganisme est parti avec sa santé et qu'il n'est plus qu'un squelette spiritualiste qui s'attend d'un moment à l'autre à sa dissolution définitive; il se demande s'il vit encore, il est déjà dans la tombe, mais sans ce privilège du repos qu'on ne refuse pas aux vrais morts. Et sur son lit d'agonie, il veut faire la paix avec le monde et avec Dieu. Il proclame solennellement qu'il a eu tort d'attribuer à Massmann cette *magna linguae romanae ignorantia*, qui l'a rendu ridicule; et il s'est réconcilié avec le Créateur comme avec la créature. Il vaut mieux brûler les vers que de laisser brûler le versificateur. Mais tout le haut clergé de l'athéisme a prononcé l'anathème contre lui, et il y a des fanatiques de l'impiété qui le mettraient volontiers à la question pour le forcer à confesser ses hérésies. Il va donc tout avouer. « Oui, je suis revenu à Dieu comme l'enfant prodigue, après avoir longtemps gardé les cochons chez les hégéliens. Est-ce la misère qui m'a ramené? Peut-être une cause moins misérable. J'ai été pris de la nostalgie céleste, qui m'a fait courir à travers les forêts et les grottes, par les sentiers les plus vertigineux de la dialectique. En route, j'ai rencontré le Dieu des panthéistes, mais je n'en avais que faire. Ce pauvre être rêveur est lié et soudé au monde, il y est pour ainsi dire emprisonné et il nous regarde bouche bée, privé qu'il est de volonté et de puissance. Pour avoir une volonté, il faut être une personne, et pour la manifester, il faut pouvoir jouer des coudes. Quand on désire un Dieu qui soit capable de venir à l'aide — et c'est l'essentiel, n'est-ce pas? — il faut aussi accepter sa personnalité, sa transcendance et ses attributs sacrés : la toute bonté, la toute sagesse et la toute justice, etc. L'immortalité de l'âme, notre survivance après la mort, nous est alors donnée par dessus le marché, comme ce bel os à moelle que le boucher, content de ses clients, leur glisse pour rien dans le panier. Un tel os à moelle s'appelle, dans la langue des cuisiniers français, la réjouissance, et il sert à cuire d'excellents bouillons qui fortifient beaucoup le pauvre malade languissant et qui lui font beaucoup de bien. Je n'ai pas voulu refuser une telle réjouissance, j'en ai même été bien aise. Aucun homme ayant quelque sentiment ne m'en blâmera.

« J'ai parlé du Dieu des panthéistes, mais je ne puis m'empêcher de remarquer qu'au fond ce n'est pas un Dieu du tout : les panthéistes ne sont, à proprement parler, que des athées honteux, qui ont moins peur de la chose que de l'ombre qu'elle projette sur la muraille. La plupart des panthéistes allemands ont, sous la Restauration, joué pendant quinze ans avec le bon

Dieu la même comédie qu'ont jouée en France avec la royauté les royalistes constitutionnels, qui pour la plupart étaient républicains dans leur cœur. Après la Révolution de juillet, les masques tombèrent des deux côtés du Rhin ! Depuis 1830 et surtout depuis la chute de Louis-Philippe, le meilleur monarque qui ait jamais porté la couronne d'épines de la royauté constitutionnelle, l'opinion s'est répandue en France qu'il n'y a que deux formes de gouvernement, la royauté absolue ou la république, qui supportent la critique de la raison et de l'expérience; qu'il faut choisir l'une ou l'autre et que tout compromis est faux, intenable et pernicieux. De la même manière, on en vint à penser en Allemagne qu'il fallait choisir entre la religion et la philosophie, entre le dogme révélé de la foi et la dernière conséquence de la pensée, entre le Dieu absolu de la Bible et l'athéisme.

« Plus les âmes ont de décision, plus facilement elles sont les victimes de tels dilemmes. En ce qui me concerne, je ne puis pas me vanter d'avoir fait beaucoup de chemin en politique : j'en suis resté aux principes démocratiques, auxquels ma première jeunesse rendait déjà hommage et pour lesquels n'a pas cessé de croître l'ardeur de mon enthousiasme. En théologie, au contraire, je suis forcé de m'accuser d'avoir fait des progrès à rebours; je suis revenu, comme je l'ai avoué plus haut, à la vieille superstition, au Dieu personnel. Il n'y a pas moyen décidément de le dissimuler comme l'a essayé plus d'un ami éclairé et plein de bonnes intentions. » Sans doute, le païen ne s'est pas converti tout entier, il n'a pas brûlé ce qu'il a adoré : le jour de sa dernière sortie, il s'est encore traîné jusqu'au Louvre pour se prosterner devant la sainte Vierge de la Beauté, devant Notre-Dame de Milo; mais la Déesse de pierre n'a pas de bras et ne saurait venir en aide, et le misérable a besoin d'assistance. Il a besoin de croire à une vie meilleure, où il retrouvera la santé, sans perdre son individualité : c'est donc Swedenborg qui a raison. Dans l'autre monde que nous promet le grand voyant scandinave, les Groenlandais eux-mêmes se sentiront à leur aise, car ils y retrouveront leurs phoques. Et à cette idée, Henri Heine se console et prie ses lecteurs de se consoler aussi.

Vraiment, Gottfried Keller a eu bien tort d'être sévère pour cette apologie du Dieu qui a des bras et des coudes, et pour cette croyance à une autre vie où les malades retrouveront la santé et les Groenlandais leurs phoques; l'homme qui a écrit cette profession de foi est toujours l'auteur d'*Atta Troll :* s'il attaque Feuerbach, on peut bien dire que le philosophe eût mieux aimé être attaqué ainsi qu'être défendu directement, et il ne serait pas difficile de trouver dans les *Pensées sur l'Immortalité* ou les *Conférences sur la religion* plus d'un argument qui ressemble, par le ton tristement résigné ou par l'ironie indulgente à ces consolations lamentables du *Romanzero*. Heine eût sans doute signé les passages de *l'Apothicaire de Chamonix* qui le visaient; ne se présentait-il pas lui-même comme offrant la paix à Dieu? Il eût bien souri de se voir comparé à l'avocat d'Arras qui s'était attribué la compétence de constituer solennellement de sa main rouge un nouvel Être suprême, et il ne demandait rien de plus que cet enterrement à Montmartre que Keller lui a laissé :

> Oui, la vieille mère brune
> Exhale un aimable parfum,
> Et elle dévore ses enfants morts
> Elle-même, comme les chats.
>
> Le poète aussi, à peine enseveli,
> Elle l'embrasse avec hâte,
> Et comme Goethe autrefois à Rome,
> Scandait sur une nuque blanche,
>
> Ainsi elle scande en jouant
> Avec des mottes sur le cercueil.
> Un crâne aussi tapote avec prestesse
> Sur le couvercle deux trochées.

Keller a reconnu d'ailleurs que *l'Apothicaire de Chamonix* est, autant qu'une satire contre Heine, une œuvre de *Selbstbefreiung :* l'auteur y dit adieu à la poésie lyrique en particulier, à la poésie à thèse, à la *Tendenzlyrik*. Sa conversion à la doctrine de Feuerbach avait, en effet, modifié non seulement ses idées morales et religieuses, mais encore ses idées sur l'art. Sans doute, Keller a suivi avec intérêt le mouvement philosophique proprement dit : il a vu avec plaisir se répandre les œuvres où Feuerbach avait essayé « de rendre accessible à l'intelligence de tous les problèmes les plus hauts, qu'il traitait et retournait en tous sens dans sa langue classique et monotone, pareil à un oiseau enchanteur, perché sur un buisson solitaire, dont le chant a fait sortir Dieu de milliers de cœurs humains » ; il cherche, parfois, à vérifier sur un point la doctrine du maître; c'est ainsi qu'il demande à Freiligrath, qui avait retrouvé chez les

Indiens l'idée de la mission d'un héros divin et d'une rédemption : « Ces idées sont-elles antérieures à l'arrivée des Européens[1]? » Il se donne même la peine de défendre Feuerbach contre les épigones de la philosophie allemande : il écrit à Hettner le 3 août 1853[2] : « Que dites-vous des histoires de Heidelberg? La vieille habitude déplorable qu'ont les philosophes, de montrer d'abord distinctement la vérité sur un point, pour aussitôt l'enrouler dans un système confus, bâti selon les traditions du métier, ne parait pas décidément vouloir s'éteindre : il semble, au contraire, qu'elle sévisse plus que jamais parmi les derniers venus. La mesquine envie que les Allemands portent à ceux qui font autorité, et d'autre part la platitude des temps rendent les gens absolument sourds à la voix profonde dans sa monotonie grandiose de Feuerbach, qui a traité et épuisé son unique question pendant la moitié de sa vie. Son œuvre passionnée, honnêtement classique, est considérée comme triviale et superficielle par ces imbéciles, parce qu'ils ont précisément besoin de confusion et d'école pour exister. Même si Feuerbach s'était absolument fourvoyé, il apparaîtra finalement qu'il aura fait une œuvre infiniment plus importante et plus essentielle pour le progrès de l'état général et de la conscience que tous ces messieurs ensemble. »

Il est vrai aussi que Keller a toujours eu à cœur de protester contre les reproches d'immoralité qu'on faisait à la philosophie nouvelle. C'est ainsi qu'il soutient,

---

1. Baechtold, II, 382, lettre à Freiligrath, 30 avril 1857.
2. Baechtold, II, 221.

comme l'avait fait son maître, que l'idée fondamentale du *Système de la nature* est inattaquable : si les auteurs du dix-huitième siècle avaient connu les découvertes de l'histoire naturelle, ils auraient mieux su faire une éthique que nous. « Je voudrais bien savoir, écrit Keller à Hettner[1], ce qu'on peut nous objecter, à proprement parler, et si même le christianisme le plus orthodoxe est plus idéaliste dans son principe. Il est sûr que non. Il n'y a pas assurément de théorie plus utilitaire que la doctrine chrétienne. Et pour ce qui concerne les philosophes rationalistes, qu'ils s'intitulent idéalistes, identistes ou autre chose encore, le moins qu'on puisse dire c'est qu'ils ne perdraient rien dans le cas le plus favorable à être réellement vertueux selon la morale du *Système de la nature*. Bien rares, selon les apparences, sont ceux qui se sont simplement élevés à cette sobre sagesse. Je suis d'ailleurs extrêmement frappé de voir que, dans tout le débat actuel, tous se ruent à la vieille mêlée des preuves superficielles, aux rixes logiques, au jeu des hypothèses vaines, au lieu d'avoir une fois l'idée de peser exactement le contenu moral des deux doctrines opposées, ce qui permettrait d'obtenir beaucoup plus d'objectivité sereine. Mais ces messieurs ont bien soin de n'en rien faire, parce qu'ils n'ont pas précisément les idées qu'il faut et le sentiment moral assez profond. » Dans ses œuvres mêmes, Keller a plus d'une fois attaqué ainsi la morale de ses adversaires, pour mieux défendre la sienne. C'est ainsi que, dans *Madame*

---

[1]. Le 18 octobre 1856; Baechtold, II, 365.

Regula Amrain et son cadet, il déclare : « On peut le dire aujourd'hui : un homme a beau être aussi vaillant et résolu que l'on voudra, s'il n'a pas le courage de penser librement il n'est pas un homme complet[1]. » Dans la dernière des histoires de Seldwyla, il est allé plus loin encore ; comme il l'explique à Vischer dans une lettre du 29 juin 1875[2], « il m'a semblé que cela valait la peine de montrer par une description comment, même dans le raffinement de la religiosité dite libérale, peuvent naître la discorde et le malheur dans les familles. C'est, d'ailleurs, ma conviction profonde que cette convention sociale qu'on appelle le libéralisme religieux et ecclésiastique ne résiste pas à l'épreuve, et la croyance vulgaire « qu'il « faut maintenir quelque chose pour la plèbe » peut, dans des circonstances données, mal finir, comme toute tentative pour se mentir à soi-même. Dès maintenant, le mensonge conscient se fait jour dans le caractère des jeunes prêtres, et aux vices anciens vient s'ajouter encore la vanité et le goût du rhéteur pour la pompe, tous les défauts des histrions. » Par opposition à cette hypocrisie, G. Keller s'efforce de vivre conformément à sa foi. Le 3 août 1853[3], il écrit à Hettner, dont la femme est gravement malade : « Montrons que nous sommes sincères dans nos efforts et que, sans avoir besoin de l'onction chrétienne, nous savons à notre façon prendre le sérieux de l'existence du côté salutaire. » C'est cette harmonie de la pensée et de la

1. *Die leute von Seldwyla* I, p. 174.
2. Baechtold, III, 202.
3. Baechtold, II, 220.

vie que Keller admirait chez Feuerbach : il fut ému profondément quand Mme Herwegh lui lut une lettre où le philosophe annonçait qu'il était ruiné et forcé de quitter Bruckberg sans trop savoir où aller : il trouva le style du philosophe qui brave le ciel digne et fier [1]. Keller tenait tellement à mettre ses actes d'accord avec ses paroles qu'il adhéra à une société pour la crémation des morts : il ne voulait pas être un de ces lâches qui ont peur d'avoir trop chaud quand tout est fini [2] !

Mais, d'autre part, l'expérience avait montré à Keller qu'il n'y a pas toujours une entière solidarité entre la doctrine et la conduite. On peut être athée de deux façons [3] : le mauvais athée, le tailleur qui fréquente chez Frau Margret, attaque et blesse; on dirait qu'il satisfait une rancune personnelle contre le bon Dieu ; il est piteux sur son lit de mort; le bon athée est bienveillant ; il répond par des monosyllabes aux tentatives de conversion des vieilles femmes; le brave menuisier rabota son dernier cercueil, celui qu'il se destinait à lui-même, avec le même calme inaltérable qu'il avait montré jadis quand il avait raboté son premier. De même, on peut être feuerbachien de bien des manières : on peut d'abord interpréter à contre-sens toute l'œuvre de Feuerbach, comme ce jeune maître d'école qui connaissait par cœur tous les systèmes, depuis Thalès jusqu'à nos jours [4]. Il sanctifiait la

---

1. Lettre à Ludmilla Assing, 9 nov. 1860; Baechtold, II, 476.
2. Baechtold, III, 452. A W. Petersen à Schleswig de Zürich, 21 octobre 1880.
3. Cf. *Henri le Vert*, chap. VII.
4. *Henri le Vert*, chap. IX.

chaise où il s'assoyait, car il y voyait, à la lumière du spinozisme, un mode de la substance divine ; quand il prenait son café, il se hâtait de maintenir réunies au moyen de l'harmonie préétablie les monades de sa cafetière ; disciple de Fichte, il ne croyait plus à son nez ; disciple de Feuerbach, il se vénérait comme un Dieu. Quand Feuerbach disait : « Dieu n'est pas autre chose que ce que l'homme a choisi selon ses besoins dans sa propre nature pour l'isoler et le diviniser, donc Dieu n'a pas d'existence en dehors de l'homme », notre philosophe s'entourait aussitôt d'un nimbe mystique, et se considérait lui-même avec un respect religieux, si bien qu'il réduisait à un blasphème grotesque ce qui était, dans le texte, le plus sévère des renoncements et un acte de modestie. Dortchen Schœnfund, au contraire, est la plus sincère et la plus douce des disciples de Feuerbach, s'il est permis d'appeler disciple celle à qui la nouvelle conception de la vie semble si naturelle et qui peut-être n'a jamais écouté que les enseignements de son cœur. « Ceux-là auraient dû la voir qui prétendent que sans croyance à l'immortalité il n'y a plus dans le monde ni poésie ni religion ; non seulement la nature et la vie autour d'elle, mais elle-même parut comme transfigurée (quand elle cessa de croire à l'au-delà). La lumière du soleil lui sembla dix fois plus belle qu'aux autres hommes, l'existence de toutes les choses lui fut sacrée, et la mort aussi, qu'elle prend très au sérieux, sans la craindre. Elle s'habituait constamment à y penser, au milieu de la

---

1. Cf. *Henri le Vert*, IV, 178 sqq.

joie sereine et du bonheur, et qu'un jour viendrait où il nous faudrait partir pour de bon et pour toujours... Et quelle piété pour les mourants et les morts... Elle pare les tombeaux et il ne se passe pas de jour où elle ne passe une heure au cimetière...

— Et ne croit-elle donc pas non plus à Dieu?

— D'après les règles de l'école, répliqua le comte, les deux questions sont sans doute inséparables; mais, à la manière des femmes, elle ne fait pas grand cas de la logique... « Avec Dieu, dit-elle, tout est possible, même qu'il existe... » Mais elle n'admet pas qu'on se permette contre lui des sorties grossières. »

A Dortchen s'oppose comme une caricature Peter Gilgus. Cet apôtre de l'athéisme est un maître d'école évadé, qui s'est mis en route pour voir le monde et pour en jouir, depuis qu'on en a renvoyé Dieu. Il se comportait comme si c'était tous les jours fête; il était heureux comme les habitants d'un petit duché dont le tyran s'est enfui, ou comme les souris quand le chat n'est plus là. Tantôt il haranguait les paysans comme Jonas les gens de Ninive, tantôt il faisait l'ascension d'une petite colline, étendait la main et vantait la beauté du monde verdoyant; il contemplait avec joie les profondeurs azurées du ciel sans nuages et sans Dieu. Tout cela ne l'empêchait pas de jurer quand il faisait mauvais temps. Au demeurant, il se croyait investi d'une mission antidivine. Aussi avait-il emporté de son école un œil gigantesque, pour mieux préparer le règne des sciences naturelles; il avait honoré toute une semaine Feuerbach de sa visite à domicile, et lui avait emprunté de l'argent pour mieux prêcher la philosophie ; et il prétendait épouser Dortchen, pour mieux accomplir sa destinée. Tout dépend donc de la valeur morale des hommes et non de la doctrine dont ils se réclament à tort ou à raison, et il semble bien que le comte exprime l'opinion de Keller lui-même quand il dit : « Croire ou ne pas croire en Dieu ne change pas un homme ; si votre conversion changeait votre conduite, je n'aurais pas confiance en vous. »

On peut objecter que Keller n'est arrivé que peu à peu à cette conclusion, que le personnage de Peter Gilgus, par exemple, n'apparaît qu'après le remaniement de *Henri le Vert ;* et il est clair que l'expérience des hommes a dû donner aux opinions de Keller sur les rapports de la doctrine et de la conduite une forme plus arrêtée ; mais il n'en est pas moins vrai que, dès le début, le romancier a eu les idées qu'il devait attribuer au comte. Le 27 mars 1851, il écrit en effet de Berlin à son ami W. Baumgartner, de Zürich[1] : « J'ai été très heureux de la manière dont tu as apprécié mon adhésion à la philosophie de Feuerbach, et je vois par là que tu considères la chose sous son vrai jour. Qu'elle me paraît triviale à présent, cette opinion qu'en renonçant aux idées dites religieuses on chasse du monde toute poésie et toute noblesse de sentiments ! Au contraire, le monde m'est devenu infiniment plus profond et plus beau, la vie a plus de valeur et d'intensité, la mort est plus sérieuse et plus grave ; c'est maintenant surtout que je me sens obligé de dépenser

---

1. Cf. Baechtold, II, 168 sqq.

toutes mes forces à faire ma tâche, à mettre plus de pureté et de paix dans ma conscience, puisque je n'ai plus aucune chance de rattraper le temps perdu dans quelque autre coin de l'univers. Tout dépend de la manière d'envisager les choses ; on peut faire en faveur de ce qu'on appelle l'athéisme des discours tout aussi beaux et aussi pleins de sentiments, quand on en sent réellement le besoin, qu'en faveur de l'immortalité et du reste ; et les pauvres sires, qui parlent toujours de nobles sentiments et n'entendent par athéisme qu'un matérialisme grossier, resteraient en effet, même s'ils devenaient athées, les mêmes lourdauds égoïstes et grossièrement sensuels qu'ils sont déjà aujourd'hui, tout en étant de « nobles » déistes. Je connais ce genre de personnages ! Cependant, je suis bien loin d'être intolérant et de considérer comme un âne parfait quiconque croit à Dieu et à l'immortalité, comme font les Allemands d'ordinaire aussitôt qu'ils ont franchi le Rubicon. Il y a sans doute plus d'un homme qui a étudié toute l'histoire de la philosophie et Feuerbach, même plus à fond que moi, et qui comprend ces doctrines mieux que moi, du moins quant à la forme, et qui est cependant un déiste zélé ; et je connais, d'autre part, plus d'un honnête compagnon qui n'a aucun soupçon de la philosophie et qui n'en déclare pas moins : « Il m'est décidément impossible de croire des « choses pareilles ! Mort est mort ! » Aussi, tout en espérant que peu à peu tous les hommes arriveront à la connaissance claire de la vérité, devons-nous reconnaître provisoirement que tout dépend encore de l'organisation intérieure et de bien des circonstances extérieures. C'est pourquoi je n'admets pas les sarcasmes grossiers et le prosélytisme importun. » Il est donc permis de dire que Keller, tout en admettant sans réserve la doctrine de Feuerbach, prêchait surtout cette tolérance supérieure dont parle le comte, prête à saluer la vérité d'où qu'elle vienne et à étudier tout progrès moral avec respect et sérénité, comme on étudie les lois qui régissent les cours des astres.

Mais il y a un point sur lequel Keller ne transigeait pas : s'il reconnaissait aux hommes toute liberté de conscience, il refusait aux artistes de son temps le droit de croire ou de ne pas croire à la philosophie nouvelle; cette intolérance spéciale ne prouve-t-elle pas que Keller, artiste avant tout, avait vu surtout dans la doctrine de Feuerbach une sorte de rajeunissement pour l'art? « Pour l'art et la poésie, il n'y a plus de salut désormais sans une autonomie spirituelle absolue et sans un enthousiasme ardent pour la nature, sans réserve et sans arrière-pensée ; et je suis absolument convaincu qu'aucun artiste ne saurait désormais avoir de l'avenir, s'il ne veut pas être entièrement et exclusivement un mortel. C'est pourquoi ma nouvelle évolution et l'influence de Feuerbach ont modifié d'une manière bien plus décisive mes plans dramatiques et mes espérances littéraires qu'elles n'ont agi sur moi à d'autres égards... Un poème dramatique aura d'autant plus de pureté et de suite que maintenant le dernier *Deus ex machina* est banni de la scène du monde, et la tragédie usée puisera dans la conscience d'une mort réelle et définitive une inspiration nouvelle[1]. » Toutes les lettres de Keller à Hettner montrent à quel point Keller est préoccupé des conséquences qu'entraînent dans le domaine de l'esthétique les théories de Feuerbach; il écrit par exemple[2] que la *Judith* de Hebbel est un drame majestueux qui l'a fait penser sans cesse à Feuerbach. L'idée simple et claire que le philosophe s'est donné pour tâche dans sa vie de développer en tout sens peut s'appliquer partout, à l'église comme au théâtre ou sur la place publique. Ce n'est pas exagérer, semble-t-il, que de dire que l'influence de Feuerbach a été une des forces décisives qui ont orienté vers le réalisme littéraire ce romantique attardé et qui ont développpé chez le dernier venu des *Tendenzlyriker* le goût du roman objectif.

Keller n'avait pas attendu sans doute de connaître la philosophie de Feuerbach pour s'intéresser aux détails des mœurs humaines et aux particularités de la nature; il a toujours eu la première qualité de tout réaliste : un œil qui sait voir[3]. Son éducation de peintre aussi l'habituait à l'observation; il cherchait à imiter par son travail les créations de la nature, et l'activité des fourmis l'intéressait[4]. Quand il dessinait quelque vieux pin, son maître, Rudolf Meyer, voyait si chaque branche n'était pas trop grosse ou trop mince, « et lorsque je lui disais qu'après tout rien n'empêchait la

1. Baechtold, II, 170.
2. 20 août 1851; Baechtold, II, 184.
3. Cf. le chapitre de M. Baldensperger sur le sens de la vue chez Keller.
4. *Tagebuch*; Baechtold, I, 207.

nature de créer une branche telle que je la représentais, il répliquait : « C'est bon ; la nature est raison-« nable et on peut se fier à elle[1]. » D'autres maîtres encore, les grands classiques allemands, lui avaient donné des leçons d'objectivité. Il note dans son journal, dès 1843 : « Bien que le genre de la ballade proprement dite paraisse n'être plus de mode, je crois qu'il serait plus difficile de produire une ballade, comme Gœthe ou Schiller en ont fait, que la plus belle poésie où le poète n'exprime qu'un état d'âme et des sentiments personnels. Car ici, il n'est pas nécessaire de sortir de soi et il n'y a qu'à ouvrir le bec pour que les mélodies affluent et débordent à leur gré; tandis que là-bas il faut se donner du mal avec la matière, la couleur locale et les mœurs. » Mais quand Keller connut la philosophie de Feuerbach, il vit que cette doctrine donnait précisément au réalisme toute sa valeur ; en ruinant toute théologie et toute spéculation philosophique, elle ne laissait subsister que l'humanité présente et la nature toute nue. Aussi en espère-t-il une renaissance littéraire ; dès 1849, malgré la sympathie qu'il a encore pour cette Allemagne romantique qui revit en lui pendant son séjour à Heidelberg, il croit qu'il va naître de nouveaux genres : une nouvelle ballade, un drame, un roman historique, un conte. Il pensa d'abord lui-même au drame quand il voulut devenir, suivant son expression, « essentiel et objectif ». Il en avait assez, disait-il, du subjectivisme qui se donnait carrière dans ses pre-

---

1. *Werke*, II, 29; Rudolf Meyer s'appelle ici Römer.

mières œuvres; il avait soif d'activité calme, sereine et objective, et c'est pour cette raison qu'il avait songé au théâtre; sur la scène, en effet, l'auteur disparaît et les spectateurs ne voient que l'œuvre impersonnelle. Les tentatives dramatiques de Keller n'aboutirent point, et il fut obligé de revenir au roman autobiographique qu'il avait commencé avant sa conversion; mais il en modifia profondément le plan et la nature. *Henri le Vert* devait être primitivement une courte confession où Gottfried Keller nous eût raconté naïvement son enfance, sa jeunesse, son éducation artistique, ses années d'apprentissage et de misère; Henri y serait mort de faim ou s'y serait tué, entraînant dans la tombe la pauvre mère qui ne vivait que pour lui. Bref, ce petit roman eût ressemblé à la *Fin d'un musicien à Paris,* de Richard Wagner, et eût pu s'intituler : la Fin d'un peintre à Munich ou à Berlin. « Toutes sortes de misères que j'avais endurées, écrit-il dans son autobiographie, et les soucis que j'infligeais à ma mère, sans que l'avenir parût tenir en réserve une issue heureuse, occupaient ma pensée et ma conscience; ces méditations finirent par se transformer en un projet de roman : ce devait être un roman court et mélancolique, où la brusque et tragique issue d'une carrière de jeune artiste eût causé la mort d'une mère et d'un fils... Mon esprit entrevoyait un livre élégiaque et lyrique, avec de clairs épisodes et un dénouement tout ombragé de cyprès, où tout le monde prenait le chemin du cimetière... » Le disciple de Feuerbach ne pouvait naturellement se contenter de cette élégie et de ce lyrisme romantique; il voulait donner à son œuvre

un caractère objectif et une portée philosophique ; pour
concilier la donnée première et ses idées nouvelles, il
entreprit donc de considérer son éducation personnelle non pas comme un fait accidentel, mais comme
un progrès normal : *Henri le Vert* n'était plus un
original, un être de caprice et de fantaisie, une exception singulière ; il devenait un exemplaire éminent du
type humain et sa destinée vérifiait les lois de l'esprit
et de la nature, comme un cas bien choisi illustre une
règle. C'est ainsi que toute l'histoire de la conscience
religieuse du héros peut être considérée comme un
commentaire des *Conférences sur l'essence de la religion*, de Feuerbach, comme un exercice d'application
fait par le disciple après la leçon du maître. Tout ce
que le philosophe nous dit des croyances primitives
des peuples, le romancier nous le raconte à propos
de *Henri le Vert* : le progrès de l'individu reproduit
celui de l'espèce. Soit par exemple la proposition de
Feuerbach : « Tous les phénomènes étranges et sur-
prenants de la nature, tout ce qui captive et frappe le
regard de l'homme, tout ce qui étonne et charme
l'oreille, tout ce qui excite son imagination... peut
être l'objet de la vénération religieuse... L'enfant
— dit Clauberg, un philosophe allemand, qui écrivait
en latin au dix-septième siècle, et qui fut un disciple
intelligent de Descartes — est surtout saisi et captivé
par les objets clairs et brillants... Mais bien que toutes
ces impressions que suscitent l'éclat de la lumière sur

---

1. *Nachgel. Schriften und Dichtungen*, p. 18, cité par Baldensperger, thèse, p. 130.

les pierres... le caractère étrange, aimable ou effrayant des figures animales... soient des « moments » de la la religion, l'homme qui les éprouve est encore à l'état d'enfance... de tels dieux sont les étoiles filantes, les météores de la religion. » Keller nous montrera Henri enfant frappé par l'éclat de la lumière sur les pierres d'un clocheton et adorant d'abord le coq, puis le tigre : « Sur un toit du voisinage s'élevait une tourelle effilée et pointue comme une aiguille, avec une petite cloche suspendue à l'intérieur et un coq doré tout resplendissant qui tournait au-dessus. Quand la clochette tintait dans le crépuscule, ma mère parlait de Dieu et m'apprenait à prier; moi je demandais : « Qu'est-ce « que Dieu? est-ce un homme? » et elle répondait : « Non; Dieu est un esprit! ». Le toit de l'église s'évanouissait peu à peu dans les ombres grises, la lumière grimpait le long du clocheton, jusqu'à ce qu'elle scintillât sur la girouette dorée; et un soir surgit en moi cette conviction que ce coq était Dieu... » Mais lorsqu'un jour le petit Henri eut un livre d'images où était représenté un tigre aux couleurs magnifiques et à l'attitude majestueuse, le beau tigre l'emporta sur l'oiseau brillant; quand on nommait devant l'enfant le nom de Dieu, c'était l'image de son livre qui lui revenait à la mémoire.

Le récit que le jeune Henri nous fait des rapports qu'il eut comme élève avec Dieu le père paraît aussi une illustration humoristique des théories de Feuerbach sur le principe de la religion; quand il reçoit

---

1. Cf. Feuerbach, *Werke*, VIII, 57 sqq.

des coups, Henri pense au *Pater* et demande à être délivré du mal[1]; quand il voit son maître blessé, son premier mouvement est de se réjouir; mais quand il s'aperçoit que son maître est gravement atteint et saigne, le plaisir de la revanche fait place à la pitié et il pardonne à ceux qui l'ont offensé : la loi du talion est brisée par la charité chrétienne. Fidèle ici encore à l'enseignement du philosophe, le romancier n'admet pas que l'égoïsme ait été entièrement vaincu par le désintéressement pur; il y a dans le pardon beaucoup de prudence et de sagesse : c'est le couronnement et la garantie de la victoire sur l'adversaire; l'amour de l'ennemi, quand il est dans toute sa force et quand il fait encore du tort, est peut-être un sentiment sublime : mais le romancier réaliste nous déclare qu'il ne l'a rencontré nulle part. On pourrait continuer ainsi le parallèle entre les théories de Feuerbach et les incidents caractéristiques de la vie du héros, montrer comment les prières que fait Henri le Vert dans sa détresse, comment les miracles que lui accorde la grâce divine supposent chaque fois les circonstances que Feuerbach avait indiquées comme particulièrement propices à la naissance et à la manifestation de ces phénomènes religieux; comment les raisons qui font que les dogmes se fortifient ou s'affaiblissent dans l'âme des personnages sont les mêmes que celles que le philosophe avait analysées dans ses considérations sur les causes de la grandeur et de la décadence de la foi. Quand, par exemple, Henri prie, c'est toujours pour

---

1. *Henri le Vert*, I, 38.

obtenir une faveur nettement déterminée et dans un cas d'extrême urgence[1] ; ce n'est pas pour se livrer à cet exercice désintéressé, à ce jeu recommandé par les théologiens pour élever les sentiments de l'âme vers un Dieu vague, impersonnel, sourd aux appels de ce monde ; quand Henri croit à un miracle, c'est qu'il voit son vœu le plus cher réalisé, ce n'est pas qu'il aperçoit l'Esprit triomphant de la nature : « Dans cette détresse, mes esprits se réunirent et tinrent conseil, comme font les citoyens d'une ville assiégée quand leur chef est tombé. Ils décidèrent d'avoir recours à une mesure extraordinaire dont ils avaient perdu l'habitude depuis des années : ils résolurent de s'adresser directement à la Providence divine. J'écoutai attentivement sans les déranger et je vis en effet émerger du fond clair obscur de mon âme quelque chose comme une prière ; je ne pouvais distinguer ce que cela allait donner, petite écrevisse ou petite grenouille. Qu'ils essaient pour l'amour de Dieu, pensai-je, cela ne pourra pas nuire en tout cas, et cela n'a jamais été fait en mauvaise part... » Il se forma donc un « Être de soupir » (*Seufzerwesen*) qui monta sans obstacle jusqu'au ciel, et la réponse à cet appel fut un miracle. Comme Feuerbach, Keller pense que les manifestations les plus naïves de la religion sont les plus sin-

---

1. Cf. par exemple : sur les prières, *Henri le Vert*, IV, p. 63 ; — contre la prière sans objet, I, chap. IV, p. 40 ; — sur les miracles, IV, pp. 68-69 ; — miracle de la flûte, III, p. 21 ; — l'apparition soudaine de Römer après la prière pour le dogme de Dieu et de l'immortalité, I, pp. 316, 317 ; III, pp. 68, 80 ; — contre le spiritualisme, III, p. 150.

cères. Il préfère aux théologiens orthodoxes les sauvages de la foi, les indisciplinés qui papillonnent librement en dehors des murs de l'église[1]; il s'intéresse aux sectes naissantes, aux hérétiques isolés; c'est là, en effet, qu'on distingue les vraies raisons et le sens primitif de la foi; et quand le chapelain apporte au château du comte l'ouvrage du mystique Angelus Silesius, Henri se donne le malin plaisir de comparer les théories du *Cherubinischen Wandersmann* sur l'union et l'identification de Dieu et de l'homme avec les formules de l'*Essence du christianisme*. Il semble même que si l'auteur a conservé le dénouement fatal, malgré l'invraisemblance qu'on lui a souvent reprochée, ce n'est pas par une sorte d'entêtement dans son plan primitif, comme on a pu le croire; c'est encore pour mettre une dernière fois en action la doctrine de Feuerbach. Keller écrit en effet à Hettner, le 5 janvier 1854[2] : « Comme Henri a renoncé à l'idée de l'immortalité, il sent avec d'autant plus de profondeur et d'intensité la perte. De cette façon, le livre a une conclusion tragique, mais claire; en particulier, je crois avoir rendu respectable et poétique ce qu'on appelle l'athéisme, de telle manière que le roman peut passer, même aux yeux des personnes pieuses, comme une tragédie qui contribue du moins à purifier l'idée de Dieu. » Et il insiste sur cette intention dans une autre lettre à Hettner, le 25 juin 1855[3] : il voulait montrer comment la renonciation à l'immortalité per

---

1. Cf. *Henri le Vert*, I, 340.
2. Cf. Baechtold, II, 233.
3. Baechtold, II, 282.

sonnelle aggrave le remords et lui rend la vie plus pénible, maintenant que sa mère a perdu pour lui ce bien unique, dont la perte est irréparable, puisqu'on ne le verra jamais deux fois : l'existence ici-bas.

Ainsi, ce *Henri le Vert,* qui devait être d'abord une confession élégiaque et lyrique, est devenu un roman à thèse philosophique. C'est encore dans une lettre de l'auteur à Hettner[1] que nous trouvons la définition la plus précise de la thèse de ce roman[2] : « Je voulais suivre le progrès psychique dans une âme richement douée, qui entre dans le monde avec la religiosité à demi rationnelle et à demi sentimentale du déisme éclairé mais faible d'aujourd'hui ; qui mesure les phénomènes nécessaires à l'échelle arbitraire et fantastique de cette religiosité bizarre et qui en meurt. » Il est remarquable que Keller a été surtout frappé lui aussi dans la philosophie de Feuerbach par cette opposition de l'arbitraire et de la nécessité (*Not* et *Willkür*), d'où Marx était parti pour fonder le socialisme scientifique et Wagner pour définir l'œuvre d'art de l'avenir. Et quand son ami Hettner veut faire l'éloge de *Henri le Vert,* c'est encore cette antithèse qui se retrouve sous sa plume : « Ce qui, dans ce roman, fait sur nous une impression si profonde et si durable, c'est le sentiment

---

1. Baechtold, II, 105; lettre du 4 mars 1851.
2. A vrai dire, il y a dans le roman une double thèse : *eine doppelte Tendenz.* Keller voulait aussi montrer combien peu de garanties un état aussi éclairé et libre que le canton de Zurich offrait aujourd'hui pour l'éducation de l'individu, quand ces garanties ne sont pas assurées par la famille ou des circonstances particulières ; mais il n'y a pas lieu d'insister ici sur cette deuxième thèse.

que nous avons affaire à une œuvre « nécessairement devenue » et non « artificiellement fabriquée[1] ». Dans l'esprit de Keller, en effet, son œuvre était « nécessaire » en un double sens : d'une part, elle dégage les lois de l'esprit et de la nature de telle manière que les données d'un problème étant posées, la solution en découle fatalement; d'autre part, elle attaque les conceptions « arbitraires » non seulement en religion et en morale, mais encore en esthétique. Pour Keller comme pour Wagner, la révolution philosophique a pour conséquence logique une révolution dans l'art. Wagner prétendait continuer l'œuvre de Feuerbach en ruinant la mode; de même Keller veut, en fidèle disciple du philosophe, ruiner le romantisme qui lui paraît l'expression, en littérature, du spiritualisme religieux ou métaphysique. Il nous parle, dans son *Henri le Vert*, d'une famille de liseurs qui aimaient les œuvres où l'imagination se donnait follement carrière, et il déclare : « A tout prendre, je croirais volontiers que toute cette misère aussi bien que l'extrême opposé, la manie religieuse et l'exégèse fanatique des pauvres gens que je rencontrais chez Frau Margret, n'étaient que la manifestation des mêmes besoins du cœur et une manière de chercher une réalité meilleure. » On pourrait dire que Keller poursuit jusqu'en littérature l'illusion de l'au-delà, qui lui paraît dangereuse au point de vue moral. C'est ainsi qu'un des personnages de sa famille de liseurs finit dans une maison de correction, et Keller nous dit que les mensonges et les intrigues

---

1. Baechtold, II, 241.

n'étaient pour lui qu'une manière de continuer son romantisme antérieur[1]. C'est de même un défaut moral, la frivolité, la coquetterie, qu'il reproche à l'œuvre d'Angelus Silesius, en particulier à sa trop spirituelle dédicace au bon Dieu. Mais c'est dans le discours de Lys[2] que la solidarité du problème moral et du problème littéraire apparaît le plus nettement...
« Vous ne voulez pas vous fier à la nature, mais seulement à l'esprit, parce que l'esprit fait des miracles et ne travaille pas ! Le spiritualisme est ce dégoût du travail qui résulte du manque de perspicacité, d'équilibre et d'expérience, et qui veut remplacer l'application de la vie réelle par une activité miraculeuse, faire du pain avec des pierres, au lieu de labourer, de semer, d'attendre la croissance des épis, de moissonner, de battre, de moudre et de cuire. Ceux qui tirent uniquement de leur imagination les fils dont ils tissent un monde fictif, allégorique et artificiel, en évitant le contact avec la nature, ne font pas autre chose que montrer ce dégoût du travail ; et quand des romantiques et des allégoristes de toute espèce passent toute leur journée à écrire, composer, peindre et opérer, tout cela n'est que paresse en comparaison de l'activité qui ne se distingue pas de la croissance nécessaire et régulière des choses. Toute création

---

1. Keller ne paraît pas admettre de distinction profonde entre « romantique » et « romanesque » ; il a sans doute considéré le romantisme comme l'expression particulière au dix-neuvième siècle de l'esprit romanesque, qui est de tous les temps.
2. Cf. *Henri le Vert*, III, p. 159.

issue de la nécessité est de la vie et de la peine, qui se dévorent elles mêmes, comme l'épanouissement contient déjà en germe le dépérissement. Mais cet épanouissement est le vrai travail et la vraie application ; même une simple rose est obligée de faire vaillamment effort du matin au soir de toutes les forces de son être, et sa seule récompense est qu'elle se fane. Mais aussi elle a été une vraie rose. »

Le réalisme de G. Keller a donc été inspiré surtout par le respect de la nécessité naturelle ; quand il disait que l'*Apothicaire de Chamonix* était pour lui une œuvre de *Selbstbefreiung*, il entendait par là qu'en parodiant les jeux d'esprit et les fantaisies capricieuses de Henri Heine, il se débarrassait lui-même de ce qu'il pouvait avoir gardé de goût pour l'arbitraire. G. Keller devait, en effet, pousser très loin le respect de la nécessité dans ses œuvres ultérieures ; le romancier réaliste a cherché à restreindre le plus possible même la part d'arbitraire qui entre dans le choix des sujets ; il a pris souvent pour texte des faits réels, c'est-à-dire ce que l'on appelle d'ordinaire des faits divers ; et il a pris parfois, en outre, le soin de rattacher ce fait à un thème traditionnel de littérature, par exemple dans *Roméo et Juliette au village*. Ou bien, de même que Wagner s'en tenait pieusement aux mythes, G. Keller s'est efforcé de restaurer les légendes du Moyen-âge. Sans doute, il ne faudrait pas être dupe de cette abnégation apparente du poète et du romancier ; le réalisme rigoureusement impersonnel ne serait qu'une copie servile, et l'auteur des *Sept légendes* avoue que le Tendenzdichter n'est pas entièrement mort en lui.

« De même, dit-il dans une courte préface, qu'une fragmentaire silhouette de nuages, de linéaments de montagnes, un coin d'eau-forte laissé par le maître oublié induisent le peintre à remplir une toile, — de même, ayant lu quelques légendes, l'auteur fut mis en goût de reproduire ces images morcelées et flottantes. Mais cette opération ne laissa pas que de tourner souvent leur face vers une région du ciel autre que celle qu'elles regardaient à l'origine... [1] » Les *Sept légendes* sont bien de l'école de l'*Essence du christianisme*; le texte est du Moyen-âge; mais la traduction, pour fidèle qu'elle soit, est du dix-neuvième siècle. Comme la philosophie de Feuerbach, le réalisme de Keller a ramené l'humanité du ciel sur la terre.

1. Cf. Baldensperger, p. 230.

CONCLUSION

I.

Bien que Feuerbach se soit surtout préoccupé d'étudier les religions, ce n'est pas sur les théologiens que son influence a été d'abord décisive. Ils ont continué pour la plupart à défendre, soit la définition de Schleiermacher qui considérait le sentiment religieux comme le sentiment d'une dépendance absolue, soit la théorie de Hegel qui voyait dans l'histoire des religions l'histoire de nos efforts pour arriver à la conscience de notre liberté. Or, Feuerbach avait précisément essayé de concilier ces deux interprétations en montrant que la religion, partant du sentiment de notre dépendance, cherche à nous donner l'illusion de la liberté. Le plus hardi des théologiens allemands, Strauss, ne s'est converti à la doctrine de Feuerbach que vers la fin de sa vie, après avoir défendu le terrain pied à pied ; et même quand il se rallie à la nouvelle foi, ce n'est pas sans réserve : il garde comme un regret de la croyance ancienne et comme une arrière-pensée. C'est que Feuerbach avait, à vrai dire, donné le coup de grâce à la théologie : cette philosophie de la religion, qui était en même temps une religion à l'usage des philosophes, était mortellement atteinte par une doctrine qui expliquait la religion au lieu de l'attaquer ou de la défendre, et qui ruinait du même coup la métaphysique. Il ne faut donc pas s'étonner si les théologiens n'ont pas suivi Feuerbach ; même ceux qui admettent que, sans désirs, nous n'aurions pas de dieux ont essayé de diminuer la portée de cette proposition.

En revanche, les hommes d'action, les savants et les artistes se sont efforcés d'en tirer les conclusions logiques. Les hommes d'action ont d'abord été heureux de trouver, au lendemain des journées de 1830, une doctrine qui, au lieu de soutenir la tradition, était nettement révolutionnaire ; Arnold Ruge, par exemple, poussé dans l'opposition par un gouvernement réactionnaire, saisit avec empressement les armes que lui donnait, contre l'Eglise et la Prusse infidèle à sa mission historique, la philosophie de l'avenir. En renonçant à l'au-delà pour s'en tenir à la cité terrestre, Feuerbach donnait d'ailleurs à l'action politique une gravité unique et une noblesse singulière ; en montrant que la religion, bien loin d'être un pieux recueillement et une contemplation humble, comme le croyait Schleiermacher, ou une représentation désintéressée, comme le disait Hegel, était une manifestation de l'ambition humaine, un acte de rébellion, une tentative pour s'emparer du pouvoir et pour organiser l'univers, le philosophe conférait aux hommes d'action comme un titre religieux qui leur assurait l'héritage spirituel des prophètes. Karl Marx vit bien que désormais à la critique de la foi devait succéder la critique du droit. L'illusion du triomphe céleste ne suffit plus : il faut la victoire réelle ici-bas, la revanche des justes par la révolution. Le communisme apparut ainsi comme le messianisme nouveau, qui réalisera par l'amour le vrai Dieu, c'est-à-dire l'essence de l'humanité. Marx ne s'en tint pas à l'affirmation de cet idéal : il chercha à découvrir dans la réalité même de l'état social les conditions qui avaient permis la séculaire erreur religieuse; il crut remarquer que l'histoire des luttes religieuses n'était que la traduction idéologique de l'histoire des luttes économiques; il étudia les lois de cette histoire et arriva à cette conclusion que l'évolution des choses menait sûrement à la réalisation de l'idée. Il substitua donc au communisme feuerbachien des « vrais » socialistes le matérialisme scientifique, qui est une synthèse de la doctrine de Hegel et de celle de Feuerbach.

Les socialistes vrais et les communistes tiraient ainsi de l'humanisme et du matérialisme de Feuerbach des conclusions favorables aux revendications prolétariennes; Max Stirner de son côté s'appuyait sur la critique qu'avait faite du réalisme des idées l'auteur de la philosophie de l'avenir pour restaurer le nominalisme et affirmer les droits absolus de l'individu. L'Unique, sujet supérieur à l'humanité comme à tous ses attributs, maître de la société comme de toutes ses créatures, demeure seul debout après la mort des dieux; il n'a ni idéal, ni fin, ni limite, ni loi, étant parfait à tout instant. Dès le début, le socialisme vit ainsi se dresser en face de lui son frère ennemi, l'anarchisme.

Tandis que les hommes d'action se disputaient l'héritage qu'ils n'avaient pas encore conquis, les savants se mettaient patiemment à l'œuvre. Feuerbach leur avait montré toute la vanité de la philosophie de la nature; ils s'en tinrent aux recherches expérimentales. Lorsque des candidats, interrogés en géologie, parlaient des pierres et des terrains, leurs examinateurs ne leur reprochaient plus, comme l'avait fait Steffens, de négliger l'absolu; ils ne cherchèrent plus à déterminer les causes finales, comme continuait à le faire Liebig lui-même, mais à découvrir les causes efficientes et les lois. Le respect de la nature prit ainsi, chez Moleschott par exemple, la place du sentiment religieux; le culte de la science lui donna la sérénité et la confiance dans l'avenir de l'humanité. Sentant grandir leur rôle, les savants commencèrent à se risquer hors de leurs laboratoires, à parler et à écrire pour le peuple.

En même temps qu'elle ruinait la philosophie de la nature, la doctrine de Feuerbach mettait un terme aux jugements arbitraires de l'esthétique spéculative. Au lieu de vouloir construire l'histoire de l'art au moyen de termes métaphysiques, Hettner déclara qu'il fallait étudier les conditions que la matière impose à la forme et les données que la vie offre à l'artiste. De leur côté, les artistes accueillirent avec enthousiasme une philosophie qui les délivrait du joug de l'idée abstraite et qui mettait l'inspiration au-dessus des règles. Les poètes révolutionnaires, comme Herwegh, trouvèrent dans la doctrine de Feuerbach la justification de leur tendance ; il était nécessaire de prendre parti, puisque l'aspiration de l'artiste n'était plus le regret d'un paradis perdu, mais le désir d'un avenir meilleur ; la lutte de l'art moderne contre l'art néo-chrétien des romantiques était une des faces de la lutte engagée entre les religions ascétiques du passé et la religion de l'humanité vivante. Richard Wagner aussi considéra que la philosophie de Feuerbach préparait l'avènement de l'œuvre d'art de l'avenir ; la ruine de la théologie et de la métaphysique entraînait la chute de la mode ; la révolution qui allait fonder le règne de l'amour devait dresser la scène où se jouerait le drame communiste. La religion régénérée ranimera le mythe, et le théâtre rajeuni sera de nouveau le temple où se pressera la foule aux jours de fête. En attendant le jour de cette résurrection, les œuvres comme l'*Anneau du Nibelung* représenteront la lutte de l'amour contre l'égoïsme. Tandis que Wagner se laissait ainsi gagner surtout par l'enthousiasme humanitaire du philosophe cher à la génération de 1848, Gottfried Keller apprit de Feuerbach le respect de la nécessité naturelle. La négation de l'immortalité et de toute transcendance conférait plus de prix à la vie fugitive des hommes et des choses dont il s'efforçait de conserver dans ses œuvres une image fidèle ; la philosophie de la nature lui paraissait la justification de son réalisme.

Feuerbach a eu ainsi une influence décisive sur les hommes d'action, sur les savants et les artistes. Cette influence s'est fait sentir surtout entre 1840 et 1848, mais c'est précisément dans cette courte période qu'il faut chercher l'origine des idées qui ont dominé en Allemagne pendant la seconde moitié du dix-neuvième siècle.

II.

Feuerbach a été célèbre de 1840 à 1848, puis il est peu à peu tombé dans l'oubli. Quand, en 1856, les journaux annoncèrent sa mort, cette nouvelle n'émut qu'un petit nombre d'amis ; vérification faite, elle fut reconnue fausse. Feuerbach travaillait à des œuvres fort importantes, comme la *Théogonie* ; il ne devait mourir que seize ans après. Le silence qui s'était fait brusquement autour du philosophe est facile à expliquer : l'auteur de l'*Essence du christianisme* avait fourni aux révolutionnaires allemands un corps de doctrines ; il leur avait plu, d'une part, à cause de la vivacité de ses attaques contre les religions positives ; d'autre part, à cause de l'enthousiasme religieux qui l'animait.

L'échec lamentable de la Révolution de 1848 en Allemagne discrédita le philosophe qui avait contribué à la préparer ; on le rendit même responsable de fautes qui n'eussent pas été commises si on l'avait écouté. Certes, les folies ou les lâchetés des hommes d'action ne prouvaient rien contre la justesse et la hardiesse des idées, et si quelques intellectuels mal préparés au travail pratique avaient abusé des mots inutiles et des motions déplacées ou inopportunes, ce n'était pas une raison pour jeter la pierre au penseur sobre et ferme qui avait montré toute l'importance des questions de temps et de lieu. Il n'en est pas moins vrai que bien des révolutionnaires en voulurent à leur maître d'avoir été déçus et battus, tandis que les réactionnaires ne pardonnèrent pas aux adversaires courageux la peur qu'ils avaient eue. Feuerbach fut ainsi doublement proscrit; oublié peu à peu par les exilés, qui attendaient à l'étranger des jours meilleurs, il était excommunié en Allemagne par les triomphateurs du jour.

Quand, après les années de réaction, l'agitation recommença en Allemagne, Feuerbach n'en profita point : la question nationale seule était à l'ordre du jour; on ne songeait plus à l'enthousiasme humanitaire d'autrefois; on ne visait qu'au succès matériel, et on ne se souciait que des réalités tangibles. Les socialistes allemands eux-mêmes, qui, au début, avaient obéi à l'impulsion de Feuerbach, s'étaient ralliés presque tous au matérialisme historique, qui ne voyait dans la religion qu'un reflet de la situation économique; les théories du philosophe n'avaient donc plus à leurs yeux qu'un intérêt secondaire. En pratique, les marxistes adoptaient la formule ambiguë : « La religion est une affaire privée »; ils ne pouvaient donc remettre en honneur les œuvres où l'auteur de l'*Essence du christianisme* et de l'*Essence de la religion* avait montré la portée sociale des croyances anciennes.

Les métaphysiques antérieures à la doctrine de Feuerbach contribuèrent par suite à dominer les esprits en Allemagne. Ceux qui abandonnaient Hegel se passionnaient pour son frère ennemi Schopenhauer, en attendant le retour à Kant. Sans doute, l'influence de Feuerbach ne cessa pas de se faire sentir chez ceux qui l'avaient admiré; c'est ainsi que les théories de Strauss et de Marx peuvent être considérées comme une synthèse de Hegel et de Feuerbach, tandis que la doctrine de la régénération de Wagner est la résultante de son enthousiasme pour l'auteur de la *Philosophie de l'avenir* et de son pessimisme schopenhauerien. Feuerbach a ainsi contribué à retourner l'idéalisme et le romantisme de la première moitié du dix-neuvième siècle; mais sous les apparences nouvelles et les noms nouveaux, l'esprit ancien est demeuré. La philosophie allemande, malgré le positivisme superficiel qui en voilait la nature, a persisté à diviniser et à diaboliser les hommes et les choses; il y a toujours lutte entre l'optimisme et le pessimisme, entre le mysticisme chrétien et le culte barbare de la force. L'œuvre de Feuerbach n'a pas donné tout ce qu'elle contenait en puissance, en orientant l'Allemagne de Hegel vers Marx ou de Schopenhauer vers Wagner et Nietzsche. Aussi semble-t-il qu'un retour à Feuerbach ne pourrait avoir que d'heureux effets. Les Allemands pourraient apprendre de ce philosophe à respecter à la fois le réel et l'idéal, la nature et la morale, l'individu et la société, la nation et l'humanité. Sans doute, il n'apporte pas une formule souveraine pour résoudre toutes les énigmes et concilier toutes les contradictions dans une synthèse définitive; mais il peut aider du moins à observer une attitude modeste et à maintenir cet équilibre des idées qui est la première forme de la justice.

Toulouse, 7 mai 1903.

TABLE DES MATIÈRES

Pages.

INTRODUCTION... IX

PREMIÈRE PARTIE
La Philosophie.

I. Feuerbach et la gauche hégélienne............... 1
II. Le positivisme de Feuerbach..................... 22
III. L'immortalité................................... 52
IV. Essence du christianisme....................... 92
V. Essence de la religion.......................... 127
VI. Morale.. 156

DEUXIÈME PARTIE
L'Influence.

I. Théologie. — Strauss............................ 185
II. Politique. — Ruge.............................. 215
III. Socialisme. — Marx, Engels. (Socialisme vrai, Communisme, Matérialisme.)................. 240
IV. Individualisme. — Stirner...................... 330
V. Les vulgarisateurs. — Heinzen, Marr, Ewerbeck... 380
VI. Sciences naturelles. — Moleschott.............. 396
VII. Esthétique. — Hettner......................... 415
VIII. Poésie. — Herwegh............................ 430
IX. Drame. — Wagner................................ 444
X. Réalisme. — G. Keller.......................... 493

CONCLUSION... 537

Paris. — Imprimerie Félix ALCAN.

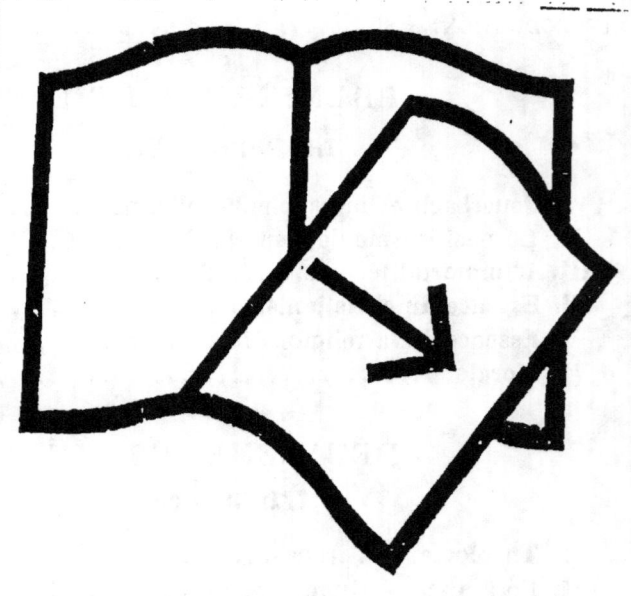

Documents manquants (pages, cahiers...)
NF Z 43-120-13

www.ingramcontent.com/pod-product-compliance
Lightning Source LLC
Chambersburg PA
CBHW060505230426
43665CB00013B/1394